Abenteurer, Glücksritter und Maitressen

Claus Süßenberger

Abenteurer, Glücksritter und Maitressen

Virtuosen der Lebenskunst an europäischen Höfen

Campus Verlag
Frankfurt/New York

Die Deutsche Bibliothek – CIP-Einheitsaufnahme

Süssenberger, Claus:
Abenteurer, Glücksritter und Maitressen : Virtuosen der Lebenskunst an europäischen Höfen / Claus Süssenberger. – Frankfurt/Main ; New York : Campus-Verl., 1996
ISBN 3-593-35554-X

Umschlaggestaltung: Atelier Warminski, Büdingen
Satz: Leingärtner, Nabburg
Druck und Bindung: Friedrich Pustet, Regensburg
Gedruckt auf säurefreiem und chlorfrei gebleichtem Papier.
Printed in Germany

Für Geneviève

Inhalt

Dasein heißt eine Rolle spielen

Realität und erfundene Wirklichkeit des Abenteurertums in der europäischen Adelskultur des 17. und 18. Jahrhunderts

Wer in Katalogen von Autographen-Auktionen blättert, wer bei wohlversorgten Händlern alter Schriftstücke in den Beständen stöbert, stößt dann und wann auf vergilbte Lebenszeugnisse von Personen, über die vermerkt ist, daß sie ob nun als Krieger oder Literat, als Prinz oder Häftling, als Marquise oder Medicus, als Staatsmann, Finanzgenie oder Verfasser von Operntexten sich einen Namen machten und Rang beanspruchten, daß sie aber über allem von ihren Zeitgenossen als Abenteurer angesehen wurden. Wem es gelingt, ein solch rares Stück zu erwerben – und umso wohlfeiler, falls der Verfasser des Autographs zu den Vergessenen gehört –, wird der Verlockung nicht widerstehen, ausfindig zu machen, wie es sich denn genauer mit diesem Menschen verhielt, wie es um seine Verhältnisse bestellt war und was dieser Brief aus einer vergangenen Welt an Absichten verfolgte, deren Ziele die Zeit längst verweht hat.

Beim Nachforschen in alten, wurmstichigen Büchern, doch mit Glück auch in neuen, reich ausstaffierten Biographien wird man der Fährte folgen, welche das besagte Abenteurertum in der Lebensgeschichte des einstmals Berühmten, vielleicht auch Berüchtigten zog. Daß dieser ein Abenteurer, gar ein *grand aventurier* genannt wurde, läßt sich meistens ohne viel Deutelei und Einbildungskraft nachvollziehen. Man nimmt zur Kenntnis, daß solche Bezeugungen aus dem 17. und 18. Jahrhundert mit dem Begriff des Abenteurers so sicher und unmißverständlich operierten, als hätte eine europaweite Übereinkunft zur Bezeichnung dieses eminenten Verhaltenstyps bestanden. Doch stellt sich angesichts der Vielzahl der Daseinsbedingungen, der Fülle von Varianten alsbald die Vermutung ein, daß eine Prä-

Abbildung 1
Giacomo Girolamo Casanova, Chevalier de Seingalt (1725-1798), im Alter von 49 Jahren. Gemälde von Alessandro Longhi, 1774.

zisierung des Begriffs, daß seine Definition längst nicht so leicht von der Hand gehen kann, wie das Phänomen einst vom Verstand, vom Wortgebrauch der Zeit erfaßt und eingeordnet wurde. Dazu bedürfte es gleichsam einer Theorie dieses Abenteurertums, das bis heute als ein Wink, als ein Stichwort zur Verständigung zwar gegenwärtig geblieben ist, das aber – soweit man sieht – die Forschungen zur Sozial-, Kultur- oder Mentalitätsgeschichte nirgends zu einem ausdrücklichen Thema erhoben.

Wer sich in die Abenteurerbiographien jenes Zeitalters – für Frankreich zuerst *Grand siècle*, nachher *Ancien Régime* – hineinziehen läßt, bemerkt schnell, daß es da nicht ums Besteigen von Bergen, auch kaum um verwegene Entdeckungsreisen ans Ende der Welt oder um die Entführung brahmanischer Tempeltänzerinnen geht, sondern um eine Art des Freibeutertums, das sich innerhalb des unmittelbar Greifbaren, innerhalb der Konventionen, der gesellschaftlichen Reglements auslebte und Erfüllung suchte beim Tummeln auf jenem Grenzstreifen, welcher die europäischen Aristokratien samt ihren Daseinsfundamenten trennte von den übrigen sozialen Schichten und Ständen.

Genauso wie der schillernde Begriff erscheint auch dieses Abenteurertum selbst als der Reflex einer Lebenskunst, die den Unwillen, sich einordnen und definieren zu lassen, zu ihrem obersten Gesetz erklärte. Es handelte sich um eine sehr beflissene Zurschaustellung aristokratischer Lebensstile durch Personen, die diesen nicht völlig entsprachen. Das höfische Abenteurertum enthält einen Anflug von Parodie; es folgt der Tendenz, die seit der Renaissance normierten Verhaltens- und Verkehrsformen der europäischen Adelskultur als Herausforderungen anzunehmen, sie demonstrativ zu beherrschen, um dann koketten, mutwilligen, auch provokanten Umgang mit ihnen zu pflegen und nach Lust und Laune ein Spiel mit ihnen zu treiben.

***

Das 18. Jahrhundert scheint jenes Abenteurertum, das man mit Galanterie, Rastlosigkeit, Glücksritterschaft, mit Spielernatur und Risikobereitschaft und nicht zuletzt auch mit höfischem Glanz und aristokratischer Lebensart verbindet, in einer besonderen Weise begünstigt zu haben. Von denen, die als abenteuerliche, aber auch respektgebietende Existenzen das Interesse des ganzen, zu einer gewissen Teilhabe befähigten Europa auf sich zogen, ist der Name des 1725 in Venedig geborenen Giacomo Casanova am strahlendsten und am dauerhaftesten im Gedächtnis geblieben und sogar zu einem Symbol geworden noch in den fernsten Bereichen der Öffentlichkeit, wo man gewiß keine genaueren Vorstellungen besitzen konnte von der Realität des Menschen, der diesen italienischen Allerweltsnamen trug.

Die Frage, worin die besondere Faszination bestand, die von Casanova als einem Muster des Abenteurertums ausging, stößt zunächst und bei unvoreingenommener Betrachtung auf überraschend enttäuschende Befunde. Gewiß, da fällt der Blick als erstes auf die erotische Utopie, die der italienische Frauenheld als menschen- oder mannesmöglich vorgelebt und also nachgewiesen habe: als eine glückliche, von keiner Moral gestrafte und von keiner Gesellschaftsmacht gerächte Verwirklichung dessen, was die kollektive erotische Wunschphantasie sich im Mythos von »Don Juan« lüstern ausgemalt hatte, doch mit dem Vorbehalt, diese Wünsche am Schluß der Geschichte zu widerrufen und mit der Höllenfahrt des gewissenlosen Erfolgsmenschen zu verdammen. Casanova wäre demnach zu verstehen als ein real gewordener, historisch bestätigter Männlichkeitstraum. Und indirekt auch noch als eine Erlöserfigur für das Weibliche, deren Verführungstalent keineswegs egoistisch gewesen sei. Vielmehr habe Casanova alle die eroberten Frauen, ein ganzes weibliches Universum, mit sich selbst zur Übereinstimmung gebracht, befreit und zu glücklicheren Menschen gemacht, als sie vorher waren.

Daß der Eigennutz, der Selbstgenuß und sogar das Laster, wenn man sie in moderaten Grenzen frei sich ausleben läßt, sozialen Nutzen bewirken können, gehörte zu den zentralen Annahmen der Theorie des klassischen bürgerlichen Liberalismus, die man zu Lebzeiten Casanovas in England wie in Frankreich zu formulieren anfing. Es könnte jedoch der Abenteurer, den man gern als einen *libertin* bezeichnete, genauso gut auch gedeutet werden als eine Wiedergeburt des vor-moralischen *guten Wilden* im Sinne Rousseaus, dessen natürliche Selbstliebe gegen kein Naturrecht verstößt, sondern lediglich gegenüber den Geboten der herrschenden – das heißt einer entarteten – Moral als Unbotmäßigkeit erscheint und Turbulenzen erzeugt. Doch das geheime, tiefere, natürliche und darum bessere Gewissen der in ihrer denaturierten Zwangsmoral befangenen Öffentlichkeit nimmt die Verstöße des Abenteurers nicht so übel, wie es sich ziemen würde, sondern reagiert äußerstenfalls mit förmlich-ritualisierten Strafbekundungen, am liebsten jedoch mit einem einverständlichen, heimlich-faszinierten *Laissez-faire*.

Wer Casanova nur als erotisches Naturtalent, als libidinösen Erfolgsmenschen und Freibeuter sieht, sieht nicht genug und auch nicht das Wesentliche. Es geht um eine viel größere Idee, nämlich anzuerkennen und dem Menschen zuzugestehen, daß er die Ziele seines Glücks selber bestimme und daß keiner – auch kein Staat – ihm die Wege dorthin versperren dürfe. Daß Casanova gleichwohl auf die Rolle des amourösen Nimmersatts festgelegt wurde, muß man den geheimniskrämerischen, freilich mit mehr oder weniger drastischen Illustrationen wohlversorgten Buchausgaben seiner »Memoiren« anlasten, die den zahlungskräftigen, exklusiven Markt eines Bürgertums bedienten, welches seine akademische Bildung samt seiner lüstern-literarischen Kennerschaft zelebrierte und den Venezianer zur reinen, verschworenen Männersache umbildete.

Denn wenn man alle die von dorther, aus der Rezeption des späten 19. Jahrhunderts, stammenden Erwartungshaltungen, Voreingenommenheiten und Vergröberungen beiseiteschiebt, muß man wohl oder übel feststellen, daß es mit der erotischen Spezialisierung wie auch mit der Mitteilungsintensität Casanovas gar nicht so weit her ist. Die galante, erst recht die ungalante Literatur des 18. Jahrhunderts hatte da ganz andere Dinge aufzubieten, von denen niemals viel Aufhebens gemacht wurde und die bald vergessen waren – den Sonderfall des Marquis de Sade ausgenommen. Immer gaben sich diese Publikationen den Anschein von vertraulich anonymen, authentischen oder quasi-authentischen Konfessionen, von Autobiographien, Briefsammlungen oder geheimen Tagebüchern, womit eine ausgesprochen revolutionäre literaturtechnische Erfindung zuerst musterhaft wurde und dann zum Klischee verkam. Es waren Rousseaus zwischen 1755 und 1770 verfaßten »Bekenntnisse«, welche die neuartige, unerhörte Leistungsfähigkeit dieser Erzähl- und Offenbarungstechnik erst in ihrer ganzen Eindringlichkeit erwiesen hatten, zugleich auch ihre unvergleichliche Eignung zur Exhibition, zur Selbstgefälligkeit und zum Kokettieren mit dem Geheimen, das als offenes Geheimnis auf den Markt getragen wird. Die indiskreten Möglichkeiten dieser Memoiren, welche – authentisch, fingiert oder untergeschoben – das Buchwesen im 18. Jahrhundert geradezu überschwemmten, wurden von Casanova längst nicht ausgereizt. Zweifellos hat der alte, verlassene, fast schon vergessene Abenteurer sich mit dem Aufschreiben seiner Liebesaffären über die Trostlosigkeit seiner letzten Tage hinwegbeholfen, die er unter der gemäßigten

Großzügigkeit des Grafen Waldstein auf einem weltfernen böhmischen Schloß fristen durfte. Aber als ein Erotikon bleibt die so weit wie breit, so erzähl- wie glanzfreudig angelegte Lebensgeschichte Casanovas merkwürdig blaß. Sein Erzählen scheint immer auf der Hut zu sein, das zwangsläufig Enthüllte schleunigst wieder zu verhüllen und dem Blick des Lesers zu entziehen. Casanova, dem wie allen Abenteurern auch die Verschwendung wesensgemäß war, ist mit dem Erotischen seinen Lesern gegenüber durchaus nicht spendabel. Seine Geheimnisse behält er in ihrem größeren Teil für sich – und schöner noch: er beschützt und behütet die Geheimnisse seiner Partnerinnen, nachdem er verständlich gemacht hat, daß diese, wie alle Frauen und alle Menschen, solche ganz eigene Geheimnisse durchaus besaßen.

Das Geheimnistuerische, das womöglich virtuose Spiel mit dem angedeuteten Geheimnis, scheint überhaupt ein Wesenszug des Abenteurers zu sein. Häufig genug schließt Casanova hinter sich die Tür, vor der Neugier des Lesers. Inhalte vertraulicher Gespräche oder von Botschaften, die er erhielt oder schrieb, läßt er im Verschwiegenen, in der dezent angestachelten Ahnung des Hochbedeutenden und – natürlich – der eigenen Bedeutung. Fast das gesamte mächtige, einflußreiche, schöne und interessante Europa – und manches auch von dem übrigen – wird in dem Panorama, das Casanova von seiner Epoche malte, lebendig. Oder eigentlich doch nicht lebendig. Denn seltsam gesichtslos und standardisiert sind meistens die Figuren, die er zum Mitspielen herbeizitiert. Ein italienischer Kardinal ist hier nichts weiter als ein italienischer Kardinal, ein französischer Graf ist nichts anderes als ein französischer Graf. Man ist geneigt, die Flächigkeit, die Uneigentlichkeit dieser Portraits und Szenerien als Resultat der noblen Diskretion des bei seinen – ihm wichtigen – Auftritten gewiß mustergültigen Chevalier de Seingalt zu werten, nämlich als Reverenz vor jener festen Regel des höfischen Betragens, gemäß welcher man an sein Gegenüber nicht zu nahe heranzutreten habe. Daß diese Regel aber nicht grundsätzlich zu gelten hatte, bezeugen in wahrhaft erschreckender Weise die übergenauen Physiognomien und Charakterbilder, die ein anderer, nämlich der Marschall von Saint-Simon, uns in seinen »Mémoires« vom Hof Ludwigs XIV. hinterlassen hat. Dieser strenge, ernsthafte Edelmann allerersten Ranges, der ebenso als ein Beobachter, Menschenkenner und Autor allerersten Ranges hochzuschätzen ist, war nun freilich alles andere als ein Abenteurer. Er verfügte über die *tiefen Blicke*, während die Wahrnehmung eines Casanova kaum hinter die Oberfläche drang, sich mit der Flüchtigkeit begnügte und es gut sein ließ mit dem, was für die Beherrschung der Situation, für die Durchsetzung eines Plans, für die gefällige Wirkung, für die bezweckte Resonanz notwendig war. Auch als Erzähler ist Casanova nur routiniert, nicht eindrucksvoller und nicht schlechter und kein bißchen origineller als Dutzende andere Memoirenschreiber seiner Zeit.

Worin also liegt dann das Faszinierende dieses venezianischen Emporkömmlings, der an allen Plätzen Europas, die zählten, gegenwärtig war, der so viele der Figuren des bunten, vorrevolutionären Tummelfeldes kannte und selber zu den Berühmtheiten jener Zeit zählte? Ein Alleskönner, Höfling, Diplomat, Frauenheld, Literat, wahrscheinlich sogar Ideenlieferant für Mozarts »Don Giovanni«, außerdem Spieler, Spekulant und auch mit der Waffe nicht ungeschickt, aus zweifelhaften Gassen- und Komödiantenverhältnissen aufgestiegen zu selbsternanntem Adel, von dem jeder wußte und den gleichwohl kein *homme de qualité* ihm jemals streitig machte. Ein Bündel von vielen mittleren und kleineren Talenten, aber nichts Hervorstechendes – es sei denn die ganze Person. Wie kann ein solches Wesen ratloser eingeordnet und treffender etikettiert werden wenn nicht als Abenteurer, eine Erscheinung, für welche es viele Aufenthalte, doch keinen regulären Platz gab in der Gesellschaft des Ancien Régime, die so übergenau und hochempfindlich funktionierte bei der Zuteilung von sozialen Rängen. Aber gerade eine gewisse Nicht-Konformität, eine gewisse, spürbare Abweichung vom Regelmäßigen, eine unübersehbare Unordnung bei den Einordnungskriterien, ein Hang zum Skandal und die Aura eines latenten Geistes der Erpressung und der Rebellion und ganz zuletzt auch der Zerstörung: das alles sind die Eigenschaften, die zum Abenteurer gehören. Ermöglicht werden seine Existenz, seine Entfaltung erst vor dem Hintergrund einer Gesellschaft, die sich durch eine kanonisierte Ordnungstradition und durch einen Automatismus der Einordnungszuweisungen definiert, die sich dann mittels dieser Funktionen Sicherheit verschafft und sich deshalb den Luxus des vereinzelten farbigen Abweichlertums erlaubt. Es kommt aber hinzu, daß diese Gesellschaft ihre Endlichkeit, ihre Untergangsnähe ahnt, daß sie spürt, wie ihre Regeln und Instrumente zu einer Behinderung geworden sind. Das Gegenwärtige kann sie gerade noch in Façon halten; aber das Zukünftige zu lenken und zu gestalten, dazu sind ihre Mittel nicht geeignet. Wie eine solche Gesellschaft Furcht hegt vor dem Idealisten, dem von irgendeinem Glauben Überzeugten, dem Tatkräftigen und wohl auch dem Heiligen und ganz besonders dem Fanatiker, so benötigt sie den Abenteurer, den Dilettanten, das sorglose Rundumtalent. Sie hat Wohlgefallen an dem unterhaltsamen Aufrührer, der zwar Pläne zur Weltbewegung schmieden darf, sich dann aber mit der Erregung von Anekdotenstoffen zufrieden gibt. Von nichts darf der Abenteurer überzeugt sein außer von sich selbst. Die Selbstliebe treibt ihn an, und korrupt ist er insofern, als ihm alles recht ist, was ihm Bewegung verschafft, seinen Rang erhöht und seinen Glanz vermehrt.

***

Das Ideal, welches den geborenen Damen und Herren der europäischen Adelskultur als Richtschnur galt, war erfunden worden an den italienischen Renaissancehöfen des 15. Jahrhunderts, wurde dann formuliert in den Büchern des weltmännischen Höflings Castiglione und des spanischen Jesuiten Baltasar Gracián und forderte mühelose Natürlichkeit als höchste Lebenskunst. Nichts konnte demnach für abscheulicher gehalten werden als der Anschein von Anstrengung und Erzwingenwollen. Das Schwierigste sollte mit Leichtigkeit, so als bedürfe es keines Gedankens, ausgeführt werden, »senza fatica e quasi senza pensarvi. Per lo contrario, il sforzare dà summa disgracia«. Schöner noch formulierte es Goethe zum Ende der Epoche – und man hat alles zum Verständnis beieinander: »Indem es dem Edelmann zur Pflicht wird, sich selbst einen vornehmen Anstand zu geben, indem dieser Anstand ... zu einem freien Anstand wird, da er mit seiner Figur, mit seiner Person ... bezahlen muß, so hat er Ursache, auf sich zu halten und zu zeigen, daß er auf sich hält. Wenn er sich äußerlich in jedem Moment seines Lebens zu beherrschen weiß, so hat niemand eine weitere Forderung an ihn zu machen, und alles übrige, was er an und um sich hat, Fähigkeit, Talent, Reichtum, alles scheinen nur Zugaben zu sein«.

Nicht an allen deutschen Höfen waren solche Repräsentanten des europäischen Adelsideals, dieser wahrhaft supranationalen europäischen Union, anzutreffen, doch wo er ihnen begegnete, konnte sogar Goethe nur staunen über ihre »Delikatesse und Aisance, die man sehen muß«, um sie überhaupt für möglich zu halten. Die Abenteurergestalten aber, die in diesem Milieu ihr Spiel trieben, waren Imitatoren dieser Daseinsstilistik, manchmal ausgemachte Karikaturen. Manchmal aber auch waren sie Grenzgänger, die nicht in diese Reviere hineinstrebten, sondern von ihnen weg, da sie dort soviel Geburts- und Heimatrecht besaßen, daß sie die Herrenpflicht zur Natürlichkeit, zur leichten Lebenskunst als schwere Fessel der Unnatur empfanden, welcher sich zu entledigen sie dann und wann ein rechter Mutwille trieb.

Es sieht so aus, als würden alternde Gesellschaften aus sich heraus derartig paradoxe, die Macht- und Geschmackselite bestätigende Abweichler ermutigen und hochkommen lassen, damit diese wie spielende Hunde vorauslaufen, um für ihre Herren den ungewissen Weg zu erkunden, der ihnen selber nur von wahllosen Reizen gewiesen wird. Manchmal jedoch geschieht es, daß ein solcher spielender Kundschafter außer Kontrolle gerät, sich stärker erweist als vermutet und dann den Weg bestimmt. An Caesar mag man denken, an Napoleon und zuletzt und am fatalsten auch an Hitler – sie alle am Anfang nichts anderes als selbstverliebte, egozentrische Abenteurer, mit einem besonderen – naiven oder hinterhältigen – Charme ausgestattet. Charme, von welcher Art auch immer, wirkt als das Zaubermittel, welches die Egomanie kompensiert, erträglich macht oder verbirgt und erst eigentlich vermag, dem Abenteurer seine wirkungsvollsten Konturen zu verschaffen.

Seine Selbstliebe, seine Abhängigkeit vom Beifall, von der Versicherung, sich bemerkbar gemacht zu haben, dulden es nicht, daß er sich im Stillen, Unauffälligen und in der Untätigkeit aufhält. Er braucht die Bühne, baut sie notfalls auf dem Platz auf, wo er sich gerade befindet, und erwartet, daß alle Welt flugs ein Theater um ihn herum errichtet und die Ränge füllt. Dieser infantile Narzißmus kann sich in der Erregung von Neugierde, vielleicht auch von Neid, in

Umtriebigkeit oder in anpassungsbeflissenen echten, Lob erzielenden Leistungen erschöpfen und erledigen. Er trägt in sich aber auch den Dämon des Bösen und der Zerstörung, als Letztes dann die Idee der absoluten Selbsterhöhung, die nur noch in der Macht zum Allesvernichtenden zur Geltung gelangen kann. Die Verlockung zur Vernichtung, auch zur Selbstvernichtung, diese Lust des pathologischen Spielers, kann man vermutlich bei allen Abenteurern entdecken: indem sie die Dinge mutwillig auf die Spitze treiben, den Absturz nachgerade herausfordern und aller Vernünftigkeit Hohn sprechen. Gerade das Zeitalter der Vernunft, das mit Aufklärung nicht zuletzt auch meinte, der Mensch habe sich mit seiner privaten Haushaltung wie mit den Kräften seines Körpers und seiner Seele zweckrational und ökonomisch zu verhalten und vor den Ausgaben zuerst seine Mittel zu schonen, brauchte den Glücksritter als Widerpart. So waren es dieselben Buchhändler und Verleger, die das Schrifttum der Aufklärungsphilosophen und die engbürgerlichen Traktate zur utilitaristischen Lebensklugheit in ihrem Sortiment führten, während sie die andere Seite ihrer Regale mit jenen Büchern füllten, welche davon erzählten, wie man ausgerechnet ohne den kategorischen Imperativ, ohne strebsam-bürgerliche Selbstgenügsamkeit und Rechenhaftigkeit recht vergnüglich fertig wird mit dem, was auf einen zukommt.

***

Die mittelalterlich ernste – religiöse oder schicksalsergebene – Etymologie von *advenire* und *âventiure* verwandelte sich schon bei der Erfindung des volkstümlich-derben spanischen Schelmenromans im 16. Jahrhundert und gewiß dann beim höfisch geprägten Abenteurer des 18. Jahrhunderts in einen optimistischen, ganz und gar untragischen Gegensinn. Zwar fordert dieser keine strikte Lebensplanung, doch auch nicht, daß man sich vollends treiben läßt. Heiter, mit Appetit soll der Abenteurer in die Welt drauflosmarschieren, neugierig auf das, was auf ihn zukommt, mit der Gewißheit, daß es allemal eine Chance sein wird und daß auch eine Niederlage nichts anderes als eine Abwechslung ist – und eigentlich ein Glück: das Glück nämlich, der Langweile entfliehen zu können, die im eben Erreichten, im eben noch Genossenen bereits lauert und Herr zu werden droht. Die

Langweile ist die große Krankheit der Epoche, jedenfalls der Saturierten, der vom verbrauchenden Zwang zur Arbeit Freigestellten. Nicht nur in Versailles, erst recht in den kleineren Stadtpalästen und Provinzdomänen, in den Garnisonen und Kaufmannshäusern und selbst in Goethes Weimar hat man sie gefürchtet, die langen Tage und die noch längeren Winterabende. Wie sinn- und mutlos erscheinen doch die künstlich aufgebrachten Ideen zur fröhlichen Kurzweil, zur Tändelei, zum Spiel oder zur launigen Konversation, mit denen man sich unempfindlich zu machen trachtete gegen die Trägheit des Uhrzeigers, gegen das bleierne Lasten der Zeit. Am Ende blieben meistens – selbst in den Spielsälen der Pariser Paläste und in Goethes Haus am Frauenplan – doch nur ungute Gefühle, üble Laune und das Verstummen in brütender Lethargie.

Den nicht zu stillenden Hunger zu stillen – nach Farbe, Sorglosigkeit, nach Handlung und nach Entfaltung der eigenen Kräfte –, das waren die Verheißungen der Bücher von Abenteurern und ihrer verbürgten Tatsächlichkeit. Nicht mit jener Sorte von Büchern, die das philosophisch-aufklärerische In-sich-Gehen lehrten und predigten, sondern mit diesen anderen, die das Von-sich-Wegkommen, das beherzte, freizügige Drauflosgehen ausmalten, erzielte der Handel Umsatz und Gewinn. Höchst erstaunlich sind diese literarischen Produktionsvorgänge, von heute aus kaum mehr zu durchschauen. Noch mysteriöser müssen uns die Kommunikationsnetze, Informationsprozesse erscheinen, die vorausgingen. Als Abenteurer und somit als vorrangiger Lesestoff konnte jeder – und jede! – gelten, wenn dieser Person gewisse Elemente von Glanz, Mobilität, gesellschaftlicher Gewieftheit, aber auch von Regelwidrigkeit, Provokation, vielleicht auch von Vagabundentum und Internationalität zu eigen waren, oder ihr wenigstens zugemessen werden konnten. Wie aber wurden solche Personen ausfindig gemacht in einem Zeitalter, dessen Kommunikationsmöglichkeiten wir heute als rudimentär und schwerfällig einschätzen? Wie konnte man über sie Informationen gewinnen, dazu am liebsten noch detaillierte und indiskrete, mit denen Bücher zu füllen waren? Klar ist die Sache nur dort, wo der Abenteurer nicht nur seinem Wesen gemäß das öffentliche Aufsehen suchte, sondern auch ein Literat war und deshalb sich selbst daran machte, die Abfassung und Herausgabe seiner Lebensgeschichte zu besorgen. Solche Fälle sind aber durchaus die seltenen. Wie konnte es beispielsweise geschehen, daß 1756 in Amsterdam die »Mémoires« oder auch »Lettres« der Madame de Maintenon, der letzten Maitresse Ludwigs XIV., erschienen, hinter denen ein gewisser Laurent de La Beaumelle sich als Herausgeber verbarg? Das nicht weniger als neun Bände umfassende Werk oder Machwerk enthält eine Fülle von Details, Begebenheiten, Gesprächszitaten, spitzen Bemerkungen und Indiskretionen, deren Authentizität selbst der etwas neidische Voltaire nur hier und da in Zweifel ziehen konnte, deren Gesamtheit sich gleichwohl mit dem anderswo gesicherten biographischen Material frappant zusammenfügt und an Stofffülle dieses andere bei weitem übertrifft. Niemals hatte die 1719 gestorbene Maintenon, die in vielem wohl auch als eine Abenteurerin gelten kann, so etwas wie ihre Lebensgeschichte aufgeschrieben. Allerdings, die Räumlichkeiten von Versailles mögen hellhörig gewesen sein, das ganze Interesse der Höflinge war auf die Favoritin konzentriert, von deren Urteil und Einfluß die Gnade oder Ungnade des Königs abhingen. Ein tüchtiger Rechercheur und Publizist konnte sich auch noch Jahrzehnte später aus den Resten der Pariser Gerüchteküche reichlich bedienen, da Maitressen und Abenteurer über ihren Tod hinaus in der Faszination lebendig bleiben und jeder der Nachkommenden in seiner Seele etwas findet, das ihn glauben läßt, er sei dabeigewesen. Und auch in Deutschland wollte man dabeigewesen sein: Gleich nach der offenbar erfolgreichen Erstausgabe leitete der profitwitternde Amsterdamer Verleger die deutschen »Denkwürdigkeiten der Madame de Maintenon« in die Wege.

Die beachtlichste Leistung, welche das höfische Abenteurertum hervorbrachte, war das Gerücht. Eine schillernde Fülle von Gerüchten ging von ihm aus und verbreitete sich in rätselhafter Eile über Ländergrenzen hinweg. Das Gerücht eilte dem Abenteurer voraus, traf Vorbereitungen zu seinem Empfang; damit es die Wahrnehmung der Neugierigen prägte. So kommt die Frage auf, ob denn nun das Gerücht von dem Abenteurer produziert wird oder ob es nicht gerade umgekehrt ist: daß nämlich er selber – und schon früh in seiner Karriere – zum Produkt des Gerüchts geworden ist. Mit dramatischem Ingenium sind alle Auftritte und Aktionen angelegt auf Affirmation, ob nun des guten oder schlechten Rufs. Sein Lebensgesetz gebietet ihm, die Erwartungen, die Fiktionen seines Publikums behend zu wittern, damit er durch die Virtuosität seiner Aufführungen jene zufriedene Faszination erwirkt, die sich immer einstellt als der Dank für bestätigte Erwartung. Also wäre der Abenteurer ein Schauspieler, der ein paar Lieblingsrollen mit sich führt, aber routiniert genug ist, auch mit ganz anderen ansehnlich zurechtzukommen. Manchmal ist er zu den verblüffendsten Fachwechseln fähig: besonders dann nämlich, wenn es schließlich auch für ihn ernst wird und er sich mit der einzigen für ihn gültigen Realität ins Benehmen setzen muß – dem Altwerden.

Auch ist er der Autor eines Romans, der von ihm selber handelt, eine gewissermaßen doppelte Existenz, zugleich Held und beobachtender Chronist. Romanhaft und als gehe es um literarische Effekte, kalkuliert er die Spannungsbögen, überraschenden Wendungen, Höhepunkte und Abstürze, um sie sogleich mit der ganzen Wirklichkeit seiner Person zu durchmessen. Dieser auf Planlosigkeit hin geplante Lebensroman antizipiert die Wirklichkeit und zwingt sie herbei. Die solchermaßen gebildete Persönlichkeit indes ist zum großen Teil ein gesellschaftlich erstelltes Konstrukt mit spezifischen Seinsgesetzen, eine *virtuelle Realität*, in der schließlich das Tatsächliche und Individuelle von den Phantasien und Anweisungen des Kollektivs kaum noch unterschieden werden können. Biographien und *Denkwürdigkeiten* von Abenteurern konnten – so erweist es der Buchhandel im 18. Jahrhundert – bei günstiger Nachfrage beliebig aufgefüllt, fortgeschrieben, mit Nachträgen versehen werden; und selbst dort, wo der Held oder die Heldin vermutliche oder offenkundige Erfindungen waren, gewannen sie manchmal eine solche Konkretheit, als seien sie leibhaftige Zeitgenossen oder doch einmal existent gewesen. Man denkt dabei an die von keinerlei Gewissensbissen eingeschüchterten *Bekenntnisse* jener – im Sinn der natürlichen Moral – *ehrbaren Dirnen*, deren anekdotisch-drastische Lebensgeschichten einen farbigen, doch immer dasselbe wiederholenden Bogen spannen vom 18. bis in unser Jahrhundert. Ziemlich am Anfang stehen »The Fortunes and Misfortunes of the Famous Moll Flanders«, die 1722 auf den Markt gebracht wurden von dem im Erfinden von Wirklichkeit so ungeheuer produktiven Daniel Defoe, der ein ewig verkrachter Spekulant war – und dazu ein Puritaner. Die süffige Hurengeschichte mußte folglich unter seinen Händen am Ende zu einer Erweckungs- und Bekehrungslegende geraten, was Defoes Nachfolger John Cleland als der Erfinder der »Memoirs of Fanny Hill« derart verklärend nicht nachvollzog. Dieser 1749 herausgebrachte Briefroman vollzieht seine unerläßliche moralische Schlußwendung hin zum diesseitigeren Lob der Liebesehe in wohlausgestatteten bürgerlichen Verhältnissen, nachdem die Karriere des Freudenmädchens entschieden freizügiger als bei Defoe ausgemalt wurde. Mit diesem also vergleichsweise geringen Anteil von Heuchelei ist »Fanny Hill« zu einem prallen, einfach nur *gegenwärtigen* erotischen Lesefutter geworden, das darum selbst heute noch eine – gewissermaßen unhistorische – Popularität genießt.

Am Ende dieses Bogens wenig verhüllter, pittoresker Frauengestalten steht, soweit literarisch bemerkenswert, die virtuelle Realität der Wiener Dirne Josephine Mutzenbacher, deren bürgerlich-naturalistische Erfindung aus plebejischer Ungeniertheit und patentem Geschäftssinn mit guten Gründen jenem sich in Anonymität verbergenden Felix Salten zugeschrieben wird, der 1923 als der Schöpfer von »Bambi« seine Identität freilich gerne preisgab. Mitten in diesem Bogen, und wohl auf seiner Höhe, findet man jenes besonders schöne Exempel erfundener Hurenwirklichkeit, das uns der jüngere Alexandre Dumas mit seiner »Kameliendame« hinterließ und das dann Verdis Oper über »La Traviata«, die vom Wege Abgekommene, musikalisch sublimierte. Man ist immer wieder erstaunt und möchte es nicht glauben, daß man tatsächlich auch heute noch ihr Grab aufsuchen kann, auf dem Pariser Cimetière Montmartre. Dort liegt sie unter ihrem richtigen Namen, der doch nicht so ganz ihr richtiger war: die als Romanfigur weiterlebende, sanfte, alle Welt bezaubernde Marie Duplessis, die 1847 erst dreiundzwanzigjährig als Comtesse de Perregaux starb und die Tochter eines Kesselflickers war. Darüber freilich macht der Grabstein keine Angaben.

Wie wunderlich Realität und Fiktion des Abenteurers direkt nebeneinander herlaufen können und beide Seiten in einem offenbar vorteilhaften Verhältnis zueinander stehen, kann man an der Geschichte des längst vergessenen Grafen von Bonneval ermessen. Der dachte in der hohen Zeit seines Aufsehens wohl keinen Augenblick daran, sich den Herausforderungen seines so glorreichen wie skandalsüchtigen Lebens zu entziehen, indem er sich zur Abfassung seiner Biographie in irgendeinen stillen Winkel zurückgezogen hätte; und als er endlich im Stillstand des Alters die Muße zum Schreiben hätte finden können, da waren seine Memoiren längst geschrieben, auf Fortsetzung hin angelegt und auf den Markt gebracht worden – von anderen. Mit diesen, vermutlich mehreren ungenannten Verfassern war der nach Konstantinopel abgewanderte französische Graf niemals in Berührung gekommen; er hatte seine »Autobiographen« nicht autorisiert und auch nicht mit Material beliefert. Unklar ist, ob er überhaupt davon Kenntnis nahm, daß da neben ihm seine fingierten Memoiren existierten und in Übersetzungen in ganz Europa verbreitet waren. Bemerkenswert aber ist nicht nur die Fülle des dort Erzählten, sondern auch seine Stimmigkeit, seine Plausibilität und Zuverlässigkeit. Man staunt, wie dieser Stoff sich in einem Länder und Jahrzehnte umspannenden Netz des Bekanntwerdens, Behaltens und Weitergebens ansammeln konnte und wie die Herausgeber es vermochten, alle diese Quellen ausfindig zu machen und in ihrem Werk zusammenzuführen. Eine Art von Gesetzmäßigkeit läßt sich hierbei entdecken: Die Existenz des frühneuzeitlichen Abenteurers zielt geradezu darauf ab, daß sie zur Literatur wird, daß sie Autoren und das gesamte Bücherwesen herausfordert, der Öffentlichkeit die erwartete, mit allen Authentizitätsmerkmalen versehene Biographie zu liefern. Ein Abenteurerleben, das nicht schriftlich besiegelt und der Welt romanhaft vorgelegt würde, ist nicht denkbar; und wie seltsam mutet es deshalb an, daß ausgerechnet der angeblich so herausragende Casanova am Ende ganz allein und unbeachtet selbst zur Feder greifen mußte, um für das unerläßliche Schlußstück seiner vom Formgefühl geprägten Lebensarchitektur zu sorgen.

***

Der Typ des Abenteurers, wie er allmählich faßbar wird und wie er seit der Renaissance als schillernde Nebenfigur ins Regelsystem des höfischen Milieus eingetreten war, folgt keiner Idee, keinem Ideal außer dem einen: dem von sich selbst. Er ist von unerhörtem Tatendrang und immer auch in der Nähe der Macht. Dazu braucht er, woher er auch stammen mag, nicht nur die Beherrschung der aristokratischen Manieren, sondern auch einen noblen Titel, den man ihm trotz größter Zweifelhaftigkeit gern und leichthin zugesteht, wenn nur alles andere rollengemäß ist. In einer verschleierten, obskuren, die Bildung von Gerüchten kitzelnden Weise wird er sogar einbezogen in Verhältnisse, wo die Fäden der großen Politik gezogen werden. So, wie er von der Adelskultur des *Grand Siècle* erzeugt wurde, so bestätigt er diese durch seine mindestens hinlängliche Beherrschung der Formen und Spielregeln höfischer *Grazie*, wie sie der italienische Graf Castiglione in seinem 1528 erschienenen »Cortegiano«, dem Lehrbuch über den mustergültigen Höfling, vorgeschrieben hatte und wie sie dann als Hauptelement des Adelsideals europaweite Verbindlichkeit besaß. Was der Mensch durch die neuzeitliche Entchristlichung an innerer Fassung und Integration einbüßte, wird durch die formende Kraft des Ästhetischen ersetzt. Zur Religion pflegt das Abenteurertum stets ein Verhältnis lässigster Unverbindlichkeit. Nichts liegt ihm ferner als Demut. Denn vor allem anderen strebt es nach diesem einen: eine Rolle zu spielen, in jeglicher Bedeutung der Wörter und gemäß den Regeln höfischer Ästhetik. Keine Frevel können den Abenteurer mehr gefährden, ihn eher zum Sturz bringen als Unbeherrschtheit, Plumpheit und Ausfälligkeit, aber auch Rechenhaftigkeit, Geiz und Langweiligkeit. Nach dem Verstand des *homme de qualité* gelten diese zu allererst als die Kriterien des Unästhetischen; sie machen häßlich und hassenswert, sie sind die Brandmale des unternehmerisch forcierten, sein Kapital verkniffen hütenden Bürgers, wenn nicht gar des unbeherrschten Plebejers. Wie fassungslos und betreten war man in Versailles, als die erste Dame Frankreichs, die Herzogin von Orléans und ehemals deutsche Liselotte von der Pfalz, vor der versammelten Hofgesellschaft in einem jähen, wortlosen Wutausbruch ihrem mißratenen Sohn, als er ihre Hand küssen wollte, eine laut schallende Ohrfeige versetzte. Die gesellschaftliche Isolation, über die sie in ihren heimwehkranken Briefen bald zu klagen hatte, war gewiß auch eine Sanktion für diesen *faux pas*.

***

Qualitäten wie Wagemut, imitatorisches Talent, Charme und die Leichtigkeit von Seele und Gewissen ergeben dennoch keinen Abenteurer, wenn sich im Hintergrund Bedürftigkeit, Hunger und Armut bemerkbar machen. Der Geruch der kleinen Leute, die blanke Not erzeugen keine aristokratischen Glücksritter, sondern Banditen, die keiner Rede, schon gar keiner Nachrede wert sind. Es sei denn, sie steigen auf zu Räuberhauptmännern oder Piratenkapitänen. Als solche Hervorgehobene sind sie allerdings der Nachrede wohl wert: nämlich als die Pendants der Armen zu den glücksritterlichen Trabanten derjenigen, welche sich als die Bessergestellten, als die Elite verstehen. In einer eigenen Weise verhält es sich indes mit den Dirnen, deren Hintergrund vereinbarungsgemäß ja auch die Armut zu sein hat. Sie bestätigen dem zur finanziellen Nachfrage mehr oder weniger befähigten Kunden in einer beziffernd-objektiven Weise seinen jeweiligen gesellschaftlichen Rang und haben somit – anders als die eher wahllos agierenden Banditen – eine höchst präzise soziale Ordnungsfunktion. Mit der Höhe des Preises, den man an sie zu entrichten bereit ist, gewinnen sie an abenteuerlicher Faszination. Was sie für den zahlungskräftigen Bourgeois, der sich im aristokratischen Prestigesystem zurückgesetzt fühlt, zusätzlich faszinierend macht, liegt darin, daß sie die Rang- und stilistischen Unterschiede zwischen ihrer aristokratischen und bourgeoisen Kundschaft nivellieren, daß in ihrem Milieu die alte Ständegesellschaft längst abgeschafft wurde. Da ihre käufliche Gunst dem reichen Bürger vor dem heruntergewirtschafteten Edelmann ohne weiteres den Vorrang einräumt, erfüllen die Dirnen – gewissermaßen – genau dieselbe sozial-bewegende Funktion wie das zukunftsträchtige merkantilistische System, das jedem, wenn er nur zahlen kann, alles verkauft.

Räuber und Piraten aber, da ihre eigenmächtigen Interventionen die Güter ganz irregulär umverteilen, sind nicht nur kapitale Störer dieses Tauschsystems mit seinen Gleichgewichtspreisen, sondern gelten aus der Sicht der Adelskultur als ungeformte, häßliche Kreaturen. Schmeichelnd umspült werden sie nur vom Gerücht der kleinen Leute und der Volkssage. Deshalb ist aber auf diesem, sozusagen demokratischen, Fundament ihre Unsterblichkeit eher gewährleistet als die der höfischen Glücksritter und Kurtisanen. Deren Ende liegt meistens in einem kaum mehr wahrgenommenen, aristokratisch erträumten, weltentrückten Verlöschen, wohingegen das Ende der plebejischen Räuberkapitäne in der Regel drastisch und sehr real auf dem Schafott zur öffentlichen Kenntnis gebracht wird. Inmitten eines gewaltigen Publikumsandrangs wurde der Banditenchef und Volksheld Cartouche 1721 in Paris gerädert. Sein deutsches Gegenstück, der Schinderhannes, starb vor vielen tausend Zuschauern in Mainz unter der Guillotine. Aber gegen solche Macht des Faktischen, gegen den Tod seiner Helden, erhoben die Sagen des Volks, erhoben die Märchen Einspruch und erzeugten Fiktionen, virtuelle Gestalten, welche auf ausgesprochen klassenkämpferische Unsterblichkeit hin angelegt wurden. Der jähe Tod des enthaupteten Klaus Störtebecker, wenn er denn jemals existiert hatte, konnte aus der *Perspektive von unten* nicht hingenommen werden. So wollte die Sage denn, daß er selber sein ewiges Nachleben mit einigen kopflos heroischen Schritten einleitete. Der flinke, an keine Wirklichkeitsketten gefesselte Robin Hood aber treibt sein Wesen in Sherwood Forest noch heute und wohl für immer. Nicht nur in dieser Beziehung hat er es am weitesten gebracht. Bis zur unablässigen Königsnähe, bis zum unverbrüchlichen, statthalterischen Dienst für den rechten König ließ die Sage ihn aufsteigen – und damit beinahe zum Rang eines richtigen, noblen Abenteurers.

Der Appetit auf Macht und Herrschaft ist in jedem Abenteurer wie in jedem Volkshelden zu entdecken. Die Legitimation zur Herrschaft wird dem englischen Robin mittels der Moral seiner sozialen Gerechtigkeit angedichtet. Weil in der Realität jedoch der echte Volksheld weder das Glück noch das Talent hat zur Affinität, zur Verschmelzung mit der höfischen Elite, erheben ihn manchmal seine innere Dynamik wie auch die Erwartungen seines Publikums zu einer höchst konkreten Gegengewalt. Seinen – totalen – Machtanspruch leitet er dann nicht aus seinem Anpassungseifer, seiner rebellisch getönten Servilität ab, sondern aus einem anderen, das für höher, für mystisch gehalten werden soll. Aus einer Berufung, aus der Religion oder aus irgendeiner Vorsehung fließe ihm seine Legitimation zu. Derartige Volkshelden nehmen sich – im wahrsten Sinn des Wortes – fürchterlich ernst, sie stilisieren sich zu Heiligen wenn nicht zu Würgeengeln, halten sich vielleicht sogar für solche – wie Johann van Leyden, jener *König der Letzten Tage* in

Münster, oder Robespierre; und auch an Hitler muß man hier wieder denken.

Unendlich fern hätten einem aristokratischen Abenteurer solche Anwandlungen gelegen. Er begnügte sich mit Machtspielen, mit Duellen, kriegerischen Mutproben und mit dem Genuß der im vis-à-vis ausgelebten Seelenherrschaft über seine Mitspieler, und gern schmiedete er auch Pläne und Ränke. Im übrigen aber ließ er die Welt in Ruhe. Der nicht sonderlich noble, dauernd zu harscher Überkompensation seiner bodenständigen Anteile aufgestachelte Napoleon hingegen mußte die Idee von sich selber zu einer Weltidee ausweiten, in der sich das Ursprüngliche, Infantile, Konfuse in eine politisch strukturierte Gestaltung zu verwandeln suchte. Hitler, in keinem gesellschaftlichen Milieu beheimatet, an kein Prestigesystem angepaßt, kann man für die extremste, ganz und gar anachronistische, pervertierte Erscheinung eines im Prinzip völlig »leerlaufenden« Abenteurertyps ansehen. Selbstbeherrschung, *gracia*, *largesse* und *Liberalität* des Aristokraten standen ihm durchaus nicht zur Verfügung, um die Ichsucht zu zügeln oder wenigstens zu ästhetisieren. Was aber noch dazukam, um seine Energien aus Geltungssucht und ziellosem Wirksamkeitsdrang ins Monströse, ins eschatologisch Zerstörerische zu steigern: das waren die Hilfsmittel des neuzeitlichen technischen Instrumentariums. Zwischen dem aristokratischen Lebensprinzip jedoch und der technischen Gerätschaft konnte es niemals ein rechtes Einvernehmen geben – es sei denn in den Kalauern des Lügenbarons Münchhausen, der auf einer Kanonenkugel durch die Lüfte ritt. Die moderne, völlig uncharmante, weil maschinelle Realisierung der Ausgeburten des eigenen Willens, die von den Instrumenten der Massenmedien bewirkte Ausbreitung und Potenzierung der eigenen Launen, der reinen Bosheit sind scharf abgrenzende Kriterien, die einen höfischen Abenteurer trotz seiner eigenen Störungslust von jenen Monstren trennen, welche erst in unserer Zeit möglich wurden. Nicht nur die Französische Revolution, sondern auch die Industrielle Revolution und das Maschinenzeitalter haben dem Aristokratismus samt seinen abenteuerlichen Trabanten den Garaus gemacht.

***

Da der Abenteurer in seiner ursprünglichen Gestalt die höfische Welt, ihre spezifischen Kommunikationsformen benötigt und so recht ein Erzeugnis wie auch ein Spiegelbild des Ancien Régime ist, kann er nur dort deutlich angetroffen werden, wo dessen Bildungskräfte gesellschafts- und stilprägend wurden. Folgerichtig ist auch, daß mit dem Beginn des 19. Jahrhunderts das Schwinden dieses abenteuerlichen Menschentyps beginnt und nur noch einzelne, vage Gestalten auszumachen sind, welche diesem Muster ähneln. Daß Frankreich von der Epoche Heinrichs IV. bis zur Revolution die markantesten, farbigsten Spielarten des *aventuriers* hervorbrachte und daß es ebenso der Boden war, auf dem Fremde ihre entsprechenden Veranlagungen am besten ausbilden konnten, liegt auf der Hand. Auch in Italiens Fürstentümern und in den Palästen Roms lud man sie zur Tafel, wenn auch meistens in die zweite Reihe und nur zum Zuschauen. Dagegen waren die hierarchisch viel strengeren Stadtrepubliken, wo man seinen Glanz nicht freigebig, sondern mit einschüchternder Berechnung und Rentabilitätserwägungen zum Einsatz brachte, dem Abenteurertum durchaus nicht günstig. Casanova, der zwar in der Halbwelt Venedigs seine ersten Geläufigkeitsübungen absolvieren durfte, stieß, als er mit Solostücken hervortreten wollte, gegen unerbittliche Unterdrückungskräfte. Erwerbs- und Besitzbürger und erst recht Bürgerrepubliken haben überaus geschärfte Sinne für die politischen Untergründe, die umstürzlerischen Implikationen von Abenteuerstreichen, und kennen bei wirtschaftlichem, sozialem und politischem Abweichlertum weder Großzügigkeit noch Toleranz, noch Gnade. Rousseau, der die gesellschaftliche Ungleichheit und die Entartung der vorhandenen Staatsgewalten angeprangert hatte, stand gleichwohl unter dem diskreten Schutz sogar der ersten Prinzen Frankreichs, während die kapitalistische Musterrepublik Genf über den Verfasser des »Contrat social« vor Zorn bebte und Voltaire, der sein Geld in den Sklavenhandel und in Galeeren investiert hatte, zur schonungslosen Verfolgung dieses anderen, ziemlich anders denkenden Freidenkers aufhetzte. Auch Cagliostro, in manchem mit Casanova vergleichbar, war als Scharlatan und geheimnisvoller Unterhaltungskünstler in der höfischen Gesellschaft Europas wohlgelitten. Erst als man ihn wegen revolutionären Verschwörertums und jakobinischer Agententätigkeit in

Verdacht zog, bekam er die Unerbittlichkeit der wirtschaftlichen Machtinteressen und die der Kirche zu spüren.

Das Spanien Philipps II. und der mitregierenden Priester setzte der Libertinage des Abenteurertums allerengste Grenzen. Das höfische Leben dieser hochdifferenzierten, zeremoniellen, mehr zur Strenge als zur heiteren Großzügigkeit neigenden Oligarchie war dennoch zu einer gewissen internen Toleranz, zu zweckdienlicher, nachrekrutierender Aufnahmebereitschaft und Durchlässigkeit selbst gegenüber Spielernaturen bereit. Seltsam opake Gestalten wie Antonio Pérez, später die vom Bischofsliebchen zur heimlichen Herrscherin aufgestiegene Fürstin Orsini oder der ausgesungene Kastrat Farinelli, den man neben der Orsina in den verzerrten Hintergrundsverhältnissen Philipps V. sieht, erzeugten in ihren eigenen Überwachungs- und Angstsystemen Spannungen und Überspannungen. Die Folge waren dramatische Eruptionen, welche den Charme, das Spielerische von diesen rastlosen Helden wegfegten und als ihren innersten Antrieb ein katastrophisches Geltungs- und Wirksamkeitsverlangen freilegten.

***

Eigentümlich, obgleich ganz anders als die Düsternis des Escorial, stellten sich auch die Verhältnisse in England dar. So recht ist man beispielsweise vom Abenteurertum eines Francis Drake und seiner freibeuterischen Artgenossen nicht überzeugt. Der besonderen, gewissermaßen fortschrittlichen Wirtschaftsentwicklung des Inselreiches entsprechend, hat man in diesen Korsaren, wenngleich sie auch Männer des Hofes waren, vor allem höchst berechnende Erwerbsmenschen zu erkennen, denen die abenteuerliche Attitüde, der ritterliche Glanz nichts weiter bedeuteten als kalkulierte, situationsabhängige Mittel zur Gewinnmaximierung und Konkurrenzverdrängung. Der richtige aristokratische Abenteurer ist auch den Menschen, die unter ihm stehen, gefällig. Der königlich privilegierte, unternehmerisch denkende Pirat aber erkannte in ihnen nur Produktionsmittel, Menschenmaterial zum alsbaldigen Verschleiß.

Von dieser Denkungs- und Empfindungsart scheint jener herabschauende, sich jedoch nicht herablassende, ziemlich blasierte, ziemlich langweilige Gentleman abzustammen, der dann im 18. Jahrhundert stilbildend wurde. An den Wänden der Londoner National Portrait Gallery, diesem Schrein des englischen Establishments, sieht man in der Masse der Konterfeis immer wieder dieses eine Gesicht und immer wieder diesen einen, sehr speziellen Habitus – hundertfache, nur geringe Variationen ewiger Gleichförmigkeit und Gleichgültigkeit. Wie auffällig verschieden sind dagegen die Gesichter, das Mienenspiel, die Aufmerksamkeit, die innere Spannung von Portraits französischer Kavaliere und Damen, welche in derselben Epoche gemalt wurden. Manchmal trifft man es in irgendeinem Museum an, daß die Bildnisse von englischen und französischen Aristokraten in demselben Raum miteinander Gesellschaft pflegen müssen. Der Kontrast ist unverkennbar, und am Ende ist es dieses eine besondere Merkmal, nämlich der Anflug von abenteuerndem Witz, der die französischen *personnes de qualité* von ihren englischen Vettern und Kusinen abhebt. Diesen letzteren sieht man an, wie konkret, wie saturiert die Verhältnisse waren und auch blieben, auf denen ihr Dasein ruhte: Grund und Boden, die praktisch, ökonomisch und ganz ohne *human interest* organisiert waren, und Kapitalien, die ebenso vernünftig wie dauerhaft, als bloße Zifferngebilde von Notaren und Bankiers verwaltet wurden. Diese englischen Portraits ergeben eine den Betrachter bald langweilende Ansammlung aristokratischer Anti-Abenteurer. Wenn solche Personen hetzten, dann taten sie das nicht aus Abenteuerlust, sondern um ihre Hunde oder ihre Bauern zu hetzen. Wenn sie über die Stränge schlugen, dann verfolgten sie ihr feudales Vorrecht auf Völlerei und sexuelle Befriedigung. Man ahnt, daß der Kostenfaktor und die Kostenüberwachung dabei keine geringe Rolle spielten. Das gemeinsame, gleichsinnige Abenteuer einer Gruppe von perückentragenden Gentlemen in ihrem Club konnte darin bestehen, zwei Wassertropfen zu beobachten, die sich an einer beschlagenen Fensterscheibe gebildet hatten und beim Hinabrinnen, genau betrachtet, ein höchst aufregendes Rennen vollführten, an welchem man durch seinen Wetteinsatz auf den einen oder anderen Tropfen gemütsbelebenden, die Zeit totschlagenden Anteil nahm.

Aus dieser sozusagen pragmatischen, vom Geldwert und vom Anreiz des Geldes bestimmten Welt, in der die moderaten Vernünftigkeitsmenschen John Locke und David Hume, doch nicht der nach Frankreich verbannte, radikale und sehr viel dramatischere Thomas Hobbes den philosophischen Ton angaben, ist uns der Abenteurer kaum als eine Realität, jedoch in erstaunlichem Maß als Fiktion erhalten. Wirklich Abenteuerliches kann man vermutlich bei dem weltumsegelnden James Cook herausfinden; aber noch interessanter ist der geist- und phantasievolle, hellwache und in Maßen exzentrische Horace Walpole, der nicht nur der Sohn des Premierministers Sir Robert, sondern auch selber ein tüchtiger, beweglicher Mann war. Jedenfalls war er ein spielerischer, aufs Universelle gerichteter Dilettant und ein Pläneschmied von gleichermaßen konzentriertem wie leicht abzulenkendem Gestaltungseifer. Seinem Abenteurertum hat er zumindest als Visionär von abenteuerlicher Architektur ein Denkmal gesetzt. Das Bauen und Umbauen von *Strawberry Hill*, seinem Landsitz über der Themse zwischen Richmond und Hampton Court, beschäftigte ihn, seit 1749, fünfundzwanzig Jahre lang, und es entstand der avantgardistischste Historismus, den man sich damals denken konnte. Dieses »Gotische Haus« überschritt spielend die Zeiten, verleugnete sie eigentlich. Denn das nachempfundene Mittelalterliche, das »Gotische«, geriet zum Gegenwärtigen und historisierte zugleich die Sichtweisen und Muster des gegenwärtigen Stil- und Formempfindens. Das Inkongruente verwandelte sich zur abenteuerlichen Einheitlichkeit. Für seinen Urheber bedeutete es eine ganz und gar aristokratische, eine ästhetische, extravagante, riskante, gefallsüchtige und ziemlich zwecklose Lebensaufgabe.

Als ein Nachfolger dieses jüngeren Walpole könnte der Erfinder, das Urbild des *Dandy* gelten, jener George Bryan Brummell, der in der Clique des Prince of Wales sich den Namen *Beau Brummell* behagen ließ. Aber der gehört eher ins 19. Jahrhundert und war recht eigentlich nur ein Modegeck, die Erscheinung einer Schrecksekunde beim Absturz des Abenteurertums von der flackernden Höhe eines Cagliostro hinunter in die Tiefenregionen eines Karl Lagerfeld.

Indes, was für ein Heer von zwar nur erfundenen, jedoch für möglich gehaltenen Abenteurern marschierte oder tändelte durch das England des 18. Jahrhunderts! Was allein schrieb Daniel Defoe zusammen an lüstern-abschreckenden Abenteurerbiographien. Auf die weit und breit ausgekostete Lust am Sinnlichen, an einer Selbstverwirklichung, die weder Sitten noch Gebote respektierte, folgten stets Bußfertigkeit und Umkehr – sicherheitshalber manchmal noch Kerker, Verbannung oder gar der Galgen. Gemäß dem dreieinigen Geist von Calvinismus, Kapitalismus und Utilitarismus durfte der delektierliche Abenteurer am Ende seiner Geschichte doch nur als ein Taugenichts begriffen werden, recht kleinformatig und eher ein Tölpel denn ein Lebenskünstler. Wenn so einer anstößig wird, stößt er Stühle und Tische um. Die Bilder von William Hogarth zeigen die alkoholseligen Dämmerzustände der Langweile, die grimassierenden Turbulenzen dieser englischen Enge, wo alle sich irgendwie gegenseitig auf den Füßen stehen und ein Abenteurer keinen Spielraum finden könnte und erst recht keine Höhe. Eher schon aristokratisch, aber mit der totschlägerischen Unbeherrschtheit eines landadeligen Parvenüs irrlichterte die Figur Barry Lindons durch die Romanphantasie des 18. Jahrhunderts. Das heiterste Stück dieser Art allerdings, die Geschichte des Findelkindes *Tom Jones*, die ein besitzloser, deklassierter Adliger namens Henry Fielding 1749 zu seinem Broterwerb veröffentlichte, geriet eher zu einem Schelmenroman. Dieses aus Spanien stammende Genre jedoch war, da es immer auf dem Boden der Tatsachen bleibt und weder von aufstrebenden Flügen noch von höfischem Betragen viel weiß, längst nicht mehr auf der Höhe der Zeit, deren Geschmack zwar das Unterhaltsame nicht verachtete, dem verspielten Rebellionsgeist im Aristokratengewande jedoch entschieden den Vorzug gab gegenüber einem Till Eulenspiegel oder einem purzelnden Glückskind in englischer Parklandschaft.

Das reduzierte, seltsam verbürgerlichte Abenteurertum der Taugenichtse und Dirnen, wie es für Britannien typisch war, hatte immer mit Geld zu tun. Gerade auch die Sinnlichkeit wurde nach Markt- und Geldwert taxiert, war einer doppelten Buchführung unterworfen und konnte gemäß ihren Rentabilitäts- oder Verlustanteilen als Gutschrift oder Abschreibungsgröße in die Bilanz der laufenden Lebensführung eingetragen werden. Nicht daß die in der Attitüde nobler Großzügigkeit geübte Glücksritterschaft des Kontinents darüber das Interesse und die Empfänglichkeit fürs Geld vergessen hätte. Doch mehr noch beherrschten sie, ob Maitressen oder falsche Grafen, zumindest den Anschein jener vornehmen Kunst des leichten Nehmens und des leichten Loslassens. Denn daß eine französische Kokotte, eine italienische Kurtisane, bei allem Hang zum Wohlleben, unverhohlen vom Geld gesprochen, daß sie um Preise gefeilscht hätte, wird kein Mensch sich leicht und gern vorstellen wollen. Der angelsächsische Publikumsgeschmack hingegen forderte es geradezu, daß die Freudenmädchen dieses Romanunwesens mit allen konkreten Anzeichen von privatwirtschaftlichen, gewinnmaximierenden Dienstleistungsunternehmen agierten.

Eine allerdings gloriose, sogar in ihren Altershysterien gewissermaßen idealtypische, zudem noch vollkommen wirkliche Abenteurergestalt hat England am Ende der Epoche dennoch hervorgebracht: eine Frau, die so berühmte wie berüchtigte Lady Hamilton, die alles übertraf, was einem Daniel Defoe hätte einfallen können.

***

Eine dieser Lady Hamilton oder einem Casanova auch nur annähernd vergleichbare Figur haben, soweit man sehen kann, Deutschland und Österreich nicht hervorgebracht. Es ist verwunderlich und dann beim zweiten Blick sogar einigermaßen erklärlich, daß es hier die richtigen *aventuriers* oder *avventurieri* nicht gab und auch nicht geben konnte. Vielleicht sind ein paar Favoritinnen von Provinzfürsten die unerheblichen Ausnahmen. Allenfalls könnte man Spuren nach Rußland verfolgen, wo es einer litauischen Magd gelungen war, die einflußreiche Geliebte des – in seiner Art – gewiß höchst abenteuerlichen Alexander Menschikow zu werden, dem man nachsagte, daß er einstmals Straßenhändler war, bevor er – als Intimus von Peter dem Großen – zum Fürsten und in die höchste Staatsgewalt aufstieg. Derweilen machte auch die ehemalige Magd ihren Weg nach oben, wurde als nächstes die Geliebte des Zaren, um schließlich von diesem 1724 zur Kaiserin Katharina I. gekrönt zu werden. Nach dem Tod Peters übernahm sie die Alleinherrschaft, wenigstens der Form und dem Anschein nach. Denn nun war es wieder Menschikow, der die alte Liebschaft neu belebte und dabei die Macht an sich zog, für welche der vitalen, gewiß auch talentierten Katharina der Verstand doch wohl fehlte.

Anzunehmen ist, daß auch jene Sophie Friederike, die 1729 in Stettin geboren wurde und nur eine belanglose Prinzessin aus der eher abseitigen, dürftigen Familie derer von Anhalt-Zerbst war, durchaus Neigungen wie Eignungen zum Abenteurertum besaß. Ihr Weg war ihr freilich vorgezeichnet, war von anderen über ihren eigenen, noch ziellosen Kopf hinweg beschlossen worden. Ihren von gleichermaßen respektvollen wie schlimmen Gerüchten umgebenen Rang als Katharina II., die Große, erwarb sie sich jedoch aus eigenem Antrieb: mit dem nötigen Instinkt, in den Gegebenheiten und Fügungen das Herausfordernde zu erkennen, es dann glücklich zu meistern, mit Launen und Capricen nicht zurückhaltend zu sein und trotzdem einen weitreichenden Ernst des Gestaltens erkennen zu lassen. Rußlands sehr mit sich zerfallene, antinomische Gesellschaft, die erregt, geängstigt, im Innersten gelähmt war durch der Rivalität zwischen atavistischen, traditionalistischen, dazu noch modernistischen Strömungen, Gruppierungen und Eliten, bot Abenteurern unerhörte Chancen, öffnete ihnen prestigereiche Wege, doch ohne sie mit förmlichen, stilistischen, gar ästhetischen Selektionsansprüchen zu behindern, und überfütterte sie geradezu mit Macht und Besitz. Demgemäß repräsentierte Menschikow, wie später Potemkin und die Brüder Orlow, diesen ganz spezifischen Typ von ziemlich uncharmanten, zur gewalttätigen Megalomanie disponierten Aufsteigern, die den westlichen Aristokraten zwar elementaren Respekt vor solcher unverhüllten Macht einflößten, gleichwohl aber sorgsamst auf Distanz gehalten wurden. Denn, als Modellfiguren der *summa disgracia*, verkörperten sie das alles in Perfektion, was ein *cortegiano* noch geflissentlicher zu meiden hatte als die Todsünden. Was diesen Emporkömmlingen fehlte, war vor allem die Gelassenheit des Stils, war die beiläufige Großzügigkeit, welche jedes Spiel davor bewahrt, daß es zu einem derben und plumpen, zu einem brutalen und bösen Spiel ausartet.

***

Wallenstein nun, der einem einfallen muß, wenn man in Deutschland nach einem authentischen Abenteurer fahndet, hat zuviel gemein mit diesen von Macht- und Besitzgelüsten getriebenen Aufsteigern und kann also nicht gelten – trotz seines visionären Glanzes, trotz seiner, den Ausgang einer Epoche markierenden Neuzeitlichkeit. Denn was ihn antrieb, war der Dämon des Besitzens und Akkumulierens, das weder in sinnlichem noch sinnvollem Verhältnis stand zu den maßgerechten Bedürfnissen, zu den Kapazitäten der Person. Schiller, der schon in seinen »Räubern« mit dem Abenteurertum geliebäugelt hatte, um es dann wie ein ertappter Musterschüler pflichtschuldigst ins Monströse entarten zu lassen und zum moralischen Selbstmord zu erpressen, mußte bei seinem zweiten Annäherungsversuch an dieses verlockende Phänomen zwangsläufig auf Wallenstein stoßen. Da er dem bewunderten Feldherrn aber den freien, glückhaft-utopischen Lauf nicht zulassen oder gönnen wollte, da es sich außerdem nicht fügte, ihn wie den ungenialen Karl Moor mit der Einsicht in das Moralgesetz zum Stillstand zu nötigen, dichtete Schiller seinem Wallenstein mehr Seele und Philosophie an, als dem historischen Wallenstein zur Verfügung stand. Arg wesensfremd wäre diesem Schillers Deutungskonzept erschienen: daß er nämlich hätte staunen, sogar zurückschrecken sollen vor den eigenen, halbgedachten Machtplänen, welche das Geträumte zuerst in eine erreichbare Möglichkeit, danach in eine wirkliche, tragische Konfliktsituation verwandelten und schließlich zur Unentrinnbarkeit fortentwickelten. So wenig wie der reale Wallenstein die Rolle eines Abenteurers ohne Aufstampfen und ohne Gier zu erfüllen vermochte, so wenig war Schiller imstande, ihm Leichtigkeit und Spielerisches zu verleihen. Im übrigen sind Schillers Helden stets ganz in die moralische Pflicht genommene, verhinderte Spielernaturen und somit überaus »korrekte« Protagonisten auf einem Theater, das sich als »moralische Anstalt« verstand.

Beinahe kläglich könnte es einem vorkommen, mit welcher selbstquälerischen, tief in sich gekehrten Erregtheit Goethe es erstmals versuchte, sich mit diesem Menschentyp auseinanderzusetzen, welcher alles und nichts in sich trägt, alles und nichts vermag. Die 1774 ans Licht gebrachte Romanfigur, der Held der »Leiden des jungen Werthers«, machte nicht nur Epoche, sondern ist vielleicht für jene damaligen deutschen Verhältnisse die symptomatischste Abenteurergestalt. Von richtungslosen, peinigend verspürten, aber nicht begriffenen Energien und Wünschen erfüllt, zu Tode eingeschüchtert von gesellschaftlichen Spielregeln, von Barrieren der Konvention, wagt er es noch nicht einmal, diese Hindernisse seiner Entfaltung standhaft ins Auge zu fassen. Viel mehr als das zur Offenheit neigende Standesbewußtsein des Feudalismus schlechthin war es die spezifische, dünkelhafte, sehr *altfränkische* Intransingenz des deutschen Provinzadels, die nicht nur Deutschland zu einer »verspäteten Nation« machte, sondern auch den Romanhelden Werther zu einem Nichts. Dieses Nichts aber, das sich am Ende mit einem Pistolenschuß zudem noch selbst vernichtet, führt die Malaise der verzagten deutschen Abenteuerlust deutlich genug vor Augen. Damit ein Werther – oder ein Casanova – hierzulande sein Glück hätte machen können, wäre als Voraussetzung der Willkommensgruß der herrschenden Elite erforderlich gewesen, dazu noch die Bereitschaft, ihn mit freundlicher Nachsicht unter sich zu dulden. So wurde der aus verwöhnter bürgerlicher Selbstgefälligkeit stammende, noch nicht sehr geschliffene und selbstbeherrschte Goethe tatsächlich 1775 in Weimar empfangen, damit er in der Disziplin der Amts- und Regierungsgeschäfte zuerst seine Tüchtigkeit unter Beweis stellte und dann, im Erziehungsmilieu des kleinen, doch seit Anna Amalia auch recht feinen Hofes, seine Persönlichkeit bildete. Daß der, im Jahr davor, von Goethe erdachte hochfliegende Werther aber sofort nach der ersten Ohrfeige, nach der schmerzlichen Erkenntnis seiner Schwerfälligkeit allen weiteren Wünschen nach Einlaß, nach Einmischung in die adlige Welt entsagte, gleicht der Einstellung des Fuchses gegenüber den zu hoch hängenden Trauben. Was Goethes Roman in der »Gesandtschaftsepisode« für Werther an Widrigkeiten ausmalte, bezeichnete vieles von der retardierten Wirklichkeit, der bornierten Exklusivität der deutschen Feudalklasse, die, indem sie Annäherungen von »unten« meistens als Zudringlichkeit empfand, sich in eine anachronistische Sterilität versetzt hatte. Goethe versäumte nicht, die andere Möglichkeit, die jenseits des Rheins längst zur Wirklichkeit geworden war, als Wunschgebilde in den eigenen kleinsinnigen Entfaltungsraum zu projizieren. Neben den dominanten *Altfränkischen* gibt es in dem Roman deshalb, als eine Seitenfigur, auch den neueren, weltoffenen, liberalen Aristokraten, ganz im Stil der Prinzen und Prinzessinnen Conti, Egmont, Luxembourg oder Richelieu, wie sie Rousseau in seinen »Bekenntnissen« vorgestellt hatte und wie sie der Rousseau-Leser Goethe auch für seine deutschen Verhältnisse herbeiwünschte, da sie – den Regenerationsbedarf ihrer Klasse wohl erkennend – das Talent nicht geringer als den Rang schätzten. Man kann darüber nicht hinwegsehen, wie sehr Goethes Seele an den Entfaltungs-, den Erlebnismöglichkeiten, am ewigen – sei es auch nichtigen – Streben des Abenteurers hing. Man begreift, wieso der mustergültige Abenteurer Faust am Ende jener, nur scheinbaren, Tragödie so groß dasteht und weshalb ausgerechnet dem Menschen »ohne Rast und Ruh'«, dem »Unbehausten«, der »immer nur durch die Welt rannte« und doch nichts vollbrachte, die Transfiguration, die Erlösung, zuteil wird. Daß aber sogar Faust in die Gesellschaft des ziemlich deutschen Kaiserhofes nur mit Hilfe von Mephistos Mogelkünsten, gleich einem Scharlatan von Cagliostros Art, einzudringen vermag, darf man als einen ziemlich eindeutigen Wink des alten Goethe verstehen.

***

Das Dilemma der potentiellen deutschen Abenteurer, die sich nicht trauten, nicht trauen durften, wird einem im Kontrast zu den französischen Verhältnissen einerseits und zu den russischen andererseits erklärlich. In Rußland war spätestens unter Peter dem Großen die heillos verworrene Gemengelage der Gesellschaft deutlich zum Vorschein gekommen, und zwar als ein – zumindest latenter – Krieg aller gegen alle. Zwischen den, auch in sich zerstrittenen, Bojaren und dem Klerus herrschte eine gleichsam erstarrte Feindschaft. Neben ihnen drängten populistische Gruppierungen, die Kriegerkaste der Strelitzen, dazu das charismatische Sektierertum und mancherlei, um Volkshelden gescharte, ethnische Stoßtruppen zur Macht oder waren auf Zersplitterung des Reiches aus. Gegen diese alle erhob sich beschwörend die nach rückwärts gewandte Idee vom »alten, heiligen Rußland«, die dem Geist des Modernismus erbitterte Gegnerschaft verhieß. Diesem aber entgegenzustreben, hatte Peter zu seiner Devise erklärt; wodurch er in eine einzelkämpferische, den Absolutismus geradezu herbeizwingende Position versetzt wurde. Alle Traditionseliten mußte er zu Feinden erklären, alle waren seine natürlichen Feinde. Beistand konnte er gewiß nicht von denen gewinnen, die sich durch ihre Klassen- oder Gruppenzugehörigkeit definierten. Jedoch im Ausland, erst recht freilich in den Spalten und Verwerfungen der geborstenen gesellschaftlichen Tektonik Rußlands existierten bindungslose Individuen, wie sie zur Rekrutierung eines absolutistischen Machtapparats benötigt wurden. Daraus ergab sich eine Situation, welche das Emporkommen eines besonderen Abenteurertyps herausforderte, dem sich alle Chancen eröffneten. Zur Tauglichkeit für den Krieg, welchen der kaiserliche Oberwolf gegen alle anderen Wölfe führte, mußte aristokratische Verzärtelung als das disqualifizierendste Kriterium überhaupt gelten. Demnach war es von Peter durchaus als eine Prüfung der Statusberechtigung seiner Höflinge und Emporkömmlinge gemeint, als er ihnen bei den demonstrativen Hinrichtungsexzessen voranging, welche auf die Niederschlagung des Strelitzenaufstands folgten. Als erster legte der Zar selbst diese Legitimationsprobe ab, indem er höchst eigenhändig mehrere Köpfe abschlug. Diesem Beispiel mußten alle folgen, die in der kaiserlichen Gunst bleiben wollten; und Peter selbst drückte seinen Kumpanen, mit ganz spezieller Vorbedacht aber den Höflingen das Beil in die Hand, damit sie ihre Kaltblütigkeit unter Beweis stellten. Daß Menschikow, der von den Günstlingen am höchsten stand, sich mit zwanzig Enthauptungen brüstete und auch noch die – in höfischen Verhältnissen unentschuldbare – Plumpheit beging, mit seinen Beilhieben den Zaren um ein Mehrfaches zu übertreffen, verwundert nicht. Es verwundert aber auch nicht, daß ausgerechnet unter den ausländischen Abenteurern, die Peter während seiner Streifzüge als Mitstreiter an seine Seite gezogen hatte, sich eine eisige Front des Widerstands bildete. Der sonst allemal ganz anpassungseifrige Genfer Bürger François Lefort, der sich als Zechbruder des Zaren von niemandem zurücksetzen ließ, verweigerte diesmal entrüstet die Zugehörigkeitsprobe und den Griff zum Beil. Genauso hielt es der aus Deutschland stammende Oberst Blumberg. Was sie innerlich bewegte, wissen wir nicht. Es genügte, daß sie mit dem Verweis auf die Ehrbarkeitsregeln ihrer Heimat die Erfüllung des Henkerhandwerks als eine unerfüllbare Zumutung zurückweisen konnten.

***

Frankreichs Aristokratie, die als *Schwertadel* ihren Vorrang aus der Bewährung in mittelalterlichen Feldzügen herleitete und ihren männlichen Angehörigen noch immer zumindest eine Bewährungsphase als Krieger zur Pflicht machte, glorifizierte zwar das staatstragende Haudegentum gehörig. Vorzugsweise aber hatte sich die Noblesse inzwischen in die Salons, in die Gärten ihrer Schlösser zurückgezogen und war mehr auf Unterhaltung aus als auf mühselige Dienstbarkeit. Zur Erledigung des Praktischen hatte sie sich den Amtsadel herangezogen; und den Künstlern, Literaten und Abenteurern war sie gewogen, damit diese die Versorgung mit dem Feineren, dem Phantasieanregenden und den Gesprächsstoffen gewährleisteten. Die hierfür unabdingbare Großzügigkeit des Einlaßverfahrens samt der Toleranz gegenüber den Farben des Abweichlertums waren jedoch in Deutschland durchaus nicht vorhanden. Anders als das zentralistische Frankreich konnte das zerfledderte Reich auch keine Theaterbühne sein, um Abenteurergestalten glänzend herauszubringen. Selbst am Wiener Hof, erst recht unter der Ägide der sittenstrengen Maria Theresia und ihres Sohns, des nüchtern-arbeitsamen Joseph II., sieht man Abenteurer allenfalls als flüchtig durchziehende Figuren. Selbst dort, wo sie sich am ehesten hätten einnisten können, nämlich in dem Bereich zwischen den seriösen Amtsinhabern und dem *bagagi* der traditionsgemäß als Versorgungsfälle mitgeschleppten Höflinge, findet man keinen von ihnen. Der Komponist Antonio Salieri und der schriftstellernde Lorenzo da Ponte waren zwar als Abenteurernaturen am Wiener Hof gelandet. Dort aber mußten sie ihre bunten Federn stutzen lassen, um »kommod« zu werden für kaiserliche Ämter, deren Apanage ihnen wohl auch wichtiger war.

Wie hier dem Abenteurer also die Welt von oben her verschlossen blieb, so fehlte ihm in Deutschland überhaupt die soziale Resonanz. Diese nämlich wurde von einem biedersinnigen, verbürgerlichten Tugend- und Anstandssystem verweigert, das in den fast immer nur kleinlichen deutschen Fürstentümern bestens gedieh und auch später noch in dem mondänitätsversessenen München die Kraft besaß, um die halbseidene Geliebte Ludwigs I., die Tänzerin Lola Montez, zum Teufel zu jagen. In dieser Art von allgegenwärtiger deutscher »Bürgernähe«, die auch der durchreisende Casanova mit Peinlichkeit wahrnahm, führte die – ihrem Wesen nach arg unduldsame – Gemütlichkeit das Regiment; und neben ihr waren es die Kirchenmänner, die Amtsstuben, die das Gehörige festlegten. In dem, ein wenig herausgehobenen, Weimar Carl Augusts gaben Konsistorialratswürde und Ministersteifheit gleichwohl den sehr vernünftigen, sehr weltklugen, sehr gemäßigten Ton an.

Wo hätte da ein Abenteurer eine Fuge finden können, um Wurzeln zu schlagen? Wenige sind es, die sich mit dem Praktisch-Vernünftigen oder mit einem »Wertherdasein« nicht abfinden wollten und sich von ihrer Neugier, ihrem Entfaltungsdrang hinaustreiben ließen, über die Grenze. Ein solcher unruhiger Geist war der durch seine Memoiren bis heute bekannt gebliebene Friedrich von der Trenck, der freilich eher flüchten mußte, als daß es ihn trieb. Ausgesprochen bedeutend wurde der Pfarrerssohn Melchior Grimm, der nach Paris wanderte, unter den Enzyklopädisten eine agile, manchmal ein wenig zu schranzenhaft kostümierte Rolle spielte, sogar Regie führen durfte, alle Türen öffnen konnte, selbst den fernen Leopold Mozart mit taktischen Karriereanweisungen versah und als hochrespektierter deutscher Baron seine Tage beschloß. Einen anderen Pfarrerssohn, den Stürmer und Dränger Jakob Michael Reinhold Lenz, trieb es mal da hin, mal dort hin, und er kam doch nicht vom Fleck. Er suchte Auffälligkeit und Streit, grub sich dann immer mehr in die Zerrissenheit seiner Seele hinein, so daß er bald als ein geisteswirrer Kranker angesehen wurde. Dabei reagierte er vielleicht doch in der logischsten Weise auf seine eigenen Verhältnisse und die um ihn herum. Wie konsequent ist es, wie erschütternd auch, daß er sich mit seiner inneren Not noch aufmachte, um draußen sein Abenteuerglück zu finden. Es hätte in Frankreich sein können; er folgte aber den Werbungen und Verheißungen, die aus Rußland zu ihm drangen. Man sieht ihn noch, wie er von Riga nach Sankt Petersburg reiste und wie er sich von da nach Moskau durchschlug. Dann verlieren wir ihn aus dem Blick; und es bleibt von ihm nur das Gerücht, das ihn – wie alle Abenteurer – begleitete und umfing, als im Elend einer Gasse von Moskau den ewig Heimatlosen das Leben verließ.

***

Wie die Gesellschaft des *Ancien Régime* ihre Kräfte erschöpft hatte und untergehen mußte, so verschwand auch der spezifische »Sozialcharakter« des höfischen Abenteurers, der nur im Koordinatensystem jener tradierten Werthaltungen und Verhaltensstile seine

Definition, sein Daseinsrecht erlangen konnte. Niemals zog es diese Menschen fort von der europäischen Adelskultur, weg von ihrem Lebensgrund und hinaus in die Fremde. Wenn sie in dieser aber ihre Zuflucht suchen mußten, sahen sie aus wie traurige Vögel mit gestutzten, um den farbigen Schimmer gebrachten Federn. Vollkommen verschieden waren sie von den »merchant adventurers«, diesen muskulösen, praktisch veranlagten Mannsbildern, die so erlebnis- wie erwerbshungrig aus ihren besonders engen bürgerlichen Herkunftsverhältnissen nicht in die große, sondern die weite Welt stürmten, um sie sich untertan zu machen. Oder es trieb sie ein seltsames Fernweh, die Ozeane zu durchstreifen. So geschah es dem wortkargen, fast unbeholfenen Schiffskapitän Etienne Marchand und erst recht dem rauhbeinigen Träumer James Cook, den als elenden Bauernjungen in Yorkshire die Sehnsucht nach den glückseligen Inseln erfaßt hatte.

Solche tüchtigen, von Entdeckerfreude, Sportsgeist, Ehrgeiz und Rekordfieber angetriebenen Gestalten, die aus eigenen Gründen als Abenteurer bezeichnet werden, gehörten dann als Heldenfiguren ganz und gar zum erwerbsgesellschaftichen Inventar des 19. Jahrhunderts; ihr Impetus indes lebt noch fort in den entsprechend trivialisierten Schaustücken des Medienzeitalters.

Seit dem Ende des *Grand Siècle* erregten nicht mehr die Personen, sondern die Ziele das Interesse. Das Abenteuer wurde um vieles wichtiger als der Abenteurer. Wenn solchen unruhigen Geistern aber die Ausdauer des Körpers fehlte, um zu den Quellen des Nil vorzudringen, konnten sie sich genauso gut Ideen, große, weltverbessernde Ideen aufbürden, um eine Rolle zu spielen. Die »Sozialabenteurer« vom Schlage eines Karl Marx, eines Henri Dunant oder eines Friedrich von Bodelschwingh fanden weder den Tummelplatz noch wären sie geeignet gewesen für Heldenrollen in höfischen Abenteurerromanen. Da freilich auch die Steppen und Urwälder dieser Welt ihnen zu fern lagen, versahen sie sich mit dem Vademecum der Moral und begaben sich auf die Reise ins Dickicht der Städte, zu den Gefilden der Armut, der Ausbeutung und entfremdeten Lebensbedingungen, in die Asyle der leidenden Menschheit, auf die Schlachtfelder und zu den Schrecken des Kriegs. Jedoch, so imponierend, nützlich und folgenreich solche philanthropische Visionen samt dem Eifer ihrer Prediger und Verwirklicher auch sein mochten, die Träger dieser Ideen machten unter ihnen nicht immer die beste Figur. Mancher Erdenrest, zu tragen peinlich, haftete an diesen missionarischen Abenteurern, und auch im Akkord von Urheber und Werk vernimmt man falschen Töne, die aber Verdienst und Wert der Leistung durchaus nicht schmälern.

Die Abenteurer des 19. Jahrhunderts jedenfalls benötigten immer viel und großes Gepäck. Merkwürdig auch, daß die wenigen Deutschen, die im 18. Jahrhundert zu diesem Daseinsgenre gerechnet wurden, ohne ideologischen Ballast nicht auskamen. Friedrich von der Trenck wollte als ein vehementer Zeuge, als ein lebendes, unablässiges Argument gegen die grausame Willkür Friedrichs II. dastehen und zehrte sein Lebtag vom Ruhm der Gefangenschaft, zu welcher der Philosophenkönig von Sanssouci ihn verdammt hatte. Der von aller Welt ein Abenteurer genannte Johann Gottlieb Hermann, der unter mehreren so geheimnis- wie glanzvollen Pseudonymen in Europa herumirrte und dazu noch »Eichhörnel« genannt wurde, kam nicht umhin, auch als erleuchteter, fanatischer Religionsprediger aufzutreten, außerdem noch als Mystagoge in freimaurerischer Mission.

Wie schön nehmen sich unter solchen wunderlichen, schwerfälligen Gesellen die Brüder Humboldt aus, die verschwenderisch mit allem ausgestattet waren, was zu einem aristokratischen Abenteurer gehörte, die auf den spiegelndsten Parketts von Europa genauso gute Figur machten wie in den fernsten, wildesten Weltgegenden als Reiter, Schwimmer und Bergsteiger und die doch nicht sich selber zu ihrer Botschaft erklärten, sondern ihre den ganzen Kosmos umfassenden Forschungen und Wissenschaften. Die Last ihres gelehrten Wirkens und ihrer nimmermüden Menschenliebe trugen die beiden bis ins hohe Alter mit Leichtigkeit, wie zum Spiel. Man möchte sie für die letzten, glücklichsten Ausbildungen der noblen Abenteurerseele halten.

Offen bleibt die Frage, warum dieses Abenteurertum im höfischen Europa beinahe wie eine reine Männersache aussieht. Zwar stößt die anderweitige Suche schnell und unfehlbar auf die Pompadour und findet auch ohne viel Mühe noch den einen oder anderen Frauennamen. Doch steht man bald ziemlich ratlos und betroffen vor dem eintönigen Befund, daß alle diese Lebensgeschichten sich enthüllen als Variationen dieses einen Maitressenschicksals. Darum kann die Pompadour als ein repräsentativer Fall gelten, als ein Paradigma weiblichen Abenteurertums. Die offene Frage lautet demnach, wie es kommen konnte und woran es lag, daß der weiblichen Ausprägung des höfischen Abenteurertums kein anderes Denk- und Verhaltensrepertoire zu Gebote stand als das, was der Großen Maitresse Ludwigs XV. zu Wohl und Wehe, zu Glanz und Peinlichkeit gereichte.

***

In welchem Verhältnis die folgenden biographischen Portraits zu dieser Einleitung stehen, bleibt an deren Ende noch zu erklären. Es ist Auskunft über die Gründe zu erteilen, weshalb diese und jener, die hier hervorgehoben werden, im folgenden nicht wieder in Erscheinung treten, während Law und Mesmer ohne weitere Ankündigung dem Leser zur Einordnung präsentiert werden. Es handelt sich um ganz subjektive Gründe; auch spielte der Zufall in die Auswahl der vielen möglichen, doch nicht immer zugänglichen oder ergiebigen Personen hinein. Daß Menschikow beispielsweise in diesem Buch nicht zum Helden wird, hat seine erste Ursache darin, daß dem Verfasser das zur Quellenerschließung wie zur Feinarbeit unabdingbare Russisch nicht zu Gebote steht. Auch hegt er Zweifel, ob er zu dieser, ihm überaus fremdartigen Gestalt eine neugierige Einstellung gewinnen könnte, die letzten Endes eine freundliche sein müßte. Denn kein Autor tut gut daran, wenn er die Figuren, die er zeichnet und ihm seine Stoffe liefern, mit dem Undank seiner Ablehnung vorsätzlich straft. Keinem Shakespeare, Goethe oder Fontane wäre solches je eingefallen; daß aber Thomas Mann sich dergleichen manchmal herausnahm, machte ihn nicht größer und kann für Kleinere keinen Freibrief bedeuten.

Da auch verlegerische Interessen naturgemäß die Richtung und Grenzen dieser Portraitsammlung mitbestimmen mußten, kann nicht die Annäherung an enzyklopädische Vollständigkeit, kann nicht einmal eine strenge Auswahl unter dem Aspekt des Exemplarischen ihre Devise sein. Letzten Endes orientiert sich das Konzept nach den Maßregeln der Beliebigkeit, das heißt der Neigung oder

Eignung des Verfassers, sich mit den ausfindig gemachten Personen in irgendein animierendes Verhältnis zu setzen; außerdem folgt es der Idee, zu einer gewissermaßen repräsentativen Mischung aus Bekannten und Vergessenen zu gelangen. Einige dieser letzteren wieder ans Licht zu bringen, sie womöglich ein wenig mit Leben zu erfüllen wurde dem Verfasser zum Anliegen, seit er durch Zufälle der Marktgegebenheiten in den Besitz von Autographen gelangte, hinter denen er Stoffe entdeckte, die man für mitteilenswert, vielleicht auch für bedenkenswert halten kann.

Die Frage lautet, ob das historisch gewachsene, hier zugrunde gelegte Konzept des höfischen Abenteurertums an den dargestellten Personen seine Leistungsfähigkeit erweist, ob es geeignet ist, auch jene bekannt gebliebenen wie Da Ponte, die Pompadour oder den medizinischen Einzelgänger Mesmer auf ungewohnte Weise zu beleuchten und zu präzisieren. Es wird zu prüfen sein, ob dieses Konzept standhält gegenüber der vertrauten, klassischen Manier, welche durch verständiges lineares Erzählen, durch allfällige Fußnoten, Exkurse und hermeneutische Zwischenspiele den letzten Schluß der biographischen Weisheit zieht.

Daß der hinlänglich bekannte Casanova hier nicht als Hauptfigur auf die Bühne zitiert wird, daß er bei Gelegenheit nur kurz aus den Kulissen schauen darf, versteht sich von selbst. Ihn eigens und umfänglich zu behandeln ergäbe eine Doublette, eine Redundanz. Denn ihn hat man als den Idealtyp des Abenteurers gelten zu lassen, als das Maß, das sich nicht selber gegenübergestellt werden muß. In ihren Abweichungen aber mag die Individualität der anderen Abenteurer desto augenfälliger werden, den Variationen eines musikalischen Themas gleich.

Daß es an Frauen fehlt, ist ein Mangel, der sich im Fall Lady Hamiltons aus der Vielzahl der vorliegenden, leicht verfügbaren Publikationen erklärt, in den Fällen aber der Damen Dubarry, Roland und anderer an eine Fortsetzung dieser biographischen Versuche denken läßt.

Antonio Pérez

Der Staatssekretär Philipps II. von Spanien

Man kennt El Grecos so einprägsames wie beklemmendes Portrait des spanischen Großinquisitors, das zwar den Kirchenfürsten in eine drohende Mumienhaftigkeit bannt, nicht aber seinen bösen Blick zu bannen vermag und gleichsam zurückweicht vor dem Schrecken der Heiligen Inquisition, als deren Oberhaupt in der Zeit um 1600 dieser Fernando Nino de Guevara sich verewigen ließ. Alles an dem Bild ist metaphorisch: die erschaudernde Sicht des Malers in das raumlose Gehäuse, wo die Erbarmungslosigkeit ihren Thron errichtet hat; die mörderische Leichenhaftigkeit des aufrecht, aber wie festgebunden dasitzenden Greises; das mit einer schweren Brille zur Erstarrung verwachsene Gesicht, dessen Augen verborgen sind und doch so durchbohrend blicken wie sonst kein Mensch – ein Richter, der über die Reinheit des Glaubens wacht und keine Gnade kennt, der selbst kein eigenes Leben besitzt und das der anderen geringschätzt. Die Hand auf der Armlehne ist eine zum Zuschlagen bereite Kralle, die jeden trifft, sobald er in dem lauernden Gespenst den Verdacht erregt, daß die Bewegungen seines Geistes oder seiner Seele ihn von den heiligen Lehren der Apostolischen Kirche entfernen. Es ist die spanische Inquisition selbst, die El Greco malte; es ist die alles überwachende, mit Kirche und Staat verbundene, geheime Körperschaft, die alles in ihrer Hand hatte: das Ausforschen und Spionieren wie das Anklagen und Richten.

Als Schiller beinahe zweihundert Jahre später seine Gedanken samt seiner Einbildungskraft auf die Reise schickte, um für die Arbeit an seinem »Don Carlos« das so untergründige wie pathetische Spanien Philipps II. und die innersten Seelenräume des Escorial, dieses strengen Königspalastes und gottergebenen Mausoleums, zu erforschen, stieß er auf verbrannte menschliche Gebeine, vernahm er das *Te deum laudamus*, die düster-triumphalen Choräle zum Gotteslob, und es empörte sich sein aufgeklärter Menschenverstand über die alles wissende, alles durchwebende, alles beherrschende Schreckensmaschinerie, die, zur Glorie des einzigen Glaubens, Spanien danieder hielt. So erklärte Schiller den Ursprung der spanischen Inquisition:

Der letzte maurische Thron war im 15. Jahrhundert in Granada gefallen, und der sarazenische Gottesdienst endlich dem überlegenen Glück der Christen gewichen. Aber neu und noch wenig befestigt war das Evangelium in diesem jüngsten christlichen Königreich, und in der trüben Mischung ungleichartiger Gesetze und Sitten hatten sich die Religionen noch nicht geschieden. Zwar hatte das Schwert der Verfolgung viele tausend Familien nach Afrika getrieben, aber ein weit größerer Teil, von dem geliebten Himmelsstriche der Heimat gehalten, kaufte sich mit dem Gaukelspiel verstellter Bekehrung von dieser schrecklichen Notwendigkeit los und fuhr an christlichen Altären fort, seinem Mohamet und Moses zu dienen. Solange er seine Gebete nach Mekka richtete, war Granada nicht unterworfen, solange der neue Christ im Innersten seines Hauses wieder zum Juden und Muselman wurde, war er dem Thron nicht gewisser als dem römischen Stuhl. Es kam also darauf an, die Wurzeln der alten Religion auszurotten. Wollte die Kirche einen vollständigen Sieg über den feindlichen Gottesdienst feiern und ihre Eroberung vor jedem Rückfalle sicherstellen, so mußte sie den Grund unterwühlen, auf welchem der alte Glaube gebaut war. Dazu entstand die Inquisition.

Schändung der Vernunft heißt ihr Gelübde. Jede Leidenschaft steht in ihrem Solde. Selbst die Einsamkeit ist nicht einsam für sie; die Furcht ihrer Allgegenwart hält selbst in den Tiefen der Seele die Freiheit gefesselt. Die Vermessenheit ihrer Urteilssprüche kann nur von der Unmenschlichkeit übertroffen werden, womit sie dieselben vollstrecket. Mit feierlichem Pompe führt man den Verbrecher zur Richtstatt, eine rote Blutfahne weht voran, der Zusammenklang aller Glocken begleitet den Zug; zuerst kommen Priester im Meßgewande und singen ein heiliges Lied. Ihnen folgt der verurteilte Sünder, in ein gelbes Gewand gekleidet, worauf man schwarze Teufelsgestalten abgemalt sieht. Auf dem Kopf trägt er eine Mütze von Papier, die sich in eine Menschenfigur endigt, um welche Feuerflammen schlagen und scheußliche Dämonen herumfliegen. Weggekehrt von dem ewig Verdammten wird das Bild des Gekreuzigten getragen; ihm gilt die Erlösung nicht mehr. Dem Feuer gehört sein sterblicher Leib, wie den Flammen der Hölle seine unsterbliche Seele. Ein Knebel sperrt seinen Mund und verwehrt ihm, seinen Schmerz in Klagen zu lindern und die Geheimnisse des heiligen Gerichts auszusagen. An ihn schließt sich die Geistlichkeit im festlichen Ornat, die Obrigkeit und der Adel; die Väter, die ihn gerichtet haben, beschließen den schauerlichen Zug. Man glaubt eine Leiche zu sehen, die zu Grabe geleitet wird, und es ist ein lebendiger Mensch, dessen Qualen jetzt das Volk so schauderhaft unterhalten sollen. Gewöhnlich werden diese Hinrichtungen auf hohe Feste gerichtet, wozu man eine bestimmte Anzahl solcher Unglücklichen in den Kerkern des heiligen Hauses zusammenspart, um durch die Menge der Opfer die Handlung zu verherrlichen; und alsdann sind selbst die Könige zugegen. Sie sitzen mit unbedecktem Haupte auf einem niedrigeren Stuhle als der Großinquisitor, dem sie an einem solchen Tage den Rang über sich geben – und wer wird nun vor einem Tribunal nicht erzittern, neben welchem die Majestät selbst versinkt?

Was Schiller nicht wußte, war, daß die Scharen der Mönche und Priester, welche diese geistlichen Schreckenszüge begleiteten, sich vor ihrem Ziel, vor dem Autodafé, der Zurschaustellung des Glaubens, von ihm abwandten und den Richtplatz verlassen hatten, sobald die Flammen an die Scheiterhaufen gelegt wurden. Sie hatten das Ihre getan und im Maß ihrer Zuständigkeit, Milde und Reinheit die Forderung des Johannes-Evangeliums erfüllt, durch die Gott spricht: »Wer nicht in mir bleibt, der wird weggeworfen wie eine Rebe und verdorrt, und man sammelt sie und wirft sie in das Feuer, und sie muß brennen«. Das Verbrennen, wie jegliche Befleckung durch das Henkersamt, überließ die Kirche der weltlichen Obrigkeit. Seit Innozenz III. war es allen Geistlichen verboten, an Bluturteilen – außer im seelsorgerischen Auftrag – mitzuwirken.

Dem König von Spanien aber, welcher gewissermaßen der oberste Herr über »seine« Inquisition war, bedeutete es Pflicht und Verant-

Abbildung 2
El Grecos Portrait eines Kardinals, das nach einer seit 1908 vorherrschenden Meinung den Großinquisitor Fernando Niño de Guevara (Amtszeit 1599-1601) darstellt. Das Bild entspricht frappant jener Vorstellung, die Schiller und Dostojewski aus eigener Einbildungskraft von der unerbittlichen Glaubensstrenge des spanischen Klerus entwickelten und verbreiteten.

wortung, vor Gott und der Welt, mit erhobenem Haupt Gerichtsherr zu sein, sich aus seiner gottähnlichen Entrücktheit hinab zu begeben zu den Untertanen, um angesichts der zum Himmel lodernden Werke des Glaubens zu offenbaren, daß er tat, was er tun mußte, daß er der Ordnung der Welt sich nicht entzog, sondern selber die Ordnung war und daß er, wie Philipp II. einmal schrieb, »die von Gott auferlegt Last« demütig und unwandelbar trug. Dieser große, einsame König, der als spanischer Nachfolger seines kaiserlichen Vaters Karl V. noch immer das größte Reich des Okzidents regierte, brachte seinem Sohn, der allerdings sein Nachfolger nicht wurde, für solche majestätische Demut einen Beispielsatz zu Gehör, der dem Jungen an seiner Seite die fürchterliche Väterlichkeit dieses Gottesgnadentums offenbaren mußte. Vierzehn Jahre war dieser Don Carlos alt, als er im Mai 1760 neben seinem Vater, zusammen mit der gesamten königlichen Familie in Valladolid an einem solchen Autodafé teilnahm. Unter den »Ketzern«, die zu den Scheiterhaufen geführt wurden, befand sich ein Italiener aus hohem Adel, der dem König zurief: »Wie kannst du es erlauben, daß man einen Edelmann dem Feuertod überantwortet?« Philipp ließ sich herab zu einer Antwort, die lautete: »Wäre mein Sohn so verworfen wie Ihr, ich trüge selbst das Holz herbei, um ihn zu verbrennen.«

Carlos, dieser zutiefst verstörte, an Geist und Körper kranke, verzweifelte Infant von Spanien, lebte schon lange nicht mehr, als am 20. Oktober 1592 auf dem großen Platz von Madrid ein Autodafé gefeiert wurde, bei dem neunundsiebzig Opfer der Heiligen Inquisition bei lebendigem Leib verbrannt wurden. Das achtzigste Opfer war eine Puppe, welche die Flammen verzehrten, während der, den sie darstellte, im Feindesland Rettung gefunden hatte und Philipp II. zu schaden suchte, wie er nur konnte. Der hier vor allem Volk und dem ganzen Hof *in effigie* Hingerichtete trug Namen und Schuld des einstmaligen königlichen Staatssekretärs Antonio Pérez, der Philipp so nahe gestanden hatte wie sonst nur sein Beichtvater. Aus der Anschauung des 19. Jahrhunderts urteilte der liberale Leopold von Ranke über diesen Antonio Pérez großzügiger als das unnachsichtige Heilige Offizium der Inquisition:

Antonio Pérez gehörte ganz zu den Spaniern dieser Zeit, die mit einem ihnen zur Natur gewordenen Ernst eine leidenschaftliche Begier, die Welt zu genießen, mit einem tiefen Stolz eine noch tiefere Verschlagenheit, mit viel äußerer Religion eine rücksichtslose Politik verbanden. Er war zugleich ein Staatsmann und ein Höfling; das Glück eines Günstlings war's, wonach er strebte. Dafür wagte er das gefährliche Spiel, im Vertrauen zweier Feinde zu sein und den einen zu betrügen; dafür sah er selbst einem Verbrechen keck ins Auge.

Pérez erschien sich selbst und den anderen als der Mann, der das Geheimnis des königlichen Dienstes besitze und für denselben unentbehrlich sei; er spielte eine glänzende Rolle. Er liebte prächtige Gastmähler zu geben und mit zahlreichem Gefolge durch das Land zu reisen; er wollte Hausrath führen wie der König und bedient sein wie ein Grande. Er war bestechlich, aber freigebig, von seinem persönlichen Verdienst eingenommen, aber zugänglich und angenehm.

Selbst mit der asketischen Eiseskälte jesuitischer, dominikanischer Glaubensglut konnte der totalitäre Überwachungsstaat der spanischen Inquisition das Wohlleben und die Beliebigkeit der Sitten nicht ersticken, am wenigsten bei denen von ganz oben und ganz unten. Seine Glücksumstände mußte Pérez sich nicht erschleichen oder erkämpfen, obwohl sie ihm nicht eigentlich in die Wiege gelegt waren. Doch als er sich im vollen Genuß seiner Einfluß- und Machtmöglichkeiten, seines Reichtums und Wohllebens erkannte, setzte er – aus rätselhaftem Übermut, aus Lust am Intrigieren, am Spiel mit den Menschen, an der Verstellung, auch wegen des Nervenkitzels der hochsteigenden Balanceakte und anscheinend sogar aus einer glückseligen, ganz ungetrübten Freude an der Bosheit – alles aufs Spiel. Für die Theologie habe er nur dann Verwendung, wenn sie alle seine Wünsche und Vorgehensweisen gutheiße. So hatte er den Mut und die Freiheit, in einem Brief an seinen allerkatholischsten König zu schreiben, welcher – ein König auch der alles kommentierenden Randnotizen – daneben vermerkte, daß er mit dieser Auffassung seines Sekretärs vollkommen einig gehe – was verwundert, aber wahrscheinlich ganz anders, nämlich mit sarkastischer Gewissensschwermut, gemeint war. Die absolute Gewissenlosigkeit, mit der Pérez sogar einen Mord plante und ausführte, als handele es sich um nichts anderes als ein fintenreiches Gesellschaftsspiel, könnte einen glauben lassen, daß er ein ganz und gar oberflächliches, keines Nachfragens wertes Individuum gewesen sei, dessen Seelentiefe durch gelegentliche Schübe heftigen Selbstmitleids vollkommen ausgelotet wurde. Dennoch erkennt man, wenn man alles Überlieferte zusammen nimmt und sich Reime macht über die ungewissen Stellen, wesenhafte Züge von Trübsinn, Depression, Zerrissenheit – und hinter der Leichtlebigkeit, der Bindungslosigkeit seiner nach außen gestellten Existenz etwas Düsteres, drohend sich Aufbäumendes, fast Dämonisches.

Rätselhaft ist sein Wappen, das er nicht ererbte, sondern selber entworfen und wohl aufs genaueste gezeichnet hatte. Es ist zweiteilig, zeigt einen Zentaur, der auf dem ersten Bild wie ein Gefangener mit seinen gefesselten Kräften inmitten eines konzentrischen Labyrinths verharrt, worüber geschrieben steht: »In spe« – hoffend. Auf dem zweiten Bild ergreift eine göttliche Hand vom Himmel her die Hand des Zentauren, während das Labyrinth in Trümmer zerbricht. »Usque adhuc« steht darüber – bis hierhin.

Da Pérez gern mit allem spielte, mit Menschen, mit den Karten, dem Geld, mit der Alchimie und dem Kräutermischen, mit verrätselten Epigrammen, verschlüsselten Briefen, mit Sinnbildern und Zahlen, mit Staatsgeheimnissen und am liebsten mit seiner Existenz, kann

Abbildung 3
Ein spanisches Autodafé, ein Schauspiel des Glaubens, Ende 16. Jahrhundert. – Urteilsverkündung und Zurichtung der Exekution vor versammeltem Hof, unter ausgespanntem Sonnensegel auf der Plaza Mayor von Madrid (Zeitgenössischer Stich).

man sein Emblem für eine den Tiefsinn nur simulierende, ins Geradewohl gedachte Spielerei nehmen und es gut sein lassen. Oder man folgt seiner Tiefsinnseinladung und findet sich bereit zum umständlicheren Dechiffrieren, wie es ihm selbst als oberstem Staatsmann eines Weltreichs, als Verfasser oder Empfänger vertraulichster Botschaften zur zweiten Natur geworden war, und sucht unter der Oberflächlichkeit, der Ungebundenheit seiner Abenteurerexistenz nach einem tieferen Geheimnis.

Man fragt also nach den Umständen seiner Geburt und muß sie beim ersten Blick für arg trivial, wie aus einer Schmuddelkomödie, einschätzen. Geboren wurde Pérez wahrscheinlich am 6. Mai 1534, in Madrid, als das Kind von Eltern, denen dieser lebende Liebesbeweis offenbar tausend Ungelegenheiten bereitete. Über seine Taufe wurde niemals eine Eintragung ausfindig gemacht. Den Neugeborenen gab man sofort zur Pflege aufs Land. Die Mutter trat niemals in Erscheinung. Aber ein Herr von geistlichem Stand meldete sich als sein Onkel, der die Erziehung des Kindes überwachte, dann für die bestmögliche akademische Ausbildung des Jungen sorgte und nicht nur den Vater spielte, sondern tatsächlich der Vater war. Dieser nun, Gonzalo Pérez, tat nicht nur gut daran, als geweihter Kleriker diese Vaterschaft zu verheimlichen, sondern schien auch Gründe zu kennen, weshalb er seine eigene Herkunft genauso für die Welt im dunkeln lassen sollte. Gleichwohl hatte er einen allerhöchsten Rang inne und war seinen Weg dorthin mit Tatkraft vorangeschritten, so daß der Sohn ihm schließlich nur noch nachzufolgen brauchte.

Man muß ein wenig zurückgreifen, um die Verhältnisse verständlich zu machen und vielleicht auch dem Geheimnis der beiden Pérez und ihrer tieferen Gebundenheit näherzukommen. Als der junge Karl V. seine spanische Herrschaft angetreten hatte, bemerkten er – und mehr noch sein sehr praktischer, sehr staatskluger Sekretär Cobos –, daß eine brauchbare Verwaltungselite fehlte, da die *hidalgos*, der alte Schwertadel, ebenso wie die bequem gewordene, erbberechtigte Hofbeamtenschaft längst nicht mehr an Pflichten und Mühen, sondern nur noch an den Genuß ihrer Privilegien dachten. Der neue König begriff, und sein Sekretär übernahm die konfliktträchtige Aufgabe, eine neue Klasse von zurückhaltenden, aber tüchtigen Berufsbeamten zu rekrutieren, welchen, an den Traditionseliten vorbei, der Zugang zu den höchsten Ämtern eröffnet wurde.

Unter diesen Aufsteigern, nach deren Herkommen nicht viel gefragt wurde, befand sich Gonzalo Pérez, der, außer daß er mit der Priesterweihe versehen war, sich als ein brillanter Organisator und Administrator erwies, so daß er, als Karl V. 1543 aus Spanien abzog und seinen Sohn als stellvertretenden Regenten zurückließ, diesem als erster, persönlicher Sekretär an die Seite gestellt wurde. Seine bedeutendste Modernisierungsleistung vollbrachte er, indem er alle staatlichen Vorgänge schriftlich erfassen und in einem zentralen Archiv, der *Cancelleria* von Valladolid, sammeln ließ, damit einerseits eine sozusagen rechtsstaatliche Grundlage geschaffen wurde, auf welche alle hoheitlichen Akte zum Beleg ihrer Normenkonformität zurückgreifen konnten. Andererseits entsprach dieses Archiv der Vision eines totalen Überwachungsstaats – wahrscheinlich des ersten in der Weltgeschichte – mit einem dichten Netz geheimer Auskundschaftung und allgegenwärtiger Strafbereitschaft – ein »System« also, eine *macchina*, die sowohl der Wesensbeschaffenheit Philipps als auch dem Herrschaftsideal des klerikalen Konformismus die besten Dienste leistete. Dieser gigantische Informationsspeicher, den Gonzalo Pérez erfand und errichten ließ, sollte, furchterregend wie das Jüngste Gericht, jedem Untertanen – und selbst dem König – zu einer undurchschaubaren Gewissensmacht werden, die alles wußte und nichts vergaß.

Mit der Verfügung über diese hochkomplizierte Staatsmaschine, die er selbst am besten zu bedienen wußte, gewann Pérez enorme Macht; doch war er klug genug, das zum Mißtrauen und Kontrollieren geneigte Naturell Philipps nicht zu reizen. So kam es zu der beiderseits förderlichen Regelung, daß Gonzalo den Verführungen zur eigenen Machtvermehrung entsagte, sich der striktesten Loyalität befleißigte und seinen Einsatz ganz auf die Funktion des Apparats konzentrierte, während dem König ein unerhört leistungsfähiges Instrument in die Hand gegeben war, das ihm den prompten Herbeizug von Entscheidungsgrundlagen und Persönlichkeitsdossiers ebenso gewährleistete wie die von seiner Wesensart geforderte höchstpersönliche Beschäftigung selbst mit Nebensächlichkeiten. In seinem großen dramatischen Gedicht über den unglücklichen Don

Carlos hat uns Schiller das Gespenstische dieses Systems mit all seinen schleichenden, lauschenden, mitschreibenden Mönchen und spionierenden Zuträgern, welche Herr waren selbst im Haus des Königs, eindringlich vor Augen geführt.

Als der alte Pérez 1566 starb, übernahm sein – vom Kaiser heimlich legitimierter – Sohn wie selbstverständlich die Leitung dieses unheimlichen Informations- und Steuerungsgeräts. Nach seinen Studien in Löwen, Salamanca, Venedig und Padua hatte Antonio von seinem Vater längst die Bedienung aller Hebel gelernt, und wie kein anderer verstand er es, die Feinheiten des Instruments auszuspielen. Doch anders als Gonzalo konnte er dem Reiz nicht widerstehen, sich mit ihm als einem Riesenspielzeug zu vergnügen, das bei mutwilligen Tastendrücken die wunderlichsten Effekte hervorbrachte, Menschenschicksale und politische Linien verwirrte, nebenbei auch noch Mengen von Geld ausspuckte und – das Größte von allem – sogar den gottgleichen König in einen Hampelmann verwandeln konnte.

Als einen Abenteurer am Schaltpult einer Megamaschine, so könnte man Antonio Pérez sehen, als einen lustvollen, etwas infantilen Spieler, dem es am Ende erging wie dem Zauberlehrling, der die Geister, die er rief, nicht mehr zu bannen vermochte. Das würde genügen, um in seinem Leben, im seinem Schicksal ein waltendes Gesetz zu erkennen.

Schwieriger zu erfassen, aber allem Anschein nach nicht weniger prägend war ein anderes Element in der Geschichte der beiden Pérez, das aus den Zeugnissen ihrer Zeit immer wieder zum Vorschein kommt, auch in den späteren biographischen Annäherungen niemals unerwähnt bleibt. Wenn dieses Gemeinte als ein Nebenmotiv und nur der historischen Vollständigkeit halber mitgeführt wird, so ist das in Ordnung. Wenn uns aber der Chronist, wie es in spanischen Äußerungen zum Thema Pérez manchmal vorkommt, bei seinen Andeutungen schäbig angrinst, dann ist das nicht in Ordnung. Worum es geht, ist die jüdische Abstammung dieser königlichen Staatssekretäre.

Am besten beginnt man bei dem höchst merkwürdigen Sachverhalt, daß der alte Pérez, trotz seines enormen Aufstiegs in der abweisenden Ständegesellschaft Kastiliens, sich immer zurückgesetzt fühlte, daß er, obwohl rechte Hand des Herrschers, unter Demütigungen litt, daß er den hellen Geist des Sohns in die Düsternis seiner Bedrückung hineinzog und immer wieder die halblaute Drohung vernehmen ließ, eines Tages »würde dieser ihn bestimmt rächen«. Wie sehr auch Philipp II. die beiden Pérez wegen ihrer Tüchtigkeit schätzte und sie – soweit er menschliche Nähe vertragen konnte – um sich haben wollte, es konnte diese Gunst dennoch nicht verhindern, daß kastilischer Adelsstolz den obskuren Aufsteigern in den Vorzimmern und Wandelgängen der Königspaläste mit schneidender Arroganz begegnete und ihnen mit bösen Zungen nachredete. Von wo kamen sie dahergelaufen? Was hatten sie an sich außer ihrer Studiertheit, mit der sie ihre Titanenarbeit zum Leidwesen der Höflinge derart virtuos bewältigten, daß es daran nichts zu mäkeln gab? Woher überhaupt kamen alle diese vielen neuen Gesichter in den Ämtern, Räten, Notariaten? Nicht einmal die allererste Grundbedingung für die Ehren solcher Stellungen erfüllten sie, nämlich die *limpieza*, die »Reinblütigkeit«, welche – Geschichte läßt Wiederholungen zu! – gemäß der Gepflogenheit mindestens vier Generationen zurück nachgewiesen werden mußte.

In Schillers Anklage gegen die Inquisition wurde schon angesprochen, wie auf die Reconquista Spaniens die Zwangschristianisierung der Unterworfenen, ihrer moslemischen Mehrheit und ihrer jüdischen Minderheit, erfolgte. Dies getan, scheuchte man die *moriscos* an die Ränder, verwies man sie in Elendsquartiere, wo sie als Reservearmee für niedere Arbeiten niedergehalten wurden, um, nicht besser als Sklaven, von den Haushaltungen der reinblütigen Christenmenschen bedarfsweise eingefordert zu werden. Die Taufe wusch das Blut nicht rein, am wenigsten das der vormaligen maurischen Herren Iberiens. Da aber die Juden zu diesen Herren nicht gehört hatten, erklärt sich – wenigstens zum Teil – die moderate Aufnahmebereitschaft, auf welche sie nach ihrer Zwangstaufe bei der Kaste der Sieger stießen. Wenn nun aber, im rechten Glauben der christlichen Eroberung, alle Menschen als gleichgestellte Gotteskinder zu gelten hatten, was blieb dann noch übrig an Maßregeln zur ungleichen Verteilung der irdischen Glücksgüter, wenn nicht das Vorrecht des »reinen« vor dem »schlechten Blut«?

Es konnte nicht anders sein, so befanden die kastilischen *hidalgos*: Gonzalo Pérez war ein Jude – ein Urteil, das freilich nicht ganz in dem unseligsten rassistischen Sinn späterer Zeiten verstanden werden muß. Es wurde nämlich der dann zu Amt und Würde gelangte Antonio Pérez, gewiß nicht mit freundlichem Unterton, gelegentlich auch als ein *Portugiese* apostrophiert, das heißt als einer, der von draußen, jedoch nicht ganz aus der Fremde hereingekommen war. Auch in den Städten Südfrankreichs sprach man noch um die Mitte des 18. Jahrhunderts von den Bewohnern der jüdischen Wohnviertel als von den *Portugais*. Ob nun Jude oder Portugiese, bei einem, der über den Standort seiner Wiege hinausgelangt war, bedeutete das nichts anderes als das, was die Römer vormals einen *homo novus* oder die Briten später – im ursprünglichen Begriff – einen *snob* nannten. Nur gehörte es halt auch zum Organisationserhalt, zu den Arbeitsbeschaffungsmaßnahmen der Inquisition wie überhaupt zur Rechtfertigung der hohen Personalbestandsquote der Priesterschaft, daß man den Zwangsbekehrten nicht trauen durfte, daß man ihnen – analog zu den eigenen Gewissensschiebereien – eine *reservatio mentalis* unterstellte, um sie bei fälligem Bedarf zurücksetzen, ausgrenzen oder verfolgen zu können. Nicht weil er ein Jude war, nicht weil er die *limpieza* nicht besaß, mußte Gonzalo Pérez zwischen den Aristokraten Spaniens spießrutenlaufen, sondern weil man sich die Freiheit bewahren wollte, ihn dafür büßen zu lassen, daß man seiner bedurfte, daß er unersetzlich war. Folglich mußte er doch dafür büßen, ein Jude zu sein.

Wenn man diese Situation sowohl mit den Rachedrohungen des älteren Pérez als auch mit dem Wappen des jüngeren in eine verständige Verbindung bringen will und darüber ins Grübeln gerät, dann mag einem jählings einfallen, daß man einmal bei Shakespeare nachschlagen sollte, der, neben allem anderen, immer auch gelten kann als ein vorzüglicher Berichterstatter über den herrschenden Geist seiner Zeit, welcher nichts anderes war als der Herren eigener Geist. Von diesen Geist beflügelt sind Reden und Taten der schönen, schlauen christlichen Aristokraten, welche in der bitterbösen Komödie »Der Kaufmann von Venedig« den Titelhelden Shylock, der ein Jude ist und den sie bitter nötig haben, wegen des einen wie des anderen verhöhnen und zuschanden bringen. 1596 wurde das Stück in London erstmals aufgeführt, im selben Jahr, als der aus Spanien geflohene Antonio Pérez am französischen Königshof seine diplomatischen

Dienste feilbot, in diesem Zusammenhang eine zweite Reise nach England plante, um Elisabeth I. zur Kriegführung gegen Philipp II. zu ermuntern, und dieser ihm gedungene Mörder schickte, damit sie seine Rache an dem einstigen Vertrauten vollzogen. Ob Antonio Pérez nicht zumindest im Alter hätte einstimmen können in die Rede des gepeinigten Shylock, der versucht hatte, den Spieß umzudrehen?

Ich bin ein Jude. Hat nicht ein Jude Hände, Gliedmaßen, Werkzeuge, Sinne, Neigungen, Leidenschaften? mit derselben Speise genährt, mit denselben Waffen verletzt, denselben Krankheiten unterworfen, mit denselben Mitteln geheilt, gewärmt und gekältet von eben dem Winter und Sommer, als ein Christ? Wenn ihr uns stecht, bluten wir nicht? Wenn ihr uns kitzelt, lachen wir nicht? Wenn ihr uns vergiftet, sterben wir nicht? Und wenn ihr uns beleidigt, sollen wir uns nicht rächen? Sind wir euch in allen Dingen ähnlich, so wollen wir's euch auch darin gleich tun. Wenn ein Jude einen Christen beleidigt, was ist dessen Demut? Rache. Wenn ein Christ einen Juden beleidigt, was muß seine Geduld sein nach christlichem Vorbild? Nun? Rache. Die Bosheit, die ihr mich lehrt, die will ich ausüben, und es müßte schlimm hergehen, wenn ich meine Meister nicht übertreffen könnte.

Zu solchen Aufschreien aus tiefster Seelenqual hätte – alles wohl erwogen und an uns Normalmenschen gemessen – Gonzalo Pérez wenig Ursache finden können, war er doch von dem bedächtigen Cobos unter den vielen Namenlosen mit unreinem Blut auserwählt, vom Kaiser selbst gefördert und hochgebracht, dann von dem kaum erwachsenen Philipp als der Vertrauteste von allen gehegt und gepflegt worden, sogar nach England mitgenommen worden, wo Spaniens Thronfolger fünf Jahre lang an der Seite von Maria Tudor über dieses fremde Land der Ketzer herrschte. Doch ist über den Sekretär kaum Persönliches in Erfahrung zu bringen. Seine Unterschrift, die im wahrsten Sinn des Wortes die Briefe des jungen Philipp ziert und besiegelt, erscheint ausnehmend transparent und von berechnetem Schwung, doch wenn sie nicht so stolz, beinahe vordringlich unter dem majestätisch legeren, federkratzenden Geschlaufe seines Herrn stünde, müßte man sie für die züchtig beflissene Schönschreibübung eines kunstsinnigen, aber erdverhafteten

Klosterbruders halten, dem die Ehre königlichen Papiers widerfahren war. Ein Arbeitsmensch also, der sein Metier von der Pieke auf gelernt hatte. So kann man ihn auch erkennen auf dem einzigen Bildnis, das von ihm überliefert wurde, auf einer Medaille, die ihn im Profil zeigt, mit dem Anschein eines stattlichen, untersetzten Mannes, dem als Schauspieler das Fach des »schweren Helden« zufallen würde, mit dichtem Haar, massivem Hals, bedeutender Nase und energischem Kinn, der Blick durchaus grimmig, wenn nicht bedrohlich – alles in allem ein Machtmensch, der weiß, wer er ist, was er zu leisten vermag, auf den man sein Vertrauen setzen kann, ohne daß man mit ihm spaßen dürfte. So einer kann nicht verwinden, daß man ihn dem Glauben seiner Väter entriß, schlimmer noch, daß einer wie er sich zwingen ließ, um seines Lebens willen diesem Glauben abzuschwören und als Verräter ewig in der Schuld seines Gottes zu stehen.

Gonzalo ist – so möchte man vermuten – dieser Zentaur, dem sich vom Himmel her die Hand reicht, während die Irremauern um ihn herum in Trümmer zerfallen, und den sich Antonio zum Wappen erkor. Von seinem melancholischen Trotz vererbte er dem Sohn vielleicht nicht viel mehr als das Mahnmal der Erinnerung; ganz aber hat er ihm den labyrinthischen Speicher seines Herrschaftswissens hinterlassen, den der Jüngere, Leichtfertigere dann aus Übermut als sein Riesenspielzeug gebrauchte, um zu erforschen und zu erfahren, wie weit es ihm Glück brachte, bis zu welchem Gipfel es ihn treiben konnte.

Von Antonios Äußerem vermag man sich kein rechtes Bild zu machen. Völlig zuverlässig ist von ihm allenfalls ein einziges Portrait erhalten geblieben, was bei einem von Kirche und König Verfluchten nicht wundert. Der Zeitgenosse Luis Cabrera de Córdoba beschreibt den jungen Pérez wie irgendeinen beliebigen *gentilhombre*: daß er von Gestalt und Antlitz angenehm gebildet und männlich gewesen sei und daß er sich hemmungslos ausgelebt habe. Daß anläßlich solcher, sich auslebenden, Umtriebe eine Jungfrau aus »gutem Haus« von ihm ein Kind empfing, bereitete ihm entschieden weniger Kummer als der gelegenheitshalber Geschwängerten, die, von ziemlich matronenhaftem Anschein und Wesen, dem flotten Sünder beim zweiten Blick gar nicht mehr gefiel. Da aber die Familie der Geschändeten Sturm lief, da außerdem nach dem Tod des alten Pérez dessen allseits begehrte Stellung für den ins Zweilicht geratenen Sprößling nicht allzu lange offen gehalten werden konnte, bequemte er sich endlich zur Heirat, worauf er im November 1568, mit vierunddreißig Jahren – und sieben Jahre jünger als Philipp II. – das Amt als dessen Staatssekretär antreten durfte.

Das derart zögerlich begonnene Eheverhältnis aber erwies sich als dauerhafter und einverständlicher als das mit tausend Freuden übernommene königliche Dienstverhältnis. Doña Juana war fast ohne Intervalle gesegneten Leibes. Man kann nicht zählen, wie viele Kinder die breithüftige Kastilierin gebar. Auch in den schlechten Zeiten folgte sie ihrem Gemahl durch dick und dünn, sorgte und kämpfte dabei vielleicht mehr für den Familienzusammenhalt, für das Wohlergehen ihrer Kinderschar als für deren liederlichen Erzeuger. Während diverser Gefangenschaften leistete sie ihm – mit Kindern an der Brust, auf Arm und Schoß – ihre Gesellschaft, half ihm mit Verkleidungsmaterial und der unerschütterlichen Umsicht einer südländischen Walküre bei der Flucht aus der Haft, bis der König auf den so strengen wie boshaften Schluß verfiel, diesem Treiben ein Ende zu bereiten und Doña Juana samt einigen ihrer Kinder für zwölf Jahre als Geiseln in Arrest zu setzen, damit der entwichene Pérez sein aufwiegelndes, diffamierendes Treiben in Frankreich und England einstellte. Was diesen aber innerlich weniger berührte, als er nach außen kundtat. Er beklagte und beweinte zwar die Trennung von dieser besten aller Frauen und Mütter, zeigte sogar mit dem Stolz des Poeten die von ihm bereits vorsorglich, doch in weitem Vorauseilen verfaßte Grabinschrift für sie herum, für die ihm zu seinem Verdruß nur noch das letzte Datum fehlte. Doch außer dieser Art von bezeugter Anhänglichkeit ist in seinen Handlungen jener späteren Jahre nichts von Rücksichtnahme auf die Daheimgebliebenen zu erkennen.

Nachdem Antonio die Nachfolge seines Vaters angetreten hatte, bot der mächtige Herzog von Alba, welchem schon der alte Pérez ein Dorn in Auge war, alle seine Gegenkünste auf, um sich dem jungen zu widersetzen, seine Zuständigkeiten als Staatssekretär zu schmälern, bis endlich seine eigene Politik im rebellischen Flandern, da sie nur Feuer und Schwert kannte, als gescheitert erklärt werden mußte. Als zum Triumph von Albas Friedhofspolitik 1568 auf dem Marktplatz von Brüssel die Köpfe der Grafen Egmont und Horn fielen, wurde es Zeit, daß auch Albas Stern sank. Die Ungnade Philipps, der in tragischer Ohnmacht seine Berufung zum Friedensfürsten niemals in Zweifel ziehen wollte, kam über den so stolzen wie finsteren Herrenmenschen, und als er 1573 seines Postens enthoben und vom Hof verwiesen wurde, gab es nichts mehr, was Antonio den Weg zum Ohr und Gewissen des Königs verstellen konnte. Voller Intelligenz und Geistesgegenwart, so wurde bemerkt, zudem von keinerlei Skrupel geplagt, bestand seine offizielle Aufgabe darin, die Anordnungen sowie die diplomatischen Korrespondenzen Philipps auszufertigen und gegenzuzeichnen. In seine Hände war es gelegt, die geheimen

Abbildung 4
Antonio Pérez – Es leuchtet ein, daß kein einziges Portrait von ihm mit sicheren Ursprungsvermerken überliefert ist. Doch spricht alles dafür, daß es sich bei dem Gemälde des spanischen Hofmalers Alonso Sanchez Coelle (1531-1588) um den Staatssekretär Philipps II. handelt.

Depeschen zu dechiffrieren und das zu teilen, was entweder den Räten zugewiesen oder zur alleinigen Sache des Königs bestimmt sein sollte. Pérez wurde Teilhaber der geheimsten Gedanken des Königs, die zu lenken, zu beherrschen keine geringe Verlockung war. Wie der venezianische Gesandte Tommasso Contarini in einer *relatio* mit Mißbilligung bemerkte, »leitete Pérez aus dem großen Vertrauen, das der König ihm erzeigte, mehr Machtvollkommenheit ab, als ihm zustand«. Der biedersinnige Seelenverstand eines Historikers aus dem vorigen Jahrhundert erklärte das mit der Formel, »daß eine so hohe Gunst es schwer machte, einen so jungen Kopf nicht zu verdrehen«. Tatsächlich leistete Pérez sich außerhalb der kargen Königsgemächer ein überaus flottes, luxuriöses Leben, was manche Neider auf den Plan rief, bei Philipp jedoch, obwohl dieser entschieden anders geartet war, keinerlei Anstoß erregte. Zwar war der spanische Habsburger durchaus dazu befähigt, an der Zerstreuung, an schönen Frauen seine Freude zu haben. Doch neigte er mehr noch zur Askese, sogar zur Schüchternheit, weshalb er am liebsten die Abgeschiedenheit suchte und diese, wie der Geschichtensammler Baltasar Porreno 1639 mitteilte, gelegentlich im Kloster von Espina fand, wo er sich mit den Kleidern eines Ackerbauers zufriedengab und bekannte, daß er lieber in den bescheidenen Verhältnissen eines kleinen Landadligen als unter der Bürde seiner königlichen Gotterwähltheit leben wollte.

Pérez hingegen rann das Geld durch die Finger. Die Gläubiger standen zu Scharen vor seiner Tür, als er sein Amt übernahm und der allseits erwartete Zahltag des langjährigen Schuldenmachers gefeiert wurde. Das Haus seines Vaters mußte er verkaufen, ebenso dessen Bibliothek, was ihm – noch war er kein Mann der Bücher – nicht schwergefallen sein dürfte. Doch bald besaß er zwei neue Domizile in Madrid, und außerhalb der Stadt ließ er sich »nur vom Schaum seiner Reichtümer« ein Anwesen errichten, welches er in anzüglicher Bescheidenheit *la casilla*, sein Häuschen, nannte, obwohl doch die Ausstattung von unvergleichlichem, ganz zum Vorzeigen gedachtem Prunk gewesen sein soll. Mißgünstige allerdings gab es, die nachrechneten, sich von den Amtseinkünften des Staatssekretärs eine bezifferte Vorstellung machen konnten, außerdem bemerkten, daß diesen nun keine Gläubiger mehr verfolgten, und also zu dem Schluß gelangten, »daß, wenn man auch noch die Besitzungen in Betracht zog, die er gekauft hatte, es unmöglich war, daß er nicht immer große Geschäfte gemacht hatte«.

Dem Geheimnis dieses übermütigen Neureichen, dieses Parvenüs mit dem unreinen Blut, der sich gegenüber den *hidalgos* so viel herausnahm, ohne daß der König ihn maßregelte, forschte der aufmerksame Schreiber Cabrera ahnungsvoll nach: »Er behandelte die anderen Sekretäre mit Hochmut, da er überzeugt war, der König könne ihn wegen seiner großen Erfahrung, seiner Mitwisserschaft bei so vielen Geheimnissen, und weil er bei so manchem die Hand mit im Spiel hatte, nicht entbehren. Er gab sich den Anschein von Tugend und war dafür bekannt und berühmt. Er begünstigte viele, war großzügig zu seinen Freunden.«

Daß die »Natur« ihn zwar bei seinem Täuschungsspiel begünstigte, ihm die Gestalt, die Larve sozusagen, mitgegeben hatte, nicht aber das Geblüt eines *gentilhombre*, hob Cabrera deutlich genug hervor: »Er war von der Natur gut ausgestattet, von seiner Gestalt her wie ein Edelmann; aber weit davon entfernt, gute Sitten oder Mäßigung bei Vergnügungen und Zeitvertreib zu üben, neigte er zu Wohlleben und Üppigkeit und manchmal zu Lastern und Oberflächlichkeit; und obwohl er bei vielen angesehen war, erregte er doch großes und lebhaftes Mißfallen. Beim König stand er in großer Gunst. Aber er mißbrauchte diese Gunst und war ungezügelt und ohne jede Tugend. Er war zu pompös in seinem Haus und zu gesucht in seinen reichen parfümierten Gewändern.«

Wegen seines häufig erwähnten, berüchtigten Gebrauchs starker Parfums war Pérez den meisten Personen seines Umgangs lästig, allerdings dem König nicht. Denn dieser verfügte, wie alle wußten, nur über einen sehr eingeschränkten Geruchssinn, was vermutlich herrührte von einer – über Generationen die Physiognomien prägenden – Disposition der Habsburger zu Nasenpolypen. Karl V. war dadurch – wie auch durch eine, seiner Sippe ebenfalls anhängende, Gebißanomalie – ganz erheblich beeinträchtigt. Sein Sohn Philipp dagegen wurde in den regelmäßigen Berichten der für alles Rhetorische hochempfänglichen italienischen Gesandten zwar als ein zurückhaltender, leiser, jedoch höchst genauer, mustergültiger Redner beurteilt, der zudem, bei guter Laune, ein Meister des geistreichen, gewitzten Antwortens und Vortragens sein konnte – *con assai grazioso modo.* Wie gepflegt sein Spanisch und wie souverän sein Latein war, stieß bei den sprachverliebten Renaissancemenschen, die an den Fürsten gern manches auszusetzen fanden, auf Anerkennung, sogar Bewunderung.

Nicht aber wegen seiner – gewiß vorauszusetzenden – Wortgewandtheit war Antonio Pérez binnen kurzem Herr über seinen Herrn geworden, sondern weil er über die riesige *macchina* verfügte, die schon 1578 der Venezianer Federico Badoero als die Hauptfunktion der spanischen Monarchie erkannt hatte. Als Erbe des Archivs von Valladolid, als Vertrauter auch des Großinquisitors, des Erzbischofs von Toledo, dazu mit sorgsam gepflegten Beziehungen zu weiteren Kreisen der Inquisition, mit seinem Sitz an der Schaltstelle vor der letzten Entscheidungsinstanz des Königs, konnte er, wie es sein Vater getan hatte, diesem getreulich zuarbeiten. Genauso gut konnte er aber auch die Fäden selbst in der Hand behalten, sie nach seinem Belieben miteinander verbinden oder sie durchschneiden, sie verflechten oder verwirren, um entzückt zu beobachten, wie er mit diesem Fadenspiel den königlichen Kopf in heillose Verwirrung versetzen konnte und wie groß doch dieser Spielraum war, in dem er schaltete und waltete. Daß er diesen als erstes zu seinem eigenen materiellen Vorteil ausnutzte, erkannte man an seiner glückseligen Ausgabenfreude, die seit seinem Amtsantritt keine Schuldenangst mehr zu trüben vermochte. Protektion, der Handel mit Ämtern, der Verkauf geheimer Informationen galten damals wie zu allen Zeiten als ministeriale Nebenerwerbe, über denen man die Augen verschloß; und wäre es dabei geblieben, brauchte man in Pérez nicht mehr zu sehen als eine jener allzeit geläufigen, gesichtslosen Politikerfiguren, die kaum andere Eignungen besitzen, als sich in ergatterten Ämtern, Vorstands- und Beiratsposten zu laben wie die Maden im Speck, und also der Rede nicht wert sind. Seine Abenteuerlust und Spielphantasie lockten Pérez jedoch viel höher hinauf. Nicht gerade den Pharao zu stürzen, aber ihn in Verwirrung zu stürzen und mit sich uneins zu machen, das war – wenn man Pérez ernster, tiefsinniger nimmt, als er zu erscheinen beliebte – vielleicht seine große Vision, sein innigst gewünschtes Ziel. Und wie leicht das möglich war: mit Hilfe seiner *macchina*, mit seinem flinken, anscheinend so gewissenlosen Spielerverstand und dann noch angesichts eines Opfers, das sich in seelische Vereinsamung, in eine zeremonielle Abgeschiedenheit begeben hatte, sich völlig auslieferte an die Phantasmen seines Gottes, seiner Pflicht, seiner Alleinverantwortung und an seine Qual, vor dem übergroßen Vater, vor dem Maß Karls V., in aller Ewigkeit nicht bestehen zu können. Hatte Philipp doch schon damit angefangen, sich seine Wohnstätte bei den Toten einzurichten, die Gebeine seiner verehrten Vorfahren, die *cuerpos reales*, zusammenzuführen, damit sie in nächtlichen Prozessionen Einzug hielten in das gewaltige Königsgrab des Escorial, wo Philipp für sich und den Rest seines Lebens nichts weiter als ein Arbeits-, Bet- und Schlafgemach beanspruchte.

Der portugiesische Geschichtsschreiber Joaquim Pedro de Oliveira Martins hat auf die Hintergrundidee eines *afrikanischen Pharaonismus* aufmerksam gemacht, welcher im Hofzeremoniell der spanischen Habsburger als Erben des Kalifats und Carthagos ebenso durchschimmerte wie in dem entrückten, unergründlichen Gottkönigtum Philipps II., der nur selten sich dem Volk zeigte und über den der Venezianer Marcantonio da Mula erschüttert feststellte, daß »sein Herz ein eingangsloses Labyrinth« sei. Diesen einsamen Gott, diesen pharaonischen Götzen, ins Wanken zu bringen, ihn seine hilflose, früh gealterte Menschlichkeit spüren zu lassen, das könnte den Ausbruch aus dem Daseinslabyrinth, könnte die höchste, verwegenste Herausforderung bedeutet haben für den seelenkundigen Pérez, in dem sich die Leichtfertigkeit des Glücksritters mit der Herzensschwere von Shakespeares Shylock auf rätselhafte Weise vermischte.

Philipps Vertrauen zu gewinnen, um ihn dann von seinem Staatsapparat zu trennen und den Einsamen in verstörende Verhältnisse zu verwickeln, das schaffte Pérez virtuos. Wer mochte der Seele Philipps am nächsten stehen? Vielleicht sein Halbbruder Juan d'Austria, der Sohn Karls V. und der Bürgerstochter Barbara Blomberg. In diesem hatte Philipp bei ihrer ersten Begegnung, wie vom Blitz getroffen, all das erkennen müssen, was er selber nicht war: das Ebenbild ihres gemeinsamen Vaters – und noch mehr als dieser gesegnet mit der Grazie, dem Glanz eines perfekten Ritters, eines Lieblings des Volkes und der Frauen; dazu noch das Idol seiner Soldaten. Denn Juan hatte, als strahlender Sieger über den Großtürken in der Seeschlacht von Lepanto, allen Ruhm des Abendlandes auf sich gezogen.

Daß Philipp diesen Phoenix als seinen Nachfolger einsetzen würde, das glaubten, wünschten alle, nachdem Don Carlos gestorben war. Doch herrisch verbot der König dem Bastard sogar, sich *Hoheit* nennen zu lassen. Das Verhältnis der beiden war ein einziges verzweifeltes Ringen, zu dem das Umarmen naturgemäß gehörte. Wie Carlos, in Schillers Drama, seinen Vater nicht nur um würdige, ernste Aufgaben, sondern auch um Vertrauen und Selbständigkeit anfleht, so bettelte Juan d'Austria den Halbbruder an um Platz und Rang am Königshof. »Denn nur dort, so schrieb sein Sekretär Juan de Escobedo in seinem Namen an Philipp, ist sein Platz, solange Eure Majestät ihm nicht, als Sohn seines Vaters und Bruder Eurer Majestät, eine Regentschaft zuspricht.« Statt dessen wurde er zu Pyrrhussiegen in die Niederlande geschickt, wo Herzog Alba verbrannte Erde zurückgelassen hatte. Damit hatte Philipp, der – obwohl er in Andalusien den Aufstand der Mauren und Berber blutig niedergeschlagen, in der nördlichen Provinz Verderben gesät und Haß geerntet hatte – sich unwandelbar als einen Friedensfürsten begriff, die unseligste Wahl getroffen – oder die hinterhältigste. Es war nämlich sein Bruder zwar ein tollkühner Krieger, aber so wenig ein Stratege wie ein ausgleichender Diplomat. Das Scheitern seiner flandrischen Mission und sein elender Untergang waren vorausbestimmt. Die Fäden zog und die Feder führte aber bei all diesem der Staatssekretär Antonio Pérez.

Leicht muß es seinen Einflüsterungen gelungen sein, die Eifersucht des sonst von niemandem beratenen Königs zu schüren, ihm Phantasien von Verschwörung, von Hochverratsplänen des Bastardbruders ins Hirn zu ätzen. Beweise wolle er sehen, verlangte der Gequälte. Die könne er liefern, entgegnete Pérez, und machte sich umgehend, auf perfideste Weise, an die Herstellung dieser Beweisstücke, die gleichwohl vollkommen authentisch waren. Eine Korrespondenz mit Juan und dessen Sekretär Escobedo setzte er in Gang, schrieb darin seinerseits und immer unverblümter Tadelndes, Abfälliges und Rebellisches über den König, lockte Antwortschreiben heraus, die schließlich auf den Ton seiner Hervorkitzelungen eingingen, und legte diese Philipp vor, der also zu lesen bekam, was er geahnt und ihm Pérez versichert hatte.

Escobedo, der zwar abgefeimt, im Gegensatz zu Pérez aber von der blindwütigen Art war, kam aus Flandern wegen einer Familienangelegenheit nach Madrid. Dort muß ihm ein Licht über die Ränke des Staatssekretärs aufgegangen sein. Es kam zu einer heftigen Aussprache; Escobedo drohte, den König in Kenntnis zu setzen. Pérez gelang es jedoch, ihn fürs erste ruhigzustellen, um sofort den einsamen königlichen Weißbart im schwarzen Habit seinen Zureden und Exerzitien zu unterwerfen, auch den geistlichen Rat von Philipps Beichtvater Chaves als flankierende Maßnahme mit ins böse Spiel zu ziehen, damit Spaniens Majestät ihren freien Entschluß treffen und diesen wenn schon nicht vor der Welt, so doch vor Gott rechtfertigen konnte. Dieser lautete, daß Escobedo umgebracht werden müsse, und zwar als Mithaftender für die Unbotmäßigkeit, die königs- und brudermörderische Hoffart des Juan d'Austria, deren schriftliche Belege Pérez herbeigeschafft hatte. Die Exekution des Hochverräters sollte aber, um unliebsames Aufsehen zu vermeiden, heimlich vollzogen werden.

Als getreuer, zu jeglicher Aufopferung bereiter Diener seines Herrn übernahm Pérez diesen Auftrag, engagierte zu seiner Unterstützung vier Mordgesellen, dachte, da er sich mit Heilmixturen und der Alchimie als Freizeitvergnügungen auskannte, daß die Vergiftung des ihm höchst gefährlichen Escobedo am unauffälligsten sei. So mischte er also das Gift, während er – sozusagen von Haus zu Haus – zu dem Mordbedrohten ein Verhältnis höflicher Obligation herstellte, welches diesen nötigte, der Einladung des Staatssekretärs zum gemeinsamen Mahl zu folgen. Das Gift zeigte keine Wirkung. Die Essenseinladung mußte, zwecks erhöhter Beimischung von Quecksilber und anderen Todesessenzen, zweimal wiederholt werden, bis ein Effekt eintrat, nicht genug zwar, um Escobedo umzubringen, aber genug, daß eine maurische Sklavin aus dessen Gesinde in Verdacht und umgehend an den Galgen kam.

Als todsichere Mittel blieben also nur noch Degen und Dolche. Unter diesen hauchte endlich, auf nächtlicher Straße, vor dem Palast der Prinzessin Eboli, der Sekretär des Königsbruders seine Seele aus, weil er Pérez' Zermürbungsspiel mit dem allerchristlichsten Herrscher zu unterbrechen gedroht hatte.

Da die gedungenen Mörder, die Pérez schleunigst nach Italien expedierte, gesehen, erkannt und schließlich mit ihm in Verbindung gebracht wurden, erregte das die Gemüter und alsbald auch die gerichtlichen Klagen der Verwandten Escobedos. Diese wären freilich gegen die Zahlung eines gewissen Geldbetrags leicht zu beruhigen gewesen, wenn Pérez nur förmlich seine Verantwortlichkeit eingeräumt hätte. Daß er diese allerbequemste Möglichkeit, zumal mit dem Rückgriff in die Geldschatulle Philipps, nicht nutzte, bleibt unerfindlich, hatte aber vielleicht damit zu tun, daß gemunkelt wurde, auch die eben schon genannte, seit Schiller aller Welt bekannte Prinzessin Eboli sei in die Affaire verwickelt. Dadurch wurde der nach innen sowieso schon komplizierte Fall nach außen hin noch komplizierter, so daß schließlich sogar der geschmeidige Pérez sich nicht mehr aus den Maschen befreien konnte, die er selbst gehäkelt hatte.

Daß diese hochadlige Dame, deren ganzer Name Doña Aña de Mendoza y de la Cerda, Prinzessin von Eboli noch unüberschaubarer wurde durch ihre Ehe mit dem nicht minder hochadligen Ruy Gómez de Silva, Graf von Mélito, folglich auch eine ziemlich unübersichtliche Person gewesen sein muß, ahnt man ebenfalls seit Schiller. Sie sei – so versicherten ihre Bekannten – zwar verhältnismäßig klein und pummelig, aber wirklich auch schön und von ausnehmender erotischer Attraktion gewesen. Daß sie ein Auge verloren hatte, daß sie diesen Mangel durch eine mit ihrem prachtvollen Haar kunstvoll verflochtene Klappe verdeckte, wird einigermaßen glaubhaft überliefert; und gern möchte man auch glauben, daß sie ihr Auge bei einer Fechtübung mit einem Knappen eingebüßt hatte. Wenn sie denn also zusätzlich zu ihren betörenden weiblichen Qualitäten auch noch über pikante männliche Verhaltensweisen verfügte, so war sie trotzdem für viele ihrer Mitmenschen eine rechte Plage. Sie galt als dermaßen herrschsüchtig, informationsgierig und intrigant, daß man meinte, sie sei nicht richtig im Kopf. Unweit von ihrem bevorzugten Landsitz in Pastrana hatte sie, ihr selbst zu Ehren und mit entsprechend fetten Inschriften versehen, ein stattliches Kloster errichten lassen, dessen fromme, betende Damenbelegschaft nichts weiter begehrte, als in Ruhe gelassen zu werden und ein auskömmliches Dasein genießen zu dürfen. Diese verhießene Behaglichkeit störte die umtriebige Stifterin allerdings weit über das Maß hinaus, welches unter Nonnen als verträglich taxiert wurde; und als eines Tages ein allerverehrungswürdigster Gast, keine geringere als die ekstatische

Heilige Theresa von Ávila, die Klostervisitationen der Prinzessin samt ihren Auffahrten und Aufführungen unablässig in Gang setzte, fuhr das den frommen Frauen dermaßen in die kontemplativen Gemüter, daß sie entnervt ihre sieben Sachen packten, von dannen pilgerten und das Kloster dem Verfall überließen.

Dieser einäugige Unruheherd war in ruhiger ländlicher Umgebung 1540 zur Welt gebracht und schon mit zwölf Jahren dem vierundzwanzig Jahre älteren Silva angetraut worden. Doch erst sieben Jahre später wurde die Ehe vollzogen, die in den vierzehn Jahren ihrer Dauer die vitale Degenfechterin zehnmal in Schwangerschaft versetzte.

Daß die Eboli mit dem nichts als seinen Seelenfrieden suchenden Philipp II. ein intimes Verhältnis gepflegt habe, behaupten zwar die Legenden, muß aber nach Lage der charakterlichen Divergenzen als höchst unwahrscheinlich erachtet werden und könnte höchstens eine kurze Episode gewesen sein. Auch zu Pérez habe sie in ehebrecherischer Beziehung gestanden. Von diesem ist allerdings zuverlässig überliefert, daß, wenn das mit der Liebschaft stimmte, er davon keine guten Erinnerungen behielt. »Keine Löwin ist reißender, kein wildes Tier grausamer als eine schöne Dame. Darum muß man sie fliehen.« So schrieb er mit Bezug auf die Prinzessin und hatte vielleicht noch andere Beweggründe im Sinn, auf die später einzugehen sein wird.

Die ernste Geschichte vom Sekretär mit dem unreinen Blut und seinem König hatte also – wie alles im Leben – auch mit Narretei zu tun, blieb aber bis zu ihrem Ende die ernste Geschichte, die sie von Anfang an war. Da nichts unmöglich ist und das Banalste häufig für das Wahrscheinlichste gehalten wird, konnte es nicht ausbleiben, daß sie in ihrem Kern für eine Eifersuchtsgeschichte gehalten wurde. So glaubte es auch Leopold von Ranke, der sich von deutscher Seite anscheinend als letzter und nicht besonders genau zum Thema Pérez zu Wort meldete: Daß also Philipp, und sogar mit dem schweigenden Einverständnis ihres Gemahls, seit längerem ein Verhältnis mit der Prinzessin unterhalten habe, und zwar mit einem quasi pharaonischen Alleinverfügungsrecht, daß der frevelvolle Pérez aber gerade deshalb in das königliche Revier klammheimlich eingedrungen sei und mit offenen Armen empfangen wurde. Escobedo aber habe, als er unversehens in Madrid auftauchte, die Prinzessin und den Sekretär in einer verfänglichen Situation überrascht und mit seiner Drohung, dem König alles zu erzählen, den liebesabenteuernden Pérez dermaßen in Panik und unter Druck gesetzt, daß dieser den geschilderten Weg zur Problembeseitigung einschlug.

Fest steht jedenfalls, daß Philipp, nachdem es in dieser Angelegenheit um Pérez laut geworden war, sich hinter dessen Rücken daran machte, selbst einmal sein Glück mit der Bedienung der großen Informationsmaschine zu versuchen, und nachschaute, was sie unter dem Stichwort *Pérez* alles zum Vorschein brachte. Was er zu sehen bekam, muß ihn tief getroffen, aber nicht um seine Fassung gebracht haben. Diese war nämlich stets von so felsenfester Art, daß der Gesandte Leonardo Donato staunend bemerkte: »Der König gerät nie in Zorn, oder er tut wenigstens so. Er ist dermaßen beherrscht, daß er, selbst wenn ihm ein krallender Kater in die Hose gefahren wäre, das durch keinerlei Regung verraten würde. Aber auch: Vom Lächeln des Königs ist es nicht weit bis zu seinem Dolch.«

Mit seinen aus eigener Vollmacht besorgten Auskünften über Pérez in der Hand, griff er nicht gleich zum Dolch, sondern lächelte weiterhin. Indes, der Sekretär kannte seinen Prinzipal in und auswendig so gut, daß er im Lächeln der hellen Lippen in diesem hellen Gesicht mit den dunklen Augen eine winzige Abweichung bemerkte und, um allem Unheil vorzubeugen, schon seine Demission in Erwägung zog. Schiller hat es in der – im übrigen frei erfundenen – Beziehung zwischen Philipp und dem Marquis Posa erschütternd zur Darstellung gebracht, wie schwer es diesem verschlossenen Mann fiel, von jemandem loslassen zu müssen, dem er sich geöffnet hatte. An Pérez, scheint es, hing er mehr als dieser an ihm.

Monate lang ließ er sich Zeit, ließ in den Datenspeichern, von denen ihr Meister diskret abgezogen wurde, weitersuchen; noch irgendetwas anderes, Unbekanntes, Wichtiges mußte zu finden sein, dieses mußte so oder so mit jenem in Verbindung gebracht werden – alles schien auf einmal klar und genügte zum schärfsten Urteilsspruch; und dennoch zögerte und schwankte der Schwerverwundete, der sich nichts anmerken ließ, bis er schließlich seiner Pflicht nachgab, der er sogar gehorcht hätte, wenn er seinen Sohn als Ketzer hätte verbrennen müssen. Der neue große Staatsmann Philipps, der insgeheim aus Rom herbeigerufene Kardinal Granvella, war seit kaum einer Stunde in Madrid, als am Abend des 28. Juni 1579, elf Jahre nach seiner Ernennung, die Festnahme von Antonio Pérez erfolgte. Zur selben Zeit wurde auch die Prinzessin Eboli verhaftet.

Während diese zum Turm von Pinto, der damals für Madrid eine ähnliche Bedeutung hatte wie für Paris später die Bastille, abtransportiert und in ein enges Gemach eingeschlossen wurde, erfuhr Pérez den Vorzug milderer Haftbedingungen im Haus des Alkalden, was ihn dennoch nicht davon abbrachte, unermüdlich Tränen zu vergießen, sich für sterbenskrank zu erklären und in den Intervallen zwischen solchen Anfällen um nichts anderes bemüht zu sein, als »sich mit aller Welt gutzustellen«. Die Ermittlungen, über deren Wege, Ziele und Erkenntnisse wohl nur Philipp und sein Beichtvater Überblick hatten, erfolgten – ganz nach der Methodik der Inquisition – im geheimen. Worin die Gründe seiner Haft bestanden, was man gegen ihn in der Hand hatte und was nicht, darüber blieb Pérez völlig im unklaren, und als er nach einigen Monaten wieder in sein Haus an der Plaza del Cordón zurückkehren durfte, mit der Auflage, es nicht zu verlassen, machte er sich – wie später noch manches Mal – an die Abfassung einer Rechtfertigungsschrift, ohne zu wissen, auf welche Vorwürfe sie entgegnen sollte.

Während er also, zwar seiner alten Tätigkeit verlustig, aber längst noch nicht aus seinem Amt entlassen, mehr und mehr Bewegungsfreiheit bekam und bald wieder sein gewohntes Luxusleben fortsetzen konnte, worüber Philipp – der seinem verstoßenen Intimus vermutlich nie wieder begegnete – sich regelmäßig berichten ließ, hatte der Bannstrahl die Prinzessin Eboli um vieles härter getroffen. Über ihr Vergehen, das mit schwiegermütterlichen Heiratsplänen, welche dem König in die Quere liefen, mit ihrem Macht- und Geltungshunger, ihrer Alleswisserei und ihrem katastrophischen Temperament, doch auch mit Pérez zu tun hatte, wurde kein Schleier des Geheimnisses gezogen: »Besagte Prinzessin machte Geschäfte mit Antonio Pérez. Dieser verhandelte so oft und lange mit ihr, daß man vermutete, der Sekretär teile der Eboli viele Geheimnisse seines Amtes mit, wie Stellenbesetzungen und ähnliches, auch weil die Prinzessin von gewissen Dingen redete, mit denen Antonio Pérez zu tun hatte. Immer wenn er sich in den Staatsrat begab oder daher kam, von vielen anderen Malen abgesehen, ging der Sekretär zu der Fürstin Eboli.

Und das ließ erkennen, daß er ihr viele Geheimnisse anvertraute, die durch seine Hände gegangen waren.«

Daß sie mit Pérez Geschäfte gemacht hatte – Wissen gegen Geld –, wurde ihr strafwürdiger zugerechnet als dem Verräter. Es ging ihr bitter schlecht. Von einer Schar Berittener und fünfzig Soldaten war sie in einer Kutsche zu dem Gefängnisturm gebracht worden. Daß sie nach einigen Monaten weiter weg befördert wurde, auf die kastilische Hochebene, in die Burg Santorcaz, verschaffte ihr zwar mehr Bewegungsraum, kündigte aber nichts Gutes an. Es ließ vielmehr ahnen, daß sie sich auf eine lange Haft einzurichten hatte. Wie sehr Philipp,

Abbildung 5
Philipp II. von Spanien, geboren am 21. 5. 1527 in Valladolid, gestorben am 13. 9. 1598 in El Escorial, Sohn Kaiser Karls V., im Alter von etwa fünfzig Jahren.
Das Bild wird Alonso Sanchez Coello zugeschrieben.

ihr einziger Gerichtsherr, in seinen einsamen Entschlüssen schwankte, erkennt man daran, daß sie unvermittelt auf ihren Landsitz Pastrana zurückkehren durfte, wo sie ebenso unvermittelt aus dem Escorial der scharfe Urteilsspruch des *rex absconditus* erreichte, durch welchen ihr die Vormundschaft über ihre Kinder, das Recht über ihr Vermögen entzogen und sie für die restlichen zehn Jahre ihres Lebens in den Turmgemächern des Schlosses hinter vergitterten und mit Brettern vernagelten Fenstern eingepfercht wurde. Am 12. Februar 1592, zweiundfünfzigjährig, verstarb die Prinzessin von Eboli, die in Schillers Versen und Verdis Musik dennoch der Welt gegenwärtig geblieben ist.

Ewig ungeklärt wird der Kern des Verbrechens bleiben, dessen sich Pérez gegenüber dem Staat oder gegenüber dem König schuldig gemacht hatte. Wie schwer es Philipp nahm, daß Pérez ihm den Halbbruder, den beneideten und niedrig gehaltenen Juan d'Austria, aufs Gewissen gelegt hatte, kann nicht ermessen werden. Daß Pérez käuflich war, daß er durch heimliche Transaktionen mit Bankhäusern im Land der Rebellen, in Antwerpen und Amsterdam, verbunden war, daß er Staatsgeheimnisse an diese verkaufte, wog entschieden mehr als die Einmischung und Quertreiberei der Eboli und hätte entsprechend prompt und hart geahndet werden können. Hätte dieses Verfahren jedoch das Licht der Öffentlichkeit zu scheuen gehabt, so gab es Mittel genug, den suspendierten Staatssekretär verschwinden zu lassen. Pharaos Urteile mußten nicht vor den Augen der Welt vollstreckt werden. Daß aber in dem obwaltenden Geflecht von Illoyalität ausgerechnet Philipp eine Verpflichtung zur Loyalität gegenüber Pérez verspürte, sogar respektierte, könnte als Erklärung für sein seltsam gnädiges Hinhalten gelten: Denn er, der König, hatte das Todesurteil über Escobedo und – symbolisch – auch über den beneideten Halbbruder gesprochen; Pérez hatte es ausgeführt und danach allen Verdacht auf sich gezogen. Demnach wären Philipp und sein Gewissensteilhaber, der sich damit brüstete, selber keines zu besitzen, wie zwei Verdammte aneinander geschmiedet gewesen. So hat man Philipps Nachsicht gedeutet: als eine honorige Kompensation oder ein verlegenes Nachgeben vor einem Erpresser, der die Wahrheit an die Welt zu bringen drohte. Oder kannte Pérez noch andere Geheimnisse, die der König hütete wie seine Augäpfel?

Wie aber hätte dieser König einen Erpresser fürchten müssen, der morgen mit der Sprache herauskommen wollte, doch heute schon vernichtet werden konnte? Daß die beiden aneinander hingen, gewissermaßen einander bedingten, wie Pharao und Moses, wäre eine zu pathetische Deutung, als daß man sich trauen dürfte, ihr ernsthaft weiter nachzusinnen.

Jedenfalls, Pérez befand sich seit seiner Entmachtung drei Jahre lang in einem nicht definierten Zustand; er war arretiert und durfte sich doch frei bewegen, sein süßes Leben führen wie zuvor. Im Januar 1582 erfolgte der Urteilsspruch: einen gewissen Betrag an die Staatskasse zu zahlen, zwei Jahre lang – oder so lang es dem König beliebte – in einer Festung eingeschlossen zu werden und für zehn Jahre vom Hof verbannt zu sein. Diese Strafe war, nach den Usancen und Standards der Zeit, gering und nichts anderes als eine deutlichst unterstrichene noble Zurechtweisung für jemanden, der als ein Ehren- und Edelmann geachtet wurde. Pérez jedoch wollte sich ihr entziehen, flüchtete in eine Kirche, in einen geheiligten Raum, wo jeder Strauchdieb vor staatlicher Nachstellung Sicherheit fand, versteckte sich auf dem Dachboden, wo er als ein jammerndes Bündel aus einem schmutzigen Winkel hervorgezerrt wurde. Seine Häscher hatten das geweihte Asyl mißachtet, weil die geltenden Regeln außer Kraft gesetzt waren – von Pérez selbst. Der scheinbar nicht definierte Freiraum seines Gefangenseins war nämlich sehr wohl definiert. Ohne in Ketten zu sein und ohne ausdrücklich sein Wort gegeben zu haben, stand er – als *gentilhombre* – durchaus im Wort, lag er in den Ketten des Standes, den er als den seinen beanspruchte. Sich als einen Gefangenen zu verstehen war eine Ehrensache, welche das System ihm abverlangte, dessen Werte er kannte und förmlich bejaht hatte, als er in diesem System aufstieg. Doch schon sein eigenmächtiger, den Herrscher zum Spielzeug degradierender Gebrauch der *macchina* hatte ihn, ohne daß er entdeckt und verurteilt werden mußte, in Acht und Bann gesetzt. Daß er gemäß den Regeln des Systems schuldig geworden war, mußte Pérez, da er als ein Edelmann gelten wollte, wissen. Die Strafe hatte er mit demselben offenen Herzen in Empfang zu nehmen wie die Gunst. Außerdem mußte er wissen, daß der Zustand seiner Buße der einer auszeichnenden Ehrenhaft sein sollte. Sein Fluchtversuch aber degradierte ihn, machte ihn niedrig, war der schlagende Beweis dafür, daß ihm die *limpieza* fehlte, das reine ritterliche Blut, der reine Glaube. Das gnädige Asyl des geweihten Ortes galt für ihn so wenig wie für einen Ungläubigen oder Ketzer.

Im sommerheißen und winterkalten Segovia, in der Festung Turégano, mit der einzigen Aussicht auf die schneebedeckten Berge der Sierra, mußte er die beiden nächsten Jahre verbringen. Madrid sollte er nun die nächsten zehn Jahre nicht betreten dürfen und wurde eben dorthin, in sein Haus, in seinen gewohnten Lebensstil alsbald doch wieder entlassen. Derweilen ließ Philipp forschen und forschen, er suchte in dem – zu einem Abstraktum gewordenen – Pérez nach einem Geheimnis, nach einem Beweis, einer Wahrheit, von der niemand wissen kann, worin sie bestand. Selbst über seine große Frage wußte der Einsame in der Grabesburg des Escorial wohl nur dieses eine: daß sie ihn quälte, unvermindert quälte – auch noch zehn Jahre nach dem Sturz des einstmaligen Favoriten. So als wäre das alles vor einer Woche geschehen, schrieb er nun, um die Sache abermals anzugehen, an den Richter Vázquez de Arce einen wunderlichen Brief, in dem es heißt: »Ihr könnt Antonio Pérez von mir sagen, daß ich davon unterrichtet bin, daß er Escobedo töten ließ und daß ich die Gründe kenne, die er dafür angab. Zu meiner und meines Gewissens Genugtuung ist es erforderlich, zu wissen, ob diese Gründe stichhaltig waren oder nicht.«

Nicht mehr in seinem Haus, sondern in den Casas de Cisneros, dem Gefängnis Madrids, war es, wo Pérez nun dem Richter entgegentrat. Auf alle kleinen Fragen, welche in diesem so sinnlos spät nachgeschleppten Verhör die Gerichtspersonen aus Philipps großer Schicksalsfrage ableiteten, verweigerte er die Antwort. Am 23. Februar 1590 ließ der von seinem Gewissen gefolterte, immer unsichtbarer gewordene König den einstigen Vertrauten auf die Folter spannen. Was dieser nun an Geständnissen hervorbrachte, bewirkte zwar die rasche Lösung der noch kaum angezogenen Spannseile, erlöste aber Philipp von seiner Seelenpein noch längst nicht. Wie der eine nicht mehr wußte, was er fragen wollte, so wußte der andere anscheinend nicht, was er hätte antworten sollen.

In Frauenkleidern gelang Pérez die Flucht aus der Gefangenschaft. In Aragón glaubte er Sicherheit zu finden. Zwar gehörte das Königreich Aragón zur hispanischen Krone, aber mit alten, verbrieften Freiheitsrechten, den *fueros*, mit denen dieser andere Menschenschlag mit seiner eigenen Sprache, Landschaft und Lebensart gegen die Vorherrschaft der starren Kastilier sich heftig zur Wehr setzte. Aragón war auch, wie man vermutete, das Herkunftsland von Gonzalo Pérez, den man am Hof von Madrid hinter vorgehaltener Hand wohl eher als einen Aragonesen denn einen Juden beschimpft hatte; und daß sein Sohn hier nun um Asyl, um Schutz vor dem fremden, ungeliebten König ersuchte, war den Bürgern und Edlen, erst recht aber dem Volk auf den Straßen von Zaragoza ein Grund zu jubeln und den Kastiliern deutlich anzuweisen, wo sie an ihre Grenzen stießen.

Am 1. Juli 1590 ließ Philipp in Madrid das Todesurteil ausfertigen gegen den Flüchtling, der ihm nicht nur so viele Schmerzen zufügte, sondern auch den ehernen Übereinkünften des herrschenden Regelsystems unverzeihlichen Spott zufügte und sich der *alta traición*, des Hochverrats, wie der *lesa majestad*, des Frevels an der Majestät, in einem schuldig gemacht hatte. In einem zornigen, unergründlichen, wahrhaft königlichen Satz faßte Philipp Klage und Richterspruch in eines zusammen, so, wie es einem Gott zukommt, der erhaben ist über die menschliche Kleinlichkeit des Erklärens und Begründens: Pérez' Verbrechen seien »so schwer, wie noch kein Vasall sie gegen seinen König und Herrn begangen habe«.

Dieser Spruch verurteilte den Flüchtigen »zum Tod am Galgen, nachdem er vorher auf die übliche Art durch die Straßen geschleift wurde. Nach seinem Tod soll sein Kopf mit einem Messer abgeschnitten und auf öffentlichem Platz ausgestellt werden«. Nicht aber in der Grausamkeit der körperlichen Vernichtung bestand nach den – vom Rituellen, Zeichenhaften, Symbolischen gebildeten – Anschauungen der Zeit die Härte dieser Strafe, sondern in ihrer Geste, die einen menschlichen Irrtum in gemäß der Ordnung der Dinge berichtigte. Was Pérez erleiden sollte, war kein ehrender Tod, wie er einem schuldig gewordenen Aristokraten, der sich den Regeln unterworfen hätte, zugekommen wäre, sondern ein infamer Tod, welcher den im Leben zu hoch geschätzten Verurteilten in die geziemende Niedrigkeit zurückschleuderte So sollte öffentlich zur Schau gestellt werden, wo Pérez hingehörte und was, nach aller Verblendung, seine einzige, gültige Wahrheit war.

Mit einem ganz unterwürfigen, respektvollen, an gute alte Zeiten gemahnenden Brief meldete sich der gewesene Staatssekretär, dem erst jetzt, nach elf Jahren, sein Amt aberkannt wurde, aus Zaragoza bei dem weltmüden Herrn des Escorial noch einmal zu Wort. Allerdings saß er nun in aragonesischer Gefangenschaft. Denn sich so ganz über den königlichen Zorn hinwegzusetzen, dazu trauten sich die Oberen Zaragozas nun doch nicht; und da Pérez aus Madrid kommende Anschläge durchaus zu fürchten hatte, mußte auch er damit einverstanden sein, daß Gefängnismauern ihm den sichersten Schutz boten. Demarchen, Rechtshilfebegehren und Auslieferungsanträge der kastilischen Behörden wurden von ihren Kollegen in Aragón genußvoll auf lange Bänke geschoben oder in Verwirrung gebracht.

So mußte schließlich, da die Macht des Königs nicht weiter kam, die andere Macht im Staat, die Inquisition, deren viel höherem Recht keine Menschenseele Widerstand entgegensetzen durfte, ihre Hand nach Pérez ausstrecken. Zwar war auch dieses Schreckenswesen, da es aus eifersüchtigen Menschen bestand, nicht der monolithische Block, den man sich denkt. Es hielt nämlich Pérez aus früheren Tagen noch freundliche Verbindung mit dem Großinquisitor in Toledo und mit Herren aus dem Heiligen Offizium in Madrid; umso feindlicher begegneten ihm demnach die Herren der Inquisition von Aragón, über allem aber ließ ihm der Papst aus Rom sein Wohlwollen mitteilen. Doch sobald, mit irgendeinem Siegel versehen, eine Anklage wegen Ketzerei zur Vorlage kam, galt, vor dem Naturrecht auf Rivalität, das Gesetz der Einigkeit in dieser auf die Ewigkeit berechneten Körperschaft, und alle Inquisitionsbedienstete mußten wie ein einziger Mann zusammenstehen. Diesen Rechtsbehelf, welcher ihm alle Grenzen öffnete, welcher die alten Regionalprivilegien beiseite fegte und die Wogen teilte wie zum Durchzug der Kinder Israels, machte sich Philipp ohne weiteres zunutze. In dem noch immer funktionierenden Informationsspeicher des alten Pérez fand sich passendes Material über den jungen: Manches Mal habe er nämlich während des Arbeitens gar gotteslästerlich geflucht, einmal habe er sich sogar greulich aufgeschwungen zu der Drohung, daß er Gott die Nase abschneiden wolle, falls dieser ihm Hindernisse in den Weg lege. Aus letzterem mußte zwingend der Schluß gezogen werden, daß Pérez zu den verbrennenswürdigen badianischen Häretikern gehörte, welche die Fleischlichkeit Gottes behaupteten. Solcher Art also waren die Hebel, welche die Krallen der Inquisition nach Pérez schnappen ließen. In deren Gefängnis wurde er aus dem Staatsgefängnis hinübergeschleppt. Aber das gaffende Volk auf dem Großen Platz von Zaragoza erkannte einen Anlaß, sich zu erregen, gegen die Herren des einen wie des anderen Etablissements, und Pérez hätte der lachende Dritte sein können, wenn er beherzter gewesen wäre und das Zeug zum Volkshelden gehabt hätte. Scheu und ängstlich winkend blickte er aus einem Fenster des Inquisitionspalastes hinab auf die johlende Menge. Ob ihm dabei bewußt wurde, daß er hier eine – ebenfalls höchst zukunftsmächtige – Alternative zu dem Riesenspielzeug des Staatsapparats greifbar nahe hatte? Oder ob er ahnte, daß die Zeit der zentralgesteuerten Volksmassen noch nicht reif war, und wußte, daß er kein Demagoge, sondern ein Technokrat war? Und ob es ihn schließlich erschreckte, wie da unten das Volk sich rührte, randalierte, massakrierte, diesen und jenen, wie es sich die Volksfestlaune gerade aussuchte. Ein paar Offizielle wurden erdolcht oder zerrissen. Mit eroberten Musketen schoß man zum Spaß einige Maultiere zusammen, und dann auch noch die dazugehörigen Treiber, weil für diese *moriscos* noch ein paar Kugeln übrig waren.

Daß viele Juden in der Menge sich lautstark gemacht hätten für die Freilassung des illustren Gefangenen, wurde in den Protokollen der Inquisition mit Hervorhebung vermerkt. Priester flüchteten über die Dächer des Inquisitionspalastes, Beamte über die des Regierungspalastes, und irgendwo fand dann auch Pérez eine Spalte, um zu entschlüpfen. Während Philipps Truppen in Zaragoza einrückten und den Aufstand niederschlugen, schlug Pérez sich nach Norden durch, stieg im November 1591 die Pyrenäen hinauf, hauste in kalten Nächten in Höhlen, ernährte sich vom Allerwenigsten, wußte, daß man hinter ihm her war, daß die Fußtruppen der Inquisition Wege und Stege besetzt hielten, um ihm aufzulauern, und rettete dann doch seine Haut – und eine große Tasche mit geheimen Staatspapieren als seinem Kapital – über die Grenze nach Frankreich. Im Béarn fand er Zuflucht, in der Heimat des einstigen Protestanten und Ketzers Heinrich von Navarra, dem dann Paris eine Messe wert war, so daß er nun als Heinrich IV. über Frankreich regierte. Dessen Schwester, Catherine von Navarra, war als Regentin im Schloß von Pau zurückgeblieben und außerdem wenig zufrieden mit ihres Bruders Konversion, die ihren eigenen Religionsfrieden freilich nicht stören mußte. Daß man dort, am Nordrand der Pyrenäen, den entflohenen Geheimnisträger aus dem Feindesland mit großer Freude und vielen Fragen empfing, versteht sich. Aber diese eine große, geheimnisvolle Frage, die Philipp aus seinem Totentempel bei Madrid dem für immer Entschwundenen nachrief, blieb ungehört und ohne Antwort. Auf Vernichtung sollte alles hinauslaufen.

Halbverhungert und krank war Pérez, inzwischen siebenundfünfzig Jahre alt, in Pau angekommen, »im groben Gewand eines Schäfers«, was gleichwohl entschieden besser zu tragen war als das Gewand und die Kapuze der Verdammten, unter denen er fehlte, als sie im nächsten Oktober bei dem großen Autodafé in Madrid vom Höllenfeuer der Inquisition verzehrt wurden.

Doch die zur Obsession gewordene Rache Philipps sollte nicht aufhören, ihn zu verfolgen. Indes, auch der Sohn des großen Gonzalo Pérez hob als drohender Zentaur die Faust, um südwärts übers Gebirge seine Blitze zu schleudern. Mit einem fürchterlichen Attentat wolle er Philipp vernichten. So ließ er es durch das Provinznest hallen, wo er nicht der einzige Spanienflüchling, wohl aber der prominenteste war.

Was man jedoch für ziemlich leere Reden hielt. Denn ohne die Riesenmaschine, die sein Vater für ihn konstruiert hatte, war er fast ein Nichts; und da auch sein Vermögen, das er ins Ausland verschoben hatte, dabei durch die üblichen Prellereien gänzlich verlorengegangen war, mußte der mächtige Staatssekretär zu einer ziemlich schäbigen Figur werden, deren zum Verkauf stehenden Staatsgeheimnisse veraltet und folglich nichts mehr wert waren. Von der warmherzigen Königsschwester Catherine, die wohl wußte, daß in dem alternden Abenteurer, der alles und beinahe auch seine Ehre verloren hatte, doch immer noch der frühere Staatsmann und Erzfeind seinen Respekt erheischte, wurde er mit dem Geziemenden versehen und anständig untergebracht. Sonst aber konnte er – zu seinen Gunsten – nur noch durch große, gedrechselte Worte, durch Liebdienerei und Bettelei auf sich aufmerksam machen – und viel besser sollte es Pérez auch niemals wieder ergehen. Billige Geschenke, beinahe so peinlich wie Selbstgebasteltes, verschickte er an vermögende Herrschaften bis nach England hinüber und legte eigenhändige Empfehlungsverslein dazu, die seine Qualitäten hoffentlich nicht getreulich zum Ausdruck brachten: »Ich bin ein Hund in meiner Treue und habe auch dessen Reißzähne, um im Dienste meines Herrn zuzubeißen.« Oder: »Diese Handschuhe, gnädige Frau, stammen von einem Hund, wenn auch nicht von mir, der ich mich für einen Hund halte, den Euer Gnaden abgehäutet haben.« Oder: »Wenn ich zu nichts mehr nütze, so bin ich doch Hund und Diener Euer Gnaden.« Was war noch von dem so stolzen wie melancholischen Zentaur übrig geblieben?

Wie alle Abenteurer, denen es an den Mitteln zur Bewegung mangelt, verlegte sich Pérez aufs Pläneschmieden und fand dazu Gleichgesinnte sowie einige ganz besonders aufmerksame Zuhörer, die sich heimliche Notizen machten. Die große staatsmonopolistische Investigationsmaschine, die in Spanien nun der gebrechliche, aus seinem Ruhestand in Rom zurückgerufene Kardinal Granvella zu beherrschen suchte, hatte im liberalen Pau ein quasi demokratisches, marktwirtschaftliches Pendant erhalten. Das hübsche Städtchen mit den Pyrenäengipfeln als Hintergrundkulisse, auf der Grenzlinie zweier verfeindeter Großmächte war ein Anziehungspunkt erster Güte für Glücksritter, die sich aus vieler Herren Länder hier eingefunden hatten, um, wie der Wind gerade wehte, sich entweder nach der spanischen oder der französischen oder am besten nach beiden Seiten zu lehnen und auf ein Schnäppchen zu lauern. Emigranten aus Aragón, Glaubensflüchtlinge jeder Couleur, die dem Joch der Inquisition entkommen waren, träumten von Rachetaten gegen die Kastilier und die Kirche. Wie und wovon sie alle in diesem Nest lebten, fragt man sich. Von der frischen Luft des Idealismus vielleicht einige; einige andere, die gut zu Fuße waren, von ewigen Pilgerschaften, die nie ans Ziel, nach Santiago de Compostela, gelangten. Denn der geheiligte Jakobsweg war immer auch die freie Bahn der Spione und Schmuggler, die ihre profane Ware unterm Pilgermantel ziemlich risikolos transportieren konnten. Die bequemste Existenzgrundlage der in Pau versammelten bunten Gesellschaft fand diese jedoch im gegenseitigen Ausspionieren, dessen Ausbeute freihändig und meistbietend nach Madrid, Paris, nach Flandern oder an den Hof von Westminster verkauft wurde.

Daß diese herumstolzierenden Fremdlinge bei den arbeitsamen Einheimischen nichts als Unmut hervorriefen, kann man sich vorstellen. Pérez, da er bei der Prinzessin ein und ausging und die Allüre des glänzenden Höflings und hochwichtigen Staatssekretärs noch längst nicht verlernt hatte, war als ein Schmarotzer einem besonderen Übelwollen ausgesetzt, nachdem es seinem Antrieb tatsächlich gelungen war, einen Haufen treuherziger Guerilleros, Schnapphähne und Desperados übers Gebirge zu schicken, damit sie drüben den Escorial in Schutt und Asche legten. Sie kamen nicht weit und fanden zumeist ein böses Ende; doch für dieses Minderheitenprogramm des großspurigen Ausländers hatten vor allem die Arbeiter und Gewerbetreibenden der Absenderregion zu bezahlen, da die Spanier ihnen zur Strafe den Zugang zu ihren hauptsächlichen Absatzmärkten versperrten. Pérez, der in Zaragoza noch den Volkshelden hätte spielen können, wurde in Pau nun als Volksfeind Nummer eins verschrien. Der freiberufliche Doppel- und Dreifachspion Santisteban, der bald am Galgen enden sollte, meldete eiligst noch nach Madrid, von wo die schlimmsten Wünsche Philipps das Fortkommen seines einstigen Vertrauten begleiteten: »Die Bevölkerung hier würde am liebsten diesen schlechten, schuftigen Mann umbringen.« Und ein gewisser Doktor Arbizu, dem als Arzt das Geld nie reichte, weshalb er nebenbei, zusammen mit seiner hellhörigen und auch sonst sehr offenen Tochter, ein Agentenkonsortium organisiert hatte, wußte zu ergänzen: »Es gibt hier niemanden, der nicht die Stunde verflucht, da Pérez nach Pau kam, und jeder würde ihn tausendmal mit dem größten Vergnügen ermorden. Nur die Autorität von Madame hält ihn am Leben. Seinetwegen liegen Handel und Verkehr darnieder, und viele Menschen sterben vor Hunger.«

Es gab da noch eine andere Sache, die Pérez schon seit jeher anhing, ohne daß sie ihm erkennbar geschadet hätte, die ihm nun aber, in der ländlichen Kleinstädterei, den Boden unter den Füßen heiß machte. An den Vizekönig von Navarra erstattete der genannte Doktor Arbizu folgenden Bericht:

Antonio Pérez schickt sich an, ein sehr bequemes Leben zu führen. Er und sein italienischer Kumpan stehen im Verdacht, Sodomiten zu sein. Es wird viel gemunkelt. Sogar im Rat der Stadt ist schon darüber gesprochen worden. Sie suchen sich schön aussehende Jungen und lassen sich von keinem bedienen, der einen Bart hat. Sie geben ihnen viel Geld und gute Kleider. Trotzdem wollen die Jungen nicht bei ihnen bleiben und schimpfen auf sie. Die Eltern beklagen sich und sagen, man müßte die beiden verbrennen. Vor vierzehn Tagen war eine Frau aus ihrer Dienerschaft bei mir und sagte, Antonio Pérez und der Italiener hätten einen kleinen Wasserträger aufs Bett geworfen. Aber der hätte geschrien, und da hätten sie ihn laufen lassen und ihm Geld gegeben, damit er schweigen würde. Davon ist sogar im Schloß geredet worden.

Diese hier zum Empörungsanlaß gewordene Neigung des ehemaligen Sekretärs der katholischen Majestät war in Madrid schon lange bekannt gewesen, wurde ein wenig bespöttelt, trug ihm den Beinamen *el pimpollo*, die Knospe, ein und stand als – anscheinend nicht ernsthaft verfolgter – Nebenaspekt auf der gerichtlichen Ermittlungsliste nach der Ermordung Escobedos. Daß hinter den, ein für allemal rätselhaften, Verschleppungen und Unschlüssigkeiten des Verfahrens eine Palastintrige gestanden hätte, um hochgestellte Personen vor Verruf zu schützen, kann immerhin erwogen werden. Der »Carolina«, dem Kriminalrechtskodex Karls V. folgend, mußte *Sodomie* mit dem Tod, dem Feuertod, bestraft werden – eine Vorschrift, die sich – so weit man sehen kann – als strikte Rechtspraxis niemals durchsetzte. Wie denn auch nebenan am englischen Hof und später am Hof von Versailles niemand aus solchen Neigungen einen Hehl machte. Selbst der Herzog von Saint-Simon, der dort über jeden und alles seine genauesten Beobachtungen aufzeichnete und dabei durchaus auch über den bösen Blick verfügte, fühlte sich in dieser Hinsicht zu einem speziellen Anstoßnehmen niemals veranlaßt.

Was Pérez nun angeht, ist überliefert, daß der Vizekönig Don Pedro de Toledo diesem im Beisein des Großinquisitors über einen Sekretär scherzhaft ausrichten ließ, er möge wegen seiner schlechten Erfahrungen mit der Eboli künftig die Finger von den Frauen lassen und solle sich nur noch Männer als Freunde nehmen.

Die Provinzkapitale Pau also war, trotz ihres schönen Schlosses, nicht der rechte Ort für den unterbeschäftigten Abenteurer, den es wieder in Königsnähe trieb. Genauso gut wie die des katholischen

Pharaos im Escorial konnte es auch die des Ketzerkönigs im Louvre sein. Etwas Autobiographisches – wie es die rechten Abenteurer gern von sich geben – hatte Pérez bereits verfaßt, eine Broschüre über den seinetwegen entfachten Aufstand in Zaragoza. Diese schickte er als seinen Vorboten nach Paris, um Heinrich IV. Appetit auf ihn zu machen. Darauf hin wurde er im Louvre, wie es in solchen Fällen immer heißt, »mit Ehren empfangen«. Aber auch nach den Resten seiner Verwendbarkeit forschte der schlitzohrige *gute König Heinrich* den einstmaligen Meister der spanischen Staatsmaschine aus. Daß Pérez aber deren Funktionsweise in die aus einem kreativen Chaos erzeugten französischen Verhältnisse hätte einführen können, daran war nicht zu denken. Was er denn sonst noch anzubieten hätte? Seine Kenntnisse über Lage und Mentalität der unterdrückten Minderheiten in Spanien, über den Rebellionsgeist, die Heilserwartung der *moriscos* und die Bereitschaft der Juden, sich ihnen anzuschließen, und daß Frankreich hier unterstützend einwirken könne. Sogar in Neapel könne er, Pérez, einen Aufstand gegen die spanische Herrschaft in die Wege leiten. Doch großen Anklang fand er auch mit diesen Projekten nicht. Ein drittes Leistungsangebot konnte er noch aus seiner großen Reisetasche ziehen: im Dienste Heinrichs nach England zu segeln, um dort die ewig unschlüssige, von ihren Liebhabern wie von ernsthaften Beratern umlagerte *jungfräuliche Königin*, Elisabeth I., von einer Allianz mit Frankreich zu überzeugen, um dann gemeinsam das Land des ewig bedrohlichen, ewig unergründlichen Philipp mit Krieg zu überziehen. Heinrich war schon dabei, sich freundlich abwinkend zurückzuziehen und den vormals so wichtigen Spanier, der den Anschluß verloren hatte, in die Schar der nutzlosen Höflinge zu überantworten, als der so sparsame wie praktische Schatzmeister Sully sich einmischte und befand, der Investitionsaufwand, Reisekosten und Spesen, sei vertretbar. So solle denn, nickte der gute König gnädig, Pérez seine Reise antreten.

Wenn man sich an dieser Stelle also in die Perspektive des französischen Hofs hineinrückt, sieht man, daß der Sohn Gonzalos keine Rolle mehr spielte, daß man ihn aber – aus dieser immer wieder bemerkenswerten aristokratischen Großzügigkeit und nicht gerade wie einen Almosenempfänger – nebenher mitlaufen ließ, ihn mit Spielmaterial und scheinbaren Pflichten beschäftigte und daß keiner außer ihm selbst den abgetakelten Glücksritter noch ernst nahm.

Mit aller Unverbindlichkeit wurde er 1593 von Elisabeth empfangen, auch in ihrer Nähe geduldet, und ob sie es als eine freundliche oder abfällige Witzelei meinte, wenn sie ihn *mein Verräter* titulierte, kann nicht entschieden werden. Pérez jedenfalls, da er unbedingt mitspielen wollte, war bereit, sich notfalls auch übel mitspielen zu

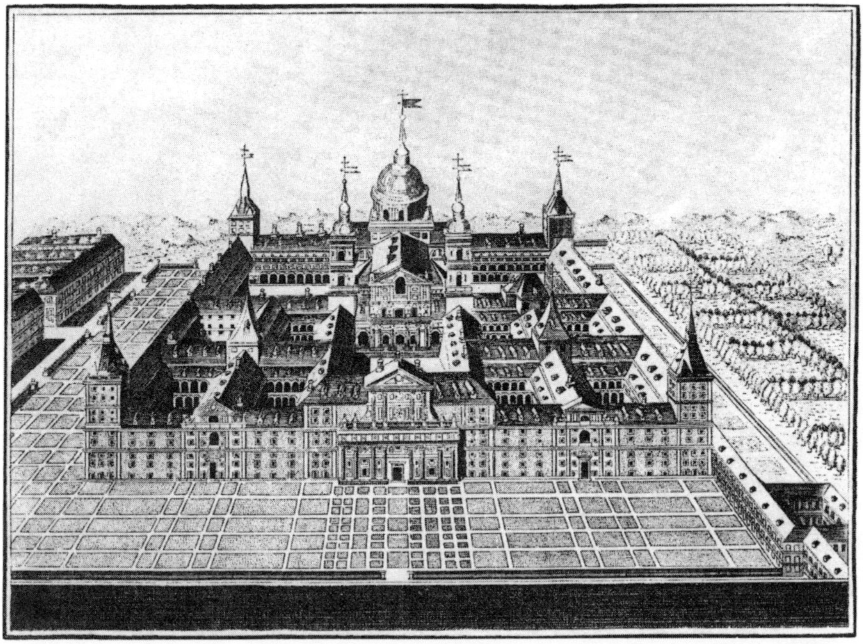

Abbildung 6
El Escorial – Königspalast, Totentempel und Kloster – Nach eigenen Entwürfen, welche von der Vorstellung des Rosts ausgingen, auf dem der heilige Laurentius das Martyrium erlitt, ließ Philipp II. von 1563-1584 die Anlage San Lorenzo de El Escorial errichten. Dieses »Achte Weltwunder« liegt vierzig Kilometer von Madrid entfernt am Rande der Sierra de Guadarrama.

lassen. Indes, er war doch auch geschickt und überzeugend genug, sich mit dem aktuellen Favoriten der Königin, dem jungen Robert Devereux, Earl of Essex, gut zu stellen und diesen für einen Kriegsbund mit Frankreich zu interessieren – was dennoch nichts half, da der Staatssekretär Burleigh grundsätzlich sein Gewicht auf die andere Waagschale warf, so daß alles in der Schwebe blieb.

Man könnte dieses Kapitel von Pérez' englischer Mission demnach als unergiebig in den Hintergrund rücken, wenn es nicht einen Brief von ihm an Essex gäbe, in dem er sich über seine Erfolglosigkeit beklagt und verborgene spanische Ränke am englischen Hof dafür verantwortlich macht. Wenn man nach einer Erklärung sucht für den so unsinnig verbissenen, kein Ende nehmenden Kampf zwischen Pérez und Philipp II., wenn man dabei – aufgrund gewisser Indizien – zu der ziemlich mutwilligen, ziemlich pathetischen und wie von außen herangetragenen Hypothese gelangt, daß hier eine gleichsam archetypische Konfrontation, Moses gegen Pharao, stattgefunden habe, dann ist das höchstens Belletristik. Nichts wird nämlich durch solche Konstruktionen darüber wahrscheinlich gemacht, daß auch Pérez' Bewußtsein sich in solchen Kategorien bewegt hätte. Allein darauf kommt es an: einen tatsächlichen Beleg dafür zu finden, daß »pharaonische« Vorstellungen in seinem Verhältnis zu Philipp virulent waren. Es ist fast nichts, aber doch deutlich genug, was einem diesbezüglich aus dem besagten Brief entgegenblitzt. Ein einziger Satz nur, wo Pérez – mit Blick zum Escorial – Klage führt über seinen großen Feind, nämlich über »die Manöver der ägyptischen Pharaonen«, die ihn vernichten wollten.

Schade nur, daß der große Stoff, aus dem der Sohn des Altvaters Gonzalo gemacht war, das Ende einer ganz gewöhnlichen, alternden, verglimmenden Abenteurergeschichte nehmen mußte. Der in die Jahre gekommene, gleichwohl noch sehr anpassungsfähige, sogar mit dem feindseligen englischen Idiom einigermaßen zurechtkommende Höfling tändelte im Abglanz seiner besseren Jahre, doch mit schmalem Beutel in wohlhabender, lustiger, intriganter Gesellschaft in London und um London herum. Während dessen schrieb er nun endlich auch sein großes Buch, seine selbstlobenden, zugleich auch auf den Effekt hoher Verkaufszahlen bedachten »Relaciones«, die 1594 herauskamen. Unter diesem hohen Titel geheimer Diplomatenpost und mit dem vieldeutigen Autorennamen *Raphael Pellegrino* gaben sie vor, die Innenseite des Escorial nach außen zu kehren, und Philipp II. prägten sie als einen teuflisch-eiskalten Tyrannen, der seinen eigenen Sohn umbrachte, unlöschlich ins Gedächtnis der Geschichte ein.

Der spanienfeindliche Propagandaeffekt des sogleich vielfach nachgedruckten und übersetzten Buchs war beträchtlich. Zwei herumvagabundierende Iren ließ Philipp auf den Abtrünnigen ansetzen. Bei der umständlichen, die Folterknechte sehr beanspruchenden Ausforschung eines angeblichen spanischen Komplotts gegen Elisabeth kam auch die Rede auf diese beiden. Sie wurden aufgespürt, gefaßt und gestanden alles, auch daß ein Jesuit ihnen schon in voraus die Absolution erteilt hätte. So konnte Pérez denn, wie er schrieb, bei einem zufälligen Spaziergang mit ansehen, wie man ihre blutigen Köpfe am Stadttor bei Saint Paul aufspießte.

In weit höherem Maß als das südfranzösische Pau war London ein Tummelplatz für Spione und Agenten. Keiner traute irgendjemanden, und keinem war zu trauen. Nach dem Gold Spaniens, welches aus dem sagenumwobenen Eldorado über den Ozean gekommen war, starrten sie alle, die sich damals in Europa auf die Glückssuche begaben, alle Bindungen lösten, Religion samt Gewissen hinter sich ließen, um sich als Zuträger der spanischen *macchina* aus den Märchenschätzen einen Belohnungsanteil zu verdienen, sei es am protestantenfreundliche Hof Heinrichs IV. oder erst recht in den Gefilden der englischen Ketzerkönigin. So war denn umgekehrt an diesen Plätzen jeder, dessen Rolle Trübung aufwies, verdächtig, im leichtfertigen Dienst und schwerwiegenden Sold Spaniens zu stehen; und ob ihn entweder die Jesuiten ausgesandt hätten oder ob er ein vor diesen geflüchteter Jude war, machte keinen Unterschied. Der aus Portugal nach England emigrierte jüdische Gelehrte Ruy Lopes hatte es bis zum Leibarzt Elisabeths gebracht, was vermutlich für beide Förderliches mit sich brachte, den Juden in dieser glänzenden Position aber folgerichtig dem finsteren Argwohn aussetzte, daß er im Auftrag der katholischen Majestät der klimakterischen Jungfer auf dem Protestantenthron seine Gifte in die Stärkungselixiere mischte. Unter den Qualen der Tortur gestand dieser Doktor Lopes alles, was man von ihm hören wollte. Am 14. März 1594 wurde er aus dem Tower hinüber zur ewig betriebsamen, ewig vom Dunst des Blutes umgebenen Hinrichtungsstätte geführt und von den maskierten Schlächtern stranguliert, kastriert und gevierteilt. Daß nach ihm einige *schändliche, verräterische* Jesuiten das Schafott besteigen mußten, war ganz nach der Ordnung der Dinge. Einige klügere Beobachter jedoch hielten dieses Verfahren samt der vorausgesetzten Komplottgeschichte für einen tragischen Wahnsinn. Wie sich später mit Gewißheit herausstellte, mußte Lopes wie die übrigen als Opfer herhalten für ein wichtigtuerisches Ablenkungsmanöver des in seinen Ämtern völlig überforderten Earl of Essex, des Günstlings der Königin, der bald in Ungnade fiel und 1601 selbst unters Henkersbeil kam. Aus dessen, in vielen Beziehungen dem eigenen sehr ähnlichen, Auf- und Abstieg hätte Pérez den Vergleich ziehen können, wie zögernd und mäßigend der Zorn seines spanischen Herrn einstmals mit ihm verfuhr; und er hätte wittern müssen, wie hochgefährlich dieses abenteuerliche Milieu Londons – dieses von Geltungssucht, Habgier, Animosität und Verdächtigung erzeugte Gespinst aus virtuellen Wirklichkeiten – für einen wie er war, der sich jeglichem schillernden Rollenangebot nur allzu freudig entgegen warf.

Daß er aber glimpflich durch dieses Labyrinth wanderte, lag an einer ziemlich absonderlichen, wenig ehrenvollen Variante des wie ein Schutzengel über ihm schwebenden Abenteurerglücks. Dieses hatte nämlich die Botschaft unters Volk gestreut, daß man den einstigen Meister des spanischen Staatsapparats längst nicht mehr ernst nehmen müsse, daß seine Rangeleien, um wieder ins Rampenlicht zu gelangen, lächerliche, in Maßen verzeihliche Alterskapriolen eines Mannes waren, der, nachdem er als Virtuose die Schreckensmaschine gesteuert hatte, nun nicht einmal mehr die Steuerung seiner selbst zu bewerkstelligen wußte.

Daß er, neben seinen Andienereien in alle Richtungen – bis nach Konstantinopel sogar – immer wieder heimliche Kontakte nach Spanien suchte, blieb auch dem gröberen Erfassungssystem Elisabeths nicht verborgen, da Pérez' Bedienstete – wie allgemeiner Brauch in solchen Milieus – sich durch die Bespitzelung ihres Meisters ein Zubrot verdienten. So gelangte es in Westminster früher als im Verstand des unwandelbaren Traumtänzers zur Kenntnis, daß im Escorial, wo man gerade erst den Tod zu ihm entsandt hatte, nicht das geringste Interesse an seinen turbulenten Dienstleistungen bestand. Keine Botschaft, schon gar keine Freudenbotschaft erreichte den heimwehkranken, der Acht und Verachtung verfallenen Verräter aus dem Land seines Herkommens. Wenn es ihm, in London oder Paris, gelang, einem loyalen und also stolzen Spanier unter die Augen zu treten, pflegte er sich ratlos darüber ins Erstaunen zu versetzen, daß er »wie ein Aussätziger behandelt« und geringer als ein Nichts geschätzt wurde. In den spanischen Fahndungsregistern jedoch, im Observationssystem Philipps war sein Name noch längst nicht gelöscht. Jeder Schritt, den er tat, wurde erfaßt; alle Kontakte, die er knüpfte oder verlor, wie er sich betrug, ob er gefiel oder mißfiel, welche Pläne er gerade schmiedete oder fallen ließ, alles wurde nach Madrid gemeldet, erhielt Bezahlung aus den Schätzen des Eldorado und gelangte in die blassen, feingliedrigen Hände des entrückten Gottkönigs, der sich anschickte, sowohl seine irdischen als auch die letzten Dinge zu regeln vor seinem Abruf zum Jüngsten Gericht.

Schon lange war es dem anderen großen König, Heinrich IV. in Paris, zu Ohren gekommen, daß sein viertklassiger Repräsentant in London sich dementsprechend aufführte und eine höchst bizarre Figur abgab. Schleunigst sollte er nach Frankreich zurückkehren; was aber Pérez nicht gern hörte und deshalb über den Ärmelkanal hinweg nicht richtig verstehen konnte. Krankheiten hinderten ihn, so verhandelte er, an der beschwerlichen Reise, derweilen er den Rahm der letzten ihm verbliebenen Gunst abschöpfte, die er in der Männergesellschaft des etwas weichen, dandyhaften Earl of Essex genießen durfte. Daß er ein erhebliches, zwar selbstrühmendes, doch auch die verborgensten Geschichten aus Spaniens Palästen enthüllendes Erzähltalent besaß, wurde in seiner größtenteils lateinisch-italienischen Suada offenbar und gefiel ungemein. Daß aber auch der Theaterdirektor, Stückeschreiber und Schauspieler William Shakespeare, der, während Pérez seine »Relaciones« abfaßte, an seinem »Kaufmann von Venedig« arbeitete, in dieser Gesellschaft ein gern gesehener Gast war, ist sicher. Stand er doch unter der Protektion von Essex und fand sich gern bereit, sowohl seine Truppe als auch sein königskritisches Drama »Richard II.« für dessen parteipolitische Agitation zur Verfügung zu stellen. Shakespeares melancholische, rätselhafte Sonette mit ihrer androgynen Erotik gehörten vielleicht zu den Irrlichtern dieser Szenerie.

Entschieden rabiater mischte sich in dieses britannische Quiproquo jene Lady Bacon ein, deren Name vielleicht niemandem mehr etwas sagte, wäre sie nicht die Mutter des später hochbedeutenden Schöngeists, Philosophen und Politikers Francis Bacon gewesen.

Diese sittenstrenge, so praktisch-materialistische wie hochgemute Dame murrte darüber, daß ihr Sohn allzu viel Umgang hatte mit der Clique von Essex, und erst recht glühte sie vor Zorn, »daß er diesen blutbefleckten Pérez in seinem Haus und Wagen duldet, der so geckenhaft und leichtfertig mit dem Geld ist«. Daß Gott dafür ihren Sohn an »Ehren und Gesundheit« strafen würde, fürchtete die aufgebrachte Matrone, »denn so ein Elender kann ihn nur wegen seines Ranges lieben und um auf seine Kosten zu leben«.

Wie es also Personen gab, die dem alten Spanier selbst diesen etwas zwielichtigen gesellschaftlichen Erfolg mißgönnten, so war das Naserümpfen allgemein über die geltungssüchtige Aufdringlichkeit, mit welcher der abgewirtschaftete Zentaur um eine Hand buhlte, die ihn aus seinem Labyrinth erlöste. Aus der perfide zusammengesponnenen, mit dem gräßlichen Tod des Doktor Lopes besiegelten Attentatsgeschichte suchte Pérez sich einen Ruhmesanteil abzuzweigen. Groß und breit machte er darauf aufmerksam, daß auch er – nicht anders und nicht geringer als die hoheitliche Elisabeth – von den Meuchelmördern des katholischen Philipp bedroht gewesen sei. Es habe sich sogar um ein und dasselbe Komplott gehandelt, das ihn mit der Königin als gleich und gleich zusammen gesellte und als Opfer auserkor. Deshalb – so schrieb er – gelte sein »Ruf nun als außerordentlich« und »sein Name auf ewig mit dem der Königin verbunden«.

Doch diese Wunschtraumverbundenheit hatte vor der Wirklichkeit keinen Bestand. Die übermachtige Anhängerschaft der schnöden Tatsachen stellte fest, daß dem Verräter, da seine Nutzlosigkeit nun vollkommen erwiesen war, keinerlei Zuvorkommenheit mehr vorgegaukelt werden mußte und daß er wegen der schiefen Bilder seiner Aufführungen in England nicht länger für die Ehre Frankreichs geradestehen sollte. Im August 1795 mußte Pérez wohl oder übel den streng gewordenen Aufforderungen aus Paris Folge leisten, nicht ohne daß er sich vorher noch der fortdauernden Erkenntlichkeit seines Freundes Essex versichert hatte, indem er diesem seine Spitzeldienste aus dem Louvre in Aussicht stellte. Der Herzog von Villeroy, der vormals, als Pérez noch das Staatssekretariat innehatte, als französischer Botschafter in Madrid residierte, war nun selber in Paris zum Staatssekretär aufgestiegen; und obgleich die Verhältnisse sich ziemlich kraß verkehrt hatten, malte sich der Heimatlose dennoch aus, auf dem Teppich alter Bekanntschaft sein Ohr an die Türen zu den Geheimnissen des Louvre legen zu können. Doch da es wohl keinen Menschen auf der Welt mehr gab, der diesem unverbesserlichen Don Quijote noch traute, verschloß man in Paris kurzerhand die Tür vor seiner Nase, bevor er diese in wichtige Angelegenheiten stecken konnte. In die Bastille wurde er statt dessen gesteckt, was sich uns heute als ein unklarer, schlecht bezeugter Vorgang darstellt, der vermutlich weniger zur Strafe als zum Schutz gedacht war. Denn der weltabgewandte Alte im Escorial, der sein Gewissen und seine Seele auf seinen Gott gerichtet hielt, hatte darüber trotzdem seine Vernichtungsgedanken im Hinblick auf den einstigen Gewissensgefährten noch immer nicht vergessen. Abermals schlich sich, mitten in Paris, ein Mörder an Pérez heran. Doch auch dieser blieb ohne Erfolg, sah nichts von dem schönen spanischen Gold, sondern den Henker, der ihn auf der Place de Grève, dem Richtplatz von Paris, die Glieder zerschmetterte.

Die Wohngelegenheiten des ehemaligen Staatssekretärs verbesserten sich immerhin, zwei Wächter wurden ihm zu seiner Sicherheit vor die Tür gestellt; er hatte Ausgang, so viel er wollte, fand aber nirgends mehr den Einlaß, den er erträumte. Zwar gelang es ihm, sich nochmals bis zum Angesicht des spanischen Botschafters durchzurangeln, der zu den alten Bekannten gehörte und unschlüssig war, ob er dem Aussätzigen nicht doch die Hand geben sollte. Über dessen Fragen, ob er nicht eine Verwendung finden oder gar – in Ehren – nach Spanien zurückkehren könne, hörte Don Pedro de Toledo jedoch eisern hinweg. Täglich sah man Pérez von da an in den Vorzimmern der Residenz, bis er eines Tages ein für allemal vor die Tür gesetzt wurde. Daß man aber, ohne daß er davon Kenntnis erhielt, in Spanien eine gewisse Nachgiebigkeit in Erwägung gezogen hatte, davon zeugt eine Art Resozialisierungsgutachten des Gouverneurs von León: »Antonio Pérez ermangelte und ermangelt, wie wir wissen, jegliche Vernunft und Rücksichtnahme. Oft hat man sich gewundert, daß er sich nach so viel Mühsal und in seinem Alter nicht in irgendeine Ecke zurückgezogen hat. Er gilt nichts mehr, ist verlassen, und Frankreich erkennt ihn nicht mehr an, und doch spinnt er neue Pläne, vielleicht sogar geheuchelte, um zu betrügen und Unheil zu stiften, wie er es immer getan hat. Es ist sehr zweifelhaft, ob man etwas von ihm zu erwarten hätte, selbst wenn man sich auf seine Treue verlassen könnte. Und es ist ja bekannt, wie weit man sich auf diese verlassen kann.«

Während also sein Stern immer tiefer sank und jener andere Stern, der seines Ursprungs, dem Sohn des großen Gonzalo längst aus dem irrenden Blick entschwunden war, begab sich der Sohn Kaiser Karls im Escorial nach dem Gesetz seiner Vorfahren zum Sterben, mit aller Sammlung und den Geist so fest auf sein Jenseits gerichtet, wie es ihm die Schmerzen, auch die Unreinheit seines von Gichtbeulen und Geschwüren gemarterten Körpers menschenmöglich machten. Hingestreckt auf seinem kläglichen Krankenlager, wo seine Tochter Isabel Clara Eugenia ihm in der ersten Zeit noch beistehen durfte, war sein Blickfeld beherrscht von Hieronymus Boschs gemalter Vision, daß alles Fleisch wie Heu ist und sein ganzer Ruhm wie eine Feldblume; und durch eine kleine Pforte konnte er hinüber schauen ins mächtige Kirchenschiff von San Lorenzo, auf den Hochaltar, unter dem er seine Ahnen gebettet hatte. Mit der angespanntesten Kraft von Seele und Geist befolgte Pharao alle Riten des königlichen, christlichen Sterbens. Mehr als drei Tage dauerte seine Generalbeichte. Von Sohn und Tochter nahm er beizeiten Abschied, und als man ihm sagte, die Stunde sei nah, ließ er sich das kleine Kreuz aus Holz reichen, das seine Mutter und sein Vater bei ihrem Tod in der Hand hielten, und dann die Sterbekerze. Mit dem Glaubensbekenntnis auf den Lippen, erlosch Philipp II., als der Morgen des 13. September 1598 graute.

Ein Testament Philipps wurde alsbald in Europa herumgereicht, das in dieser seltsamen Welt der erfundenen Wirklichkeiten für echt gehalten wurde und für Antonio Pérez die Verzeihung verkündete. Doch kein wahrhafter Gnadenerlaß drang aus Spanien zu ihm, und der alte, von Lähmung und beginnender Erblindung gezeichnete Emigrant fiel in die ihm seit langem geläufige Klage zurück: »Es ist mein Schicksal, verfolgt zu werden.« Aber auch eine neue, höchst merkwürdige und bedeutungstiefe Gewißheit erfüllte ihn: »Nur wer im Mutterleib stirbt, stirbt in seinem Vaterland.«

Zweimal noch hatte er nach England hinüber fahren dürfen, wo Jakob I. 1603 die Nachfolge Elisabeths angetreten hatte. Doch traf der Siebzigjährige da weder auf Gunst noch auf Gnade, sondern nur auf Kopfschütteln: »Es ist wahr, sein Mißgeschick hat ihn nicht vernünftiger und nicht zurückhaltender gemacht.«

Am Ende waren – wie manchem Abenteurer – Feder und Papier seine einzigen Freunde. Allerlei über sein Leben schrieb er noch auf, auch eine Art politisches Lehrbuch für Fürsten, seine gespreitztkunstvollen Briefe an Essex brachte er nach dessen Hinrichtung an die Öffentlichkeit; im übrigen waren es, da er nichts besaß und von Almosen sein Leben fristen mußte, nur Bitt- und Bettelbriefe, unter denen er auch das Ansinnen vorbrachte, als Spion nützlich sein zu wollen in Konstanz oder Briançon, weil er sich von der Gebirgsluft Linderung seiner Beschwerden versprach.

Aber kein rettender Gott kam ihm zur Hilfe, um ihn aus den Mauern seines Labyrinths zu befreien; und wer kann wissen, ob Philipp den Ausgang aus dem Labyrinth seiner Seele gefunden hatte?

Zuletzt, scheint es, fand Antonio Pérez wenigstens ein zuträgliches Asyl, in einem kleinen Anbau des Palais, das der einflußreiche Bankier und Finanzier Heinrichs IV., Sébastien Zamet, sich in der Rue de la Cerisaie erbaut hatte. Im Kreuzgang des nahen Klosters der Celestiner traf er sich mit Altersgenossen zum Erzählen von Wintermärchen. Dort wurde er auch begraben. Mit vollem Bewußtsein hatte er, den die Hoffnung auf irgendetwas nie verließ, am 3. November 1611 die Sterbesakramente empfangen. Er war um alles gebracht, seine Macht, seinen Rang, seine Reichtümer, seine Würde und den Glauben seiner Väter – und war wahrscheinlich tragischer, als er selbst ermessen konnte.

Ob es reicht, wie Mignet urteilte, das Leben von Antonio Pérez »als eine abenteuerliche Karriere« zu betrachten, »die an den geschichtlichen Ereignissen entlangläuft und hilft, diese besser zu verstehen«?

Die spanische *macchina* aber wollte auch nach seinem Tod nicht von ihm ablassen. Daß er alle seine Geheimnisse mit ins Grab genommen hätte, das konnten die Nachfolger Philipps II. nicht glauben. Da war diese große Tasche, die er in Pau andeutungsvoll herumgezeigt hatte; es mußte noch Schriftstücke geben, die unbedingt ausfindig zu machen und zu vernichten waren. Der spanische Arzt und Historiker Gregorio Marañón hat, mehr als dreihundert Jahre später den Spuren von Antonio Pérez folgend, bewundernswert vieles über ihn zum Vorschein gebracht und Dokumente vorgelegt, die zwar ergeben, daß das Rätsel ungelöst bleiben wird, daß aber das Geheimnis bestand. Schon Philipp II. hatte sich alles, was in seinem Archiv gespeichert war, aushändigen lassen, um es zu vernichten. Auch Heinrich IV. scheint einiges, was in Paris lag, beiseite geschafft zu haben, und Philipp III. schickte noch einen Vertrauensmann in die Niederlande, um »die Papiere des Antonio Pérez aus dem Gewahrsam eines gewissen Gil de Mesa zu nehmen, da Seine Majestät sie für sehr schädlich hält«. Mit aller Vorsicht sollten sie nach Madrid gebracht werden, wo zu entscheiden war, was mit ihnen zu geschehen hatte.

Was dann – in Den Haag wohl – sichergestellt wurde, enthüllte vielleicht dieses dunkle Geheimnis, welches zwischen dem König und seinem Gewissenszeugen lastete und sie trennte, wie es sie verbunden hielt. Diese Dokumente aber sind verschwunden. Drei Sätze aus dem Memorandum eines verschwiegenen Richterkollegiums an Philipp III. schließen am Ende dieser Geschichte den Vorhang und lassen alle Fragen offen:

Unter den gefundenen Papieren war ein Originalheft von Antonio Pérez und darin viele handschriftliche Briefe des Königs, unseres Herrn, dessen Seele bei Gott sein möge. Es handelt sich um Dinge, deren Bekanntwerden unziemlich und seiner Klugheit und königlichen Größe abträglich wäre. Darum haben wir sie an uns genommen.

Der Graf von Bonneval

Ein Wanderer zwischen den Welten

Als der neunzehnjährige Casanova, schon mit allem versehen, was ihn glänzend und schillernd machen sollte, und ihn sein Gönner, der römische Kardinal Acquaviva, in einer geheimnistuerischen Mission nach Konstantinopel geschickt hatte, am Tag nach seiner Ankunft im Juli 1744 dem Gouverneur Achmed Pascha seine Aufwartung machte, traf er in einem französisch möblierten Raum der Residenz auf einen bejahrten Kavalier in französischer Kleidung, der dem jungen Venezianer mit der routiniertesten Freundlichkeit entgegenkam. Casanova konnte nicht überrascht sein, den Anblick und die Ambiance in Einklang zu bringen mit dem Ruf dieses immer noch schönen, wenn auch etwas zu fülligen Mannes, der 67 Jahre zuvor in der Nähe von Limoges als Sproß einer erstrangigen Familie geboren wurde, sich als Claude-Alexandre, Comte de Bonneval, in ganz Europa einen Namen gemacht hatte und zuletzt zu einer Sensation geworden war wegen seiner Flucht ins Osmanische Reich, wegen seines Übertritts zum Islam und wegen des gottvergessenen Eifers, den er daran setzte, die Schlagkraft der türkischen Armee zu erhöhen.

Gewiß hatte der flinke, mit dem Instinkt für das Richtige begabte Aufsteiger aus der Halbwelt Venedigs sein Kompliment an den Pascha längst ausgefeilt: Er schätze sich glücklich, daß ihm »die Ehre zuteil werde, Eure Exzellenz kennenzulernen, einen Mann, von dem ganz Europa sprach, spricht und noch lange sprechen wird«.

Es scheint, als hätten beide, der zukunftsvoll dahintreibende Junge ebenso wie der Gealterte, der zum philosophischen, beinahe entsagungsvollen Bonvivant geworden war, gespürt, daß sie in einer gewissen Weise sich selber gegenüberstanden: als zwar in der Zahl der

Jahre versetzte, aber brüderlich verbundene Repräsentanten eines welkenden Zeitalters. Es war, als leuchteten dessen verblassenden Farben in den Gestalten dieser beiden, für das 18. Jahrhundert so typischen Abenteurer noch einmal auf, so daß in ihnen der Geist des absterbenden Ancien Régime zu einer Anschauung gelangte, welche alles umfaßte: das Aristokratische und Graziöse, jedoch auch das Hemmungslose und Verschlingende, das Formvollendete wie das Groteske, die Tüchtigkeit ebenso wie das Zerstörerische. So haben schon die Zeitgenossen zwar mit gemischten Empfindungen, aber auch mit anders nicht zu erklärender Faszination diese beiden Exponenten beobachtet – und mehr noch starrten auf sie die Vernunft- und Geschäftsmenschen des längst schon emporsprießenden bürgerlichen Zeitalters, allein schon wegen des lustvollen Schauderns darüber, daß man so plan- und sorglos und ohne wahrhafte Überzeugungen dahinleben konnte und daß da Menschen waren, die nicht einmal vom Allerschlimmsten, von ihren Schulden nämlich, bedrückt oder gar vernichtet wurden.

Casanova also wußte, wem er gegenüberstand; der Kardinal hatte ihm ein vertrauliches Empfehlungsschreiben an den alten Glücksritter mitgegeben, dessen opportunistischer Wechsel zum Islam doch eigentlich das Entsetzen der Christenheit hervorrufen mußte. Und dann erst der Papst, den Casanova vor seiner Abreise aufgesucht hatte: »Als ich vom Heiligen Vater den Segen erbat, war ich gar nicht überrascht, ihn von den Bekannten sprechen zu hören, die er in Konstantinopel hatte. Besonders gut hatte er Signor Bonneval gekannt. Er trug mir auf, ihn zu grüßen und ihm zu sagen, es tue ihm leid, daß er ihm nicht seinen Segen schicken könne.«

Ob ihm, dem einstigen Jesuitenzögling, dem späteren ruhmreichen Krieger an der Seite des Prinzen Eugen, gegen die Heiden und zur Rettung des christlichen Abendlands, nun in seinen alten Tagen viel an diesem Segen gelegen hätte? Die delikate Frage, wie wer denn nun? – Bonneval oder Achmed Pascha? – es mit der Religion halte, konnte Casanova sich nicht verkneifen. »Er meinte darauf, er sei Türke, wie er Christ gewesen sei, und er kenne den Koran nicht besser als früher das Evangelium. ›Ich bin davon überzeugt, daß ich ganz ruhig sterben werde. Ich mußte seinerzeit sagen: Gott ist Gott und Mohammed ist sein Prophet. Das habe ich gesagt, und die Türken haben sich nicht darum gekümmert, ob ich es auch dachte. Ich trage übrigens den Turban ebenso, wie ich verpflichtet bin, die Uniform des Sultans zu tragen.‹« Er habe nichts anderes gelernt als das Kriegshandwerk und sich zur Flucht in die Türkei erst entschlossen, als er aus seinen Höhen gestürzt und um alles gebracht worden war, eine dürftige Bleibe in Venedig gefunden hatte und »absolut nichts mehr zu beißen hatte«. – »Wenn das jüdische Volk beschlossen hätte, mich an die Spitze von fünfzigtausend Mann zu stellen, hätte ich selbst Jerusalem belagert.«

Auch in Konstantinopel, wo ihm ein rascher Aufstieg gelang, war er wie in jeder höfischen Gesellschaft gegen den jähen Sturz nicht gefeit; doch da das Alter dem unruhigen Geist endlich doch Ruhe gebot, war ihm als Pensionär des Sultans und mit dem Titel eines Gouverneurs ein auskömmliches Dasein gesichert. Langeweile schien ihn am meisten zu plagen; die europäischen Gesandten und die vornehmen Türken, mit denen er Umgang hatte, mögen für ihn nicht allzu unterhaltsam gewesen sein. Casanova, dessen lebhaftes Erzähltalent in Bonneval die Erinnerungen an seine guten und an seine bösen Zeiten in Rom und Venedig neu entfachte, erhielt von diesem sofort die Einladung, jeden Donnerstag bei ihm zu speisen; und da er ja offenkundig ein Mann des Wortes sei, müsse ihn bestimmt die Bibliothek interessieren, die der Pascha sich seinem Nutzen gemäß eingerichtet hatte. Den lauernden, eine heimliche Vorfreude genießenden Blick seines Gastgebers scheint der Jüngere nicht bemerkt zu haben. »Ich folgte ihm quer durch den Garten. Wir betraten ein Zimmer mit vergitterten Schränken; hinter diesen Gittern aus geflochtenem Messingdraht sah man Vorhänge, und hinter den Vorhängen mußten sich die Bücher befinden. Aber ich stimmte herzlich in das Lachen des dicken Paschas ein, als er die fest versperrten Schränke öffnete und ich an Stelle der Bücher Flaschen mit allen möglichen Weinsorten entdeckte. ›Das ist meine Bibliothek‹, erklärte er, ›und sogleich mein Serail, denn da ich alt bin, würden die Frauen nur mein Leben verkürzen, während der gute Wein es mir bewahren oder wenigstens angenehmer machen kann.‹« Casanova, der bis vor kurzem noch eine Karriere in der Kirche angestrebt hatte, konnte nicht anders, als an die dortigen Regeln und Ausnahmeregeln zu denken und seine Erleuchtung wegen dieses religionswidrigen Weinvorrats voreilig von sich zu geben: »Ich nehme an, Eure Excellenz haben eine Dispens des Mufti erwirkt.« Nein, entgegnete Bonneval, man sei hier nicht unter den Christenmenschen. Hier stehe es jedem frei, sich die Verdammnis zuzuziehen, wenn es ihm Spaß mache. »Die frommen Türken beklagen die Freigeister, aber sie verfolgen sie nicht. Hier gibt es keine Inquisition. Ich habe nur eine einzige Dispens erbeten und ohne die geringsten Schwierigkeiten erhalten, nämlich die Befreiung von der sogenannten Beschneidung. In meinem Alter wäre sie gefährlich gewesen.«

Wie es bei den Gastmählern Achmed Paschas zuging, erlebte Casanova schon zwei Tage später. Die anderen Gäste waren Türken, aber die Speisen waren französische und wurden auf französische Art serviert. Der Hofmeister und der Koch waren Franzosen. Man sprach italienisch, und Casanova betont, wie sehr es ihn beeindruckte, daß die türkischen Gäste niemals untereinander auch nur ein einziges separates Wort in ihrer Sprache wechselten. »Jeder hatte zu seiner Linken eine Flasche, die Weißwein oder Honigwasser enthalten konnte; ich weiß es jedenfalls nicht, was es war. Ich trank, wie Graf Bonneval, der zu meiner Rechten saß, ausgezeichneten weißen Burgunder.«

Schon gleich bei der ersten Begegnung hatte der Ältere – unter Männern sozusagen – ein Gebiet angesprochen, das einen Casanova gehörig interessieren mußte. Darüber, wie es sich denn nun mit den türkischen Frauen verhalte, konnte der Graf einige Maßregeln erteilen; aber es war unüberhörbar, daß er dabei wie aus der Ferne sprach, was mit einer besonderen Koketterie des Alterns zu tun hatte, vielleicht aber auch mit einer Beeinträchtigung Bonnevals, von der jeder in Europa wußte, der je seinen Namen gehört hatte. Ob die beiden darüber sprachen, wird nicht klar. Als aber Jahrzehnte später Casanova seine Erinnerungen aufschrieb, fiel ihm sofort ein, daß jener alte Vorreiter auf den Schlachtfeldern Europas »wegen eines Säbelhiebes über dem Bauch eine Silberplatte trug, um einen Bruch zu halten«. Dieser knappe Satz ist nicht indiskret und nicht indezent. Andere hatten schon zu Lebzeiten Bonnevals darüber geschrieben und diese Verwundung seinem Ruhm als ein sehr menschliches Glanzlicht zugerechnet. Der Venezianer war nicht genau unterrichtet, oder er versuchte, den Sachverhalt zu mildern. Nach zuverlässigeren Zeugnissen war Bonneval gezwungen, eine peinigende Bandage aus Eisen zu tragen, um mit dem Schaden zurechtzukommen, der ihm tief im Unterleib durch den Lanzenstich eines türkischen Reiters zugefügt war. Dieses hatte sich zugetragen auf dem Höhepunkt seiner Laufbahn, an der Seite Eugens von Savoyen, am 5. August 1716 in der Schlacht von Péterwardein, wo sechzigtausend Kaiserliche gegen die fast dreifache Übermacht des osmanischen Heeres den Sieg errangen. Das christliche Europa erlebte diese Schlacht als eine Schicksalsstunde und einen unvergleichlichen Triumph. Der Papst sandte dem Prinzen Eugen den Heiligen Degen, die höchste Auszeichnung für einen Glaubenskrieger; und der schwerverwundete Bonneval, dem der Feldherr damals noch in Freundschaft verbunden war, sollte an der Ehre Anteil haben. Der Dichter Jean-Baptiste Rousseau, der – vergleichbar seinem späteren Namensvetter – aus Frankreich verbannt war und deshalb die spezielle Protektion des mit Versailles unversöhnlich verfeindeten Prinzen genoß, schrieb ein großes Gedicht über diese Schlacht, in dem auch das Heldentum und die Verwundung Bonnevals ein Ruhmesblatt erhielten. In barock-antikisierender Transfiguration wird er dort der *neue Alcide* genannt, der, aufs furchtbarste verwundet, sich siegreich aus einem Berg von getöteten Feinden erhebt.

Der Prince de Ligne übrigens, dieser geistvolle, in den Kabinettskriegen des höfischen Europa gehärtete und zugleich zärtlich trauernde Chronist jener untergegangenen Welt, veröffentlichte 1807 seine »Erinnerungen an den Grafen Bonneval«, obwohl er diesem sechs Jahrzehnte Älteren niemals begegnet war. Was er aber zu seinen schönsten Kindheitserlebnissen rechnete, waren die Geschichten der alten, invaliden Dragoner aus dem Regiment seines Vaters, auf deren Knien er saß und lauschte, wenn sie von den Kampagnen des Prinzen Eugen und von den Taten, vom Charakter Bonnevals erzählten und feuchte Augen bekamen

Dieser unermüdliche und keine Gefahren scheuende Edelmann und Krieger, der sich in Schlachten auszeichnete, bei denen es nach dem Verstand der Zeit um nichts Geringeres als die Existenz des Abendlandes ging, war gleichwohl und zugleich auch ein verkrachtes, durchaus zum Vorbild nicht geeignetes Subjekt, war in seinem Heimatland geächtet und galt dort nach der Strenge des Gesetzes

Abbildung 7
Graf Bonneval, der unermüdliche Reiter und Türkenbezwinger, am Ende als »dicker Pascha« (Zeitgenössischer Stich)

als einer, der wegen Desertion, Verrats und Hochverrats eigentlich der Todesstrafe verfallen war.

Dieser Claude-Alexandre, Comte de Bonneval, wurde am 14. Juli 1675 in Coussac im Limousin, dem Stammsitz der Familie, geboren, geradewegs hinein in das *Große Zeitalter* Frankreichs und des Sonnenkönigs. Wenn auch recht weit von Paris und vermutlich ein wenig provinziell, wurde er doch von klein auf im Bewußtsein erzogen, daß sein Name zählte und daß ihm schon vor seinem Beginnen alle Glücksmöglichkeiten versprochen waren, die er sich erwählen wollte in jenem landesweiten, feingesponnenen höfischen Netz, als dessen Zentrum das Schloß von Versailles sich gerade bildete.

Der Vater war früh gestorben. Es gab noch einen Bruder, der standesgemäß zu versorgen war. So kam der Knabe, um ihm alle Wege in dem von Colbert entworfenen Nützlichkeitsstaat zu eröffnen, in ein Collège der Jesuiten. Dort freilich war sein Ungestüm nur solange aufzuhalten, wie nötig war zur ausreichenden Unterweisung für künftige Ämter in der Administration, der Diplomatie oder beim Militär. Zu letzterem – wohin sonst? – zog es den Jungen, und am meisten zur Kriegsmarine. Sein Pate, der Marschall von Tourville, brachte ihn dorthin, als er gerade erst zwölf Jahre alt war. Ein paar Monate später war wieder einmal Krieg. Der Marineminister Segnelai inspizierte die Truppen, warf auch einen Blick auf den kleinen Grafen und gab Anweisung, ihn wegen seines Alters zurückzustellen. Doch stolz und vor Empörung glühend trat der Knabe dem Minister entgegen: »Einen Mann mit meinem Namen stellt man nicht zurück!« – »Gut denn«, lautete die amüsierte, aber auch beeindruckte Antwort, »der König braucht Fähnriche für seine Flotte. So sollen Sie denn einer sein, Monsieur.«

Dieser so frühzeitigen Ernennung erwies sich der Junge als würdig. In mehreren Seeschlachten, von Dieppe bis nach Cádiz, stand er seinen Mann. Aber es stellten sich auch Unverträglichkeiten ein, Aufsässigkeit, Ehrenhändel, das Gefühl von Zurücksetzung und die Überzeugung, das gesamte Marinekorps habe sich gegen ihn verschworen. Übertreibungen, fixe Ideen vermutlich, gewiß keine Wahnvorstellungen, wohl aber Einbildungen, welche stark genug waren, die Wirklichkeit um Bonneval zu prägen und ganz konkret auf ihn zurückzuwirken, so als seien sie Dämonen, die ihm höchst exklusive Anspruchsrechte einflüsterten: Er habe über allen anderen zu stehen oder sich doch wenigstens von allen anderen glanzvoll zu unterscheiden.

Von heute aus fühlt man sich versucht, ins psychoanalytische Grübeln zu geraten. Aber was wissen wir schon von den Menschen dieses Zeitalters, die sich selber nur so wichtig nahmen, wie es die Rolle erforderte, zu der sie verdammt oder begnadet waren. Daß aber gerade die Privilegierten bis in die äußersten Fasern ihrer Selbstkontrolle und bis in das beiläufigste Spreizen der Finger ihre Rollen zu erfüllen trachteten, und so, als sei es ein Leichtes und Schwebendes, das unterscheidet sie sehr von uns Heutigen. Und daß sie bei aller – gewiß nicht immer gelingenden – Grazie, Gefälligkeit und Verbindlichkeit auch noch tüchtig oder wenigstens unerhört fleißig, schlimmstenfalls nur umtriebig waren, das mag noch unseren Eindruck des Fremdartigen verstärken. Wie haben sie sich gequält, um sich ihrer hervorhebenden Rolle als würdig zu erweisen, diese als selbstherrlich geziehenen Potentaten wie Ludwig XIV. oder der preußische Soldatenkönig. Nichts, was an ihren Schreibtischen vorbeiging. Und dann noch diese heimatlosen Rollensucher, von denen wir so viel Einzelnes wissen: Diderot, der die Kenntnisse und Möglichkeiten der Welt in seiner monumentalen »Encyclopédie« versammelte, Bach, Mozart, Schiller und selbst der doch eigentlich saturierte Goethe – was waren sie vor allem anderen wenn nicht Arbeitstiere? Wie weit ging bei allen zudem der Verzicht auf das, was wir heute das Private nennen! Als die letzten großen Vertreter dieser Lebensart und

Denkungsweise mag man vielleicht die Brüder Humboldt sehen, die als zwar brillante, aber seltsam gesichtslose Menschen ganz hinter ihrer weltumspannenden Neugier und Leistung zurücktraten und dabei zu den aristokratischsten, harmonischsten Persönlichkeiten gerieten.

Dasein heißt eine Rolle spielen. Das mag die Devise jener Zeit gewesen sein, mag den unvergleichlichen Fleiß des 18. Jahrhunderts erklären und muß wohl auch der Existenzgrund des Comte de Bonneval gewesen sein, der freilich nichts anderes sein konnte als ein Symbol, als ein Repräsentant des fast schon überlebten, trotz aller Bewegungen und Unternehmungen nutzlos gewordenen Teils seiner Epoche und seines Standes. Wie alle, die mittels ihrer Erscheinung ein Prinzip repräsentieren, neigte er zur Zuspitzung und Übertreibung der darzustellenden Merkmale, also zur Ruhmsucht, zum Skandal, zur Nonchalance, zum Bizarren, zum Pläneschmieden, zur Fehlkalkulation, zur Unrast ohne Zweck und Ziel. Ein nutzloses Geschöpf, von dessen Taten in Wahrheit überhaupt nichts abhing, das wohl hundertfach sein Leben für keine Idee, für keine Moral, für nichts außer dem Glanz der eigenen Rollenerfüllung aufs Spiel setzte. Deshalb, weil seine Spielernatur so treffend den Geist des Ancien Régime repräsentierte, hingen die Blicke seiner Zeitgenossen an ihm, sprach man von ihm und dichtete ihm notfalls an, was er zu liefern versäumte. Was wir an Authentischem von ihm wissen, ist nicht viel. Sein Interesse war auf das Gegenwärtige, auf das sehr Konkrete, darum – durchaus nicht nebensächlich – auch auf das Finanzielle gerichtet. An seinem »Innenleben« oder an einem Stilisieren seines Andenkens war ihm nichts gelegen. Dieses zweite unterscheidet ihn markant von jenem selbsternannten Chevalier de Seingalt alias Giacomo Casanova, der am Ende im Gnadenbrot des Grafen Waldstein, vereinsamt und vergessen im weltfernen böhmischen Schloß Dux, die Geschichte seines Lebens der Nachwelt ins Gedächtnis eintrug: als ein Virtuose des Rollenspiels, zwischen Staffagefiguren wie von Canaletto. Doch genauso wie Casanova plagte ihn keine Lust zur Selbstbeobachtung, keine Neugier auf irgendein Wunderwerk seiner eigenen Seelenregungen. Dazu war ein anderer unter den Zeitgenossen bestimmt: jener konturlos-geniale Kleinbürger aus Genf, Jean-Jacques Rousseau, der nicht in der großen und noch weniger in der kleinen Welt eine Rolle zu finden vermochte und deshalb beschloß, sich selber, sein Gewissen, seine Seele vor allem als hochinteressant zu erklären und die Forschungsergebnisse aus seinem Innern als »Bekenntnisse« recht schamlos einer irritierten Öffentlichkeit vorzulegen.

Der Graf von Bonneval war kein Casanova und schon gar kein Rousseau. Das hat ihn für längeren Nachruhm untauglich gemacht. Doch spricht es auch für ihn und zeigt an, daß er trotz aller Kriege und Turbulenzen wenigstens mit sich selber immer Frieden bewahrte. Casanova und Rousseau mußten zur Feder greifen, um sich ihrer Publizität zu vergewissern. Über Bonneval aber schrieben die anderen. Schon zu seinen Lebzeiten, seit 1737, wurden in London, Paris, Lausanne und wo auch immer von geschäftstüchtigen Schreibern und Verlegern fingierte Memoiren Bonnevals herausgebracht, Phantomgeschichten, von denen man wußte, daß ihr Urheber in der fernen Türkei nicht widersprechen würde. Gewiß ist, daß der Graf kein Mann der Feder war, nicht nur weil er dieses Handwerk nicht genug geübt hatte, sondern auch weil ihm an einem Fixieren über den Augenblick hinaus nichts lag. Ein Mann des Wortes allerdings war er durchaus, von lebhaftem, scharfem Blick und Verstand, wenn nicht ein Meister so doch ein Kleinmeister des Bonmots, der geschliffenen, gefallsüchtigen, auch spitzen Randbemerkung und sogar der Verse. Darin ähnelte er seinem Generationsgefährten Voltaire, der freilich seine Direktheiten, seine Aggressionen elegant zu sublimieren wußte und zur Anpassung an alle wichtig zu nehmenden Erwartungen viel geschmeidiger war als der degenschwingende Söldner Bonneval.

Kein einziges Wort hat er zum Druck gegeben; fast alles, was man von ihm weiß, stammt aus vergrabenen Akten, aus der Kolportage und den Aufzeichnungen anderer. Ein einziger Brief nur ist von ihm erhalten geblieben, eine fünfzehn Seiten lange Rechtfertigung, 1739 an seinen Bruder in Frankreich geschrieben. Politische Ränke wenn nicht gar Mordabsichten des Wiener Hofes nennt er da als die Gründe für seine Flucht in die Türkei – und wahrscheinlich auch, um sich für eine Rückkehr nach Frankreich zu empfehlen. Denn sein Glanz bei der Hohen Pforte war bald verblaßt; die Langeweile, dieses große, durch Schlachtengetümmel, Spiele von jeglicher Art, durch Tändelei oder Unrast nicht zu stillende Leiden der Epoche, holte ihn auch in Konstantinopel ein, um seine Unstetigkeit wie seine Lust am hohen Risiko neu zu entfachen, damit sie als seine Lebensgesetze zum letzten Mal Herr über ihn wurden.

Genauso hatte es ihn als junger Mann bei der Marine nicht lange gehalten. Er schuf sich die Querelen, die er dann als die Hindernisse seines Vorankommens verantwortlich machte. Versailles lag immer

Abbildung 8
Prinz Eugen von Savoyen, der »edle Ritter« (1663-1736), Ölgemälde von Johann Gottfried Auerbach – So groß wie sein Ruhm als Feldherr und Diplomat, so zahlreich sind seine Portraits in Europa verstreut.

noch weit entfernt, und es sollte auch sein Schicksal nicht werden. Doch versuchte er, sich zu nähern, quittierte den Dienst bei der Marine und schlug nun den üblichen, unheroischen Weg nach oben ein. Mit Mühe scharrte er das Kapital zusammen, um sich in die Königliche Garde einzukaufen, was keinen großen Karrieresprung bedeutet hätte, wenn er nicht auch die Mittel aufgebracht hätte, um ein eigenes Regiment zu unterhalten und dem König förmlich zum Geschenk zu machen.

Diesen Einsatz mußte Bonneval zuerst für lohnend halten. Bei den sinnlosen Kriegen in Italien erhielt er Gelegenheiten, sich unter den größten Namensträgern, den Marschällen Catinat, Villeroy und Vendôme, auszuzeichnen. Doch mußte es ihm dann wie ein vertraulicher, höchst andeutungsvoller Wink des Schicksals erscheinen, daß sein Mut samt seinem taktischen Geschick in der verbissenen, extrem verlustreichen Schlacht von Lazara (1702) ausgerechnet vom Führer des gegnerischen kaiserlichen Heers am deutlichsten erkannt und am lautesten gelobt wurde. Dieser war kein anderer als jener Eugen von Savoyen, dem als jungem Mann Ludwig XIV. jegliche militärische Eignung abgesprochen hatte, woraufhin er verbittert das Lager wechselte, damit er seinen Lebenssinn fortan darin suchte, dem Hof von Versailles aufs feindlichste sein zutiefst beleidigtes Genie zu beweisen und den Franzosen zu schaden, wo immer er konnte. Was nicht wenig war.

Nach diesem Vorbild mag in Bonneval die Bereitschaft entstanden sein, sich zu einem ebensolchen Frontentausch verführen zu lassen. Da nun der größte Feldherr der Zeit ihn aus dem feindlichen Lager mit Respektbezeugungen überschüttete, während ihn die eigenen Oberen kaum eines verkniffenen Kompliments für wert erachteten, waren die Gründe schon gefunden, um sich ganz unerträglich zurückgesetzt zu fühlen. Als müsse er sich seiner lustvollen Verbitterung doppelt vergewissern, zwang Bonneval die unumstößlichsten Zeichen der Mißachtung geradezu flegelhaft herbei. Impertinente, erpresserische Beschwerdebriefe schrieb er an den Minister Chamillard, erhielt keine Antwort, was als ein bedrohliches Zeichen galt, und ahnte, daß er zwar seinem inneren Gesetz gemäß, doch allzu hoch gereizt hatte. Die Antwort des Ministers würde ein Haftbefehl sein. Also schleunigste Flucht nach Italien, zielloses Umherreisen, schließlich Venedig und abermals eine Vorbildgestalt, welche ihm in den Wirren der Lagunenstadt, auf dieser europäischen Drehscheibe der Glücksritter und verkrachten Existenzen den schon geahnten, den einzig richtigen Weg wies. Er schloß Bekanntschaft mit dem abenteuerlichen, mysteriösen Marquis de Langallerie, der aus dem

Dienst in der französischen Armee entwichen war und jetzt damit Propaganda machte, daß er erst bei den Habsburgern die gebührende Wertschätzung und sein Glück gefunden hätte. Jeden französischen Überläufer von Rang und Qualität empfange der Prinz Eugen mit offenen Armen. Bonneval zögerte, sondierte, erhielt aus Wien die Zusage und fand sich als Generalmajor unter den neuen Farben wieder.

Eugens Rachefeldzüge gegen Frankreich schickten ihn zuerst nach Italien zurück, später in die Dauphiné und dem Erzfeind an die Gurgel. Schon seine erste Bewährungsprobe in der Schlacht von Turin bestand er glänzend. Aber erwähnenswerter ist ein Zufall, der sich während dieses Gemetzels zutrug und den man fast als ein Zeichen Gottes verstehen konnte. Eine Horde blutrünstiger Panduren unter Bonnevals Kommando war über einen französischen Offizier hergefallen. Es gab keine Hoffnung, daß er sich freikämpfte. Bonneval sah es und erkannte seinen Bruder – und man weiß nicht wie: die Rettung gelang. Gewiß ist aber, daß niemand lange dem Gedanken nachhing, hier könnte irgendein Sinn gewaltet haben oder es sei gar ein Menetekel geschrieben worden.

Feldzüge folgten auf Feldzüge, und dann diese sogenannten großen, die wenigstens von einer Idee erfüllt waren: gegen das Osmanische Reich, gegen die Heiden. Dazwischen sehen wir Bonneval überall. Bei einem Kampf um Rom wurde sein Arm von einer Kugel zerschmettert, was keine glorreiche, sondern eine schmähliche Verwundung war. Es kam der Schuß nämlich von einem Angehörigen der nicht eben ernstzunehmenden päpstlichen Miliz. Während der Friedensverhandlungen in Utrecht mußte der Graf sich zweimal gleich nacheinander duellieren: das erste Mal, weil er den französischen König beleidigt hatte, und das zweite Mal, um die Ehre desselben Königs zu verteidigen gegen die Beleidigung durch einen preußischen Offizier.

Der neue Kaiser, Karl VI., fand Gefallen an ihm, hob seinen militärischen Rang und machte ihn zum Mitglied des Reichshofrats. Dann die Schlacht von Péterwardein, danach die Genesung, und Frankreich stand nun diesem Helden des christlichen Abendlandes wieder offen. Er reiste nach Paris und genoß alle Ehren. Doch zog es ihn wieder nach Wien: Die Entscheidungsschlacht von Belgrad näm-

Abbildung 9
Die Schlacht (Radierung von Jacques Callot)

lich durfte er keinesfalls verpassen. Danach aber, als hinter dieser Epoche der großen, hochdramatischen Bewegungen keine gleichwertigen Herausforderungen mehr abzusehen waren, drohte eine Zukunft in gesättigter Langeweile. Gegen diesen furchtbarsten aller Schrecken bäumte sein Mutwille sich auf, und da Bonnevals Naturell, wenn es darbte, nichts anderes vermochte, mußten es wieder die Querelen, die Provokationen sein. Ausgerechnet den Prinzen von Savoyen, das Idol Europas, zudem noch sein Freund und Gönner, suchte ihm sein Dämon aus, damit er sich an ihm rieb.

Der Wiener Hof reagierte angemessen verärgert, schickte ihn zum Stillhalten nach Brüssel, wo er alsbald in verbissenem Streit lag mit dem Gouverneur, den Eugen aus politischen Rücksichten behutsamst zu traktieren hatte. Die Zeichen kaiserlichen und prinzlichen Übelnehmens ließen nicht auf sich warten, was Bonneval erst recht nicht zum Einlenken bewegte. Vielmehr empfand er nun jenen Bereich seiner Talente, der scharfen, bösen Witz hervorbringen konnte, aufs wohligste gereizt. Er streute Verse aus, die den Prinzen verspotteten, und zwar wegen seines nachlassenden Urteilsvermögens, das, vermutlich durch die Alzheimersche Krankheit verursacht, von aller Welt erschüttert, mit unverbrüchlicher Verehrung beobachtete wurde. Da gab es für Bonneval keine Nachsicht, keine Gnade. Fünf Jahre Haft lautete das prompte Urteil. Jedoch wurde die Offerte eines bedingungsweisen Pardons, wie es sich in der höfischen Gesellschaft ziemte, gleichwohl mitgeliefert: Das fünfjährige Kerkerschmachten könne, so hieß es, ersatzweise durch vierundzwanzig Stunden strengen Arrests abgebüßt werden, falls Bonneval Abbitte leiste. Der allerdings dachte an alles, nur nicht an einen Kniefall, begab sich schleunigst in Sicherheit, schickte von da, wie vom Teufel geritten, an die Adresse des Prinzen noch ein beleidigendes Sendschreiben hinterher und durfte sich demnach nicht wundern, daß mit einem Mal alle seine kaiserlichen Ämter samt seinen Besitztümern verloren waren und daß er noch Glück hatte, wenigstens seine Haut und einiges an Barschaft nach Venedig zu retten.

Wieder Venedig also, und abermals suchte Bonneval einen Neuanfang in diesem Exotarium, wo er nun mit den schillernden Farben seines vergrößerten Rufs wuchern konnte, während das Materielle sich bald verbrauchte und er begründete Furcht hegen mußte, daß womöglich die Rache des Wiener Hofes, gewiß aber der hochnotpeinliche Argwohn der venezianischen Inquisition ihn bedrohte. Wo blieb ihm, bei solchem Stand der Dinge, noch eine Zuflucht auf dieser Welt? Wer unter den christlichen Potentaten Europas war nicht mit jedem anderen als *cher cousin* oder *teuerster, vielgeliebter Vetter* verbunden und darum Bonnevals Feind? Es hätte beim Kaiser von China oder bei den Mamelucken sein können, doch zum Großtürken, dem altvertrauten Feind, führte der kürzere Weg, in Konstantinopel wollte er Zuflucht suchen, ein neues, ganz und gar verwegenes Kapitel seines Lebensromans schreiben. Dort, im Dienst des Sultans, würde er sich zum Feind aller derjenigen erklären, die ihn zurückgesetzt hatten, zum Feind also ganz Europas. Das war mehr, als der Prinz Eugen sich je herauszunehmen wagte. 1729 hatte Bonneval es geschafft. Er hatte die Grenzposten zwischen dem Abendland und dem Morgenland mit einigen Finten, doch ohne große Gefahr überschritten, auch ohne Besitz und Gewissensbisse – und war noch längst nicht jener behagliche, ins Kleine denkende Weltweise, der er am Ende doch werden mußte.

Bei der Hohen Pforte nahm man ihn mit offenen Armen auf, hatte er doch wahrhaft Nützliches anzubieten. Schätzenswerter noch als sein Wissen um das Innenleben des westlichen Gegners waren seine offenbar außerordentlichen, wie zum Spielen erworbenen Kenntnisse über das Artilleriewesen, über Geschütze, Feuerkraft und Zielsicherheit, Bereiche also, in denen das türkische Heer sich notorisch im Rückstand befand. Bonnevals wahllose Tüchtigkeit brachte dieses Wissen sogleich zum Einsatz, und als erste bekamen die Russen den verbesserten Kanonenbeschuß der Osmanen zu spüren. Eiligst zum Islam konvertiert und mit dem Namen Achmed versehen, erhielt er Auftrag zur Errichtung und Führung eines Bombardierkorps sowie den Rang eines Paschas mit zwei Roßschweifen als Dreingabe. Sein Wirkungsdrang begnügte sich, wie abzusehen, nicht mit militärischen Reformplänen, sondern schuf europäische Visionen von einer gegen das Reich gerichteten französisch-türkischen Allianz. Indes, man traute dem besserwisserischen Überläufer nicht. Alle Zurückgesetzten, von denen es auch im Sultanspalast nicht wenige gab, allerlei Janitscharen und Beamte intrigierten, sabotierten und fädelten schließlich ein, daß der neue Pascha, der allen was vormachte, im fremden Gelände als ein verlorener Mann dastand. Vorsätzlich ließ man ihn bei einem Streifkommando in einen russischen Hinterhalt laufen, wo er zu Lasten des Sultans, doch zum Jubel der Neider eine peinliche Niederlage erlitt. Daraufhin wurde er 1738 verbannt, weit weg, in ein verschlafenes Nest am Schwarzen Meer. Doch nach sechs Monaten schon wieder gnädig zurückberufen, hatte er endlich seinen Großprojekten entsagt, die Mächte der Christenheit von Konstantinopel aus in Unruhe zu versetzen. Vom Schmieden kleinerer Pläne wollte er freilich noch längst nicht ablassen: nach Rom zu flüchten, wieder in französische Dienste zu treten ... vielleicht auch wieder gegen den Kaiser ... Doch dann gab er sich zufrieden mit dem, was er dem jungen Casanova vorzeigen konnte. Ob er sich viel aus dem Kompliment des Besuchers machte, daß er im Westen noch immer als ein hochinteressanter Mann galt?

Er starb am 22. März 1747, im Alter von 72 Jahren, in seinem Haus in Pera, jenem buntgemischten Stadtteil Konstantinopels, wo es – wir vernehmen es mit Erstaunen – eine evangelische Kirchengemeinde gab, welcher vier Jahrzehnte zuvor der herumvagabundierende Isaac Rousseau, der Vater des großen Jean-Jacques, angehört hatte. Man begrub Bonneval auf einem Friedhof für Derwische, nicht weit von der Residenz des venezianischen Gesandten, der zu seinem Bedauern stets gehalten war, den Kontakt mit dem in Venedig höchst mißliebigen Abenteurer zu vermeiden. Auf seinem Grabstein stand: »Allah ist ewig. Möge Allah, der glorreich und groß ist für die wirklich Gläubigen, dem verstorbenen Achmed Pascha, Chef der Bombardiers, seinen Frieden geben.«

Der Prince de Ligne, der so wehmütig aus dem 19. Jahrhundert zurückschaute und aufschrieb, was er von seinen Erinnerungen an die verloschene Welt des Ancien Régime für behaltenswert erachtete, hätte die närrische Tragik jener letzten Epoche des Aristokratismus mit der Symbolgestalt des Comte de Bonneval wohl am ehesten erklären können: als eine Verschwendung von Kräften und Talenten, eine Wiederholung immer desselben, ein dauernder Kampf gegen die Langeweile, von der wir heute noch spüren, daß sie in den Appartements, in den Galerien von Versailles nistet. Was war das alles, wenn nicht das Masken- oder Kriegsspiel nutzloser Existenzen, die ihre häufig so erstaunlichen Energien und Begabungen ohne Überzeugungen, ohne Sinn verschwendeten und weder dieses noch überhaupt etwas bemerkten. Das letzte Wort dieser Gesellschaft schrieb Ludwig XVI., als er am Tag des Sturms auf die Bastille als Erwähnenswertes in sein Journal eintrug: »Rien« – Nichts.

John Law

Der Erfinder des schnellen Geldes

Daß er am Spieltisch bei seinen Einsätzen die geläufigen Münzen oder Jetons verschmähte und es vorzog, seine eigens für ihn gegossenen Goldstücke mit dem Gewicht von achtzehn Louis d'or so feilbietend wie siegesgewiß auf dem grünen Velours zu stapeln, war fast das einzige, was den Mitspielern und dem gespannt zuschauenden Salonpublikum half, sich ein halbwegs faßliches Bild von diesem undurchschaubaren Briten zu machen, der im übrigen durchaus nicht großspurig tat, die ihm reichlich zufließenden Gewinne mit ritterlicher Diskretion kassierte und also zumindest dem entsprach, was man sich in der französischen Gesellschaft unter einem typischen Snob vorstellte. Er war nur einer unter den zahllosen Abenteurern, welche die Sagen vom Glanz des Sonnenkönigtums zu Beginn des 18. Jahrhunderts nach Paris gelockt hatte, und war doch in einer seltsam sachlichen Weise unterschieden von all diesen windigen Existenzen, die sich – Gott weiß woher – in der Kapitale Europas einfanden, um mit schäbig-bunter Aufdringlichkeit und bestenfalls mit einiger Unterhaltsamkeit in der Nähe der Reichen und Mächtigen ihre Rollen zu spielen, die den Anschein erwecken sollten, daß sie das Glück, nach dem sie haschten, längst gefunden und für sich gepachtet hatten. Niemand glaubte ihren Geschichten von aristokratischer Herkunft, niemand fragte diese schwadronierenden und gestelzten Egozentriker danach, mit welchen Mitteln sie ihre Auftrittskostüme finanzierten, die Schuhe à la mode und die ondulierten Perücken, in welchen elenden Quartieren sie nächtigten und wie sie sich die Tage vertrieben, bis sich abends ihnen wieder die Türen öffneten, damit sie ihren einzigen Zweck erfüllten, nämlich als schillerndes Hintergrundgeschmeis um den Lüsterglanz der Gesättigten zu schwirren.

Dieser Brite nun, der behauptete, ein Schotte zu sein und demnach zu den natürlichen Feinden der englischen Erbfeinde aller Franzosen zu gehören, war 1713 in Paris aufgetaucht, nicht als ein Unbekannter zwar, aber als ein von früher her verdächtiges Subjekt, das nach Jahren der Verschollenheit nun über unerschöpfliche Geldmittel verfügte, die sich durch sein unfaßbares Glück beim Pharao-Spiel stetig vermehrten. Da Geld und Erfolg beinahe so viel zählten wie Rang und Name, mußte dieser von der Polizei bespitzelte Ausländer sich nicht einreihen unter jene Kreaturen, welche mit ihrem pflichtschuldigen Bangen, Seufzen oder Jubel die Spieltische umlagerten. Gern räumten die Schwerreichen, die Vornehmen dem interessanten Fremdling, durch dessen Gewinne sie jedenfalls nicht ruiniert wurden, einen Platz zwischen ihnen ein. Im Palais des Herzogs von Bouillon, der ersten Adresse für hochadlige Spielernaturen, ging er bald ein und aus und fand reichlich Gelegenheit, dem Herzog von Orléans zu imponieren, der bald darauf, nach dem Tod Ludwigs XIV., die Regentschaft übernehmen sollte. Da dieser Schotte, den sein kurioser Akzent, sein unmöglicher Name und erst recht sein protestantischer Irrglaube eigentlich komplett disqualifizierten, nun einmal über die Zauberkraft der unbegrenzten Geldvermehrung verfügte, wollte niemand genauer wissen, wie es denn um seine Verhältnisse bestellt war. Man trug es ihm an, machte es ihm leicht, sich als einen adligen *homme de qualité* auszugeben. Der eminente Zeitzeuge Duclos bemerkte über die stillschweigende Übereinkunft beim Umgang mit diesem Schotten, der sein Gold ganz ohne Schwarzkünste und Alchimie produzierte: »Er ist ein Adliger – oder auch nicht. Jedenfalls gibt er sich als einen solchen aus, wie es alle Ausländer tun, die sich bei uns eindrängen.« Zur Nobilitierung genügten Andeutungen einer passenden Ursprungsgeschichte, der Nachweis eines gefälligen Betragens, ein Rest von Rätselhaftigkeit und ein klingender Name, der Bedeutsamkeit ahnen ließ. Mit dem allem bediente der Fremdling aus dem nebligen Norden die Assimilationsbereitschaft dieser Franzosen hinlänglich; nur seinen Namen, den jeder andere Abenteurer niemals auf sich hätte sitzen lassen, hielt er mit Sturheit aufrecht, als wollte er es dem französischen Verstand, den französischen Ohren und Zungen mutwillig schwer machen. John Law, so heiße er, und ohne irgendetwas drum und dran. Von der Masse her war das erschütternd wenig, hörte sich an wie die Bezeichnung eines imbezilen Stallknechts, wie ein Geräusch, das kein kultivierter Mund zu imitieren vermag. *John* bedeutete, richtig artikuliert, *Jean*, und über das zweite Namensstück belehrte man seinen Träger, daß es *Lass* lauten müsse. Ob er sich nicht noch irgendeinen schmückenden Zusatz einfallen lassen könne? Es ging ihm durch den Kopf, daß es Gründe gab, sich *Lauriston* zu nennen oder, wenn es seinen namenssüchtigen Gesprächspartnern besser gefiele, *Jean de Lauriston*. Für sich selber aber beharrte er auf *John Law*, und alle die zahllosen, hochbedeutenden Dokumente, die er bald zu unterzeichnen hatte, sollten diesen kargen Namenszug tragen. Denn wie kein anderer bewegte dann dieser beinahe namenlose Spieler und Abenteurer, der zum *Contrôleur général des finances*, zum Finanzminister, aufstieg, in der Epoche zwischen Mazarin und der Revolution die Geschicke Frankreichs, versetzte er Staat und Gesellschaft in den Freudentaumel unendlichen Reichtums und in die Verbitterung über den Verlust von Vermögen und Illusionen. Doch war er kein Scharlatan wie die vielen Goldmacher und Geisterseher um ihn und nach ihm, sondern von einem klaren Verstand, der nichts im Obskuren belassen wollte und sich das werbende Erklären zur ersten Pflicht machte. Seine gleichermaßen analytische wie kombinatorische Intelligenz zog es weg von den Worten und Zahlen der Theorie hinüber zur Bewährung und Bestätigung in der Praxis, wo sie zu Innovativem, Befreiendem, Bleibendem befähigt gewesen wäre, wenn diesen utopischen Geist nicht die ungeduldige, leichtsinnige, stets optimistische und selbstbewußte Seele eines Abenteurers beflügelt hätte.

Diesen heute beinahe in Vergessenheit geratenen John Law, der nur Verwirrung und Unruhe stiftete und nichts hinterließ, nicht einmal eine Lehre, dennoch – als ein finanzwirtschaftliches Genie – zu den brillantesten Köpfen seiner Zeit zu zählen, muß keine Vermessenheit bedeuten. Nichts hat er eigentlich ganz neu, aus seinem Ingenium heraus erfunden und geschaffen. Aber daß er die Geheimnisse des Kredits und des Diskonts, die Antriebskräfte des Agio enthüllte und aufs deutlichste demonstrierte, daß er die Idee der Geldschöpfung auf eine revolutionäre, fruchtbare Weise mit der Idee der Wertschöpfung kombinierte, daß er eine systematische Finanzpolitik betrieb und die Instrumente der staatlichen Steuerung und Intervention wie in einem spieltheoretischen Experiment und mit virtuoser Reaktionssicherheit zum Einsatz brachte, daß er die Banknote, das Papiergeld, als generelles Zahlungsmittel durchzusetzen suchte – das alles verdient als die Leistung eines einzigen Mannes hohe Bewunderung. Aufs Scheitern angelegt und gewissermaßen tragisch war Laws Wirken nur deshalb, weil es zu ungestüm, zu erfolgssüchtig, zu geballt und viel zu früh auf eine Welt einstürmte, die noch nicht reif genug war und sich eine Verweildauer ausbedingen mußte, bis sie sich zwei, drei Generationen später mit zögernden Schritten daran machte, Laws hektisch-begeisterte Abenteuerreise durch die Wunderwelt der Geldpolitik nochmals als eine bedächtige Forschungsreise durchzuführen. Daß diese Reise bis heute nichts grundsätzlich anderes an den Tag beförderte, als Law schon erkannt hatte oder ihm bei der Revision seiner Fehlschläge evident wurde, spricht für den Rang dieses leidenschaftlichen, höchst aristokratischen Solisten, dem das Kollektiv der Wissensdogmatiker und Buchhalter das Angedenken zu verweigern beschlossen hat.

Daß dieser professionelle Glücksspieler demnach noch über andere Besonderheiten verfügte als seine überschweren Goldjetons, spürten alle, die in seine Nähe kamen. Der Verdacht, daß dieser liebenswürdige, hochgewachsene, eher stille Mittvierziger mit den angenehmen, etwas weichen Gesichtszügen und der blonden Perücke ein abgefeimter Falschspieler sein könnte, zerstreute sich bald. Was denn nun das Geheimnis seines dauernden Gewinnens, seiner anscheinend beliebigen Besitzvermehrung sei, wollte alle Welt von Law erfahren – und ganz besonders der Herzog von Orléans, der am besten wußte, wie heillos verschuldet, wie nahe an der Bankrotterklärung der französische Staat war, dessen Regentschaft ihm eher früher als später zufallen würde. Magie, Kabbalistik? – Nichts von dem! Einfach nur sein *System*; und geduldig war der Fremdling zu allen Auskünften bereit über seine Taktik der Zurückhaltung oder des offensiven Spiels auf der Grundlage einer Wahrscheinlichkeitsrechnung, der niemand zu folgen vermochte. So gern und ausführlich er sein Erfolgsrezept preisgab, so reserviert war er indessen mit Äußerungen über sein Herkommen. Dieses wenige aber konnte, mit einigen Gerüchten und etwas Phantasie versehen, zu einer beinahe mustergültigen Abenteurergeschichte verbunden werden.

Geboren wurde John Law in Edinburgh, vermutlich am 21. April 1671, als ältester Sohn eines wohlhabenden Goldschmieds, dessen Gewerbe auch die Verwahrung fremder Gold- und Juwelenbestände umfaßte, für die Hinterlegungsscheine ausgegeben wurden, welche dann im Handelsverkehr als Zahlungsmittel gelten konnten. So kam es, daß damals die Goldschmiede gewissermaßen schon die Funktionen von Depositen- und Diskontbanken ausübten und, auf Grundlage ihrer Wahrscheinlichkeitsschätzung, zu eigenem Risiko auch Kredite vergaben. Daß dieses väterliche Milieu die Auffassungsgabe und Interessen des Jungen prägte, liegt auf der Hand.

Wenn schon der Vater nur ein wackerer Bürgersmann war, so mußte gemäß den Erfordernissen des höfischen Heldenromans wenigstens die Mutter auf irgendeine Weise aus aristokratischen Gefilden stammen. Jean Campbell, so hieß sie, gehörte folglich, wenn auch nur weitläufig, zu der hochvermögenden Sippe des schottischen Herzogs von Argyle. Man besaß einige Ländereien, von denen die in Lauriston nach dem Tod des Vaters 1683 dem ältesten Sohn zufielen, was ihm später also dieses gewisse Recht verschaffte, seinen Namen dem französischen Geschmack anzupassen. Mit wachem Geist, mancherlei Kenntnissen, viel Neugier und Lebenshunger, mit einem angenehmen Gesicht, einer guten Figur und dem ererbten Vermögen ausgestattet und in allem wie ein junger Edelmann, stürzte sich der Goldschmiedssohn in ein Wüstlingsleben *comme il faut*, suchte den Reiz von Liebschaften der verwegenen Art und den Kitzel des Glücksspiels, machte Schulden, floh aus dem puritanischen Schottland nach London, um sich begeistert in dieses Meer von Sünden zu werfen. Eine neue, überaus spannende Sensation entdeckte der junge Schotte dort in dem pittoresken, nervösen Treiben der Börse und der eben erst gegründeten Bank von England, wo er gebannt die Usancen der Kreditvergabe, der Risikokalkulation, die Mysterien des Agio und Disagio beobachtete, um sich über deren Regeln mehr und tiefere Gedanken zu machen als alle die schlauen, nur vom Instinkt geleiteten Praktiker. Nach dem *System*, das hinter den Transaktionen verborgen sein mußte, begann er zu fragen und hatte damit schon das Zauberwort gefunden, das von nun an seinen Geist beflügelte, um zuerst nach dem System der Kartenfolge des Pharao-Spiels zu forschen und schließlich nach einem umfassenden Finanzsystem als einem idealen Instrument, um die Gesamtheit der wirtschaftlichen Abläufe nach Belieben zu steuern.

Laws System, viel gepriesen, viel verhöhnt und viel verflucht, wurde für Jahrzehnte zu einer Chiffre, hinter der die Person des Urhebers ganz ins Unbeachtete, in Vergessenheit geriet. Es wundert sehr, wie wenig Biographisches, Persönliches von ihm überliefert ist und daß die zahllosen Memoirenschreiber, die sonst jedes Gerücht und jede Außerordentlichkeit zum Lesefutter machten, ausgerechnet diesen einzigen wirklich genialen Abenteurer, dessen Name zudem in ganz Europa geläufig war, fast völlig ignorierten. So faszinierend das Geld ist, so wenig faszinierend scheinen Menschen zu sein, die sich hauptsächlich mit Geld abgeben. Wer möchte schon freiwillig die Biographie eines Bankiers lesen? So weit man sieht, erschien nur in Amsterdam 1722, bald nachdem Laws Stern gefallen war, eine ihm gewidmete Broschüre, »Het leven en caracter van den Heer Jan Law«, die offenbar nur wenig gedruckt, nicht übersetzt wurde und vermutlich auf kein großes Interesse gestoßen war. Und das, obwohl die Taten und Begebenheiten des jungen Law in London schon den Zeitgenossen erscheinen mußten wie eine romanhafte, erfundene Wirklichkeit, wie Inszenierungen in der Manier der Gemäldezyklen und Kupferstiche William Hogarths. Seinem Rivalen um die Gunst einer womöglich verheirateten, gewiß aber schönen Dame, dem Londoner Partylöwen und Modegeck *Beau* Edmund Wilson, versetzte er im Duell einen tödlichen Degenstoß. Prompt wurde er ergriffen und zum Galgen verurteilt, dann aber – man weiß nicht warum – begnadigt, in die Freiheit entlassen, um sein übermütiges Leben fortzuführen. Was aber die Familie des schönen Edmund zu heftigen Protesten veranlaßte, worauf das kassierte Urteil wieder in Kraft gesetzt und der ungefähr fünfundzwanzigjährige Schotte im Tower eingesperrt wurde. Eine andere Überlieferung gönnt ihm allerdings die Ehre dieser so geschichtsträchtigen wie romantischen Vollzugsanstalt nicht, sondern behauptet, man habe den verwöhnten Wüstling ins Gefängnis von Newgate geworfen, wo allerlei Lumpengesindel, Halsabschneider, Beischlafdiebinnen verschimmelten oder auf den Henker warteten. Auf diesen jedenfalls wollte der so klar wie systematisch denkende Law nicht warten. Er grübelte nach einem Ausweg und fand ihn in der Flucht aus dem Kerker, deren Bewerkstelligung allerdings kein einziger Biograph für einen lohnenden Erzählstoff erachtete.

Von da an, etwa seit 1695, sind die Spuren Laws für einen Zeitraum von sechs Jahren völlig verwischt. Es gibt nur Mutmaßungen: daß er nach Holland geflüchtet, daß er in Deutschland und Italien als Glücksritter und Spieler herumvagabundiert sei, daß er mit einiger Wahrscheinlichkeit beim englischen Geschäftsträger in Den Haag eine Anstellung gefunden habe und dabei vertraut wurde mit Sekretärsarbeiten, mit dem Studieren von Handel, Wandel und der Abwicklung von Geldgeschäften. Oder daß er sich als Spion angedient habe am Hof von Saint-Germain bei Paris, wo der aus England verjagte katholische Stuartkönig Jakob II. eine Exilregierung führte und vergeblich auf seine Rückkehr hinarbeitete. Zufällige Funde oder die Arbeit verdienstvoller Nachforscher haben aus verstreuten Archiven einiges ans Licht gebracht, was aber zu nicht viel mehr taugt als zu kleinen Markierungspunkten auf Laws Lebensweg. Ende 1713 jedenfalls trat er in Paris groß auf, als König des Pharao-Spiels, um dann sieben Jahre lang voll und ganz im Licht der Öffentlichkeit zu stehen. Da wollte sich allerdings niemand mehr viele Gedanken machen um die Persönlichkeit, ums Privatleben des rastlosen Rechenkünstlers, der nun hinter seinen großartigen Finanzoperationen beinahe verschwand.

Daß er sich schon 1701 einmal in Paris aufgehalten habe, könnte man aus einem undeutlichen Haftbefehl entnehmen, der einem gewissen *Sieur Las* wegen irgendeines Verstoßes gegen die guten Sitten zu einem mehrtägigen Gefängnisaufenthalt verfügte. Handfester ist der Eintrag in einem Register von Den Haag, der am 6. Oktober 1702 die Einbürgerung eines »Schotsman van Edinburg namens *Jean Law*« vermerkt, was immerhin voraussetzt, daß er dort mehrere Jahre unbeanstandet seßhaft gewesen sein muß. Gewiß ist aber, daß er sich 1704 wieder in Edinburgh aufhielt, daß er von diesem – ihm vorerst noch sicheren – schottischen Boden aus ein Gnadengesuch an die englische Königin Anna richtete, der er seine guten Dienste und manchen noch besseren Rat offerierte. Das Gesuch wurde kurz und bündig zurückgewiesen. Daraufhin konnte Law nicht riskieren, noch länger in Schottland zu verweilen. Denn es machten die Verhandlungen, um die schottische mit der englischen Krone zu vereinen, zwar erfreulich rasche Fortschritte, doch mußten sie den zum Tod Verurteilten Furcht einjagen, daß er damit dem Londoner Richterspruch wieder verfiel. Bevor er aber aus Edinburgh verschwand, hatte er nicht nur schnell noch einem gewissen Andrew Ramsey beim Kar-

Abbildung 10
John Law, Glücksspieler, Finanzgenie und ein sanfter Charakter (nach einem anonymen Gemälde gestochen von Quenedy)

tenspiel ein halbes Vermögen abgewonnen, sondern sich auch mit größerem Zeit- und Geistesaufwand literarisch betätigt.

Daß Abenteurer, die in der Klemme sitzen, zur Feder greifen, durch Geistesblitze auf sich aufmerksam machen wollen, vollmundige Verteidigungs- oder Anklageschriften verfassen, daß sie sich auch durch weltverbesserische Pläneschmiedereien den Obrigkeiten empfehlen wollen, muß man als ein für diese Menschengattung typisches Phänomen ansehen. Deshalb brauchte auch niemand etwas Lesenswertes von jenem Memorandum zu erwarten, das Law in vorgespiegelter Anonymität und Bescheidenheit als Werk eines *Scottish Gentleman* dem Parlament in Edinburgh vorlegen ließ. Der Titel war nicht unattraktiv, aber ein bißchen schwindelerregend, indem er ankündigte, daß das schmale Bändchen einen Vorschlag zur Lösung einer der großen Menschheitsprobleme liefere. »Money and Trade – considered with a proposal for supplying the Nation with money«, so lautete das Thema, das in dem von Finanzkrisen, Geldmangel und Verelendung geplagten Schottland nicht auf taube Ohren treffen durfte, aber bei den skeptischen, für neues Denken unempfindlichen Parlamentariern gleichwohl keinen Anklang fand. Sie bemerkten nicht einmal die verblüffende Intelligenz der beiden, überaus schlicht wirkenden Ausgangsfragen, auf denen die Schrift aufbaute und aus denen in den folgenden Jahren das gesamte *Lawsche System* sich sukzessiv entwickelte. Wir jedoch haben zur Kenntnis zu nehmen, daß Law – ähnlich wie Rousseau – ein Meister des einfachen, staunenden, in Frage stellenden Blicks war, welcher das Wesen der Dinge häufig am besten zu erfassen vermag.

In Den Haag und Amsterdam, den damals fortschrittlichsten, umtriebigsten Bankenplätzen Europas, hatte er manches gesehen, gelernt und hatte gegrübelt, wie es gelingen konnte, daß die mittellosen Juden, aus Spanien und Portugal vertrieben, scheinbar aus dem Nichts heraus in den Niederlanden das Geldgeschäft zum Florieren brachten, dabei selber nicht schlecht abschnitten und daß darüber hinaus die Städte und Provinzen einen Aufschwung erlebten, der sie zu den wirtschaftlich regsamsten und wohlhabendsten von ganz Europa machte. So lautete denn Laws erste Frage sinngemäß: Wie ist es zu erklären, daß selbst die größten und mächtigsten Staaten immer unter Geldknappheit leiden, daß aber die holländischen Banken über unerschöpfliche Mittel verfügen, um Kredite zu geben, und selbst den Riesenbedarf der Regierungen zu erfüllen vermögen?

Der zweite Fragekomplex bezog sich auf Schottland: Warum dieses Land in Armut verkam, obwohl seine natürlichen Bedingungen nicht schlechter waren als die der Niederlande und obwohl die schottische Bevölkerung aus arbeitswilligen, fähigen Menschen bestand, welche jedoch zur Auswanderung gezwungen wurden. Daß die Ursache dieser Misere im Mangel an Geld zu suchen sei, ist noch keine bemerkenswerte Einsicht: »Was fehlt dem Grundbesitzer, um seine Ländereien urbar zu machen, dem Handwerker, um seine Tätigkeiten zu vermehren, dem Händler, um seine Geschäfte auszuweiten? Ihnen fehlt der Vorschuß (das ›Startkapital‹), das Geld, um die Grundstoffe, Materialien und Arbeitskräfte bereits vor dem Erlös für die Güter zu bezahlen. Mit nur einigen Millionen verfügbaren Gelds hätte man genug, um die Arbeiter zu bezahlen, die auswandern wollen. Man würde sie damit auf der Erde Schottlands festhalten, und man würde sie mit allem versehen können, wessen sie zu ihrer Arbeit bedürfen. Holland, auf dem unwirtlichsten Boden und an den gefährlichsten Meeresufern gelegen, ist dennoch der reichste Landstrich dieser Welt. Warum? Weil es einen Überfluß an Geld hat. Welches ist das Mittel, um das Geld zu vermehren? Das ist der Kredit. Das sind die Banken, die dem Papier den Wert und die Wirksamkeit von Münzen aus Edelmetall verleihen.«

Gewiß sind das nicht alle Seiten der Medaille. Von einem Vorreiter darf man nicht komplette Umsicht verlangen. Aber klar arbeitete Law heraus, daß ein Wirtschaftssystem, das seine Dynamik abhängig macht von der Verfügbarkeit der naturgemäß knappen Edelmetalle, das im übrigen nur Leistungen zuläßt, für welche bereits der Gegenwert in Gold- und Silbermünzen bereitsteht, sich in eine unsinnige Lähmung begibt und die tatsächlich verfügbaren Arbeitskräfte verrotten läßt.

Ebenso restriktiv sei die Wirkung jenes anderen, die Köpfe der staatlichen Finanzmänner beherrschenden Dogmas: daß nämlich die zirkulierende Geldmenge, wozu auch Anleihen, Wechsel und Schuldverschreibungen zählten, nur das Äquivalent aller bereits produzierten – und nicht auch der projektierten – Güter sein dürfe und daß außerdem die geldwerten Papiere, also die Staatsanleihen und die Verbriefungen der Banken, durch einen Vorrat an Edelmetall gedeckt sein müßten, so daß sie jederzeit in der gesamten Menge gegen bare Münze umgetauscht werden könnten.

Die Menge des Gelds aus den Grenzen der natürlichen Knappheit von Gold und Silber zu befreien, es beliebig vermehrbar zu machen, es nicht zu verstehen als eine Prämie auf ein schon erwirtschaftetes

Gut, sondern – auch und dringlicher – als einen Vorschuß auf eine geplante Wirtschaftsleistung, darin bestand Laws grundsätzliches Anliegen. Der Kredit, wie ihn die niederländischen Finanziers und neuerdings auch die Bank von England vergaben, müsse endlich als ein realer, hinlänglich gesicherter Geldwert anerkannt werden. Vom niederdrückenden Idol des Münzgelds habe sich jede moderne, zu stetigem Wachstum gezwungene Volkswirtschaft zu befreien. – So ungefähr hat man die zentralen Thesen, Postulate zu verstehen, die während seiner Vagabundenjahre im Bewußtsein des notorischen Glücksspielers immer mehr zur Klarheit, zum Tatendrang gelangten. Diese, weit über den Rand des Spieltischs hinaus reichenden, Ideen lenkten seine Lust am Projektieren und Systematisieren weg von den Karten samt Jetons, lenkten sie hin zu dem ganz großen Spiel, das seinen utopischen Geist, auch seinen Hang zum Rollenwechsel auf die höchste Probe stellte. Ganz falsch wäre es, in Law einen »Sozialabenteurer« zu sehen, einen Philanthropen, einen Kämpfer – oder nur Prediger – gegen die Armut und Ungleichheit in der Welt. Mit diesen typischen Erscheinungen des 19. Jahrhunderts – man denkt an Marx und Engels, an Henri Dunant oder manche heiligen Johannas der Schlachthöfe und Nachtasyle – hatte John Law wenig oder nichts gemein. Zwar faßte auch er die Hebung des allgemeinen Wohlstands als einen Effekt seines *Systems* in den Blick, jedoch nur als eine Art Umwegrendite oder *wind fall profit* zugunsten der Minderbemittelten. Zu sehr war er ein Produkt des Ancien Régime, eine autonome Persönlichkeit, als daß er einer großen, missionarischen Idee bedurft hätte, um das Recht seiner Existenz und seiner Theorie zu beweisen. Das einzige, woran ihm wirklich lag, war das Gelingen, das virtuose Spiel mit den Einsätzen und Taktiken. Seine immer ganz einzelkämpferischen, ganz allein von ihm verantworteten Operationen zielten nicht ab auf eitle, egomanische Selbstbespiegelung; vielmehr lebten sie aus der kindlich unerhörte Freude über sich selbst, der so Kolossales ins Werk setzte und der – als man ihn von seinem Spielzeug wegstieß, um es zu zertrümmern – sich mit leichter Wehmut und klarem Sinn erst recht als nobler Abenteurer von echtem Schrot und Korn erwies, dem die Lust am Spiel noch längst nicht vergällt war.

Laws Wohlgefallen am Kombinieren, sein Verlangen nach dem Drehen ganz großer Räder konnten es nicht vertragen, daß die auch in Brüssel, Venedig und sonstwo existierenden Kreditbanken zwar schon längst – separat neben der staatlichen Münzprägung – ihr eigenes *Buchgeld* und frei konvertierbare *billets* als Zahlungsmittel produzierten, daß sie aber diese Praxis ohne Theorie, ohne eine das Ganze verbindende Systematik betrieben, weshalb nichts Besseres herauskam als ein Wildwuchs, ein unelegantes Beliebigkeitsgemenge, ohne Struktur und öffentliche Verantwortung. Law träumte von einem zentralisierten Bankensystem, von einem umfassenden, fein abgestimmten, schnell reagierenden Instrument zur Lenkung der gesamten Volkswirtschaft mittels der Finanzen. Recht eigentlich hat man in ihm den Erfinder der Finanzpolitik und der *Globalsteuerung* zu sehen. Unschwer erkennt man seine Vision als das Pendant der großen technischen Utopie jener Zeit, des *perpetuum mobile*, der perfekten Maschine, welche ihre Antriebskräfte aus ihrer eigenen Bewegung erzeugt: Die Deckung des Geldwerts gründe weniger auf dem schon beinahe verbrauchten, toten Kapital der erbrachten Arbeitsleistung als vielmehr auf dem Noch-nicht-Geschaffenen, auf der Leistungserwartung. Dann aber, aus der Einengung durch die *Goldklausel* erlöst, würde das Papiergeld, die Banknote, eine expansive, auf das Zukünftige gerichtete Kreditvergabe ermöglichen, ein *deficit spending*, welches aus dem vorhandenen Nichts eine unbegrenzte Geldmenge gebären könnte, durch deren Zauberkraft das Nichts in ebenso unbegrenzte Wachstumskräfte verwandeln würde. Mehr als eine Prämie für das Gestrige sei die Banknote ein »Ermöglicher« des Morgigen. Daß dem Heutigen freilich zum Zweck dieser Metamorphose konkrete Energien zugeführt werden mußten, war ein Aspekt, den Law – ähnlich den Visionären des *perpetuum mobile* – in optimistischem Feuereifer sträflich vernachlässigte und erst dann in sein *System* einbezog, als es aus den Fugen geriet und seine Widersacher schon mit der Demontage angefangen hatten.

Auch daran, daß die während seiner Wanderjahre entworfene Zentralbank ihren Zweck nicht allein in der vorauseilenden Vermehrung der Geldmenge finden durfte, sondern nötigenfalls auch als Instrument zur gegensteuernden, absichtsvollen Geldverknappung dienen mußte, dachte der Wachstumsschwärmer, für den die Konjunkturzyklen noch kein Thema waren, durchaus nicht. Zu spät, nachdem er endlich seine *Banque générale* errichten durfte und der

Geldausstoß auf volle Touren gekommen war, begriff er, daß dieses, von der Staatsautorität getragene, Zentralinstitut auch zur Restriktion der Zahlungs- und Kreditmittel, zur Geldabschöpfung vorzüglich geeignet war. Diese Erkenntnis indes widerstrebte seinem auf Expansion und Hochgeschwindigkeit angelegten Naturell über alle Maßen, und sie zu nutzen, brachte er nicht übers Herz.

Schon in seiner Denkschrift für das schottische Parlament hielt Law es für unabdingbar, daß die Banknote zum universellen, von der Zentralbank garantierten und vom allgemeinen Vertrauen gestützte Zahlungsmittel werden mußte, welches, stabil und von Diskontabzügen befreit, mittelfristig das Edelmetall völlig ersetzen sollte – dessen Wert Law sowieso für eine Fiktion und dessen Wertschätzung er für die Erbsünde des gesamten Wirtschafts- und Finanzwesens hielt. Seine eigenen protzigen Goldjetons waren vielleicht Prüf- und Warnsignale eines hintergründigen britischen Humors. Denn am meisten kam ihm bei seinem Projektieren in die Quere, daß die verblendeten, materialfetischistischen Menschen, denen die Staatsanleihen statt fetter Rendite nur herbe Verluste einbrachten, so sehr am Gold und Silber hingen und angebliche Wertpapiere schleunigst zur Bank brachten, um sie gegen harte Währung einzutauschen.

So weit mögen die Ideen Laws im Lauf jener Jahre gediehen sein, von denen man wenig über ihn weiß. Vor der drohenden Todesstrafe war er aus Schottland geflüchtet. Im Dezember 1706 überprüfte der französische Grenzposten in Valenciennes die Insassen einer Kutsche, die aus den Niederlanden kam, eine Dame mit ihren zwei Lakaien, eine Engländerin, die einen von Ludwig XIV. bewilligten Passierschein vorzeigte und sich als Lady Catherine Knowles, verheiratete Seignor auswies. Die attraktive Mittdreißigerin mit einem flammenden Muttermal auf der linken Wange mußte in Frankreich wohlgelitten sein, da ihre erzkatholische Sippe zur Partei der Stuarts gehörte. Daß sie schwanger war und der Vater ihres Kindes nicht der von ihr verlassene Ehemann, sondern einer der Lakaien war und daß dieser kein Lakai, sondern John Law war, entging dem Grenzbeamten. Nicht aber entging das einreisende Paar dem immer wachsamen, allzeit mißtrauischen Auge des Polizeileutnants von Paris, Marc-René d'Argenson, der es noch zum Kanzler des Königreichs bringen sollte und ein ziemlich grimmiger, aber auch amüsanter und ehrenwerter Mann gewesen sein muß, obwohl er sich später in die hochfliegenden Finanzphantasien des Bankdirektors *Lass* noch manches Mal störend und bodenverhaftet einmischte. Im Januar 1707 machte er dem Außenminister Torcy Meldung, daß ein durchaus nicht unsympathischer Brite als Beschützer der eheflüchtigen Lady auftrete und im Palais Bouillon verkehre, wo er als Glücksspieler sich rasch Respekt verschafft habe. Da dieses in jeder Beziehung merkwürdige Etablissement auch den stuarttreuen, jakobitischen Asylanten als unterhaltsamer Treffpunkt diente, um zu konspirieren und Rückeroberungspläne zu schmieden, argwöhnte d'Argenson, daß Law sich als britischer Spion unter diese Freunde Frankreichs mischen wollte. Also drängte er darauf, den unliebsamen Gast schleunigst zu expedieren. Zwei Briefe Laws aus diesen Monaten sind erhalten, in denen er um Verzögerung seiner Ausweisung ersucht, da ihm eine Audienz bei höchster Stelle zugesagt sei. Tatsächlich erhielt er Gelegenheit, dem Minister Chamillart seine Rezepte vorzutragen, wie die zerrütteten Finanzen des von seinen Kriegen und Expansionsabenteuern arg mitgenommenen Frankreich saniert werden könnten. Chamillart aber reagierte abweisend und hütete sich, Ludwig XIV. von dieser Begegnung zu berichten, da dieser zornig verboten hatte, in seiner Nähe auch nur ein Wort über den protestantischen Glücksritter fallen zu lassen. Was darauf schließen läßt, daß Laws wundersame Ideen zur Geldvermehrung schon vom Herzog von Orléans aus dem Hôtel de Bouillon nach Versailles getragen worden waren. Damit hatte Law in Paris fürs erste ausgespielt. Im Juli 1707 ließ ihm d'Argenson den umgehend zu befolgenden Ausweisungsbefehl überbringen, gnadenweise versehen mit einem Passierschein für Laws Tafelgeschirr im Wert von dreißig Pfund Gold.

Ob die von zu Hause durchgebrannte Lady Catherine in den folgenden Jahren des Herumreisens sich an seiner Seite befand, bleibt genauso unklar wie das gesamte künftige Verhältnis zwischen den beiden. Ein Sohn und eine Tochter wurden ihnen geboren, und als Law schließlich dann doch seine ganz große Rolle in Paris spielte, galt die katholische Britin mit dem hellen Teint und dem interessanten, burgunderroten Schönheitsfleck ohne weiteres als *Madame Lass*, obwohl nebenher davon die Rede war, daß der gleichsam gottgesandte Herrscher über die Finanzwelt sich um eine Heirat mit Mademoiselle de Charolais bemühte, die zwar berüchtigt, doch als Schwester des Herzogs von Bourbon eine allererste Partie war. Da diese aber den Schotten für einen allzu typischen, also langweiligen und leidenschaftsknausrigen Engländer hielt, lehnte sie dankend ab, obwohl ihr doch zu Ohren gekommen sein mußte, daß Law als Liebhaber der Herzogin von Bourbon fungiere, die gewiß keine geringen Ansprüche zu stellen pflegte. Gleichviel, daß der Finanzakrobat nicht zu den Frauenhelden gehörte und daß die Volksweisheit, Geld mache sinnlich, auf Law nicht zutraf, muß man hinnehmen; und daß sich ihm manchmal Gründe aufdrängten, vor den Frauen zu flüchten, wird man noch sehen.

Vielleicht samt seiner Frau, gewiß aber mit seinem Tafelgeschirr aus Frankreich vertrieben, begab Law sich also wieder auf die Wanderschaft, welche ihn abermals in die Niederlande und angeblich auch an den Kaiserhof von Wien führte, wo man von seinen Reformvorschlägen durchaus nichts wissen wollte. Für den heutigen Verfolger seiner Spuren meldete er sich erst 1711 wieder zu Wort. Aus Genua schickte er dem König Victor-Amédée von Savoyen eine Abhandlung mit dem eklatanten Vorschlag, »wie Seine Königliche Hoheit das in Ihre Kasse fließende Münzgeld in Papiergeld verwandeln könne, um mit diesem dann Ihre Schulden zu bezahlen und dennoch den Schatz aus Münzen zu behalten.« Dieses angebotene Zauberkunststück stieß unfehlbar auf die Geneigtheit des Savoyarden, der samt seiner Sippe zu den zwar nicht vermögendsten, aber geistreichsten Fürsten Europas gehörte. Dennoch mußte er Law enttäuschen: Für die gleichermaßen engen wie verstreuten Verhältnisse seines Herrschaftsgebiets sei Laws Rezeptur leider nicht geeignet.

Derweilen erwarb dieser in bester Stadtrandlage von Den Haag ein Haus und verband sich durch finanzielle Transaktionen mit Banken in Amsterdam und Venedig. Als dann die holländischen Generalstände zwecks Budgetdeckung 1712, statt den Mann auf der Straße mit neuen Steuern zu quälen, wieder einmal zum verträglicheren Mittel der Staatslotterie griffen, um den Bürgern das Geld aus der Tasche zu ziehen, witterte auch Law seine Chance einer garantierten Gewinnbeteiligung. Die Holländer auf der Straße nämlich, die bekanntlich den Pfennig zweimal umdrehen, bevor sie ihn dann doch nicht ausgeben, hatten die Nase voll von den an allen Ecken angepriesenen Losen, bei denen man per saldo doch nur Verluste erzielen konnte. Deshalb machte Law den Veranstaltern, die auf den Losen sitzen blieben, seine Aufwartung, legte ihnen dar, daß gewiß die Franzosen viel leichter für das Investieren in Luftschlösser zu begeistern seien, wußte zudem mit Hilfe seiner Wahrscheinlichkeitsrechnung eine unauffällige Verbesserung der staatlichen Profitmarge zum Vorschlag zu bringen und ergatterte sich so das satte Geschäft, die holländische Lotterie in Frankreich zu vertreiben. Im Sommer 1713 brach er zu diesem Zweck seine Zelte in den Niederlanden ab; im fol-

Abbildung 11
Philipp von Orléans (1674-1723), der Regent zwischen Ludwig XIV. und Ludwig XV., Sohn der Liselotte von der Pfalz (Gemälde von Hyacinthe Rigaud)

genden Februar hatte er dann bereits sein Domizil in Paris, in der rue Saint-Honoré, aufgeschlagen, um bald darauf an der Place Vendôme ein viel prächtigeres zu beziehen. Als sein Notar war von nun an der Maître Le Maignen tätig, der auch den Finanzleuten aus den portugiesisch-jüdischen Gemeinden in Paris wie in Amsterdam als Vertrauensmann und Syndikus diente. Der Wirtschaftshistoriker Claude-Frédéric Lévy hat ausführlich die engen Beziehungen dokumentiert, die Law zu den bedeutendsten dieser jüdischen Finanziers unterhielt. In ihnen fand er vermutlich die einzigen Gesprächspartner, die den Verstand besaßen, um seinen Plänen und Operationen zu folgen und ihn mit vertraulichem Rat und rasch wirksamen Instrumenten zu versorgen, während er nach außen stets als unabhängiger, genialer Ideenproduzent und Alleinentscheider auftrat..

D'Argenson, der immer noch mit Leib und Seele Polizeichef war, hatte in dem reichen Ankömmling, der sich im Palais de Bouillon nun so ganz besonders auffällig hervortat, natürlich prompt »diesen Glücksspieler von Profession und dieses der bösen Absichten gegen den König verdächtige Subjekt« wiedererkannt, dem er sechs Jahre zuvor schon den Pariser Boden unter den Füßen heiß gemacht hatte. Voller Vorfreude, den halbseidenen Gentleman abermals zum Teufel zu jagen, machte er dem gleichfalls noch als Außenminister amtierenden Marquis de Torcy Meldung, daß der Schotte inzwischen noch um einiges suspekter geworden sei: »Gerade erfahre ich, daß er mit großer Equipage auffährt, daß er sich darüber hinaus ein höchst ansehnliches Haus gekauft hat, obwohl man von keinen anderen Einkünften weiß außer denen durch sein Glück im Spiel, das seine einzige Beschäftigung darstellt. Ich kann mir nicht vorstellen, daß die berechtigten Verdachtsgründe, die damals gegen ihn bestanden, jetzt nicht mehr existieren sollten.« Torcy aber, der von anderen Hintergründen wußte, bremste den Elan des Oberpolizisten und leidenschaftlichen Unkrautvertilgers mit einer wortkargen Replik: Der Sieur Las sei gegenwärtig keineswegs verdächtig, und es bestünden keinerlei Bedenken gegen seinen beliebigen Aufenthalt in Paris. Denn was man dem neugierigen d'Argenson vorenthielt, war das Staatsinteresse, das sich insgeheim – an dem sechsundsiebzigjährigen, seinem Ende zuneigenden Sonnenkönig vorbei – mit dem protestantischen Geldmacher ins Benehmen gesetzt hatte. Philipp von Orléans zog Law in den Spielsalons beiseite, man sah die beiden im vertraulichen Gespräch, und dem Finanzminister Desmarets durfte er schließlich seinen Plan unterbreiten, »um die Unordnung zu heilen, in der sich die königlichen Finanzen befinden, um außerdem das Geld reichlicher zur Verfügung zu stellen, um Vertrauen zu schaffen in die Stabilität des Kredits, und das alles durch Maßnahmen, die den Untertanen keine Steuern auferlegen, sondern im Gegenteil für die Untertanen und den Handel genauso vorteilhaft sind wie für den König.«

Nachdem Ludwig XIV. im September 1715 gestorben war und Philipp von Orléans für den fünfjährigen Ludwig XV. die Regentschaft übernommen hatte, wurde das Ausmaß der Staatsverschuldung erst in aller Schärfe offenbar. Staatsanleihen, die auf dem Markt bis zu achtzig Prozent ihres Ausgabekurses eingebüßt hatten, wollte kein Mensch mehr erwerben und kamen als Mittel der staatlichen Refinanzierung nicht mehr in Frage. Das Ausland hatte wegen der Entwertung von Wechseln und Schuldverschreibungen den Handel mit Frankreich fast ganz eingestellt. Im Kronrat erwog man, den Staatsbankrott zu erklären, wogegen der Regent, allein schon wegen des Prestigeverlusts, sich vehement wehrte. Durch einen Machtspruch erzwang er, daß der abwimmelnde *Conseil des finances* nun endlich den unorthodoxen Schotten herbeizog, von dem, da nichts mehr zu verlieren war, allein noch Rettung kommen konnte. Der Herzog von Saint-Simon, dessen Memoiren zu fast allen Begebenheiten und Akteuren dieser Epoche Frankreichs eindringlich und aus nächster Nähe zu berichten wissen, ging auch über die Einführung Laws in die inneren Zirkel der Macht nicht hinweg:

Law wurde lange Zeit als ein Außenseiter behandelt, aber immer vom Herzog von Orléans unterstützt, dem das Bankprojekt Laws so gut gefiel, daß er es verwirklicht sehen wollte. Er sprach mit den entscheidenden Finanzmännern, bei denen er jedoch auf großen Widerstand stieß. Als er dennoch seine Entscheidung getroffen hatte, ließ er eine Sitzung von Finanz- und Handelsfachleuten einberufen, vor der Law seinen Plan darlegte. Einige, die wußten, daß der Regent so gut wie entschieden war, stimmten zu, aber die große Mehrheit war dagegen. Law ließ sich nicht abschrecken. Man nahm die Widerstrebenden ins Gebet. Der Regent gab sich die Mühe, jedes Mitglied des Rates einzeln anzusprechen und jedem freundlich zu verstehen zu geben, er wünsche, daß diese Bank auf keinerlei Ablehnung stoße. Er sprach auch mit mir darüber. Kurze Zeit später sollte ich auf Wunsch des Herzogs von Orléans Law kennenlernen, damit er mir seine Pläne erkläre. Law kam also zu mir, und obwohl er manch Fremdländisches in seinem Gebaren, seiner Ausdrucksweise und seinem Akzent hatte, verstand er es, sich in wohlgesetzter Rede mit viel Klarheit zu äußern. Im Weggehen bat Law, sich noch einige Male mit mir unterhalten zu dürfen. Wir machten aus, daß er jeden Dienstag um zehn Uhr zu mir kommen sollte und daß die Tür, so lange er da wäre, für jeden anderen geschlossen bliebe. Ich begriff bald, weshalb ihm so viel daran gelegen war, mich zu besuchen. Er hatte keineswegs die Absicht, einen geschickten Finanzmann aus mir zu machen; als kluger und umsichtiger Mann dachte er vielmehr daran, mit jemandem aus der engsten Umgebung des Regenten in Beziehung zu treten. Law suchte meine Freundschaft, um sich über die tatsächlichen Qualitäten jener Personen, die er nur flüchtig zu sehen bekam, unterrichten zu lassen. Überdies hoffte er, bei den Widrigkeiten, die er erdulden mußte, Aussprachemöglichkeiten zu finden und Informationen zu erhalten über die Männer, mit denen er ständig zu tun hatte. Bald sprachen wir wie vertraute Freunde miteinander, was ich niemals zu bereuen hatte.

Der Leser dieser Zeilen, der weiß, mit welch frappanter Vorstellungskraft Saint-Simon selbst unbedeutende Figuren aus seiner höfischen Welt zu portraitieren verstand, muß enttäuscht sein über die dürftigen Individualisierung, die Gesichtslosigkeit seiner Skizze von Law. Lediglich von der Aura eines zivilisierten, freundlich-nachdrücklichen, intelligenten, unbeirrbaren und taktisch gewieften, offenbar loyalen und glaubwürdigen Mannes werden wir berührt. Da Saint-Simon aber das nahe Herantreten unterlassen hat, müssen wir uns damit abfinden, daß uns die Persönlichkeit, die Farben und Facetten dieses seltsam paradoxen, zielstrebig-genialen Wanderers auf immer entrückt sind, daß wir uns also nur um den Nachvollzug seiner Operationen, seines *Systems* bemühen können, mit dem er ganz Frankreich in ein gigantisches Abenteuer stürzte.

Law wollte seinen Traum von einer geldschöpfenden, die Wirtschaftskräfte entfachenden, alles lenkenden *banque générale* verwirklicht, Philipp von Orléans wollte die Schuldenlast seines Staats umgehend getilgt sehen. Beide Ziele, so suchte Law all den Verständnislosen und Wundergläubigen verständlich zu machen, standen in vollkommenem Einklang miteinander; insofern nämlich, als das zu gründende Institut zu vielfältigen Funktionen geeignet war, um den Staat zu bereichern. Zu allererst aber sollte die Bank den Geniestreich ausführen, die nur träge zirkulierenden, mit gewaltigen Abschlägen gehandelten Staatsanleihen zu diesem niedrigen Kurs gegen selbstgedruckte Papierbillets zurückzukaufen und so, im Tausch gegen einen Hoffnungswert, fast um ein Nichts, die Schulden des Königs beträchtlich zu verringern. Funktionieren konnte das jedoch nur unter den kategorischen Voraussetzungen, daß die Edelmetallmünze allmählich – am besten völlig – aus dem Verkehr gezogen, daß sie durch die *billets*, die Noten der Zentralbank, ersetzt wurde, daß außerdem die Öffentlichkeit in deren Stabilitätsgarantie Vertrauen setzte und daß schließlich für den schlimmsten Fall eines Vertrauensverlustes und grassierenden Panikverhaltens die staatliche Autorität als Nothelfer bereitstand, um die Flucht aus dem Papiergeld und seine Konversion zu verbieten – daß also dirigistische, zwangswirtschaftliche Instrumente mit den nachfrageorientierten, liberalen Prinzipien symbiotisch verschmolzen.

Am 2. Mai 1716 erhielt Law das ersehnte Patent zur Errichtung seiner *banque générale* als einer Aktiengesellschaft, die autorisiert wurde, *billets payables à vue*, Banknoten zahlbar nach Sicht, zu emittieren, daneben auch die üblichen Bankgeschäfte zu betreiben, allerdings zu vorteilhafteren Bedingungen für die Kunden. Das Grundkapital sollte 6 Millionen Livres betragen, geteilt in 1200 Aktien zu 5000 Livres, wovon ein Viertel mit Hartgeld und der Rest durch Staatsanleihen nach ihrem Nominalwert bezahlt werden sollte. Da deren Kurs erheblich niedriger lag, mußte der Eintausch gegen die Bankaktien als ein vorteilhaftes Geschäft erscheinen, bei dem die Bank die Staatsschulden zu einem überhöhten Preis auf sich nahm, um sie vorerst nur durch einen Phantasiewert buchungstechnisch auszugleichen. Da also die bereits gebeutelten Anleger nicht mehr viel riskierten, ergab sich die Nachfrage nach den – mit Staatspapieren zu entgeltenden – Aktien wie gewünscht. Erst recht jedoch fanden die Banknoten reißenden Absatz, da sie mit der höchst attraktiven

Garantie versehen waren, daß sie jederzeit entsprechend dem Wertverhältnis des Emissionstags gegen Silber eingetauscht werden konnten, was mehr Sicherheit versprach als der Besitz von staatlich geprägtem, stets abwertungsgefährdetem Münzgeld.

Law tanzte auf sehr hohem Seil und ohne ein Netz, das er auf Reißfestigkeit geprüft hatte. Beträchtliche Anschubkraft gewann das Projekt durch seinen *publicity*-wirksamen, überall mit Berechnung bekanntgemachten Schwur, daß er im Fall des Zusammenbruchs seiner Bank 500 000 Livres aus seinem Vermögen an die Armen spenden wolle – wobei man sich fragen muß, weshalb er solche Mildtätigkeit nicht erst recht für den Fall des Florierens in Aussicht stellte. Daß sich seine Bank zumindest in der Anlaufphase sozusagen mit Krediten an sich selbst finanzierte, entsprach durchaus der schon in Schottland verkündeten Doktrin ihres Inhabers. Daß er trotzdem den Erfahrungswerten der Amsterdamer Bankiers und der eigenen Wahrscheinlichkeitsrechnung Tribut zollte und sich anschicken mußte, für einen Grundstock an realem Risikokapital zu sorgen, mag ihm wie eine Systemverunreinigung, wie eine Konzession an die Blindheit, den groben Verstand des Publikums vorgekommen sein. Die von den Aktionären eingezahlten Staatsanleihen waren beinahe Null-Valeurs. Der angesetzte Bedarf aber von mindestens 1,5 Millionen Livres in harter Währung konnte unter den traumatisierten französischen Anlegern, die ihre Münzen lieber ins Ausland brachten, nur schwerlich aufgetrieben werden. Law selber, so ging das Gerücht, habe diesen exorbitanten, voll haftenden Betrag mit barer Münze in sein Unternehmen eingezahlt. Daß ihn sein Glück im Kartenspiel zu einer solchen Investition befähigte, geriet schnell zur Gewißheit einer wundersüchtigen Öffentlichkeit, die einem Law wie bald auch einem Cagliostro mit jubelnder Glaubensbereitschaft selbst das Unwahrscheinlichste zutraute. Als später einmal nachgerechnet wurde und zum Vorschein kam, daß Law durch seine Spielgewinne samt seinen Lotterieprovisionen nie und nimmer in den Besitz solcher Mittel gelangen konnte, suchte man nach kapitalgebenden Hintermännern, welche im Verborgenen bleiben wollten, fand sie natürlich zuerst in einem Konsortium jüdischer Bankiers, dann unter hugenottischen Geschäftsleuten, die, aus Frankreich vertrieben, im Ausland reich geworden waren und nun auf dem Weg der finanziellen Unterwanderung die alte Heimat zur Duldsamkeit zwingen wollten. Auch jener mysteriöse, Europa wie ein Phantom durchstreifende, nirgends wirklich faßbare und nachweisbare Chevalier de Langallerie wurde namhaft gemacht. Dieser nämlich, besessen von seiner Todfeindschaft gegen die Römische Kirche wie von seiner Idee eines neuen Gottesstaates, habe die Länder von Konstantinopel bis Kopenhagen bereist, um unter Protestanten, Juden um Moslems sowohl eine Allianz zu stiften als auch ein Kapitalvermögen einzusammeln, das heimlich hinarbeiten sollte auf die Errichtung eines Reichs frommer Brüderlichkeit in einem Himmlischen Jerusalem. Am ehesten können wir von heute aus die Spekulation nachvollziehen, es sei die *ehrenwerte Gesellschaft* der internationalen Piraterie gewesen, die in Madagaskar und sonstigen weltfernen Gegenden gelangweilt und aussätzig auf ihren Beuteschätzen saß und nach Wegen forschte, wie alle diese Gelder unauffällig ins alte Europa eingeschleust und »gewaschen« werden konnten, damit man sich dort nach und nach die ersehnte Reputierlichkeit erkaufte. – Was übrigens wirklich einen Fragekomplex ergibt, der es verdient, erforscht zu werden.

Was aber Law betrifft, sollte man es für das Wahrscheinlichste halten, daß er sich statt in fremden Kassen lieber bei seinen eigenen Spielregeln bediente und als Purist seines Finanzabenteuers sich einfach selbst – aus Luft sozusagen – jenen Riesenkredit ausstellte, der dann die wundersame Metamorphose vollzog, um soviel wie goldenes Gründungskapital zu gelten. Niemand wird die Münzen gesehen, sie gezählt haben, von denen der Herr Bankdirektor behauptete, daß sie zur Risikodeckung in den Kellergewölben seines Hauses bereitstünden und 1,5 Millionen Livres ausmachten. Jedenfalls wurden in diesem Haus an der Place Vendôme fürs erste die Kontors eingerichtet.

Der Ablauf der Geschäfte blamierte jeden Zweifler und bestätigte ihren Erfinder und Lenker in allen Punkten. Mit seinem – wenn auch weitgehend fiktiven – Grundkapital von 6 Millionen Livres, so kalkulierte Law leicht und munter, doch keineswegs unseriös, konnte er *billets* für 60 Millionen drucken lassen und als Kredite vergeben. Hauptabnehmer war, wie vorgesehen, der Staat, der mit diesem Phantasiegeld Bauvorhaben von lange nicht mehr gesehenem Ausmaß in die Wege leitete und – während auf diese Weise die Banknoten als Lohnzahlungen unters Volk kamen – den heute noch brauchbaren *Canal de Bourgogne* graben ließ, dazu noch lang zurückgestellte Brückenbauten ausführte und – zum ersten Mal in der neueren Geschichte – feste Kasernen errichtete, durch welche die Bevölkerung von der dauernden Plage der Einquartierung übermütiger Landsknechte erlöst wurde. Ohne bürokratischen Aufwand und große Bonitätsprüfung ließ Law die Kredite gewähren, die Druckpressen ankurbeln, die Noten auszahlen, um mit diesem lächerlich geringen Aufwand nicht nur kleine Handwerker, sondern auch große Fabrikanten vorm drohenden Bankrott zu retten und deren lebendig erhaltenes Leistungsvermögen dem konkreten Bedarf zuzuführen, welcher seinerseits durch sein – ebenso kreditiertes – Zahlungsvermögen auf sich aufmerksam machte. Steuereinnehmer und Behörden erhielten Anweisung, die Noten von Laws Bank genauso wie Münzgeld zu akzeptieren, woraus sich der Aufbau eines ganz Frankreich erfassenden Netzes von Geschäftsstellen und Korrespondenzbanken ergab, welches prädestiniert war für die nächste Sequenz des Lawschen Plans. Diese sah vor, die Gesamtheit der staatlichen Gelder zu verwalten, überdies allmählich in Produktion und Handel hineinzuregieren und etwas ähnliches wie einen *staatsmonopolistischen Kapitalismus* zu etablieren, der gleichwohl die antreibende Auseinandersetzung mit der Privatinitiative suchte und benötigte.

Binnen kurzem blühte die Nation auf. Law selbst wurde von fast allen für einen Messias der Finanzen gehalten und befand mit einigem Recht, daß sein *System* einzig durch fehlerhafte Anwendung Schaden erleiden oder verursachen könnte: durch fahrlässige Kreditvergabe an zu viele »faule Kunden«, durch eine allzu optimistische, freihändig ermittelte Bestimmung des Geldmengenziels – das er selber allerdings auch nur ziemlich nebulös »nach dem Bedarf« zu beziffern wußte – oder durch irrationales, systemwidriges Verhalten gewichtiger Anteile des stets verlustängstlichen Publikums. Daß eine Schwachstelle seines so glanzvoll eingeleiteten Experiments vielleicht auch darin bestand, daß es als ein gigantischer Ein-Mann-Betrieb geführt wurde, hätte Law gewiß nicht anerkannt und muß auch nicht zutreffen.

Daß nämlich die zur gesamtwirtschaftlichen *Anschubfinanzierung* üppig gedruckte Geldmenge alsbald eine Unterfütterung durch reale Werte benötigte, daß das Risikokapital seiner Bank solide vermehrt und in ein angemessenes Verhältnis zu den ausgegebenen Krediten gebracht werden mußte, gehörte von Anfang an zu Laws Stufenplan. Ein ressourcenreiches, zu hoher Produktivität befähigtes Unternehmen war zu suchen, um seiner Bank zwecks Kapitalzuführung eingegliedert zu werden, – und war auch schon gefunden! Was jedoch als eine verhängnisvolle Voreiligkeit gelten muß, die nicht auf Systemfehlern, sondern auf einer doppelten Fahrlässigkeit des Verfahrens beruhte. Erstens nämlich bewertete Law die Substanz und Ertragskraft der anstehenden Akquisition allzu optimistisch und schönfärberisch. Zweitens zog er daraus die nur scheinbar nachbessernde, leichtsinnige Konsequenz, das substantielle Kapital, welches ihm die Neuerwerbung zuführen sollte, abermals selbst, aus seiner eigenen geldschöpferischen Machtvollkommenheit, zu produzieren, als einen selbstgewährten Vorschuß auf seine eigene Utopie.

Die Geschichte ging so: In Paris war gerade der Finanzier Antoine Crozat aufgetaucht, um mit hängenden Ohren einzugestehen, daß ein königliches Nutzungsprivileg welches er nicht lange zuvor mit viel Lärm und Gewinnillusionen an sich gerissen hatte, ihn überforderte und daß er es hiermit wieder in die Hände des Regenten zurückzulegen wünschte. *Louisiana* und *Mississippi* hießen die glänzenden Zauberworte, deren trüber Beschlag Law keineswegs zur Vorsicht gemahnte. Der Chevalier de Lasalle, ein interessantes Exemplar jener zukunftsvollen Spezies der *merchant adventurers*, war 1682 von Kanada zum Mississippi vorgestoßen, hatte diesen bis hinab zum Golf von Mexiko befahren, das durchreiste Gebiet für Frankreich zum Besitz erklärt, es deshalb *Louisiana* benannt und über diese so erworbene *neue Welt* mancherlei Märchenhaftes vermeldet. Dessen Fülle erhielt Vermehrung durch die Zunft der Kolporteure und Phantasten, die erst recht von der Freigebigkeit jener ganz andersartigen, menschenfreundlichen Natur, gar von diamantenen Bergen fabulierten und im Straßenhandel verkäufliche Bilder malten von einem Schlaraffenland, wo es wimmelte von nackten, wohlgenährten Exotinnen, die der Bleichgesichter harrten. Die fahlen, abgewirtschafteten Kolonisatoren indes, welche jenem Paradies nur allzu gern den Rücken gekehrt hatten und sich nun in Paris herumtrieben, konnten darüber nur höhnisch lachen. Was aber niemand hören wollte. Auch Law nicht, der sofort seine Hand auf den fernen Abenteuerspielplatz legte, auf dem die Männer Crozats sich die Finger blutig gestoßen hatten. Im August 1717 bewilligte ihm Philipp von Orléans die Gründung einer *Compagnie des Indes occidentales* und übertrug ihm die vollkommene Herrschaft über Louisiana.

An die Diamantenberge wird Law vermutlich nicht geglaubt haben, aber das Privileg des exklusiven Handels der aus Kanada gelieferten Biberfelle mußte ersprießlich sein, und die Fruchtbarkeit an den Gestaden des Mississippi versprach Erträge, wie sie in Europas karger Ergiebigkeit nie und nimmer zu erzielen waren. Es fehlte nur – und schon wieder – das Kapital zur Anschubfinanzierung, und es fehlten die Arbeitskräfte, welche die überseeischen Schätze heben und dem Welthandel zuführen sollten. Doch stellte es für den schottischen Zauberer kein Problem dar, selbst diesen zweifachen Mangel schnellstens zu beheben. Unnützes Gesindel, brachliegendes Menschenkapital, Straßenhuren und auch der eine oder andere brave Bauernbursche wurden eingefangen und im Schub über den Ozean deportiert. Werber schwärmten auch nach Deutschland aus, um wackere Teutonen, die drüben kräftig Hand anlegen wollten, für die Einschiffung in Brest zu gewinnen. Die finanzielle Ausstattung der Compagnie, die rasch unter dem Namen *Le Mississippi* populär wurde, wollte Law selbstverständlich wieder durch den Verkauf von Aktien gewährleisten. Doch von den geplanten 100 Millionen Grundkapital kam zunächst nur ein Viertel zusammen, das zum überwiegenden Teil wieder mit Staatsanleihen bezahlt wurde, deren Übernahme Law zwar zum größten Gläubiger des Staats machte, diesem aber, in einem gewissen, den Regenten zufriedenstellenden Sinn, auch beinahe Schuldenfreiheit bescherte. Diese 25 Millionen in eher weicher Währung erachtete Law schließlich für ausreichend, um das Unternehmen anzukurbeln.

Daß nun aber die Verhältnisse anfingen, sich gegen ihn zu wenden, konnte er an den fallenden Kursen der Aktien ablesen, die, obwohl mit einer ordentlichen Renditeversprechung und noch mehr »Phantasie« versehen, schon zögerlich genug vom Markt aufgenommen worden waren. Ziemlich rufschädigend stürzten sie unter den Emissionspreis von 500 Livres, was Law zu dem – heute nicht mehr originell erscheinenden – Schachzug veranlaßte, sie kurstreibend heimlich wieder aufzukaufen, wobei er mit geschickten Gegengeschäften sein Risiko in Grenzen hielt. Abermals ging die Rechnung auf; binnen kurzem verdreifachte sich der Preis, und der Schotte stand wieder da als Held des Tages und im strahlendsten Wohlgefallen des Regenten, der sein eigenes Ansehen so wagemutig mit dem Erfolg des *Systems* verknüpft hatte. Die Gunst der Stunde nutzend, ließ Law sich nun auch die beiden schwunglosen, heruntergewirtschafteten Exploitations- und Handelsgesellschaften, die 1664 gegründete *Compagnie des Indes orientales* und die erst seit 1713 bestehende *Compagnie de la Chine*, übertragen, um sie mit seiner Mississippi-Gesellschaft zu verschmelzen. Die so entstandene Körperschaft firmierte fortan als *Compagnie des Indes.* Sie sollte die Welt umspannen und ihre Schätze dem Wohlstand Frankreichs zuführen; doch reichten ihre Wirkungskräfte dann kaum über die Schöpfung von Rechtstiteln, über halbherziges Projektieren hinaus. Was aber nicht unbedingt Laws Schuld war, sondern die jener großmäuligen Geschäftsführertypen, die in solchen Zeiten immer windige Hochkonjunktur haben.

Zwar hatte Law mit dem Husarenstück zur Rettung seiner Aktien die erste Krise seiner Unternehmung glücklich überwunden. Indes mußte er bald feststellen, daß sich gegen sein fortgesetztes Gelingen, daß sich gegen den *Ausländer*, den *Schotten*, eine massive Opposition aus Neidern, aber auch aus andersdenkenden Fachleuten und Ehrenmännern bildete, in deren Zentrum sein alter Erzfeind d'Argenson nun die Fäden zog. Diesen, selbst ein Aufsteiger von dürftiger Noblesse, hatte seine Tüchtigkeit inzwischen in die Ämter des Siegelbewahrers und Vorsitzenden des Finanzrats hinaufbefördert, wo er am rechten Platz war, um sich mit vermögenden Widersachern Laws zusammenzutun, am engsten mit den vier Brüdern Pâris. Diese bemerkenswerten Burschen, Söhne eines Gastwirts aus der Gegend von Grenoble, waren weit vorangekommen mit der Errichtung eines eigenen, mit Law konkurrierenden Finanzimperiums, das dann – mit erwerbsorientierten Ansätzen und feudalistischen Methoden – dessen Geniestreiche um Jahrzehnte überdauern sollte. Dieses *Anti-System*, wie es sogleich genannt wurde, war zuvorderst darauf angelegt, durch eigene Aktien die des Schotten vom Markt zu verdrängen, die Gelder der Anleger von ihm abzuziehen, damit das, dergestalt seiner Substanz beraubte, *System* zum Einsturz käme. Es hatten nämlich die schwerreichen, den Staat gewaltig schröpfenden Zoll- und Steuerpächter mit hellstem Entsetzen erkannt, was für eine Gefahr Laws folgerichtiger, geradewegs auf eine globale Fiskalverwaltung abzielender Expansionseifer im besonderen für sie bedeutete, die sich unter dem allzeit geläufigen Vorwand der höheren Effizienz privatisierter Leistung die wenigen Filetstücke aus der Körperschaft des staatlichen Finanzaufkommens herausgerissen hatten. Um sich gegen die »feindliche Übernahme« ihrer vollkommen risikolosen Bereicherungsprivilegien zur Wehr zu setzen, gründete der sonst so exklusive Club dieser Vetternwirtschaftler eine offene Publikumsgesellschaft. Dieses Konsortium bot auf dem freien Markt Anteilscheine für jedermann feil, welche – da auf dem sicheren Fluß der Steuereinnahmen gegründet – tatsächlich eine so attraktive Dividende garantierten, daß sie Law den Zufluß abschnitten. Außerdem konnten sie ein entschieden realistischeres Kurs-Gewinn-Verhältnis vorzeigen als die Phantasiewerte dieses schottischen Pharao-Spielers.

Daß in dem, beiderseits auf Vernichtung abzielenden, Krieg der Aktien und Systeme dennoch Law den Sieg davontrug, lag daran, daß er sich auch diesmal wieder als ein Virtuose der Öffentlichkeitsarbeit bewährte. Im entscheidenden Augenblick, als alles auf der Kippe stand, schickte er Philipp von Orléans nach vorn, damit er aller Welt kundtat, auf wessen Seite er stand – was außer dem Wechsel eines Firmennamens nichts kostete. Am 4. Dezember 1718 dekretierte der Regent, daß die Bank des Ausländers von nun an den Ehrentitel *Banque royale* trage.

Die Schlachten zwischen den Anhängern des *Systems* und des *Anti-Systems* wurden – da es in Paris noch keine Börse gab – unter freiem Himmel in der rue Quincampoix, zwischen der rue Saint-Denis und der rue Saint-Martin, ausgetragen, wo die Geldverleiher, Wechsler und Wucherer seit jeher ihr Quartier hatten. Paris besaß eine neue Sensation. Wie früher zu den Ritterspielen und Turnieren auf der Place des Vosges zog es jetzt das Volk auf diesen ganz andersgearteten Schauplatz, wo jeder ohne Rang und Namen, wenn er nur einiges Geld übrighatte, sich an den Kämpfen der neuen Gesellschaftsmächte beteiligen konnte. Der langgestreckte, enge Straßenzug wurde zum Treffpunkt von Spekulanten, Ganoven, windigen Abenteurern und müßigen Gaffern, die im lauten Wirrwarr, in einem noch nie erlebten Auf und Ab des schnellen Gelds ihre Tage verbrachten. Stündlich wurden zum Nachteil des *Anti-Systems* die Aktien des *Mississippi* mit höheren Aufschlägen gehandelt, was Law zwar mehr als recht sein konnte, doch ihn auch erstaunen, sogar erschrecken mußte. Denn die Turniere der so rasend lernfähigen Spekulanten offenbarten eine Lebendigkeit, gehorchten Gesetzen, welche mit seiner Idee von rational agierenden Wirtschaftsteilnehmern in keinerlei Einklang standen. Ob ihn die Ahnung beschlich, daß hier recht eigentlich die Kräfte sich sammelten, die sein System unterminierten? Wahrscheinlich nicht. Denn er heulte mit den Wölfen, tat es ihnen nach, witterte die Chance, wie er aus diesem *sekundären Markt*, der sich so unversehens und florierend in der engen Gasse der Geldhändler aufgetan hatte, für seine *Compagnie* zusätzliches Kapital gewinnen konnte, obwohl er doch seit der Emission seiner nun so stürmisch begehrten *Mississippi*-Aktien aus dem Spiel ausgeschieden war. So jedenfalls hätten es die Regeln verlangt, die Law sich bis dahin ausgedacht hatte. Doch so geistesgegenwärtig wie schlagfertig ließ er sich einfallen, Aktien der *seconde création*, die *filles* genannt wurden, und dann, als die Nachfrage erst recht nicht nachließ, solche der *troisième création*, also die *petites-filles*, aus dem Nichts zu schaffen, um sie der gierigen Menge zum kostspieligen Fraß vorzuwerfen. Damit wurde Law, der so manches erfand, auch zum Erfinder der *Derivate*, die wir heute gemeinhin für etwas zweifelhafte Errungenschaften, für bodenlose *Produkte* der modernen Spekulationsfabrikation halten, ohne irgendeinen produktiven Nutzen.

Während dieser allmählich ganz Frankreich erfassenden, ins Ausland übergreifenden Bereicherungswut vergaß der Herr des *Systems*, derweilen seine »Kreationen« die flottierende Geldmenge gewaltig vermehrten, dennoch die Konsolidierungsmaßnahmen für seine Kolonialgesellschaft nicht. Mit diplomatischen, nicht mit wirtschaftlichen Winkelzügen setzte er durch, daß die Herren des *Anti-Systems* fürs nächste aus dem Spiel geworfen, daß ihnen die profitablen Privilegien des Steuereintreibens gekündigt und an die *Compagnie des Indes* übertragen wurde und daß dieser zudem noch verschiedene einträgliche Handelsmonopole zufielen. Damit bezweckte Law zweierlei: Handfeste Einnahmen traten an die Stelle des chimärischen Grundkapitals der Louisiana-Hoffnungen. Außerdem ergab sich auf diesem Weg die Lösung des dringendsten, peinlichsten Problems, wo er denn die Mittel hernehmen sollte, um die fällige Dividende aus dem fragilen Überseeprojekt zu bezahlen. Ganz einfach, er nahm sie aus den neuerworbenen, den hiesigen Ressourcen, aus den Töpfen, in welche andernfalls die Steuerpächter gegriffen hätten.

Da auf einmal alles wieder gut, wenngleich nicht mehr völlig systemkonform verlief, erschienen dem Finanzgenie die eben noch so hoch gepriesenen, allerdings auch unternehmerische Tatkraft erfordernden Kolonisierungspläne auf einmal gar nicht mehr so interessant. Sie fielen der Vernachlässigung anheim. Doch die Eignung des *Mississippi* zu exotischen Propagandaeffekten reizte

Abbildung 12
Zeitgenössische Persiflage auf John Laws System

Law noch einmal groß und grell aus. Ein Dutzend tätowierter, mit bunten Federn geschmückter Natchez-Indianer ließ er nach Paris bringen, in ihrer Mitte die *Königin der Nation der Missouris*, damit der Hof sie bestaunte, damit sie im Bois de Boulogne ihre Jagdkünste vorführten und auf der Opernbühne tanzten. Vielleicht aber schauten die *edlen Wilden* dann etwas skeptisch drein, als ihre, in einen Christenmenschen verwandelte, Königin mit einem anerkennungshalber zum Leutnant beförderten Sergeanten der Garde verheiratet wurde. Daß diesen sein Eheweib gleich nach der Rückkehr ins glückliche Louisiane habe umbringen lassen, wollten spätere Gerüchte wissen.

So recht populär wurde Law aber, als er die auch damals schon beträchtlichen Einnahmen aus der Tabaksteuer an den Staat abtrat, damit dieser im Gegenzug die Steuern für Fett, Öl und Fisch senkte und dem gemeinen, nichtrauchenden Mann Erleichterung verschaffte. Der Glücksspieler von einst hatte also alle Gründe, an die Überwindung der Krise und an das Fortwähren seines Spielglücks zu glauben. Der Konkurrenz hatte er sich entledigt, d'Argenson, die Pâris-Brüder und ihre ganze Bande durften ihm nicht mehr ins Handwerk pfuschen, alle Fäden hielt er in der Hand, die Banknote hatte er durchgesetzt, die Anteilscheine des *Anti-Systems* sowie fast alle Staatsanleihen vom Markt geräumt. Dort waren als einzige Objekte des entfachten Spekulationsfiebers nur die Aktien seiner mit der Bank fusionierten *Compagnie* verblieben. Auf diese aber stürzte sich – zur allzu kurzsichtigen Freude des Zauberlehrlings Law – die unstillbare Bereicherungsgier mit geballter, wahnsinniger, mörderischer Wucht. Wer nur irgendwie konnte, kratzte den raketenhaft steigenden Preis der Aktie zusammen, um mit ihr noch höher zu steigen. Biedermänner, um den Verstand gebracht, verschleuderten in gewinnversessenem Feuereifer ihre Sachwerte, um in den Besitz von Laws Papieren zu gelangen. Am Hôtel de Nervers, wo die jungen Aktien bei Bezahlung mit Staatsanleihen zum Vorzugspreis von 500 Livres ausgegeben wurden, drängten die Massen, drückten sich die Menschen zu Tode; und dieses selbe fanatisierte Menschenmeer strömte eine Stunde später in die rue Quincampoix, wo den glücklichen Erstkäufern ihre ergatterten Aktien zu Preisen von 5000, 8000 und, auf dem Höhepunkt der Raserei, gar 20000 Livres aus den Händen gerissen wurden. A. Thiers weiß zu berichten: »In der rue Quincampoix fand man alle Klassen der Gesellschaft bunt durcheinander gemischt, die sich an denselben Illusionen labten. Man sah dort Adlige, die sich auf den Schlachtfeldern ausgezeichnet hatten oder in der Regierung zu Ehren gekommen waren, Männer der Kirche, Geschäftsleute, friedliche Bürger, Domestiken endlich, welche die Aussicht auf schnellen Reichtum mit der Hoffnung erfüllt hatte, ihren Herren gleichzukommen.« Jeder Quadratmeter der verwinkelten, windschiefen Häuser dieser Straße war an Aktienhändler vermietet, die sich flugs zwischen Verkäufer und Käufer gedrängt und in der Gewinnspanne unmäßig breit gemacht hatten. Die einstmaligen Wohnungen wurden mit wackligen Schreibmöbeln vollgestellt. Häuser, die vorher keine 1000 Livres an Miete gekostet hatten, waren nun mit dreißig Büros gefüllt und brachten 60000 Livres ein. Ein Flickschuster, der seine enge Werkstatt geräumt und ein Stehpult hineingestellt hatte, verdiente damit leicht 200 Livres am Tag. Die Ladengeschäfte hatten sich in sündhaft teure Cafés und Restaurants verwandelt. Agenten, die mit dem Verkauf von Aktien beauftragt waren, erkannten die Gelegenheit, mit diesen schnell noch Gewinne auf eigene Rechnung zu machen. Es wird von einem Botenjungen berichtet, der in die rue Quincampoix geschickt wurde, um dort gegen einen vereinbarten Betrag ein Aktienpaket abzugeben. Er blieb verschwunden, man fürchtete ein Verbrechen, bis er am nächsten Tag wieder auftauchte, die Erledigung seines Auftrags meldete – und daß er bei seinem Botengang selber zum Millionär geworden war und nicht länger mehr Laufbursche sein wolle. Laws Angestellte suchte man zu bestechen, damit sie noch vorrätige Aktien herausrückten. Das »Insidergeschäft« blühte. Ganoven mit flinkem Verstand und Rattenseelen taten sich zu Banden zusammen, um das abgefeimte Spiel zu perfektionieren, wie man Kursstürze willkürlich inszeniert, sich durch heimliche Signale untereinander verständigt, Gerüchte lanciert, Panikverkäufe auslöst, diese als billige Beute abkassiert, deren Preis nach derselben Spielregel sogleich wieder hochgetrieben wird. Und in dieses Chaos aus Wahn und Infamie stürzte sich auch manch braver Familienvater, der zu Spottpreisen Hab und Gut versetzte, um den Lockungen des großen Spiels zu folgen, welchem er in keiner Weise gewachsen war.

Aber die Gegenspekulation wartete schon. Von Laws *System* ermöglicht und anfangs wegen seiner geldvermehrenden Dynamik auch wohlwollend geduldet, hatte sich ein neues, ganz und gar unberechenbares System – gewissermaßen ebenfalls ein *Derivat* – entwickelt, dessen Eigenleben und Wachstumskräfte nicht anders als zerstörerisch einwirken konnten auf die logische Konstruktion des Schotten, dessen Wahrscheinlichkeitsrechnung die exzessiven Neigungen des *human factor* nicht berücksichtigt hatte. Eine gewaltige Umverteilung des Eigentums, eine soziale Umwälzung, die das Fassungsvermögen des allgemeinen Verstands weit überforderte, war im Gang. Ein Kutscher, der zum Millionär geworden war und sich wie ein Märchenkönig ausstaffierte, verfehlte beim Besteigen seiner Equipage regelmäßig die ihm von seinen Dienern aufgehaltene Tür und hob das Bein, um auf den Kutschbock zu klettern. Das Haus von Law war von flehenden Menschenmassen umlagert, die beim Kauf der Aktien zu kurz gekommen waren. Gräfinnen bauten sich lockend unter seinem Arbeitszimmer auf. Behende Kavaliere ließen sich durch den Kamin in seinen Salon fallen. Eine Herzogin sank vor ihm nieder, um ihm die Hände zu küssen, was Madame Law zu der Frage veranlaßte, wohin dann Frauen von geringerem Stand ihren Mann wohl küssen würden. Prinzen und Herzöge gaben zu verstehen, wie gern sie sich durch Heirat mit der achtjährigen Tochter Laws verbinden würden, und der römische Nuntius hätschelte und tätschelte die Kleine auf einem großen Ball zu ihrer Ehre wie ein Goldstück. Erst recht hatte Law selber keine Ruhe vor der umbuhlenden Hysterie der Damenwelt. Die herzhafte Liselotte von der Pfalz, Mutter des Regenten, kam aus dem indignierten Staunen nicht heraus, was sich da alles zutrug: »Was sechs Damen von Qualität getan haben, aus Habgier, ist gar zu unverschämt. Sie hatten Monsieur Law im Hof aufgepaßt, umringten ihn, und er bat, sie möchten ihn doch gehen lassen. Das wollten sie nicht tun. Er sagte endlich zu ihnen: ›Mesdames, je vous demande mille pardons, mais si vous ne me laissez pas aller, il faut que je crève, car j'ai une nécessité de pisser, qu'il m'est impossible de tenir davantage.‹ Die Damen antworteten: ›Eh bien, Monsieur, pissez, pourvu que vous nous écoutiez!‹ Er tat es, und sie blieben bei ihm stehen.« Die deutsche Beobachterin des französischen Treibens bedauerte den so Gepeinigten nicht nur, sondern hegte auch Hochachtung für ihn. Übrigens hatte sie den raren Verstand, seinen Namen korrekt zu hören und zu schreiben. Von all dem liest man in einem Brief vom 26. Oktober 1719: »Der gute Monsieur Law ist vor wenigen Tagen recht krank geworden vor Qual und Verfolgung. Man läßt ihm weder Tag noch Nacht Ruhe. Nein, ich glaube nicht, daß in der ganzen Welt ein habgierigeres Volk gefunden werden kann als die Franzosen. Man kann nicht mehr Verstand haben, als Monsieur Law hat. Ich wollte aber um alles in der Welt nicht an seinem Platz sein, denn er ist geplagt wie eine verdammte Seele.«

Über diesem Narrentreiben, welches letzten Endes sein *System* zerstörte, verlor Law dennoch seinen Verstand nicht und auch nicht die zurückhaltende Art seines Wesens. Daß man seinen Kammerdiener hofierte, um Vorzugswege zu erschleichen, daß sogar Prinzen, Herzöge und Minister, die vor zwei Jahren noch tief auf ihn hinabgeschaut hatten, durch ihre Geldgier in vertraulich tuende Schmeichler verwandelt wurden, daß er alles in allem eine weltbewegende Rolle spielte, mußte seiner Spielerseele wohl behagen. Doch wenn die Molesten der Zudringlichkeit sich ihm auch schwer auf die Nieren schlugen, so nahm er die Huldigungen der Großen nur auf die leichte Schulter. Daß sich sein Lebensstil sonderlich ins Großartige verändert hätte, wird nirgends ersichtlich. Neuerworbene Häuser wurden umgewidmet in Büroräume seines expandierenden Unternehmens, das er nicht mit dem Kapitalfundus und den Allüren eines Eigentümers, sondern eher wie ein preußisch dienstbarer Geschäftsinhaber regierte. So sehr ihn das Spiel ums Geld, mehr noch die weiträumigen Finanzoperationen begeisterten, so wenig war ihm am Besitz des Gelds und seinem Verbrauch gelegen. Aktien aus seinen Beständen gab er leichthin, zu Freundschaftpreisen an einflußreiche Herren aus Versailles, denen sich zu verbinden der – doch immer schief angesehene – Ausländer und Protestant keineswegs versäumen durfte. Zum Wechsel der Religion allerdings mußte er sich bereitfinden, damit er ins Amt des Finanzministers berufen werden konnte, das auf ihn wartete wie eine schmachtende Braut. Nachdem endlich der Abbé und alsbaldige Bischof Tencin den unentbehrlichen Schotten im rechten Glauben unterwiesen und in einem pompösen Triumphakt katholisch gemacht hatte, durfte dieser den wahrscheinlich höchsten Augenblick seines Lebens genießen. Als neuernannter Minister, in glänzender Robe und mit ehrfurchtgebietendem Gefolge, hatte er im Januar 1720 seinen großen Auftritt im Gedränge der rue Quincampoix, damit er im gereizten Nervenzentrum des aus den Fugen geratenen Paris Ruhe und Optimismus verbreitete.

Denn nach dem dreimonatigen Rausch des schnellen Gelds hatte die Wende eingesetzt. Da nämlich die zuletzt auf 20 000 Livres gestiegenen Mississippiaktien nur noch in einem surrealistischen Verhältnis standen zum Kapital der Gesellschaft und ihren Erträgen, da außerdem der, durch die Spekulation erzeugten, Geldmenge von 15 Milliarden Livres nur ein Jahresgewinn von 80 Millionen gegenüberstand und da schließlich bei der Dividendenzahlung eine allgemeine Ernüchterung eintreten mußte, hatten einige kühler rechnenden Geister bereits klammheimlich die Flucht aus dem Papier in die Sachwerte angetreten und die *Realisierung* ihrer Gewinne vollzogen. Das aber führte dazu, daß die verspäteten Aktienkäufer, die immer noch die Realien ihres Besitzes für Illusorisches hergaben, bald um Haus und Hof gebracht wurden, während andererseits die *Realisierer*, die auf Baisse gesetzt hatten, zuerst die Luxusgeschäfte leerkauften, dann alles, was nicht aus Papier war, an sich rissen und somit eine gewaltige Preissteigerung auslösten. Wie immer in solchen Situationen, wollten es die vielen Späten den ersten *réalisateurs* nachtun. Sie verschleuderten ihre Aktienpakete zu dem minderen Preis, den sie selbst verursachten. Den rapiden Kurssturz, welcher naturgemäß auch dem Vertrauen in Laws Banknoten schadete, konnten kurzfristige *technische Reaktionen* nicht aufhalten. Jeder wollte retten, was noch zu retten war. Weg mit allen Papieren! lautete jedermanns Devise. Die Lokale der Bank wurden gestürmt, um wenigstens noch die Gewährleistung Laws zu *realisieren* und sein Papiergeld gegen die alten Münzen zurückzutauschen.

Diesem mußte – prinzipiell wie nach Lage der Dinge – die Rettung der Banknote, seiner Lieblingsschöpfung, entschieden wichtiger sein als die Hilfe für jenes separate Finanzsystem der Spekulanten, das jetzt in sein *System* hineinwucherte wie ein Krebsgeschwür und auch unter keinem moralischen Gesichtspunkt Schutz und Respekt verdiente. Seinem Dogma gemäß hätte Law es getrost zusammenbrechen lassen können, damit es sich läuterte, auf einem niedrigen Niveau konsolidierte, um dann eventuell in die strikten Definitionen seines Konzepts integriert zu werden. Die Banknote vor Münzgeld und Edelmetall zu schützen war seine erste Ministerpflicht. Der Handel mit Gold, Silber und Diamanten, sogar das Tragen von solchem Schmuck ließ er strengstens verbieten, der Besitz von mehr als 300, dann 100 Livres in Münzen wurde zum Verbrechen erklärt, dem er durch Denunzianten und Hausdurchsuchungen bis tief in die Familieneintracht hinein nachspüren ließ. Es heißt, daß Söhne ihre Väter anzeigten wegen eines Anteils am beschlagnahmten Geld.

Wenn es Law mit diesen und ähnlichen Maßnahmen gelang, die Akzeptanz des Papiergelds wenigstens zu erzwingen und seine Umlaufmenge wieder in den Griff zu bekommen, so brauchte ihn der Sturz der Aktie, erst recht der Ruin der Hausse-Spekulanten nicht weiter zu kümmern. Diese allerdings pochten mit wütendem Geschrei an seine Tore, schlugen die Scheiben seiner Kutsche ein und hatten zumindest dieses eine Recht auf ihrer Seite: daß sie empört auf jene *réalisateurs* hindeuten konnten, die jetzt in Saus und Braus lebten und offensichtlich ganz besonders schräge Vögel waren, welche erst durch Laws Erfindungen die hohen Flüge gelernt hatten. Diese Musterfiguren des flinken Reichtums ganz ohne Mühe und Arbeit, mit denen – damals – kein Staat sich zu schmücken wagte, wurden bald darauf, soweit man sie samt ihren Fluchtgeldern fassen konnte, demonstrativ zur Kasse gezwungen, gestutzt und der öffentlichen Schande ausgesetzt. Das geschah auf Laws Betreiben wie mit dem ausführenden Eifer d'Argensons, der, ein Arbeitstier und Moralist, in dieser Sache ausnahmsweise völlig auf der Seite des »verdächtigen Subjekts« stand. Denn es hatten die Beispiele der schnellen Bereicherung einen allgemeinen Sittenverfall, ein nie dagewesenes Ausmaß an Kriminalität zur Folge, da viele derjenigen, welche mit der Aktie nicht zum Zug gekommen waren, doch immerhin die Erfolgsrezepte von Gewissenlosigkeit und Betrug erlernt hatten und deshalb auch vor Raub und Mord nicht länger zurückschreckten. Während nebenan ganze Familien Selbstmord begingen, die sich mit der Aktie um alles gebracht hatten.

Schaurig mahnende Sensation machte in ganz Europa der Fall des jungen Grafen Horn, der mit zwei Gesellen in der rue Quincampoix einen Aktienhändler beraubt und ermordet hatte. Er wurde zum Tod auf dem Rad verurteilt. Seine hochfürstliche Familie war entsetzt über das Urteil, weil es ihr unsägliche Schande bereitete. Alles, was sie an Beziehungen aufbieten konnte, wurde mobilisiert. Ihre Abgesandten bedrängten den Herzog von Orléans, damit wenigstens das erniedrigende öffentliche Exekutionsspektakel unterlassen würde. Doch der zeigte sich, von Law unterstützt, unbeugsam und belehrte die hochmögenden Bittsteller, daß nicht das Schafott, sondern das Verbrechen die Schande bereite. Und als man ihn nochmals auf die Familienehre hinwies und daran erinnerte, daß er selbst mit den Horns verwandt sei, entgegnete er: »Gut denn, Messieurs, so werde ich also die Schande mit Ihnen gemeinsam tragen.« Die Hinrichtung auf der Place de Grève hatte Charles Sanson aus der Dynastie der Pariser Scharfrichter zu leiten, der den anwesenden Angehörigen des geräderten Grafen nur den einen Trost spenden konnte, daß er mit einem Kunstkniff seines Metiers die Leiden des Verurteilten verkürzt hatte, so daß die zerschmetternden Schläge nur einen Leichnam trafen. In seiner Chronik fügte er hinzu: »Diese Begebenheit brachte die größten Persönlichkeiten im Staate lebhaft gegen den Regenten und seine Günstlinge auf. Law aber und seinem System, dessen Katastrophe unvermeidlich war, half sie gar nichts.«

Während Law allmählich Verstand entwickelte für den Teufelskreis der *derivierten* Geldmenge, begriff er, daß jetzt die Stabilität der außerhalb seines *Systems* liegenden Erscheinungen die dringlichste Aufgabe war, daß er wohl oder übel, jedenfalls zum sozialen und moralischen Frieden, den Sturz der Aktie aufhalten mußte. Da er aber, trotz seiner dirigistischen Neigungen, immer noch vom Vorrang des geldpolitischen Instrumentariums, von der Omnipotenz seiner Banknote überzeugt war, heftete er sie gleichsam wie ein Heilpflaster an die leidende Aktie und setzte durch Edikt vom 5. März 1720 den Preis der Aktie unveränderlich auf 9000 Livres fest, was indes die Aktie nicht stärkte, sondern die Note mit in die Tiefe riß. Denn die Fluchtbestrebungen aus der vollkommen in Mißkredit geratenen Aktie hörten nicht auf und infizierten so auch die Note mit dem Virus der Auszehrung. Da der Zwangskurs den Emissionspreis noch immer gewaltig übertraf, trugen die Inhaber ihre Aktien prompt und massenhaft zum Umtausch in die Bank. Um sie zurückzunehmen, sah Law keine andere Wahl, als – zu allem Überfluß – noch zusätzliche Noten drucken lassen, was einerseits im ganzen

Land zur Papierverknappung führte, andererseits einen inflationären Entwertungseffekt hatte, der ausgerechnet den kreuzsoliden, sparsamen Bürgern Schaden zufügte und somit abermals die falschen Leute begünstigte. Alle Schuldner nämlich, die forsch und kaltschnäuzig genug waren, konnten sich, nachdem Laws *billets* fünfzig Prozent ihrer Kaufkraft eingebüßt hatten, zum halben Preis ihrer Hypotheken und Zahlungspflichten entledigen.

Der Zauberlehrling aus Schottland, der als Glücksspieler doch auch ein Menschenkenner hätte sein müssen, dessen *System* aber diesen einen kapitalen Fehler aufwies, die menschlichen Reaktionsweisen als stets systemkonform einzuschätzen, hatte allmählich fast bei allen Franzosen, wenn auch nicht beim Regenten, verspielt und konnte von diesem nur mit Mühe noch gehalten werden. Die Finanzräte drängten, daß der schon bereitstehende d'Argenson eingriff, um die notwendigen Anpassungen, also den radikalen Schnitt, vorzunehmen. Über Laws Kopf hinweg setzte d'Argenson den Preis der Aktie von 9000 auf 5000 Livres hinunter, zudem wurde der schon längst unterminierte Wert der *billets* jetzt auch gesetzlich halbiert. Mit der *konzertierten Aktion* seiner Maßnahmen brachte der traditionsverhaftete Nothelfer die Absicht zum Vorschein, daß Frankreich in die natürlichen Grenzen des Münzgelds zurückkehren, sich dieses Ozeans von Papieren entledigen sollte, den nicht die Arbeit, nicht das realisierbare unternehmerische Projektieren, sondern der Zwang des *Systems* samt dem Spekulantentum als seiner unheilvollen Nachgeburt erzeugt hatten und über den anders kein Mensch mehr Herr wurde. Law widersetze sich diesem Todesstoß, war dann aber loyal genug, den Auftrag zur Abwicklung, zur Liquidation seiner Utopie, anzunehmen, da selbst dafür kein Besserer zur Verfügung stand. Für einen rechten Gentleman und formbewußten Abenteurer war es keine Frage, daß er seine Pflicht, mehr noch seine Rolle erfüllte – als ein Mann für jede Jahreszeit.

Für den krassen Währungsschnitt, für die Geldvernichtung, die er nach innerster Überzeugung für falsch hielt, trat Law somit vor aller Welt in die Alleinverantwortung, damit alle Verwünschungen sich über ihn ergossen. Deshalb erachtete Philipp von Orléans es für nützlich, demonstrativ von seinem Finanzminister abzurücken, ihm dann das Amt ganz wegzunehmen. Was ihn freilich nicht davon abhielt, den so publikumswirksam durchs Hauptportal Hinausgeworfenen durch die Hintertür zur Beratschlagung wieder herbeizuholen. Wen aber konnte es wundern, daß Law nicht abließ von seiner Idee, das flottierende Geld doch noch mit Wert zu erfüllen? Unverbrüchlich sah er in seiner *Compagnie* noch immer das optimale Instrument, der Währung Substanz wie Stabilität zu verschaffen. Abermals gelang es ihm, den Regenten hinter verschlossenen Türen zu überzeugen, damit auch er auf diese Karte setzte und bewilligte, die befristeten Handels-, Ausbeutungs- und Steuerprivilegien der Gesellschaft zur »ewigen Gültigkeit« zu erheben. Dieser luftige Rechtstitel aber war dem unverzagten Finanzakrobaten – wie man sich leicht vorstellen kann – genauso viel wert wie konkretes Kapital. Das verewigte Privileg drängte geradezu danach, in Banknoten dargestellt zu werden. Die Folgerung, die sein in Systemzwängen verstrickter Geist aus dieser, neue Freiheit verheißenden, Illusion zog, war so konsequent wie selbstzerstörerisch. Mit den fliegenden Fahnen einer Euphorie, die nur noch das Ende zu wünschen schien, gab er in seiner Bank Anweisung, sofort Milliardenbeträge zu drucken und als Kredite unters Volk zu bringen, was nicht nur bedeutete, den Teufel mit Beelzebub auszutreiben, sondern auch grob gegen die vollkommen anderssinnige Abmachung verstieß, mit der er sich dem Regenten verpflichtet hatte, als Gegenleistung für das verlängerte Privileg umgehend 50 Millionen Livres aus dem Verkehr zu ziehen.

D'Argenson war es wohl, der den Braten roch und damit den ewigen Gegner eines manifesten Vergehens bezichtigen konnte. Wie es immer geht, fand das Volk auf der Straße sich wie bestellt zum Randalieren ein. Vor solcher totschlägerischen Wut suchte der verfluchte Ausländer Rettung im Palais-Royal, im Schutz des Regenten, der das allmählich arg kompromittierende Finanzgenie mit süßsaurer Miene empfing und sehr damit einverstanden war, als Law seinen einzigen Ausweg in der Flucht aus Frankreich erkannte. Nur allzu gern schrieb der Herzog ihm einen Passierschein, damit er sich endlich in die Kutsche setzte, welche die Marquise de Prie dem bedrängten Systemdenker zum Zeichen ihrer nicht nachlassenden Bewunderung vor die hintere Palasttür gestellt hatte. In Richtung Brüssel ging die Fahrt. An der Grenze, in Valenciennes, wo Law letztmals vor sieben Jahren nach Frankreich eingereist war, schloß sich der Kreis. Es stellte sich ihm aber einer in die Quere, dessen grimmiges Gesicht dem Flüchtenden nicht fremd vorkommen konnte. Es war ein Sohn d'Argensons, der auf seinem Provinzposten dem Vater tüchtig nacheiferte, sich jedoch auch als ein eigenständiger Kopf auszeichnen wollte und deshalb das verdächtige Subjekt, das der Alte mit schenkelklatschendem Vergnügen längst aus Frankreich gejagt hätte, nun nicht rauslassen wollte. Daß er den fliehenden Scharlatan gefangen hatte, meldete er stolz nach Paris, um dafür die Zurechtweisung zu empfangen, daß ausgerechnet dieses das Verkehrte war. So durfte also der Fünfzigjährige, als kompletter Verlierer, seines Weges ziehen, aus dem Rampenlicht ins Halbdunkel zwischen den Kulissen. Kaum jemand hat ihm noch nachgeschaut. Daß er in Brüssel freundlich empfangen worden sei, daß er dann aber in London sein Glück versucht und wenigstens die Rücknahme seines Todesurteils erwirkt habe, daß er seine Dienste gar in Bayern anbot, dann in Rom gesehen wurde und nirgends Fuß faßte, daß man in Paris erwogen habe, ihn zurückzurufen, wurde hier und da eher ungewiß vermeldet.

Aber mit vollgestopften Taschen wird er doch wohl aus Paris abgereist sein, und von fetten Auslandskonten, gefüttert mit dem Abgesahnten, wird er sich höchst auskömmlich bedient haben – denkt man. Doch ist man dann entschieden im Irrtum. Nicht die geringste Vorsorge hatte der leichtherzige Spieler und Wahrscheinlichkeitsrechner getroffen, in keine Kasse hatte er gegriffen, nicht einmal in die eigene! Er war ein ganz seltener Ehrenmann, der uns heute kurioser erscheint als die tanzenden Indianer in der Pariser Oper. Die Häuser und die paar Ländereien, die er sich in Frankreich gekauft hatte, konnte er nicht mitnehmen. Es heißt, daß der Regent ihm zwar – unter Männern – die Fortzahlung des nicht überwältigenden Ministergehalts von 20000 Livres jährlich zugesichert hatte; da Philipp jedoch nicht lange danach starb, muß man zweifeln, ob Law jemals etwas von der Pension zu sehen bekam. Einen großzügigen Betrag für seine Reisekasse soll ihm der Herzog von Bourbon, der zu den großen Nutznießern des *Mississippi* gehörte, angeboten haben. Daß aber der Schotte mit einer freundlichen Geste abgewunken habe, könnte man für einen Schnörkel erfundener Wirklichkeit halten, wenn nicht der junge d'Argenson beim Durchsuchen von Kleidung und Gepäck den Wahrheitsbeweis erbracht hätte. Nur 800 Louis d'or, nicht ganz wenig, doch auch nicht viel, außerdem noch einen Diamantring führte der unvergleichliche Geldvermehrer mit sich, in eine ungewisse, einsame Zukunft. Sogar ein aufs Schnüffeln hochspezialisierter Priester, der sich später in Italien an Laws Fersen heftete, um nach versteckten Bankkonten zu fahnden, wurde nicht fündig und hatte bezüglich eines Erfolgshonorars das Nachsehen.

Indem er also die geläufigen Vorsorgemaßnahmen der Schlawiner mit dem kleinen Geist, dem großen Geldhunger, den engen Seelen und dem rudimentären Gewissen verschmähte, erbrachte Law am Ende den eindrucksvollsten Nachweis einer Noblesse, wie ihn in dieser Epoche der entfesselten Raffgier mancher Prinz von Geblüt durchaus schuldig blieb.

In Venedig – wo anders? – fand er schließlich eine Bleibe. Ob die Bankiers dort, die nicht schlecht an ihm verdient hatten, ihn noch kennen wollten? Wenn er dann und wann seinen Diamanten zu ihnen brachte, um ihn gegen Bargeld zu verpfänden, und wenn er ihn bald danach wieder einlöste, brachte ihnen das zwar einen regelmäßigen, doch nur geringen Profit. Denn nicht anders als die Geldmenschen hatte sich von Law auch jenes Glück abgewandt, auf das er einstmals am sichersten setzen konnte. Ob er es an den Spieltischen des Ridotto, im Lüsterglanz des berühmten Casinos herausforderte oder in lichtscheuen Spielhöllen, seine Gewinne hoben ihn über ein kümmerliches Dasein nicht mehr hinaus. Nur ein karges Gnadenbrot hatte Fortuna für ihren alternden, nutzlos gewordenen Günstling noch übrig. Doch der große Montesquieu tat ihm und sich die Ehre an, dem Halbvergessenen in seinem Logis über den Kanälen und Gondeln einen Besuch abzustatten, und stellte mit tröstlicher Erleichterung fest: »Das ist immer noch derselbe Mann, immer noch der Projekte wälzende Geist, immer noch der Kopf voller Kalkulationen und Wertberechnungen in Münzgeld und in Banknoten. Wenn auch sein Glück nur winzig ist, spielt er manchmal doch noch ein verdammt großes Spiel.«

Auch Laws Frau, welche ihrerseits die fetten Jahre weidlich genossen hatte und in Paris nicht im Elend zurückgeblieben war, empfand noch einmal Veranlassung, sich seinetwegen zu Wort zu melden, indem sie – sehr leidgeprüft und emanzipiert – 1727 dem Kardinal und Minister Fleury klarmachte: »Mein Vermögen hat nichts zu tun mit der Diskussion über die Angelegenheiten meines Mannes. Er hat mir gesagt, wie ich es anlegen sollte. Ich habe gehorcht. Und das ist die Ursache meines ganzen heutigen Unglücks.«

Irgendwann 1729 ist der Unglücksstifter in Venedig gestorben.

Madame de Pompadour

Die Maitresse Ludwigs XV.

An Schmeichlern und Liebdienern hatte es ihr nie gefehlt, doch am Ende dachte kein Mensch daran, ihr etwas Gutes nachzusagen. Als man nach Ausbruch der Französischen Revolution, bei der Suche nach den Urhebern und Gründen dieser Umwälzung auf Freimaurer, Aufklärungsphilosophen, Jesuiten und eigentlich auf Gott und die Welt deutete, konnte es nicht ausbleiben, daß auch diese Frau in die Verantwortung gezogen wurde. Kein Priester hatte sich damals, 1764, bereitgefunden, an ihrem Sarg ein ehrendes Wort zu ihrem Gedenken zu sprechen. Doch aus sicherem Abstand und im Schutz der neuen Verhältnisse war es kein Heldenstück, was ein anonymer Zeitgeschichtler 1790 in Paris über die verderbliche Wirksamkeit der Favoritin und *grande maîtresse* des vorigen Königs zu einem späten Nachruf zusammenfaßte:

Ludwig XV., im Schoße der Wollust ruhend, kaum gerührt von der Misere des Volkes, die seine Schwachheit zugelassen hatte, legte die Regierung des Staates in die Hände einer ränkevollen Frau. So vergrößerte dieser Fürst, ohne eigentlich ein Bösewicht zu sein, auf eine unglaubliche Weise das Unglück Frankreichs. Frau von Pompadour trug viel dazu bei, die so fatalen Ereignisse zu beschleunigen. Sie wollte herrschen, und weit davon entfernt, den Monarchen aus seiner natürlichen Lethargie herauszureißen, dachte sie nur darauf, diesen Zustand zu verlängern. Es war ihr nicht genug, als seine Maitresse über seine Vergnügungen zu bestimmen, nein, sie war auch zu dem Entschluß gelangt, daß kein Mittel verächtlich genug wäre, um ihr auch die Macht über seinen Geist und Verstand zu sichern und zu erhalten. Zu diesem Zweck unterstützte sie auch den ausschweifenden Hang ihres Königlichen Liebhabers zu den Weibern, den sie allein nicht befriedigen konnte. So erhielt sie sich seine Gunst schließlich dadurch, daß sie ihm die neuen Opfer seiner Wollust aussuchte. Den Parc-aux-Cerfs, den Hirschpark, ließ sie anlegen, ein schändliches Denkmal, aber berühmt durch Ausschweifung und Sittenverderbnis, wo ein Teil des Goldes der Nation verschwendet wurde. Doch ist das noch nicht alles, was durch die Herzensfreundin verschlungen wurde. Ihre Schlösser von Bellevue, Crécy und andere Schlupfwinkel der Vergnügungen des Königs waren ebenso viele Schlünde, wohin sich verlor, was dem Unterhalte des Volkes entrissen ward. Endlich warf der Himmel einen mitleidigen Blick auf diese unglückliche Nation; er verurteilte die Urheberin dieser Plünderungen zum Tod. Eine schleichende Krankheit überfiel die Frau von Pompadour, die Kunst der Ärzte beschleunigte nur die Fortschritte des Übels, und sie wurde den Herrlichkeiten dieser Welt entrissen, um in das Nichts zurückzukehren, in das sie gehörte.

Jean-Jacques Rousseau, der ihr ein paarmal begegnet war und ihr nachtrug, daß sie ihm nicht nützlich wurde, nannte sich einen *Rächer des Volks*, als er in seinen »Bekenntnissen« die unbefugte Herrscherin Frankreichs brandmarkte, um alle Übel, wie »das Verschulden der Regierung an dem unglücklichen Krieg, die unglaubliche Wirrnis der Finanzen, das stete Schwanken der Verwaltung, die allgemeine Unzufriedenheit des Volks und aller Stände im Staat«, zurückzuführen auf die »Halsstarrigkeit dieser eigensinnigen Frau«, die das Königreich zugrunde richtete, »indem sie die Fähigsten von den Ämtern fernhielt, um denen die Stellen zu geben, die ihr am besten gefielen«.

Wie Rousseau schrieb, so redete in den fünfziger Jahren des 18. Jahrhunderts in Frankreich jeder Mann auf der Straße, der sich mit seinesgleichen in den hausväterlichen Klagen erging über die wachsende Steuerlast, die schwindenden Ersparnisse und daß überhaupt alles viel schlechter geworden sei. Sobald aber die notorische Krämerin von gegenüber sich einmischte in den Gleichklang der politisierenden Zeitbeobachter auf dem Bürgersteig, zögerte keiner mehr, den populärsten Schandtitel der königlichen Maitresse auszusprechen: *cette prostituée orgueilleuse*. Die legitimen Kinder Ludwigs XV. freilich, der fromme Dauphin und die reizenden, graziösen Prinzessinnen, äußerten sich in ihren Versailler Zirkeln keineswegs feiner, wenn sie über die Favoritin sprachen, welche es vermocht hatte, ihre Mutter, die Königin, in den Schatten zu drängen. Nicht daß sie die Pompadour eine *hochmütige* Hure geschimpft hätten; die artigen Königskinder nannten sie – familiär, doch ohne Anhänglichkeit – am liebsten *Maman Putain*.

Eine Prostituierte, Hure also war sie, dazu noch ehrgeizig, machtgierig, die Unrechten begünstigend, wirr und verschwenderisch, ausbeuterisch und ganz und gar ohne Moral. Niemandem außer dem lüsternen, laschen Bourbonenkönig konnte sie gefallen oder imponieren; und überall, auf den Straßen, bei den Soupers der Geistlichkeit wie in den Adelsquartieren, entsprach es dem guten Ton, daß man ein anzügliches Witzlein oder Verslein vortragen konnte zum Spott auf diese Regentin, welche aus nicht allzu feinen Verhältnissen, doch mit dem geballten Einsatz ihrer weiblichen Mittel und Möglichkeiten emporgestiegen war, um aus dem Bett des pflichtvergessenen königlichen Erotomanen das Zepter über Frankreich zu schwingen. Daß solche Spötter gute Chancen hatte, vom Objekt ihres Gelächters gehört zu werden, und ziemlich ohne Risiko, kann man aus den Briefen der Pompadour immer wieder erfahren. 1748, drei Jahre nachdem sie den Status der *grande maîtresse* Ludwigs erkämpft hatte, fragte sie bei der Marquise de Sussay nach: »Wer ist der Unverschämte, der, als er mich mit dem Marschall von Sachsen spazierengehen sah, ganz laut sagte: ›Hier seht Ihr des Königs Degen und seine Scheide‹? Dieser schlechte Witz hat bereits ganz Paris durchlaufen, und ich zweifle nicht, daß er auch Ihnen, wie allen anderen, zu Ohren gekommen ist. Ich möchte den Urheber wissen, nicht, um ihn zu strafen – denn derlei Flegeleien können mich nicht beleidigen –, sondern um ihn zu bitten, anständigere und geistreichere Witze zu machen.« An Mirepoix, den französischen Gesandten am englischen Hof, schrieb sie 1752: »Es hält sich jetzt ein Mann in London auf, der Schmähverse auf mich gedichtet hat. Er floh, sagt man, um meiner Rache zu entgehen. Er mag aber getrost zurückkehren. Wenn ich auch eine Frau bin, so kann ich doch Beleidigungen vergeben. Ich kann sogar meinen Feinden Gutes tun und sie, wenn schon nicht zur

Liebe, so doch zur Achtung für mich zwingen. Ich möchte wünschen, daß Sie ihn das wissen lassen. Es wäre besser, wenn er zurückkäme, um die Franzosen durch seine schönen Verse zu erfreuen, als daß er den Fremden solches ärgerliche Zeug vorzeigt, die ihm vielleicht glauben und mich verachten werden.«

Mit einem gewissen resignierten, noblen Gleichmut scheint dieses Muster an Eitelkeit, Ehrgeiz und Herrschsucht die Schmähungen ertragen zu haben, die sie für das Angebinde ihres Maitressendaseins halten mußte. »Denn allein schon ein schönes Gesicht«, das wußte sie aus bitterer Erfahrung, »führt dazu, das ganze Frauengeschlecht feindlich zu stimmen, und dieses macht, zusammen mit den Freunden besagter Frauen, zwei Drittel der Menschheit aus.« Also erfüllte sich an ihr, wie sie meinte, nichts weiter als jenes Naturgesetz, demgemäß unter den Frauen der Wolfszustand herrscht, der allgemeine, offene Krieg einer jeden gegen alle, bei dem es nur dann zu kurzfristigen Allianzen kommt, sobald die Mehrheit der minder Gesegneten Gelegenheit wittert, über ein »schönes Gesicht« herzufallen. Daß sie darüber hinaus als Favoritin des Herrschers noch einer speziellen, gesetzmäßigen Verwünschungslust ausgeliefert war, konnte die Pompadour leicht am Exempel der letzten Maitresse Ludwigs XIV., der kirchenfrommen Maintenon, erkennen, die schon als junge Frau ziemlich tantenhaft war und im Alter erst recht nicht zu den »schönen Gesichtern« gerechnet wurde. Obwohl demnach nicht das geringste vorlag, um sie als erotische Zauberfee in Verdacht zu ziehen, tat die Maintenon gut daran, sich in Paris nicht mehr blicken zu lassen, nachdem man ihrer Kutsche dort nicht nur Flüche, sondern auch Steine nachgeschleudert hatte.

Wie exponiert, vom Übelwollen des Volksmunds auserkoren, rundum gefährdet die Stellung der Königsmaitresse war, davon wußte Madame de Pompadour auch eine Episode aus jüngster Zeit zu berichten, die zwar nur eine ihrer Vorgängerinnen betraf, ihr selbst jedoch eine klare Vorstellung darüber vermittelte, was in der kollektiven Seele der nachmaligen Bastillestürmer alles brodelte, wie es da nach dem Triumph über die Gestürzten lechzte und auf was sie sich gefaßt machen mußte am Tag ihrer Entlassung aus der Königsgunst und seinem Schloß. »Man sagt, Madame de Mailly wäre fromm geworden. Man erzählt sich, sie wäre neulich zur Predigt nach Notre-

Dame gegangen. Weil sie aber etwas zu spät kam, habe sie, um zu ihrem Platz zu gelangen, einige Leute stören müssen. Ein brutaler Kerl, der unter den Anwesenden war, habe nun ganz laut gerufen: ›Eh, das ist doch wahrhaftig zu viel Lärm um eine Hure.‹«

Bereit zu sein auf den Sturz in dieses verhöhnte Nichts, mit dieser Vorstellung zu leben und sich an ihren Schrecken dennoch nicht gewöhnen zu können – in diesem Gemütszustand formulierte die Kurtisane, die ihren Mann verlassen hatte, an ihre kleine, bald verstorbene Tochter die illusionslosesten Maßregeln: »Man sagt mir, Du wärest stolz und herrisch zu Deinen Gefährtinnen und wollest Dich nicht mehr belehren lassen. Warum betrübst Du das Herz Deiner Mutter? Ich habe Dir so oft empfohlen, sanftmütig, bescheiden und umgänglich zu sein, weil es das einzige Mittel ist, Gott und den Menschen zu gefallen. Willst Du es dazu bringen, daß ich mich Deiner schämen muß? Nur nicht hochmütig sein! Es steht niemandem an, und Dir noch weniger als anderen. Wenn ich Dich wie eine Prinzessin erziehen lasse, so bedenke, daß Du weit davon entfernt bist, eine zu sein. Das Schicksal, das mich emporhob, kann mir auch untreu werden und mich zur unglücklichsten aller Frauen machen. Dann würdest Du, genau wie ich selbst, gar nichts mehr gelten.«

Dieses nüchterne Bewußtsein, alles dem »schönen Gesicht« und nur deshalb der Gunst des Königs zu verdanken, versenkte zwar das Gemüt der jungen Frau in dauernde Melancholie und Mutlosigkeit, doch erzeugte es auch die Kraft, um ihren Rang zu sichern und zu wahren, als der Zauber ihrer Erscheinung ins Schwinden geriet. Ihre »Karriereplanung« wie ihre außerordentliche, nachgerade selbst entwürdigende Beharrlichkeit muß man als Erzeugnisse einer höchst eigentümlichen, ausgesprochen bürgerlichen Pädagogik ansehen, welche ganz aufs langfristige Organisieren des wahrhaft abenteuerlichen Aufstiegs, ganz aufs strategische Erzwingen der Erfolgsgarantie hin angelegt war und deshalb fast wirkte wie eine Parodie auf die Formen, die Ideale jener Adelskultur, die in Gezwungenheit und spürbarer Anstrengung nichts anderes erkannte als *disgracia* und Häßlichkeit. Daß dem Glücksstreben zwar gewisse Talente Beistand leisten mußten, daß aber die unablässige Anstrengung nicht Harmonie und Würde erzielte, sondern im Gegenteil der komplette Verzicht auf Würde und Selbstachtung gleich einem Einstiegskapital benötigt wurde, daß der bezweckte Erfolg erwuchs aus einer totalen »Instrumentalisierung« des eigenen Daseins, daß schließlich die »Karrierefrau« zu einem Warenangebot verkam und dieses »Kauf mich«-Glück sich dennoch nicht als das rechte Glück für einen Seelenmenschen von reicheren Anlagen erwies – daß das so war und wie es dazu kam, davon berichtet die Lebensgeschichte der Marquise de Pompadour, die am 29. Dezember 1721 als Jeanne-Antoinette Poisson in Paris geboren wurde.

Über ihre Eltern erzählte man sich, nachdem sie zur *großen Maitresse* des Königs aufgestiegen war, mancherlei und mit Vorzug nichts Rühmliches. Als sicher kann gelten, daß sie zu jenem Schlag bürgerlicher, von Geldgier getriebener Abenteurer gehörten, von denen es, als wäre irgendeine Mauer gefallen, seit dem Tod Ludwigs XIV. in Frankreich plötzlich wimmelte und die keine anderen Ziele kannten, als sich zu bereichern, den Geruch ihres Herkommens schleunigst abzustreifen, mit Prunk und Parfum die aristokratische Leichtigkeit zu imitieren, damit sie mit gekauften Titeln und allerlei Prestigeemblemen als *bourgeois-gentilshommes* zwar bizarre, doch zukunftsweisende Rollen spielten. Der Vater, der aus einer Tagelöhnerfamilie stammte, hatte in der Armee eine kleine Karriere gemacht und dabei entdeckt, daß mehr als der Schlachtenruhm ihn die Gelegenheiten zur eigennützigen Geldabzweigung aus der Heereskasse interessierten. Mit einem derart zusammengemogelten Startkapital ausgestattet, sagte er dem Militär Lebewohl, ließ sich in Paris nieder und heiratete dort die Tochter des Metzgers, der das Hôtel des Invalides, das königliche Hospiz für ausgemusterte Soldaten, belieferte und sich demnach ebenfalls bestens auskannte in den Möglichkeiten zur privatwirtschaftlichen Exploitation der Staatskasse. Die Metzgerstochter galt nicht nur als eine große Schönheit, sondern hatte in ihrem Bildungsmilieu auch den sinnlichen Bezug zum Geld sowie die Methoden zu seiner Vermehrung gelernt. Mit dem vereinten Schwung ihrer Instinkte verlegte sich das Ehepaar Poisson ganz auf die Geldgeschäfte, mit Vorzug aufs Spekulanten- und Schiebertum, die schnellsten Erfolgsbahnen des allgemeinen Geldrauschs, welcher Frankreich seit den Systemwundern John Laws erfaßt hatte. Doch fielen die Geschäfte Poissons sogar in diesem Umfeld als dermaßen gewinnwütig auf, daß er, vom Galgen bedroht, nach England flüchten mußte. Da seine Frau aber längst gelernt hatte, daß ohne gute Beziehungen die vorteilhaften Händel nicht möglich sind, verbündete sie sich in dieser Verlegenheit und im zugänglichen Glanz ihrer Schönheit mit einigen Repräsentanten der *neuen Klasse*, welche schon ein paar Stufen höher gerückt waren. Mit Hilfe dieser Steuerpächter, Zollpächter und Finanziers ging das Strafverfahren gegen Poisson unter den Aktenbergen verloren, und als dieser aus England zurückkam, kam Madame mit einer Tochter nieder. Ratlosigkeit herrschte unter den drei in Betracht zu ziehenden Herren, wer denn nun der Vater der süßen Kleinen war: Poisson selbst, der Generalpächter Normant de Tournehem oder der flotte Geldmacher Pâris de Montmatel? Die drei scheuten in diesem speziellen Fall die persönliche Haftung nicht und organisierten die geteilte Vaterschaft im Sinn einer Beteiligungsgesellschaft, die auf langfristige Gewinnerzielung hin operierte.

Das Mädchen, das in bezug auf Schönheit und Anpassungseifer ganz nach der Mutter ging, wurde geschätzt und behandelt wie ein Investivkapital und sollte später den Investoren tatsächlich noch satte Renditen ausschütten. Diese Geschäftsidee war entstanden aus einer Vision der Metzgerstochter, der eine alte Märchenhexe geweissagt hatte, daß ihre Tochter dereinst Königin sein würde. Unter der Faszination dieser Wunschvorstellung wurde deshalb die kleine Jeanne-Antoinette dazu abgerichtet, alle ihre Eigenschaften und Fähigkeiten perfekt, wahrhaft königlich auszubilden und sich die mütterliche Zielgewißheit vollkommen zu eigen zu machen. Einer der beiden schwerreichen Vaterschaftsteilhaber bezahlte – als hätte er schon die Geldmassen seines nachmaligen Staatsbaumonopols vorausgesehen – die kostspielige und demnach als kostbar geltende Ausbildung bei den Ursulinerinnen in Poissy. Der »feine Ton«, über den die Eltern durchaus nicht verfügten, sollte dem Mädchen schnellstens zur zweiten Natur werden. Alle möglichen Lehrer wurden in dieses Aufbauprogramm eingeschaltet. »Die kleine Poisson, mit Verstand und seltenem Fassungsvermögen begabt, machte unglaubliche Fortschritte, und es währte nicht lange, so sprach jedermann von ihren Talenten und von ihrer Schönheit.« Voltaire, dessen Bekanntschaft sie bald machte, verkündete lauthals, sie habe ihm unter dem Siegel der Verschwiegenheit gestanden, »daß sie schon immer die geheime Vorahnung hatte, daß sie die Geliebte des Königs werden würde«.

Es war kein Umweg und geriet auch nicht zum Hindernis, daß im Bann dieses märchenhaften Ziels gleichwohl eine Verheiratung unerläßlich wurde, welche zwei – und nur diese zwei – Bedingungen erfüllte: Erstens durfte sie die unternehmerische Betätigungsfreiheit der jungen Poisson nicht einschränken, und zweitens sollte sie im Sinn der Risikovorsorge eine sichere materielle Basis für das geplante große Abenteuer gewährleisten. Für die Optimierung dieser Faktoren sorgte der väterliche Generalsteuerpächter Normant de Tournehem, indem er seinen Neffen, der als Untersteuerpächter noch zum

Abbildung 13
Madame de Pompadour – Jean-Marc Nattier malte die Maitresse des Königs genauso strahlend, sanft und schmelzend wie die Königin Marie Leszczynska und die vier Königstöchter, die »Mesdames de France«

Kuschen verpflichtet, aber schon reich genug war, mit der klugen Schönen vermählte, die fortan, als Nebenbeigewinn, auf die triviale Anrede »Fräulein Poisson« nicht mehr zu reagieren brauchte. Mit ihren zwanzig Jahre fuhr sie fort, als Madame d'Etiolles an ihren Talenten zu formen, bis sie alles umfaßten, womit eine Dame von Qualität nur geschmückt sein konnte: die Poesie und Philosophie, die Musik und die Naturwissenschaften, das Zeichnen und Malen; und ganz besonders bezauberte diese Tochter der Musen und des Mammons durch ihre Stimme, ihren Gesang sowie ihre Schauspielkunst, worin sie den professionellen Aktricen und Sängerinnen der königlichen Bühnen durchaus nicht nachstand. Mit allem versehen, um zu gefallen und zu verführen, wurde sie zu ihren ersten großen Übungsauftritten in die Arena geschickt, wurde sie die Zierde aller Salons, wo die Reichen sich mit den Geistvollen vermischten. Voltaire ahnte, daß mit diesem Bürgerskind noch zu rechnen war; und da er, dem die Frauen doch immer etwas fremd und unheimlich blieben, angesichts einer solchen Konzentration von schönster Weiblichkeit und Willensstärke alles für möglich hielt, mag er sich schon vorsorglich an Huldigungsversen geübt haben, wie er sie später bei Bedarf nur so hervorsprudeln konnte. Was er, so unoriginell wie alle anderen opportunistischen Lobredner, dann der mächtigsten Frau Frankreichs zu Füßen legte, war von folgender Art:

Pompadour, Sie verschönern den Hof, den Parnaß und Kythera,
Sie sind der Charme aller Herzen, der Schatz eines einzigen Sterblichen,
Daß doch ein so schönes Wesen für ewig wäre!

Auch ihre Bekanntschaft mit dem Herzog von Richelieu rührte aus jenen Tagen, als Madame d'Etiolles sich anschickte, die Begierde des Königs auf sich zu ziehen. Wie sie das bewerkstelligen konnte, darüber scheint Richelieu ihr einige Ratschläge erteilt zu haben, was aber die großgewordene Favoritin, als er sie später an gewisse Dankespflichten erinnerte, eisern in Abrede stellte. Wie dem auch sei, jedenfalls muß man über die Präsentationsstrategie dieses weiblichen Spitzenangebots staunen, das sogar den Nachweis der Gebärfähigkeit erbrachte. Dieses erledigt, wandte sie sich schleunigst von ihrem Gemahl ab, dessen wütende Enttäuschung offenbarte, daß er von dem Kuhhandel nicht viel begriffen hatte. Alle Voraussetzungen waren jetzt nämlich geschaffen, das Produkt war zur Reife gediehen, es mußte nun an diesen einzigen Mann gebracht werden, der zwar der Souverän war, aber als so souverän nicht taxiert wurde, daß er hätte ablehnen können.

Wenn man den Fortgang dieses weiblichen, anmutigen, unbeirrbaren, durchorganisierten Abenteuers verfolgt, das den Ballast der Selbstachtung nach Bedarf wie nichts abschüttelte, hat man sich zu vergegenwärtigen, daß die französische Hofhaltung eine Anpassung an den Wandel der Zeit vollzogen hatte. Seit dem Ende Ludwigs XIV. besaß Versailles nicht mehr den Charakter eines ziemlich abgeschlossenen königlichen Familiengroßbetriebs. Mit der rasanten Vermehrung des privaten Reichtums in der Hand von Namenlosen war jene *neue Klasse*, der Geldadel, entstanden, welcher dem Staat der altmodischen Aristokraten seine Dienstleistungen feilbot, seine Aufwartungen machte und Effektivitätsberechnungen vorlegte, wie günstig es doch sei, die staatlichen Forderungen und Leistungen in die flinken Hände von Privaten zu übertragen. Nach vollbrachter Überzeugungsarbeit hatten die Pächter des Steuer-, Zoll- und Postwesens es dann auch in den Händen, die Gesellschaft nach Strich und Faden auszuplündern, den Staat in die Verarmung und Verschuldung zu treiben, aus der sie als Finanziers nochmals dicke Batzen herauszuschlagen verstanden. Diese Herren mit dem vielen Geld, mit den Ausbeutungsverträgen und Schulverschreibungen in den Taschen, mit den gekauften malerischen Namen und Titeln im Schilde drängten sich samt ihren Damen und Sprößlingen in die Säle der Königsschlösser, mischten sich unter und machten sich breit. Mit Demokratisierung und Sozialisierung hatte das nichts zu tun. Allenfalls mußten die so noblen wie indignierten Altbewohner dieser Beherbergungsbetriebe das sinkende Niveau, die Einbuße von zwei Qualitätssternen beklagen. Jedermann konnte kommen und gehen, wie er wollte, ob als Geschäftemacher, Bittsteller, Gaffer oder Attentäter. Damiens hatte keine Mühe, sich in Versailles an den König heranzumachen, um ihm den Dolch in die Schulter zu stoßen.

Dieser nun, Ludwig XV., der nach einhelliger Meinung als der »schönste Mann Frankreichs«, aber auch als außerordentlich schüchtern und öffentlichkeitsscheu galt, zog sich gern vor dem Ansturm der lauten Reichen zurück in die Stille seiner Jagdschlösser, wo dennoch mancherlei Volks sich in seine Nähe drängte, sobald er sich zum Jagen aufs Pferd schwang. Vom Wunsch, die Geliebte des Königs zu werden, war längst nicht nur Madame d'Etiolles besessen. Unter den Zudringlichen standen immer auch zahlreiche Frauenspersonen, Flittchen, Töchter aus gutem Haus oder Bankiersgattinnen, die sich berufen fühlten, mit Blicken, Posen und Gesten den schönsten Mann Frankreichs auf ihre Vorzüge, auf ihre Hingabebereitschaft aufmerksam zu machen. Da aber solche Offerten eher dem frechen Geist der aufkommenden Kauf-mich-Gesellschaft als der Geschmacksbildung und Gehemmtheit des Königs entsprachen, bleibt zweifelhaft, daß sie Anklang fanden. Dennoch wählte auch Madame d'Etiolles diesen nicht mehr ganz ungewöhnlichen Weg. Das Schloß, das sie seit ihrer Verehelichung bezogen hatte, lag nahe beim Königsforst von Sénart. Sobald dort zur Jagd geblasen wurde, griff sie zwar nicht zur Schminke, da sie berühmt war für ihre makellose Haut; doch von ihren Zofen ließ sie sich in raffinierteste Garderoben hüllen, bestieg eine elegante offene Kutsche, um so dem wildverwegenen Ritt des königlichen Waidmanns hinterherzufahren, anzuhalten, wo er anhielt, und die Kutsche zu verlassen, sobald es sich ergab, damit sie sich als eine ranke, schlanke Artemis dem Blick ihres Idols darbieten konnte.

Daß sie bemerkt wurde, war nicht zu bezweifeln. Daß Ludwig ihr dann und wann ein erlegtes Tier schicken ließ, besagte allerdings überhaupt nichts, sondern gehörte zu den aristokratischen Höflichkeiten, um sich bei den Nachbarn für die Belästigungen zu entschuldigen, die mit dem Jagdgetümmel verbunden waren. Nachdem ihre Pirschfahrten es also nicht vermochten, den menschenscheuen Nimrod in einen Schürzenjäger zu verwandeln, welcher sich ihr näherte und das Wort an sie richtete, mußte die schöne Jagdbegleiterin eine andere List ersinnen, die eine solche Situation erzwang. Mit den Erfolgsrezepten ihrer Mutter vertraut und als Geschäftsfrau, die sie ihr Leben lang blieb, wußte sie um den unschätzbaren Wert von Bekanntschaften, Beziehungen und Verpflichtungen. War doch ihr Vetter Binet Kammerdiener des Dauphin, und außerdem gab es diesen ehemaligen Liebhaber ihrer Mutter Le Bel, der nun ausgerechnet beim König selbst als Erster Kammerdiener in Stellung war. Schließlich kannte sie aus der Umgebung Ludwigs noch einen gewissen Monsieur Bridge, bei dem sie Reitstunden nehmen, dem sie schöne Augen machen und in jeder gewünschten Weise gefällig sein wollte, wenn es sie denn weiter brachte.

Zwei Briefe aus jener Zeit bezeugen diesen abgekarteten Handel und die Unbedingtheit ihres Vorgehens; gleichwohl spürt man ein pochendes Herz in dieser schlafwandlerisch unbeirrten, fast maschinenartigen Puppengestalt. Man liest auch von der Fähigkeit zur kritischen Selbstbeobachtung, vom Leiden an ihrer Zwanghaftigkeit, ihrer Besessenheit, und man ahnt die Seele einer Frau, die liebenswerter war, als der geldversessene Idiotismus ihrer Erziehung, als der Neid ihrer Zeitgenossen und die Strenge der Geschichtsschreibung es zulassen wollten.

Ich danke Ihnen, lieber Bridge, für all die Mühe, die Sie sich meinetwegen geben. Ihre Stellung beim König setzt Sie in den Stand, mir behilflich zu sein, und ich rechne auf die zärtliche Freundschaft, die Sie mir zugesichert haben. Aber diese seltsame Angelegenheit des Ehrgeizes erfordert strengste Geheimhaltung. Wenn der Plan gelingt, muß es so aussehen, als handle es sich lediglich um ein Ergebnis des Zufalls. Der König sah mich gestern, er beobachtete mich im Vorbeigehen. Er bemerkte meine Verwirrung, aber er hat noch nicht Ihre Augen. Es sind immer Frauen in seiner Nähe, die zwar schön sind, aber nicht mein Herz haben. Ach, warum kennt er nicht dieses Herz?

Und an Binet: *Ich bin beunruhigt, daß ich von Bridge noch keine Nachricht habe. Was sagt der König? Spricht er von mir? Verlangt ihn nicht danach, mich zu sehen? Befreien Sie mich von der grausamen Ungewißheit, in der ich lebe! Ich fange an einzusehen, daß der Ehrgeiz eines Frauenherzens die größte aller Martern ist. Ich möchte Sie um Rat fragen wegen eines neuen Versuchs, der mir eingefallen ist. Ich werde Sie dabei brauchen. Ich hoffe, daß meine kleine Alexandrine klüger und glücklicher wird als ihre Mutter.*

Doch erst im Maskentreiben und Verwirrungsspiel des Karnevals gelangte die Vierundzwanzigjährige, die sehr an ihrer Tochter, doch gar nicht an ihrem Gatten hing, zur Klarheit über ihre Wirkung auf den König – und an ihr Ziel. Bei einem Ball im Hôtel de Ville in Paris kam sie, als Schäferin verkleidet, dem maskierten und deshalb vielleicht weniger schüchternen Bourbonen so nahe, wie sie begehrte; im Sommer 1745 wußten die Tagebuch führenden Höflinge schließlich zu vermelden, daß in jenem kleinen Appartement von Versailles, das nacheinander die vier Schwestern de Nesle als Ludwigs vormalige Liebhaberinnen bewohnt hatten, Madame d'Etiolles eingezogen war. Im Mai erfolgte die förmliche Trennung von ihrem Ehemann.

Zwei im Grunde schwermütige, einsame Menschen hatten einander gefunden. Doch Jeanne-Antoinette wollte nicht versteckt werden. Um sie dem Hof zu präsentieren, taugte der Neureichenname d'Etiolles fast genauso wenig wie Poisson. Titel und Name einer ausgestorbenen Adelsfamilie aus dem Limousin wurden ausfindig gemacht, von den Rechtsnachfolgern an den König verkauft, und am 9. Juli schickte Ludwig aus dem Feldlager, wohin er geeilt war, seiner neuen Maitresse das Brevet, welches ihre Identität als Marquise de Pompadour besiegelte. Am 8. September, nachdem er aus dem Krieg zurück war, wurde die beneidete Schöne als Marquise feierlich dem gesamten Hof vorgeführt. Mit verkniffenem Staunen nahm man zur Kenntnis, daß sie sich alles an Regeln und Namen eingeprägt hatte, was nötig war, um so zu erscheinen, als habe sie schon immer dazugehört. Zwei Tage danach reisten die beiden, wie zu Flitterwochen, hinüber zum ländlichen Schloß von Choisy. Daß die Maitresse den König bat, er möge doch seine Gemahlin, die Königin, dorthin einladen, um mit ihnen zusammen ein paar schöne Tage zu verbringen, daß dieser die Einladung tatsächlich auch aussprach und daß die Königin ihr Folge leistete, muß uns als eine enorme Instinktlosigkeit erscheinen, wurde damals aber der Pompadour als ein überraschendes Zeichen von Höflichkeit, Bescheidenheit und Großzügigkeit angerechnet, als beinahe die einzige Tat, die ihr je zur Ehre gereichte.

Viel Gefallen kann man dennoch nicht finden an diesem prostituierenden Planspiel, an diesem Manövrieren, Verdrängen und Einnisten. Die verachtungsvollen Urteile über die Pompadour und Ludwig XV. scheinen nicht abwegig zu sein. Indes, wer diese ehrgeizige Kokotte schon nicht als das arme Opfer einer schweren neureichen Kindheit gelten lassen will, der sollte dennoch den Klang ihrer Seele nicht überhören. Wenn man nämlich ihre Briefe liest, welche der Vernichtung durch die wütende Folgezeit entgingen, und wenn man sich während dieses Lesens einbildet, daß Briefe nicht lügen könnten, dann müßte es eine schöne, sehnsüchtige Seele gewesen sein, die in das Rahmenwerk eines klaren Verstands sowie einer überraschend deutlichen Moral gefaßt war. Da sie jedoch nur und allein wegen ihrer außerordentlichen Schönheit zahlreichen Beifall fand, möchte man als erstes wissen, was es mit dieser Schönheit – bei allem Wandel der Kriterien und des Geschmacks – denn auf sich hatte. Die zahlreichen Portraits, welche auch so große Meister wie Boucher von ihr malten, sollen nach der Meinung von Augenzeugen allesamt nicht sehr treffend sein, was freilich nicht gegen die Maler, schon gar nicht gegen das Modell sprechen muß. Einen genaueren Blick als die modeflinken Meister des Pinsels hatte vielleicht der nicht weiter identifizierbare Hofbeamte Le Roy, der uns nebenbei zum Staunen Anlaß bietet, was für formidable Schreiber diese Leute waren:

Die Marquise von Pompadour war von überdurchschnittlicher Größe, schlank, gewandt, geschmeidig, elegant. Ihr Gesicht paßte zu ihrer Gestalt, ein vollkommenes Oval, schönes Haar, das eher hellkastanienbraun als blond war, ziemlich große Augen, mit schönen Brauen von der gleichen Farbe. Die Nase war fein geschnitten, der Mund reizend, die Zähne sehr schön und das Lächeln bezaubernd. Die schönste Haut der Welt verlieh ihrem Gesicht ein helles Leuchten. Ihre Augen hatten einen besonderen Reiz, den sie vielleicht der Unbestimmtheit ihrer Farbe verdankten. Sie hatten weder den lebhaften Glanz schwarzer noch das zarte Schmachten blauer oder jene, den grauen Augen eigene Feinheit. Ihre unbestimmte Farbe schien sie für jede Art Verführung geeignet zu machen und nacheinander allen Eindrücken einer sehr beweglichen Seele Ausdruck zu verleihen. So war denn das Mienenspiel der Marquise de Pompadour unendlich mannigfach, aber niemals konnte man in ihren Zügen eine Disharmonie feststellen. Alles diente dem gleichen Zweck, und das bedingt eine Seele, die sich einigermaßen in der Gewalt hat. Ihre Bewegungen harmonierten mit dem übrigen, und die Gesamtheit ihrer Person schien der unmerkliche Übergang zwischen dem letzten Grad der Eleganz und dem ersten des Adels.

Über das Bild nun aber, das ihr königlicher Liebhaber abgab, urteilte Casanova wie ein begeisterter Kunstbetrachter: »Der Kopf Ludwigs XV. war hinreißend schön und saß in idealer Weise auf seinem Nacken. Kein noch so geschickter Maler hat je die Kopfwendung dieses Monarchen auf die Leinwand zu bannen vermocht, wenn er sich jemandem zuwandte, um ihn anzusehen. Man fühlte sich unwillkürlich sofort von Liebe zu ihm erfüllt.« Daß demnach im Bund zwischen der Pompadour und Ludwig XV. sich zwei wohlgestaltete Ausnahmemenschen als gleich und gleich gesellt hatten, war ein Eindruck, den viele Beobachter empfingen und dem auch Casanova sich nicht entziehen konnte: »Ich war ganz sicher, daß Madame de Pompadour sich in das Antlitz des Königs verliebt hatte, als es ihr gelang, sich seine Bekanntschaft zu verschaffen. Das ist vielleicht nicht die Wahrheit, aber das Gesicht Ludwigs XV. zwang den Betrachter, so zu denken.« Daß dieser hochgewachsene, schlanke, so elegante wie majestätische Mann, dem seine Mitarbeiter eine hohe Intelligenz bescheinigten, dennoch seine Rolle und Funktionen nicht ausfüllte, daß er zum Ansehensverlust, zum Untergang der französischen Monarchie maßgeblich beitrug, muß als Tatsache hingenommen werden. Wenn man sich von seiner Schwäche, seinem Ungenügen deutlichere Begriffe macht, ergibt sich wie von selbst auch ein klareres Bild von der irisierenden, seltsam unanschaulichen Persönlichkeit der Pompadour, die sich dem biographischen, psychologischen Zugriff genauso entzieht, wie sie sich ihren malenden Portraitisten nicht zu erkennen gab. Es mag zutreffen, daß in dieser Allianz von König und Maitresse zwei ähnlich gestaltete Vorzugspersonen sich gewissermaßen auf einen gemeinsamen Sockel stellten, und jede mit eigenem Recht – so wie Goethe und Schiller in Weimar. Doch erhellender ist es, sie als komplementäre Figuren zu begreifen, die einander Halt gaben, den anderen und dessen Stütze benötigten und einander ergänzten. Die Marquise besaß oder erwarb sich das – wie immer zu bewertende – Genie, das zu verwirklichen und darzustellen, was dem Bourbonen vom Schicksal nicht gegönnt war. Da sie besser als andere die Bereiche seines Ungenügens kannte, definierte sie sich geradezu als das notwendige Paßstück, damit eine gültige Herrschergestalt zustande kam. Daß sich das Glück des Gelingens ihr verweigerte, daß sie trotz allen Weitblicks auch kurzsichtig war, daß sie trotz aller

Klugheit auch Torheiten beging, war die Tragik dieser Frau, die sich in den Selbstzeugnissen ihrer Briefe als gewissenhaft, allseits bemüht, ziemlich entsagungsbereit und gedankenvoll zum Vorschein brachte. Als ein Opferlamm auf dem Altar des Männlichkeitskults wird man sie freilich nicht sehen müssen. Über ein solches Ansinnen würde sie schallend gelacht haben.

Dennoch muß man, um der Pompadour gerecht zu werden, auch auf Ludwig XV., den Urenkel des Sonnenkönigs, schauen. Gerade zwei Jahre war er alt, als im Februar 1712 seine beiden Eltern im Abstand von sechs Tagen starben. Die Herzogin von Ventadour, seine *Maman Ventadour*, wurde mit der Erziehung des Waisenkinds beauftragt, und diese war es auch, die den fünfjährigen Thronfolger ans Bett des sterbenden Ludwig XIV. brachte, um dessen Segen und Vermächtnis zu empfangen:

›Mein Kind, du wirst ein großer König sein. Eifere mir nicht nach in meiner Bauwut noch an meiner Freude am Krieg. Trachte danach, mit deinen Nachbarn im Frieden zu leben. Erweise Gott, was Gottes ist. Erkenne die Verpflichtungen an, die du ihm gegenüber hast, und trage Sorge, daß auch deine Untertanen sie erfüllen. Versuche, deinem Volk wohlzutun; denn dies versäumt zu haben macht mich unglücklich. Herzogin (sagte er zu dieser gewandt), ich möchte das Kind umarmen.‹ Und indem er es in seine Arme schloß, sprach er: ›Mein liebes Kind, ich gebe dir aus ganzem Herzen meinen Segen.‹ Als man den kleinen Prinzen vom Bett des Königs heruntergehoben hatte, verlangte dieser noch einmal nach ihm, umarmte ihn wiederum und segnete ihn aufs neue. Die Szene war sehr ergreifend; die Herzogin von Ventadour führte darauf den Dauphin eilig hinaus.

So erzählt es Saint-Simon. Sorgenvolle Augen ruhten auf dem Kind, dessen Wohl mit dem Wohl Frankreichs aufs innigste verbunden war; und als der Siebenjährige in einem uralten, feierlichen Akt aus der mütterlichen Hut der Herzogin und ihrer Frauen überantwortet wurde in die Erziehung der Männer, defilierten die Spitzen des Hofs an dem nackten Knaben vorbei, Ärzte und Apotheker inspizierten ihn, beugten sich nieder, befaßten seine Glieder. Anschließend unterzeichneten sie ein Protokoll, in welchem festgestellt wurde, daß er

»männlichen Geschlechts, unverletzt, wohlgenährt, gesund und in jeder Beziehung intakt« sei. Danach trat Madame de Ventadour vor Philipp von Orléans, den Regenten, und sprach: »Gestatten Sie, Monseigneur, daß ich Ihnen die Person des Königs übergebe, den der verstorbene König und Sie mir anvertraut haben. Ich habe ihn gehegt und gepflegt und gebe ihn Ihnen nun gesund zurück.« Der Herzog von Orléans, dem man vieles vorwerfen und nachsagen konnte, scheint sich mit viel pädagogischem Geschick und Respekt von nun an um den Jungen gekümmert zu haben, indem er ihn in die Staatsgeschäfte einführte, ihm alles freundlich und geduldig erklärte und seinem Zögling stets das Gefühl vermittelte, daß dieser selbst – als der König – es war, der die Entscheidungen traf.

Genauso wohlmeinend, aber problematischer gestalteten sich die Erziehungsmaßregeln, welche der von Ludwig XIV. dazu ausersehene, vierundsiebzig Jahre alte Haudegen und Hofmann, der Marschall von Villeroy, über dem Kind walten ließ, aus dem er einen gleichermaßen majestätischen wie graziösen, allen öffentlichen Auftritten gewachsenen Herrscher formen wollte. Wie strapaziös jedoch, wie unablässig und auch mit Narrheiten gespickt die Dressurakte des von seiner Aufgabe begeisterten alten Cholerikers waren, bezeugt ein Bericht des türkischen Gesandten Mehmet-Effendi, der zur Audienz beim jungen König geladen war, dessen Interesse sich hauptsächlich auf die fremdartigen Waffen und Kleider des Gasts richtete, bis der Erzieherstolz Villeroys sich nicht mehr zurückhalten konnte:

Der Marschall fragte mich: »Was sagen Sie zu der Schönheit meines Königs?« – »Gott sei gelobt«, erwiderte ich, »und er möge ihn vor allem Hochmut bewahren.« – »Ist er nicht gut gewachsen? Und beachten Sie vor allem, daß er keine falschen Haare trägt.« Während er das sagte, mußte der König sich umdrehen, und ich betrachtete sein rötlich-braunes Haar, das ich leicht streichelte. Es war wie aus lauter Goldfäden, gleichmäßig geschnitten und reichte bis zum Gürtel. »Auch sein Gang ist sehr schön«, fuhr der Erzieher fort. Dann sagte er zum König: »Gehen Sie, wie Sie es gelernt haben.« Majestätisch wie ein Rebhuhn ging der König bis in die Mitte des Zimmers und kam dann zurück. »Gehen Sie schneller«, sagte sein Erzieher, »damit man sieht, wie leicht Sie laufen.« Sofort begann der König zu laufen. Dann fragte mich der Erzieher, ob ich ihn nicht liebenswürdig fände. Ich antwortete ihm folgendermaßen: »Möge ihm der allmächtige Gott, der in ihm ein so herrliches Wesen geschaffen hat, seinen Segen geben.«

Abbildung 14
Ludwig XV., der »schönste Mann Frankreichs«, im verhaßten Ornat, gemalt von Hyacinthe Rigaud

Dezenter, doch nicht weniger anspruchsvoll war die Pädagogik des Bischofs Fleury, der mit der geistigen und geistlichen Unterweisung Ludwigs beauftragt war und neben dem Ziel einer bemerkenswert umfassenden Bildung auch darauf zu achten hatte, das Gewissen des Königs, wie es Brauch war, ganz an die Regeln und Ratschläge der Kirche zu binden und es somit ein für allemal der Überwachung seiner Beichtväter zu unterwerfen. Sehr aufmerksam beobachtete der Herzog von Saint-Simon den Achtjährigen, als dieser einer unruhevollen, höchst konfliktträchtigen Sitzung des Throngerichts zu präsidieren hatte:

Schon kam der König. Das Stimmengewirr und die Unruhe, welche bei diesem Einzug in den Sitzungssaal entstanden und welche anhielten, bis der König und sein gesamtes Gefolge Platz genommen hatten, waren außerordentlich. Der König war ernst, hoheitsvoll und zugleich denkbar schön, seine Haltung vereinte Würde und Anmut, während der ganzen Sitzung war sein Gesicht aufmerksam gespannt und keineswegs gelangweilt, er spielte seine Rolle sehr gut und ohne die geringste Verlegenheit. Der Großsiegelbewahrer erhob sich von seinem Platz, stieg empor zum König, kniete seitlich auf den Stufen des Thrones nieder, dort empfing er den Befehl des Königs, stieg wieder hinab, trat an seinen Platz und bedeckte sein Haupt. Dieser Vorgang wiederholte sich, sooft eine neue Sache vorkam. Jedesmal, wenn der Großsiegelbewahrer zum König emporstieg, stand der Regent auf und trat hinzu, um zu hören, was er sagte, und dem König die entsprechenden Anweisungen vorzuschlagen.

Wie ein König mit der Macht seiner Stimme und dem Zorn seines Antlitzes den rebellischen Zank unter den Prinzen, Marschällen, Bischöfen und Ratsherren in einem einzigen, hochfahrenden Augenblick ersticken konnte, das hatte Ludwig XIV. oft genug demonstriert. Daß schon ein Achtjähriger über diese persönlichen Herrschaftsmittel verfügte, erwartete niemand. Aber dem Kind auf dem Thron wurde ein einprägsames Beispiel vorgeführt, wie es sein Exerziermeister Villeroy nicht besser wünschen konnte. Als nämlich die Erregung im Saal am größten war, die Pelzroben und goldenen Mäntel wie eine aufgepeitschte See in Wallung gerieten, »stieg der Großsiegelbewahrer hinauf zum König und trat, ohne neue Meinung einzuholen, an seinen Platz, richtete den Blick auf den Ersten Präsidenten und ließ seine Stimme erschallen: ›Der König verlangt, daß man ihm gehorche, daß man ihm auf der Stelle gehorche!‹ Dieses mächtige Wort wirkte wie ein Donnerschlag, der die Präsidenten und Parlamentsräte sichtlich niederschmetterte. Alle senkten sie das Haupt, und die meisten blickten erst nach langer Zeit wieder auf.«

Die ganz und gar mittelalterlichen, von niemand mehr so recht verstandenen, langwierigen Riten und Mysterien der Salbung und Krönung in der Kathedrale von Reims, die mehrere Tage beanspruchten und am 25. Oktober 1722 zu ihrem Höhepunkt gelangten, durchstand der zwölfjährige Ludwig zwar blaß, übernächtigt, aber mit bewunderter Tapferkeit und Sammlung. Doch der wegen seiner Schönheit und Grazie gepriesene junge König entwickelte sich dennoch nicht zu einem selbstbewußten Mann und Herrscher, der sich im Anblick der Menschen am rechten Ort fühlte. Die unabdingbaren, so vieles abfordernden Auftritte seines großen Amtes, verdoppelt durch die dressurwütige Unrast Villeroys, ihn vor die neugierigen, abschätzenden Augen der Welt zu zerren, flößten dem Jungen Angst ein, machten ihn für sein Leben zu einem gehemmten, menschenscheuen Wesen, das in keinem Einklang stand mit der edlen Schönheit seiner Physis. Erstarrt, wie ein lebender Leichnam ließ er sich präsentieren, seine Stimme versagte, wenn er das Aufgetragene vortragen sollte. Niemals gewann sie den königlichen Klang. Selbst in den Ratssitzungen vermochte er es nur mit Mühe, sich Gehör zu verschaffen. Andere mit tragenden Stimmen mußten statt seiner sprechen, während er stumm danebenstand, Befremdung erregte, sich wie von tausend Teufeln gepeinigt fühlte und dann immer häufiger seiner Furcht vor solchen Zurschaustellungen nachgab. Ähnlich wie Philipp II. von Spanien, jedoch ganz anders als der »allgegenwärtige« Ludwig XIV., wurde er zu einem »unsichtbaren« König, der somit gegen die erste Pflicht gegenüber seinem Volk verstieß. Auch in Versailles setzte er sich nur widerwillig, so selten wie möglich dem Zeremoniell der Staatsgemächer aus. Viel lieber flüchtete er in die Zurückgezogenheit seiner kleinen Appartements, zu seinen Büchern und Schreibarbeiten, oder hinaus zu seinen Jagdschlössern.

Daß er bequem, luxuriert, zur Wahrnehmung seiner Aufgaben nicht gewillt oder fähig sei, war die Meinung, welche bald in der Öffentlichkeit vorherrschte, während er in Wahrheit ein zutiefst verstörter, mit sich ganz uneiniger Mann war, der allenfalls in kleinen Gesellschaften aufblühte, wo man bemerkte, wieviel Geist, Verstand und Bildung durch seine Schüchternheit, seine Entscheidungsangst gelähmt wurde. »Die Zurückhaltung«, befand der Herzog von Croy, »war eine Eigenschaft, die ihm zum Fehler ausartete. Obwohl er die Angelegenheiten viel richtiger beurteilte als die anderen, glaubte er immer, im Unrecht zu sein.«

Mit elf Jahren war er zum ersten Mal verlobt worden, mit einer dreijährigen spanischen Infantin, der er eine Puppe zum Brautgeschenk machte. Da aber, außer der Sichtbarkeit und Allgegenwart, zu den höchsten Herrscherpflichten die Zeugung eines Nachfolgers gehörte, da man zudem das Hinsterben der Thronerben Ludwigs XIV. mit Entsetzen gesehen hatte und da im übrigen niemand darauf schwören konnte, daß der junge König so lang leben würde, bis seine Braut ins gebärfähige Alter kam, wurde dieser Ehekontrakt mit Spanien annulliert. Statt dessen verheiratete man 1725 den Fünfzehnjährigen mit der sieben Jahre älteren Maria Leszczynska, der Tochter des ins Privatleben abgewanderten polnischen Königs Stanislaus. Die glanzvollste Partie war das nicht, und allzu viel Freude scheinen die beiden Vermählten im Lauf der Zeit auch nicht aneinander gefunden zu haben, obwohl sie nach zwölf Jahren der Ehe auf die stattliche Zahl von neun Kindern hinabschauen konnten. Zwar stellte Madame de Pompadour später mit auffrichtiger Freude fest: »Die Liebe des Königs zu seinen Kindern ist unglaublich, und sie erwidern sie von ganzem Herzen.« Doch das rechte Glück der ehelichen Liebe fand der schönste Mann seines Königreichs bei seiner Gattin, die pflichtschuldigst als *liebreizend* apostrophiert wurde und demnach ziemlich unansehnlich war, nicht. Ihr Appartement war vollgestopft mit Heiligenbildern und dazu noch mit manchem Allerlei, das man auch als Gerümpel bezeichnen konnte. Sich zu schminken und zu pudern lernte sie nie. Casanova, der einen Besichtigungsrundgang durch diesen, aller Welt geöffneten, Königshof unternahm, konnte nicht nur eine halbe Stunde lang die erste Dame Frankreichs aus nächster Nähe beobachten, sondern vermittelt uns auch eine Vorstellung davon, zu welch schutzloser Ausgeliefertheit die Würdenträger dieses rituellen Milieus gezwungen waren.

Ich streifte allein umher bis in die eigentlichen königlichen Gemächer, als ich plötzlich zehn oder zwölf häßliche Damen erblickte, die mehr zu rennen als zu gehen schienen, und das so ungeschickt, als würden sie gleich mit dem Gesicht vornüber hinfallen. Ich fragte, woher sie kämen und weshalb sie so ungeschickt gingen. »Sie kommen aus den Gemächern der Königin, und sie gehen so schlecht, weil die Absätze ihrer Pantoffeln einen halben Fuß hoch sind, so daß sie mit krummen Knien gehen müssen.« – Ich betrat einen Saal, in dem zehn oder zwölf Höflinge herumstanden, und sah eine Tafel, groß genug für zwölf, die zur Mahlzeit gedeckt war, aber nur für eine Person. »Für wen ist diese Tafel?« – »Für die Königin, die gleich speisen wird. Da ist sie schon.« Die Königin von Frankreich erschien ohne Rouge, mit einer großen Haube und sah alt und fromm aus. Sie dankte zwei Nonnen, die einen Teller mit frischer Butter auf den Tisch stellten, und setzte sich. Die Höflinge stellten sich ein paar Schritte von dem Tisch entfernt im Halbkreis auf; ich gesellte mich in tiefstem Schweigen zu ihnen. Die Königin begann zu essen, ohne jemanden anzusehen oder die Augen vom Teller zu erheben. Sie hatte von einem Gericht gegessen, und da es ihr schmeckte, nahm sie noch einmal davon. Dabei musterte sie jedoch alle Anwesenden, anscheinend um zu sehen, ob sie einem von ihnen Rechenschaft über ihren Appetit geben müsse. Sie fand einen und richtete das Wort an ihn: »Monsieur de Lowendal!« Auf diese Anrede hin verbeugte sich ein stattlicher Herr, trat drei Schritte zum Tisch und antwortete: »Madame?« – »Ich glaube, das Hühnerfrikassee ist jedem anderen Ragout vorzuziehen.« – »Ich bin der gleichen Meinung, Madame.« Nach dieser im ernsten Ton gegebenen Antwort aß die Königin weiter. Sie sagte kein Wort mehr, aß zu Ende und kehrte in ihre Gemächer zurück.

Man kann sich ein Bild machen und versteht, warum Ludwig eines Tages von der Ahnung beschlichen wurde, daß im Tempel der Venus noch andere Priesterinnen auf ihn warten könnten. Daß aus dieser Vermutung sich ein – anfangs nur zaghafter – Unternehmungsgeist entwickelte, kam auch daher, daß Marias zehnte Schwangerschaft mit einer Fehlgeburt endete, worauf die Ärzte ihr rieten, den ehelichen Verkehr zu meiden. Sie beherzigte diesen Rat, klärte den Gatten jedoch nicht über die Gründe auf. Dieser, siebenundzwanzig Jahre alt, fühlte sich zurückgestoßen und suchte in Rambouillet bei seinem Großonkel, dem Grafen von Toulouse, dem *Großen Bastard* Ludwigs XIV., nach familiärer Behaglichkeit. Da gab es eine Cousine, die merkte, was dem jungen, schüchternen König fehlte. Sie machte ihm Mut und brachte ihn mit einer Hofdame, der Gräfin de Mailly, zusammen. Daß diese ebensowenig als eine Schönheit gelten konnte wie die Königin, mochte dem gehemmten Ludwig nur recht sein; jedenfalls war sie anders, außerdem ein kumpelhafter Typ und immer gut angezogen. Bald machte niemand mehr einen Hehl aus der Liaison zwischen der ebenfalls verheirateten Madame de Mailly und dem König. Als unziemlich bemerkten die Tagebuchschreiber in Versailles lediglich, daß die Hofdame gegenüber der Königin ein wenig zur Impertinenz neigte und daß Ludwig seine Maria unter ihrer großen Haube stehenließ, um mit seiner Maitresse zu tuscheln.

Es hatte diese aber vier jüngere Schwestern, die rechte Schlangen waren und schon Schlange standen, um ebenfalls den Ehrentitel einer königlichen Maitresse zu erringen. Keine Schwesternliebe konnte die nächststehende davon abhalten, die gegenwärtige aus ihrer glanzvollen Höhe in die Vergangenheit hinabzustoßen. Ein Spottgedicht zirkulierte über die Schwestern mit dem Mädchennamen de Nesle:

Die eine ist schon fast vergessen, die andere dabei, weggestoßen zu werden,
Die dritte steht schon in Bereitschaft, die vierte wartet noch,
Um dann der letzten Platz zu machen.
Sich eine ganze Familie auszuwählen,
Ist das nun Untreue oder Beständigkeit?

Die rhetorische Frage an Ludwigs seltsam treue Untreue war gut gestellt. Die fünfte der Schwestern allerdings hatte dann doch die Ehre nicht oder winkte dankend ab. Unter den Hunderten von Glaubensschwestern, die dem unsichtbaren König huldigten und davon träumten, sogar von Eltern, Verwandten und guten Ratgebern dazu angetrieben wurden, sich ihm als Opfer darzubieten, war die künftige

Marquise von Pompadour die einzige glückliche und mußte sich allein deshalb schon *zwei Drittel der Menschheit* zum Feind machen. Wieviel Selbstüberwindung, Selbstverachtung sie bei ihrem Intrigen- und Verführungsspiel mit bewußten Sinnen und klarem Geist zum Einsatz brachte, kann man nicht wissen. Wahrscheinlich weniger, als man es sich mit dem Moral- und Seelenverstand späterer Zeitalter ausmalte, welche kein Empfinden mehr besaßen für das alte Postulat, daß Dasein vor allem bedeute, eine Rolle zu spielen. Nach einer anderen alten Meinung mußte auch Ludwig sich kein Gewissen machen

Abbildung 15
Marquise de Pompadour, von Maurice Quentin de la Tour mehrfach mit Kreide gezeichnet, in Pastell und Öl gemalt und umgeben mit den Zeichen der Künste und Wissenschaften

wegen seiner zaghaft einsetzenden Promiskuität und Schürzenjägerei, da ihm die Willfährigkeit der untergebenen Frauen als ein feudaler Hoheitsanspruch vollkommen zustand, genauso wie mit umgekehrten Vorzeichen seiner russischen Kollegin Katharina II. Diese nämlich hatte, als sie aus ihrer provinzdeutschen Unscheinbarkeit zur Zarin aufgestiegen war, ihr Herrenrecht auf Erfüllung ihrer Backfischträume dergestalt geregelt, daß sie – nachdem der infantile Gemahl umgebracht war – ihre Favoriten nach eigenem reichlichen Belieben aus den Untertanen aussuchte, diese Mannsbilder von einem Arzt auf Unbedenklichkeit prüfen, dann von einer spezialisierten Hofdame vorkosten und begutachten ließ, um die Auserwählten schließlich nach Lust und Laune zur Dienstableistung herbeizukommandieren.

Dem abgezirkelten, melancholischen, gewiß auch zur Migräne neigenden Naturell der Pompadour hätte der Erwerb solcher Privilegien vollkommen ferngelegen, obwohl sie im übrigen an der Rolle einer Herrscherin von der Art der russischen Katharina viel Gefallen fand. Das schummrige Konkubinendasein jedenfalls wollte sie niemals als ihr Ziel anerkennen, sondern nur als ein – nach Lage der Dinge unerläßliches – Stück ihres Wegs, das sie ohne echte Sinnlichkeit, ohne Leidenschaft und mit geringer, neurasthenisch begrenzter Leidensbereitschaft durchmaß. Fünf Jahre nach Beginn ihrer Liebschaft tuschelte man in Versailles, daß der König aufgehört hatte, Madame de Pompadour in ihren benachbarten Gemächern zu besuchen. Von vollkommener Deutlichkeit war das Zeichen, welches 1750 mit ihrem Umzug in entferntere Appartements gesetzt wurde. Weil damit aber das allgemein erwartete, klassische Maitressenschicksal sich nicht erfüllte und die Marquise nicht verstoßen, nicht abgedankt und abgefunden, sondern zwei Jahre später sogar zur Herzogin erhoben wurde, liegt der Schluß nahe, daß sie über andere, beständigere, seltenere Qualitäten als die einer Beischläferin verfügte und daß Ludwig – als König – diese Qualitäten nicht entbehren wollte. Während die Marquise als vollendete Schauspielerin den Staat und die Monarchie repräsentierte, auf hohem Thron in einem leeren Saal die Botschafter empfing, die keine Sitzgelegenheit fanden, zog der König sich in seine *petits appartements* zurück, in die *köstlichen Stübchen.* »Hier verwahrt der König«, so vermerkte der Herzog von

Croy, »seine Kartensammlungen, sein Werkzeug, seine Bücher, seine Papiere, Zeichnungen und Konfitüren. Auf einer oberen Terrasse, die von außen nicht zu sehen ist, umrahmen ein Hüherstall, ein Taubenschlag, dichtes Gesträuch und Volieren mit seltenen Vögeln einen kleinen hängenden Garten. – Hier oben, in den kleinen Kabinetts, soupierten wir in größter Vertraulichkeit, mit dem König nur sechs Personen. In diesem kleinen Kreis war der König charmant, ungezwungen und von steter Höflichkeit. Wir mußten uns ohne jede Rücksicht auf Rang und Würde zu ihm setzen. Wir sprachen mit der größten Vertraulichkeit, ohne aber zu vergessen, daß wir bei unserem Herrn zu Gast waren. Er machte sich am Kamin zu schaffen, goß sich selbst den Kaffee ein, denn kein Diener schien hier zu sein, und jeder bediente sich selbst. ›Man muß die armen Menschen auch mal schlafen lassen. Ich habe sie oft daran gehindert.‹«

Daß die Pompadour sich den Hang des Königs zur Zurückgezogenheit zunutze gemacht hätte, und zwar geltungssüchtig, besitzgierig und alles in allem katastrophisch, das ist die herrschende Meinung, für die immerhin die Tatsache spricht, daß sie bemerkenswert schnell sich am Hof die stabilsten Verhältnisse und eine ansehnliche Versorgung sicherte. Eine ziemlich moderne Geschäftsfrau mit eignem Kopf, dazu noch mit eigener, auf Zins und Zinseszins sowie auf fette Rendite bedachten Kontoführung war sie durchaus. Diesbezüglich mußte sie ihr Herkommen nicht verleugnen, während sie es mit gelegentlichen sprachlichen Ausrutschern nicht verleugnen konnte. Eines Tages entschlüpfte ihr das Wort *grassouillette*, und dummerweise in Gegenwart Voltaires, der sie prompt, mit einem hämischen Grinsen in die Öffentlichkeit, dafür schallend schulmeisterte: »Grassouillette, unter uns, erscheint mir ein bißchen sehr nach der Redensart der Klatschweiber auf der Straße. Ich sage Ihnen das ganz leise und im Vertrauen, schöne Pompadourette.«

Um derartigen kleinen Blamagen vorzubeugen, hatte sie beizeiten bei dem etwas süßlichen, aber jesuitisch gedrillten und psychologisch gewieften Abbé de Bernis, der bald darauf Kardinal und zuletzt Gesandter beim Heiligen Stuhl werden sollte, Unterricht im Briefeschreiben genommen. In welchem Ausmaß ihre herrlichen Briefe, die doch allemal das authentischste Zeugnis dieser Jeanne-Antoinette sind, mit Berechnung, Diplomatie, Verstellung, dazu noch einer Prise modisch-sentimentaler Klischees fabriziert wurden, kann man nicht abschätzen. Doch auch wenn man ihnen mißtraut, bleiben es ihre Briefe, die so viel Meisterliches aufweisen, daß man schon deshalb die Urheberin nicht geringschätzen darf. Daß aber ausgerechnet sie, die den Frauen so skeptisch gegenüberstand, eine unverhüllt liebessüchtige Vertraulichkeit zu Frauen, zu schönen Frauen wohlgemerkt, suchte, während sie die Männer gern als »Affen« oder sonstwie verächtlich titulierte, gibt zum Nachdenken Anlaß.

Kaum zwei Jahre am Ziel ihrer Mädchenträume und noch ganz umgeben von der Begeisterung und den Liebesstürmen des Königs, wußte sie verschiedenen Gräfinnen, die sie zum Theaterspielen an sich gezogen hatte, kaum etwas anderes mitzuteilen als zärtliche Sehnsuchtsrufe und Klagen über ihre Einsamkeit.

Raten Sie, was ich heute gemacht habe! Ich stand um sechs Uhr morgens auf und ging in den Park, mich unter den Nachtigallen auszuweinen. Aber die kümmerten sich nicht darum. Mir ist aus vielerlei Ursachen trüb zumute, und ich beginne zu bemerken, daß ich eine Torheit beging, als ich an den Hof ging. Die Pracht und die Freuden dieser verzauberten Welt bezaubern mich nicht mehr. Ich empfinde in meinem Herz nichts als eine ungeheure Leere. Manchmal wiederum denke ich anders und bin recht frohgemut.

Acht Tage lang war ich glücklich, will sagen: solange ich Sie sah. Jetzt bin ich, wie gewöhnlich, traurig. Ich kann Ihnen nur versichern: trotz der Gunst und Wertschätzung eines mächtigen Fürsten stehe ich manchmal auf dem Sprung, den Hof zu verlassen und mich zurückzuziehen. Aber meine Schwachheit hält mich hier zurück. Ich hasse die Welt und kann sie doch nicht missen.

Ich bin gezwungen, zu Hause zu bleiben und meine Tauben zu liebkosen. Dabei denke ich auch an Sie, schöne Gräfin.

Die alten Germanen sagten, ein schönes Weib habe etwas von einer Göttin an sich. Fast bin ich ihrer Meinung. Ich glaube, die Größe Gottes leuchtet auf einem schönen Gesicht in einem weit höheren Glanz als in Newtons Gehirn.

Ich bin jung, und ich bin schön, wie man mir versichert. Alle Welt betet mich an oder tut wenigstens so; und doch langweile ich mich. Leben Sie wohl. Ich küsse Ihr schönes Gesicht.

Jene bösen Männer, die behaupten, die Frauen könnten einander nicht lieben, mögen doch zu uns kommen. Sie werden da ganz neue Dinge erfahren.

Ich habe Madame de Lussac gesprochen. Sie gab mir einen Kuß für sich und einen an Ihrer statt. Ich war gegen sie sehr zärtlich, da sie doch Ihre Freundin ist. Wahrhaftig, meine schöne Gräfin, Sie haben hübsche Freundinnen. Die Schönheit zieht es zur Schönheit hin.

Der König hat mir sechs schöne Araberpferde geschenkt. Der gute Fürst! Wie sehr ist er es wert, geliebt zu werden.

Der allerchristlichste König ist, wie ich, bald traurig, bald fröhlich. Wenn ihn Schwermut überkommt, nehme ich meine Zuflucht zu kleinen Liedern, die er sehr liebt. Dann singen wir und sind scheinbar vergnügt.

Außer den Szenen trauten Zusammenseins zweier Melancholiker geben die Briefe der Marquise nichts preis über die Innenwelt dieses Verhältnisses. Allerdings ist häufig die Rede von Unpäßlichkeiten. Unter den Höflingen ging indes die Rede, daß die Favoritin unter ihrem Mangel an Leidenschaft litt, daß sie sich bedenkliche, gefährliche Tränke und Elixiere beschaffte, um der etwas ruppigen, waidmännischen Liebeskunst Ludwigs gefälliger zu werden. Sorgenvoll forschte sie im Spiegel nach Zeichen des Alterns: »Zehnmal am Tag glaube ich, immer noch jung und schön zu sein, gegen ein einziges Mal, wo ich von alledem nichts glaube. – Eine Frau lebt, das heißt sie gefällt höchstens fünfzehn Jahre. Ein Alterszeichen bei Frauen besteht darin, daß ihr Herz der Freundschaft für ihr eigenes Geschlecht fähig zu werden beginnt. Ich finde dieses Zeichen auch an mir. Ich liebe Sie und ein halbes Dutzend anderer mit einer Zärtlichkeit, deren ich mich nicht für fähig gehalten hätte. – Ich sehe mit Schmerz, daß auf dieser Erde nichts von Dauer ist. Man bringt ein hübsches Gesicht mit auf die Welt, und es wird in weniger als dreißig Jahren runzelig. Danach taugt eine Frau zu nichts mehr.«

Die Mitbewerberinnen um die Königsgunst hatten sich durch den Sieg der Pompadour keineswegs entmutigen lassen. Daß sie lauerten, zudringlich wurden, sich prostituierten, genauso wie sie selber es getan hatte, entging ihr nicht. Daß sie sich hinreißen ließ, ausgerechnet der wegen ihrer Dreistigkeit, ihrer Allzeitbereitschaft vielbelachten Bankiersgattin de la Popelinière einen sehr intensiven, sehr weiblichen Hohn- und Verachtungsbrief zu schicken, weist darauf hin, wie sehr sie um ihre Rolle heimlich bangte:

Nicht im Traum wäre mir eingefallen, Madame, daß wir uns jemals etwas zu sagen haben würden. Ich weiß, daß Sie sich seit einiger Zeit ganz hervorragend im Sinne jener schönen Damen betätigen, die Absichten auf das Herz des Königs haben. Sie folgen ihm auf Schritt und Tritt. Sie sind immer irgendwo im Hinterhalt anzutreffen, um ihn zu überraschen – was uns viel Spaß macht. (Ich bitte Sie um Verzeihung, Madame: man müßte eigentlich ihre Torheit beklagen, statt darüber zu lachen.) Ich persönlich, Madame, habe das Unglück, die Größe Ihrer Qualitäten nicht zu kennen. Aber auch der König weiß nichts davon, obgleich Sie alles tun, was in Ihren Kräften steht, ihn damit bekannt zu machen. Sollten Sie sich aber darauf versteifen, durchaus dem Fürsten gefallen zu wollen, so arbeiten Sie getrost an diesem schönen Vorhaben weiter. Es ist das erstemal, daß ich Ihnen schreibe, es wird auch das letztemal sein.

Bedrohlicher als solche Konkurrenz war inzwischen allerdings das Rumoren in den Straßen von Paris geworden. Die Klagen und Verwünschungen mehrten sich, daß die Pompadour dem Volk seinen König abspenstig gemacht habe, daß sie ihn hindere, einer seiner altehrwürdigsten, heiligsten Pflichten nachzukommen, die der Gottgesalbte den ärmsten seiner Untertanen schuldig war. Es handelte sich um die Zeremonie des Handauflegens, die auf der mystisch-sakramentalen Vorstellung gründete, daß die Aussätzigen, die Skrofulösen, durch die Berührung des Königs geheilt würden. Zum ersten Mal hatte Ludwig 1722, nach seiner Krönung in Reims, auf dem Platz vor der Abtei von Saint-Remy den Elenden diesen Tribut geleistet. Zweitausend Kranke waren in langen Doppelreihen aufgestellt. Einer nach dem anderen wurden sie vom königlichen Leibarzt am Kopf gefaßt, während der Capitaine der Leibgarde ihnen die Hände zusammenhielt, worauf der zwölfjährige Herrscher das Gesicht jedes Kranken mit seiner rechten Hand berührte und sprach: »Gott möge dich heilen, der König berührt dich.« Danach erhielt, was vielleicht am wichtigsten war, der so Gesegnete vom Kardinal von Straßburg ein Almosen zugesteckt.

Fünfmal im Jahr, an den hohen Feiertagen, fand die Zeremonie statt. Vorher mußte der König, um mit reiner Seele in den Stand seiner heilenden Gnade zu gelangen, die Beichte ablegen und bei einer hohen Messe die Kommunion empfangen. Dadurch aber brachte das Handauflegen seinen Sündenstatus aller Welt zur Kenntnis. Denn wenn es ausfiel, mußte das als ein Zeichen dafür gelten, daß der König nicht gebeichtet hatte oder ihm die Absolution verweigert wurde, daß er also – im besonderen Fall – in einem fortgesetzten, von keinem guten Willen bekämpften ehebrecherischen Verhältnis lebte. 1739, als Ludwig mit der ältesten der Schwestern de Nesle eine Liaison eingegangen war, hatte die Öffentlichkeit erstmals einen solchen Zusammenhang entdeckt; seit 1745, nachdem die Pompadour sich als gleichsam offizielle Favoritin etabliert hatte, fand das große Fest des Handauflegens überhaupt nicht mehr statt, womit zur Gewißheit wurde, daß Ludwig sich im Zustand der Sünde unlöslich eingerichtet hatte.

Zwischen seiner unwürdigen Abhängigkeit von der Marquise und seinen königlichen, seinen religiösen Vorbildpflichten war Ludwig also in einer Lage gebannt, welche ihn auf ungünstigste Weise exponierte und der Verurteilung durch die Öffentlichkeit aussetzte. Diese öffentliche Meinung nämlich, das mußte der König, mußte auch die *große Maitresse* zur Kenntnis nehmen, war in Frankreich ganz ohne Parlamentsbeschlüsse, ohne königliche Dekrete zu einem ungeschriebenen Verfassungsorgan, zu einer eigenständigen Staatsgewalt geworden, über welche auf Dauer niemand ungestraft hinwegregieren durfte. Man könnte meinen, daß der Finanzmann und Minister Jacques Necker das Dilemma Ludwigs XV. vor Augen hatte, als er später feststellte: »Die Macht der öffentlichen Meinung hat (seit dem Tod Ludwigs XIV.) in Frankreich immer mehr zugenommen. Sie ist die Herrscherin über alle Geister; und auch die Fürsten müssen sie respektieren, wenn sie nicht als Sklaven großer Leidenschaften dastehen wollen. Ausländer können sich keine Vorstellung davon machen, welche Macht die öffentliche Meinung in Frankreich ausübt, die ohne Geld und ohne Soldaten dem Hof und dem König ihre Gesetze diktiert.«

Daß Ludwig sich weder durch diese »vierte Gewalt« der öffentlichen Meinung noch durch den Druck der Kirche und die Verweigerung der Sakramente zu seinen Pflichten bekehren ließ, führte alles zusammen auf diesen einen Punkt hin: auf den verderblichen Einfluß der Pompadour, die ihrerseits – nach den liberalen oder nur nachlässigen Standards einer ebenfalls herrschenden Meinung – wegen ihrer ehebrecherischen Teilhaberschaft kaum jemals angeklagt wurde. Es war genug, daß es sie gab, daß sie den König der Öffentlichkeit entzog, daß sie ihn im Zustand der Sünde gefesselt hielt und daß sie – vor allem – ein vollkommen irreguläres Phänomen darstellte, ohne die geringste Legitimation, eine öffentliche Rolle zu spielen und aus ihrem privat-erotischen Abenteurertum eine politische Institution zu machen. Absolut nichts hatte das mit Frauenfeindlichkeit zu tun. Daß die Damen der französischen Aristokratie soviel Einfluß und Macht ausübten, wie sie wollten oder befähigt waren, kritisierte kein Mensch. Eine Regentin war ebenso recht wie ein Regent. Was zählte, waren Regularität und Rechtmäßigkeit. Gegen die wachsende, angestrengte, *»ungraziöse«* Dominanz der so zweifelhaft erzeugten Marquise empörten sich nicht die Steuerpächter, Baulöwen, Finanziers und sonstigen Emporkömmlinge, sondern – in einleuchtender Allianz – das *gemeine Volk* und der Hofadel in Versailles, der in seinen Kabinetten heimlich Pamphlete dichtete und in Umlauf brachte:

Während Ludwig am Busen der Schande ruht
Und eine Frau von obskurer Herkunft liebt …

… Eine kleine Bürgerin mit ziemlich flatterhaftem Sinn
Bewertet die anderen nur nach ihrem Ebenbild
Und macht aus dem Hof einen Schweinestall …

Für den Klerus, der wegen des alten Bundes zwischen Thron und Altar die Labilität, die Unsichtbarkeit der katholischen Majestät nicht tolerieren konnte, bedeutete die beharrliche Präsenz der Pompadour umso mehr ein Ärgernis, als sie aus ihrer Verachtung für Priester und Frömmler kein Geheimnis machte. Zwar tat die Verweigerung der Absolution ihre Wirkung auf den tiefreligiösen Bourbonen, der, im Bewußtsein seines Dilemmas, nicht nur »fürchtete, die Freundschaft seines Volkes verloren zu haben, sondern auch zu fromm war, um nicht an das Jüngste Gericht zu denken und seine

Verdammnis zu fürchten«, wie Gaxotte schreibt. Jedoch, von seiner ehebrecherischen Sinnlichkeit und der Marquise vermochte ihn dieser Seelendruck keineswegs zu lösen. Die Kirche selbst geriet dadurch in die Klemme, denn Ludwig zog sich nur umso tiefer in sich zurück. Damit er wenigstens die öffentlichkeitswirksame Zeremonie des Handauflegens wieder aufnehme, zeigte sich der Papst zu einer Dispens bereit: Dieser *»älteste Sohn der Kirche«* solle wenigstens an einer kleinen Messe teilnehmen und dürfe sich beim Reuebekenntnis und der Eucharistie unauffällig beiseite halten. »Aber der König«, so vermerkte der Staatssekretär René d'Argenson, »verschmähte diese lächerliche Komödie.«

Die Kraftanstrengungen, um die in ihrem religiösen Denken ganz unabhängige Pompadour, der man mit dem Höllenfeuer schon gar nicht drohen konnte, vom Sockel zu stoßen, waren beträchtlich. 1748 berichtete sie einer ihrer schönen Freundinnen:

Ich habe immer viele Feinde gehabt; nun habe ich auch welche unter den Frömmlern, und das sind die schlimmsten von allen. Ein heiliger Mann dieser Gattung, mit dem Gesicht – und vielleicht auch mit dem Herzen – eines Teufels, stellte sich gestern dem König in den Weg, fiel ihm zu Füßen und überreichte ihm eine Bittschrift. Der König, gütig wie immer, nahm sie entgegen und kam auf mein Zimmer, um sie dort zu lesen. Der Schluß lautete folgendermaßen: »Im Auftrag Gottes verkündige ich Eurer Majestät die unbedingte Notwendigkeit, Madame de Pompadour so schnell wie möglich fortzuschicken. Sonst wird Gott seine Rächerhand über Ihr Königreich ausstrecken und Ihre Untertanen für die Schwachheit ihres Herrschers bestrafen.« Diese Frechheit verdiente eigentlich den Tod oder mindestens lebenslänglichen Kerker. Aber der beste der Fürsten ist sich auch bei dieser Gelegenheit treu geblieben. Er ließ jenen Boten des Himmels zu sich rufen und begnügte sich damit, ihm zu sagen: »Mein Freund, geht hin, nehmt einen Aderlaß und laßt Euer Gehirn in Ordnung bringen; denn ich sage Euch im Auftrag des gesunden Menschenverstands, daß Ihr toll seid.«

Ich für meinen Teil halte ihn nicht für toll, sondern für einen gefährlichen Heuchler, für einen Abgesandten nicht des Himmels, sondern gewisser Leute, die ich verachte und vor denen ich keine Angst habe.

Nachdem sie entgegen den Regieanweisungen ihrer Konkubinenrolle ins Rampenlicht getreten war und sich auch von der Feindschaft der Kirche nicht einschüchtern ließ, bestimmte sie nach eigenem Verstand und Gutdünken, eine strikte Unterscheidung zu treffen zwischen der verehrten Religion und dem geringzuschätzenden Klerus. Ohne Umschweife ging sie auf den Feind los, führte sie zum Seelenwohl des Mannes an ihrer Seite die Feder, wie dieser es gewiß nicht gewagt hätte. Dem Erzbischof von Paris, der gegen sie zu hetzen pflegte, wie er nur konnte, und es dennoch nicht verschmäht hatte, die Ehebrecherin in tiefster, schmeichelndster Ergebenheit um ihre Unterstützung gegen das drohende Verbot des Jesuitenordens zu bitten, las sie folgendermaßen die Leviten:

Ich habe Ihren Brief erhalten, hochwürdiger Herr. Er hat mich überrascht. Man kann sich darüber beklagen, daß die Geistlichkeit unwichtiger Dinge wegen allzu viel Lärm schlägt. Mir jedenfalls ist bekannt, daß sie den König grausam quält. Ich wünschte, daß gewisse Prälaten ein Beispiel von Demut, Mäßigung und Friedensliebe geben mögen. Ich will gern glauben, daß Ihre Beichtzettel eine ausgezeichnete Sache sind. Aber die Liebe ist noch köstlicher! Ich rede zu Ihnen mit bekümmertem Herzen, denn diese Streitigkeiten betrüben mich, da sie den besten der Könige betrüben, und sie sind dem ganzen Land ein Ärgernis. Täusche ich mich aber, so bitte ich Gott, mich zu erleuchten.

Bei dieser Gelegenheit möchte ich ein offenes Wort mit Ihnen sprechen. Was nämlich die Jesuiten betrifft, so hat ein Mann mir gestern gesagt, sie hätten noch nie etwas Gutes geleistet, außer etwa, daß sie das Chinin aus Peru mitbrachten, und sie seien die Landplage der Könige und Staaten gewesen, die sie bei sich geduldet hätten. Es ist mir unmöglich, mich für sie zu verwenden; aber selbst wenn ich es könnte, würde ich es nicht tun – ich sage Ihnen das rund heraus. Es scheint, daß sie ihren Untergang verdient hätten. Gut – man rotte sie aus!

Ich bitte also, hochwürdigster Herr, mit mir nicht mehr über diese Angelegenheit zu sprechen und den König in Frieden zu lassen. Denken Sie daran, daß Sie zunächst Untertan sind und dann erst Erzbischof. Doch Sie sind auch mein Seelsorger, und ich bitte Sie um Ihren heiligen Segen.

P. S. Ich erhalte soeben einen großen Stoß Briefe. Sie kommen von Bischöfen, die mich bitten, meinen Einfluß zugunsten der Gesellschaft Jesu zu gebrauchen. Ich werde auch diese Bischöfe bitten, nicht auf mich zu rechnen. Mögen auch sie mir ihren heiligen Segen erteilen.

Das ist patzig, frech, jubelt über die Kirchenmänner in der selbstgestellten Falle und diktiert höhnische Bedingungen. Aber es ist auch souverän. Man sieht: Die hier die Feder führt, führt auch das Regiment. Falls es denn stimmt, daß am Schreibtisch des Aktenmenschen Ludwig nichts vorbeiging, so erst recht nicht an dem der Pompadour. Sie war die Adresse, an die sich jeder wandte, der Unmögliches verlangte. Eine schon welkende, kränkelnde Hure aus zwielichtigem Neureichtum, die sich zu einer *beauté*, dann noch zu einer *femme de lettres* getrimmt und dressiert hatte, herrschte über das heilige Frankreich und maßregelte einen Kardinal in der Weise, wie eine scharfzüngige Krämerin ihren störenden Nachbarn herunterputzt.

Niemand macht sich so erbitterte Feinde wie jemand, der abschlägige Bescheide erteilt, obwohl man vor ihm gekrochen ist. Mit welcher strengen Verbindlichkeit, mit welcher zurückschmetternden Diplomatie, mit welcher Herzenslust die Pompadour sich in diesem Sinn Feinde schuf, liest man in einem hübschen Stück aus ihrer Korrespondenz, das an eine bittstellenden Bourbonenprinzessin gerichtet war, die als Äbtissin ihre Daseinserfüllung gesucht hatte:

Das Schreiben Eurer Hoheit habe ich mit geziemender Ehrerbietung empfangen. Ich wollte, ich könnte Ihnen zu Diensten sein. Aber ich kann nichts tun in dieser Sache, die man dem König im schwärzesten Licht dargestellt hat. Man klagt Sie an, daß Sie Ihre Nonnen tyrannisieren. Man behauptet, daß Sie jeden Morgen in einer Bütte von Milch baden, die jene dann trinken müßten. Derartiges wäre einer Prinzessin aus bourbonischen Geblüt wahrhaftig nicht würdig, und ich kann es gar nicht glauben. Aber unglücklicherweise glaubt man es hier, und der König ist sehr aufgebracht. Es wurde also beschlossen, Sie von der Leitung Ihrer Nonnen zu entheben. Im übrigen beläßt man Ihnen Ihre Einkünfte. Demnach möchte ich Sie lieber beglückwünschen als bedauern. Mit der Aufsicht über fünfhundert Nonnen belastet zu sein, die immer verdrießlich und unzufrieden sind, ist wahr-

haftig beschwerlich, besonders für eine Person Ihres Standes. Ich danke Ihnen ergebenst für das Vertrauen, das Sie in mich setzen. Habe ich auch das Ungewitter, das über Sie heraufzog, nicht beschwören können, so war ich doch, wie Sie bald bemerken werden, glücklich genug, seine Folgen zu mindern.

Daß der unerschütterliche Wille des Königs, wenn die Marquise sich wie zu ihrer Freisprechnung auf ihn berief, kein anderer als ihr eigener war, erkennt man ohne weiteres. Diese Kontrapunktik der Resolutionsverkündung, so souverän wie verschlagen, beherrschte sie virtuos. Mit vergleichbarer Patentheit hatte sie auch ihre Situation am Hof klar geregelt und in den Griff genommen. Mit Maria Leszczynska, der frommen, etwas indolenten Königin, war ein auskömmliches Verhältnis leicht herzustellen gewesen. Entgegen allen Regeln wurde die Maitresse sogar noch zur zusätzlichen und damit dreizehnten Dame der Königin ernannt, wobei die Unglückszahl sie ganz gewiß nicht schreckte. In die subkutane Revolte des Adels schlug sie Feuerschneisen, indem sie Parteibildungen provozierte und mit Geist und Charme die Schönen, Einfühlsamen, Kunstsinnigen an sich zog, um mit ihnen Seelenfreundschaft zu pflegen, dazu noch einen exklusiven Theaterclub zu begründen, wo man das Neuste und Feinste, was an Dramen und Opern aufzubieten war, zu glänzenden Aufführungen brachte. Daß ihre Personalpolitik mehr nach Gunst denn nach Fähigkeit ging, unstet war, Verbitterung und Durcheinander stiftete, machte man der Pompadour allerdings genauso zum Vorwurf wie die Tatsache, daß sie den König, den Staat viel Geld kostete. Sie stachelte Ludwigs vielkritisierte Bauwut an, sorgte endlich dafür, daß jener ältere Herr Tournehem, welcher einst ihre Ausbildung finanziert hatte, zum Generaldirektor des Bauwesens ernannt und ihr Bruder dann sein Nachfolger wurde. Sie selber ließ sich kleine Schlösser bauen, ließ gekaufte Schlösser umbauen, verkaufte sie wieder, um neue zu kaufen, machte sich vor der öffentlichen Meinung weiter kein Gewissen, da ihr Vermögen, bevor sie nach Versailles kam, größer gewesen sei als nun in ihrem Maitressendasein: »Ich bin jetzt bei weitem nicht so reich, als ich in Paris war. Was ich habe, erhielt ich, ohne daß ich es verlangt hätte. Es war mir gar nicht recht, daß für meine Landhäuser so viel Kosten aufgewendet wurden. Dem

Herrn und Gebieter machte es eben Freude, und dagegen läßt sich nichts tun. Im Augenblick ist mein Vermögen nicht viel, weil ich fast alles für die Ecole militaire hergeliehen habe.« Gegen saftige Verzinsung! vergaß sie zu erwähnen. Danach wundert es kaum, daß ihr schon jene gewissensentlastende Theorie zur Verfügung stand, die seither ein Dogma des mittelständischen Wirtschaftsliberalismus geblieben ist, da sie sowohl prompt einleuchtet als auch im dunkeln läßt, wie es sich mit dem Genuß des Kapitals und dem Modus der gesellschaftlichen Mittelverteilung verhält. »Wissen Sie«, verkündete sie mit leichtem, geläufigem Unternehmersinn, »daß ich das Hôtel d'Evreux gekauft habe? Denn ich muß natürlich ein Haus in Paris haben. Aber ich will es niederreißen und dafür ein anderes bauen lassen, das mehr nach meinem Geschmack ist. Man spottet immer über die Bauwut. Ich für meine Person kann diese angebliche Torheit nur billigen, die so vielen Armen Brot schafft. Mir macht es keinen Spaß, das Geld in meinem Kasten anzugucken. Ich bringe es lieber in Umlauf.«

Da die Pariser jedoch vom sozialen Nutzen des privaten Luxus nicht zu überzeugen waren und zudem noch ein Stück von einem angrenzenden öffentlichen Park den Erweiterungsmaßnahmen geopfert wurde, kam es zu heftigen Störungen der Bautätigkeit, bis Soldaten zur Bewachung dorthin geschickt wurden. Kleinlaute Verteidiger der Marquise machten allerdings darauf aufmerksam, daß die aus der Schatulle Ludwigs bezahlten Schlösser von ihr testamentarisch wieder an die Krone zurückgegeben wurden und daß auch ihre jährlichen Pensionen und Apanagen, zwischen 50000 und 200000 Livres, vergleichsweise moderat gewesen seien. Die Zahlen sagen uns freilich nicht viel; doch der in allen Dingen belehrende Rousseau kann uns vielleicht auch über diese Relationen ins rechte Licht setzen. In seinem sehr gefällig komponierten Singspiel »Le devin du village« hatte die Pompadour in einer Hauptrolle brilliert. Zum Dank schickte sie ihm fünfzig Livres, und der König legte nochmals hundert dazu. Dieser Betrag, den der ewig zurückgesetzte Jean-Jacques natürlich für allzu gering erachtete, genügte ihm dennoch, um einige Jahre seinen Lebensunterhalt zu bestreiten. Man sieht also Gründe, sich gegen die Spitzenverdienerin Pompadour zu empören. Nur eben, sind solche Verhältnisse oder Mißverhältnisse der Unrat von gestern?

Das die öffentlichen Unternehmungen der Marquise zusammenfassende Urteil eines väterlich herablassenden Historikers aus dem vorigen Jahrhundert darf heute gleichwohl wegen seiner eklatanten »Unkorrektheit« keinesfalls hingenommen werden. Vielleicht – und so leise wie von Voltaire gesagt – tritt es der allemal imponierenden Dame, die sich von keinem Mann benachteiligt fühlte, dennoch nicht allzu nahe. »Sie hatte keine Folgerichtigkeit in ihren Ideen, keine Erfahrung mit den Staatsgeschäften, keinen Zusammenhang in ihrem Verhalten. Wenn es sich darum handelte, ein großes Königreich zu lenken, dann blieben nur die natürliche Ignoranz einer Frau, die außer den Künsten nichts richtig gelernt hatte, und die Eitelkeit einer Bürgerin, die Premierminister geworden war.« Eine Dilettantin mit politischer Verantwortung und dazu noch eine schöne, geistreiche Frau – wie dürfte man daran Anstoß nehmen, daß es da manchmal abenteuerlich zuging? Jedenfalls trödelte und wurstelte sie nicht in einem Küchenkabinett. Auch leere Konsens- und Betroffenheitssprüche müßten ihr verhaßt gewesen sein. Und schließlich: Was waren das für Männer, die sie so leicht von den Stühlen kippen konnte?

Mit leichtem Sinn war es geschrieben, als sie, kaum zwei Jahre die Geliebte Ludwigs, 1747 dem Außenminister Pierre-Marc d'Argenson davon Mitteilung machte, sie wolle von nun an nicht nur dem König zur Freude, sondern auch dem Staat als voll einsatzfähige Politikerin dienen. Das nötige Handwerkszeug habe sie sich in einem Schnellkurs schon fast vollkommen angeeignet. Mit einer einleitenden knappen Analyse der Weltlage samt entsprechenden Ratschlägen demonstrierte sie dem Fachmann, wie leicht ihr das Einarbeiten gefallen war, um fortzufahren: »Ich liebe die Politik nicht. Da aber mein seltsames Schicksal mich zu ihrem Studium zwingt, bitte ich Sie, auch fernerhin mein Lehrer zu sein. Nach allem, was ich sehe, braucht man dazu nichts weiter als ein stark ausgebildetes Rechtsbewußtsein und eine tüchtige Dosis gesunden Menschenverstand.«

Die schwermütige Langweile ihres verwöhnten, doch unbefriedigenden Schönheitsalltags gegen etwas Vernünftiges, sie Erfüllendes einzutauschen, das scheint die Antriebskraft für ihre zweite, die politische Karriere gewesen zu sein. Behutsam entzog sie sich dem Liebesverlangen des menschenscheuen Ludwig. Über die Gefahrenstelle, daß dieser beleidigt reagieren, zur Nächstbesten im Konkubinennachschub greifen und ihr den Abschied erteilen konnte, manövrierte sie erfolgreich hinweg, wenn auch mit der unfeinen Berechnung, dem Gebaren einer Kupplerin. Denn wie es zur Dialektik der Weltverhältnisse gehört, muß persönliche Freiheit oft mit einem Tribut an die Schäbigkeit entgolten werden. Wie die Freiheit der Bürgersfrau erst durch das Halten einer kostengünstigen Putzfrau realisiert wird, so konnte die Marquise den bruchlosen Übergang in ihr neues Betätigungsfeld nur durch termingerechte Herbeischaffung von Eintagshuren gewährleisten, die zwar das Königsrecht auf unbeschränkte Sinnenlust erfüllten, jedoch nach der Maßregel ausgewählt und überwacht werden mußten, daß sie der Position der emanzipierten Favoritin niemals gefährlich werden konnten.

1750 hatten der König und die Marquise aufgehört, ein Liebespaar zu sein. Für den Vierzigjährigen begann seine turbulente Epoche der *kleinen Maitressen*, während für die abgedankte Favoritin die Epoche ihrer Regentschaft anfing, in welcher Beziehungen zu Männern offenbar keine Rolle mehr spielten.

Unter den von der Marquise, vom Kammerdiener oder vom Marschall Richelieu beschafften flüchtigen Frauenfiguren, welche meist in einem, die *Schnellwaage* geheißenen, Zwischengeschoßzimmer in Versailles den begehrten Vorzug genießen durften, hinterließ eine jedoch ein eindrucksvolles, bleibendes Bild. Es handelte sich um die sechzehnjährige, *Morphise* genannte Marie-Louise O'Murphy, die als auf dem Bauch liegenden Nackedei der Hofmaler Boucher *con amore* verewigen mußte. Die gerüchteumwobene Haremszauberburg des *Parc-aux-Cerfs* übrigens, in welcher der wollüstige Monarch gleich einem Dämon den verwerflichsten Exzessen gefrönt habe, war in Wirklichkeit nur ein kleines Einfamilienhaus in einem Neubaugebiet dieses Namens am Rand des expandierenden Versailles. Auf Veranlassung der Pompadour wurde diese enge Beamtenheimstätte 1755 gekauft, um dort die aktuellen Schönen schubweise unterzubringen, damit sie sich im Schloß nicht breitmachten.

Da man sich von einigen der nachfolgenden Maitressen durchaus ein Bild machen kann, muß man es umso seltsamer empfinden, daß es nicht gelingt, die bedeutendste, meistgenannte von allen in irgendeine klare Vorstellung zu zwingen, daß sie auch das Interesse von Biographen erstaunlich wenig erregte. Die biographische Annäherung muß vor ihr verzagen, und selbst den zahlreichen Malern und Bildhauern, die sie portraitierten, glückte es nicht, die Marquise zu erfassen. Nachdem man in ihren privaten Briefen gelesen hat, wird man das Bildnis jenes großen, stillen Mädchens, das Quentin de la Tour malte, für das treffendste halten. Die »Premierministerin« aber nimmt man nur wahr als ein Bewegungszentrum ohne eigene Wesenheit. Sie ist ein Name, eigentlich nur eine Chiffre, die weit strahlte, Emotionen und Verhaltensweisen auslöste, ohne die Person selber zur lebendigen Anschauung zu bringen.

Falls sie wirklich für die Konfusion der Staats- und Finanzverhältnisse Verantwortung trug, so zeichnen dennoch die *Richtlinien* ihrer Politik, wie man sie in ihren Korrespondenzen eingestreut findet, die Bildnisskizze einer klugen, moralischen Frau. An den unermüdlichen Kämpfer und Sieger für Frankreich, den Marschall Moritz von Sachsen, schrieb sie statt der gebotenen Lob- und Dankpreisung folgendermaßen Erstaunliches: »Sie und Ihresgleichen sind Helden von besonderer Art. Euer Ruhm und Euer Vergnügen besteht darin, Menschen umzubringen. Der König hingegen würde sich sehr darüber freuen, sie glücklich zu machen. Gestern hat man hier auf Ihren Sieg ein Te Deum gesungen. Aber ich habe nichts übrig für derlei Zeremonien, die mir wie eine Beleidigung Gottes erscheinen. Natürlicher wäre es, ihn dafür um Verzeihung zu bitten. Ich empfehle Ihnen, mit dem fortwährenden Besiegen der Feinde endlich Schluß zu machen.«

An anderer Stelle liest man: »Inmitten der Hochrufe auf den König sterben die Franzosen vor Hunger. – Die Proviantlieferanten der Armee sind habgierige Leute. Sie ziehen in den Krieg, um Reichtum zu gewinnen. Es sind Blutegel, und man tut gut daran, ihrem Treiben Einhalt zu gebieten. – Den Londoner Kaufleuten ist es, dank ihrer Kredite, ihrem Geld und Geschrei, geglückt, den König Georg zu erpressen und ihm die Kriegserklärung aufzunötigen, wie sehr er auch persönlich für den Frieden ist. Sie sehen, es gibt in allen Herrschaftssystemen Nachteile: in den absoluten Monarchien können die Könige nach Willkür alles Böse tun, und in den beschränkten Monarchien können sie nicht einmal das Gute tun.«

An Montesquieu, der ihr sein Buch über den »Geist der Gesetze« geschickt hatte, meldete sie prophetisch: »Sie verdienen den Titel eines Gesetzgebers von Europa, und ich zweifle nicht daran, daß man Ihnen diesen Titel bald einstimmig zuerkennen wird.«

»Ich hoffe, Ludwig XV. wird niemals zu einem Ketzerverfolger. Sollte man ihm gleichwohl einen gewalttätigen Entschluß abringen, so wird dieser Brief für mich bürgen, und niemand wird mich anklagen können, an einem solchen Vorgehen beteiligt zu sein.«

Höchst bemerkenswert die Mitteilung an den Finanzminister Machault, bezüglich des Konsortiums der Steuerpächter: »Sie haben die Absicht, die vierzig privilegierten Spitzbuben zu bekriegen, die Frankreich ruinieren. Ich schätze Ihren Mut. Es heißt, der gegenwärtige Reichtum des Landes beliefe sich auf zirka 1200 Millionen Livres, und 200 Privatleute besäßen davon mindestens die Hälfte. Das ist ein ganz abnormales Verhältnis und ein großer Mißstand. Es ist ein Monopol, das unmerklich alle Kapitalien des Reichs verschlingt, und die Billigkeit fordert, daß man diese Herrschaften zur Kasse zwingt. Es wird dem Staat mehr als 300 Millionen einbringen.«

Zwei Jahre später aber stellte die Vierzigjährige resigniert fest: »Wir verbringen unsere Zeit damit, daß wir uns langweilen, und unsere Minister verbringen ihre mit dem Bau von Luftschlössern.«

Fünf Jahre lang war die Marquise von Pompadour die Geliebte Ludwigs, vierzehn Jahre lang blieb sie danach seine Vertraute, die mit ihren Talenten die Geschäfte führte, zu denen ihm die Gabe fehlte. Die hohe Anspannung, welche ihre Rolle stets von ihr forderte, zerrüttete ihre Nerven, ihre Gesundheit. Seit langem litt sie an Lungentuberkulose und versuchte, mit Pillen und Quacksalbereien Herr zu werden über ihre Mattigkeit, den Husten, das Fieber und die Atemnot. Zweiundvierzig Jahre war sie alt geworden, als sie am 15. April 1764, am Palmsonntag, verstarb, kurz nachdem der Priester sie verlassen hatte. Diesem hatte sie noch nachgerufen: »Warten Sie, ich komme gleich mit!«

Es galt nämlich in Versailles das Gesetz, daß die Toten sofort hinausgebracht wurden. Ludwig XV. ordnete für sie die herzöglichen Exequien an, denen er aber fernblieb. Es war schon Nacht, als er die Glocke hörte, die zum Ende der Totenfeier läutete. Er trat ans Fenster, gegen das Regen und Sturm peitschten, sah hinab auf die flackernden Fackeln und den Trauerzug, der aus der Kapelle kam, und schaute dem Wagen mit dem Sarg nach, wie er zur Straße nach Paris hinunterfuhr. Eine unfreundliche Überlieferung will, daß er nichts anderes zu bemerken hatte als: »Die Marquise hat ein schlechtes Wetter für ihre letzte Reise.« Eine andere Version berichtet, daß, als er sich vom Fenster zu seinem Kammerdiener Champlost umwandte, Tränen über seine Wangen flossen und daß er, dem die Erregung stets die Worte raubte, zur Erklärung gab: »Denken Sie, zwanzig Jahre lang meine Freundin.«

Der nächtliche Kondukt nach Paris, wo der Haß sie erwartete, verlief ohne Lärm. In der Kapuzinerkirche an der Place Vendôme, so hatte die Marquise bestimmt, wurde sie bestattet. Der Priester, den ihre Familie zur Totenrede gewonnen hatte, vollzog mit einer flinken rhetorischen Wendung an der Ehebrecherin und Kirchenfeindin die Rache der Geistlichkeit: »Ich nehme in Empfang den Körper der hochmächtigen Dame, Madame de Pompadour, Hofdame der Königin. Sie war dort in der Schule aller Tugenden, denn die Königin,ein Vorbild an Güte, Mildtätigkeit, Beständigkeit und Großzügigkeit ...« Es folgte eine schwärmerische Lobrede auf Maria Leszczynska, die das Hühnerfrikassee jedem anderen Ragout vorzog.

Der Priester, der nur schlau und boshaft sein wollte, umfing mit der Schlinge seiner Rede zwei dressierte Frauen: die eine vollkommen geprägt vom Regiment einer reinen Frauengesellschaft aus Hofdamen und klugen oder sauertöpfischen Nonnen, die andere ganz geformt nach den höchsten Glücksvorstellungen ihrer Mutter, die eine starke, lebensvolle Frau war, sich von niemandem dreinreden ließ und sich nahm, was sie wollte, und dann etwas gab, wenn es ihr Vorteil brachte.

Cagliostro

Das große Rätsel seiner Zeit

Wer in den letzten Jahrzehnten des 18. Jahrhunderts das Beben des alten Europa verspürte, vom Übel der Zeit beunruhigt wurde und sich anschickte, entweder nach tieferen Ursachen und Urhebern oder nach Gegenmitteln und Rettern zu suchen, der hätte sich auf eine Reise begeben können, die das Heilige Offizium der römischen Inquisition im Januar 1790 als den Weg in das Innere des Zeitgeheimnisses ausgeforscht hatte. Diese Reise hätte zehn Jahre zuvor stattfinden müssen; ihr erstes Ziel wäre Frankfurt am Main gewesen, und an das eigentliche Ziel, an die Quelle allen Übels oder allen Heils, wäre man einige Meilen außerhalb der Stadtmauern gelangt. Dazu wäre allerdings das Bündnis mit einigen wenigen, verschworenen und allwissenden Männern unabdingbar gewesen, die – je nach Sichtweise – entweder den Untergang des Abendlandes herbeiführten oder seinen ewigen Frieden und seine vernunftgemäße Glückseligkeit beförderten. Genauso wie der in geheimer Mission durchreisende Graf Cagliostro hätte man die Einladung erhalten müssen zu einer Kutschenfahrt, die nicht auffälliger wirkte als irgendeine zeitvertreibende Landpartie, bei der sogar das Kaffeetrinken als erwähnenswerter Programmpunkt vorgesehen war.

Das Anwesen irgendeines namenlosen ländlichen Grafen war das Ziel, am Rand eines kleinen Dorfes in der fruchtbaren mittelhessischen Ebene, wo solche Grafen eher Ackerbauer waren, die nicht das Flair der großen Welt umgab, sondern an deren Stiefel die lehmige Erde klebte. Das Gebäude wird heute noch immer von den Einheimischen *das Schloß* genannt, obwohl es auch früher einen solchen Anschein schwerlich erweckt haben konnte. Von den Grafen, die hier residierten, weiß man schon lange nichts mehr. Wäsche hängt zum Trocknen über einem zertretenen Wiesenstück, das vielleicht einmal Teil eines mäßig herrschaftlichen Gartens war. Das zwar große, aber gewiß immer nur praktische Haus ist in Wohnungen unterteilt. Ein Fahrrad lehnt am Eingang, daneben steht ein Kinderwagen. Hier und da ein paar Geranien; aus einem offenen Fenster schallt Radiomusik, die im Wettstreit liegt mit dem Gezwitscher der Spatzen auf dem Dach und in den hohen Bäumen. Unter diesen, im schattigen Gras erkennt man so etwas wie einen eingelassenen, türgroßen Rahmen aus Stein, der vollkommen zwecklos erscheint, bis man sich vorstellt, daß es sich um den verschütteten und vergessenen Zugang in ein unterirdisches Gelaß handeln könnte.

Man steht vor der Pforte, durch die einst dieser weitgereiste, hoch bewunderte und höchst verdächtige Italiener, der sich *Conte* und *Cagliostro* nannte, in das Archiv aller untergründigen Machenschaften gelangte, die an den Staaten des Ancien Régime, an der Religion und an Geist und Seele der Menschen rührten. In dieser verschütteten Gruft, so hatte das Oberste Tribunal der Inquisition herausgefunden, seien die Geheimnisse einer mächtigen Verschwörung gegen Thron und Altar verborgen gewesen, und wer hier steht, befinde sich am Ursprung der Französischen Revolution.

Diese Erkenntnisse des Heiligen Offiziums in Rom stammten aus den Verhören, denen Alexandre de Cagliostro, der wahrscheinlich nur Giuseppe Balsamo hieß, Anfang 1790 in den Verliesen der Engelsburg unterzogen wurde. Auf päpstlichen Befehl war er, zusammen mit seiner Frau, am 27. Dezember des Vorjahres in ihrer Wohnung an der Piazza Farnese festgenommen worden. Auch der französische Hof, der sich seit dem Sturm auf die Bastille in einer ganz neuartigen, beängstigenden Situation sah, hatte den Papst, Pius VI., bedrängt, damit er diesen staatsgefährdenden Freigeist und Schamanen, dessen Herkommen niemand kannte und der halb Europa in Verwirrung stürzte, unschädlich machte. Der Kardinal de Bernis meldete nach Paris: »Vor drei Tagen wurde der Graf von Cagliostro wie auch seine Frau verhaftet, ersterer in die Engelsburg gebracht, letztere in ein Kloster gesperrt. Dieser Scharlatan, der es nicht verdient, so berühmt zu sein, soll in den durch eine Bulle Benedicts XIV. feierlich verbotenen Freimaurerlogen geheime Zusammenkünfte abgehalten und versucht haben, durch abergläubische Zeremonien den Geist der deutschen und holländischen Illuminatensekte einzuführen.« Das Heilige Offizium der Inquisition untersuche nun, ob Cagliostro nicht sogar das Oberhaupt dieser Illuminaten sei, deren geheimes Treiben die Regierungen seit einiger Zeit in Unruhe versetzte.

Am 21. März wurde Cagliostro von dem päpstlichen Gericht zum Tode verurteilt. »Giuseppe Balsamo, verschiedener Verbrechen verdächtig und überführt, verurteilt und der Strafe verfallen, die über die Verbreiter irriger Dogmen, über die Häupter der Ketzerei, die Lehrmeister und die Adepten der abergläubischen Magie verhängt sind, ist verurteilt und der Strafe verfallen, welche in den apostolischen Gesetzen von Clemens XII. und Benedict XIV. gegen diejenigen vorgesehen ist, die in jeglicher Weise Freimaurergesellschaften bilden oder unterstützen und die sich in Rom oder einem anderen Ort unter päpstlicher Hoheit dieses Verbrechens schuldig gemacht haben.« Da aber zum Vollzug der nach kirchlichem Recht gebotenen Todesstrafe der Verurteilte den weltlichen Behörden hätte überantwortet werden müssen und der Vatikan im Fall Cagliostros diesen Akt scheute, gelangte der Urteilsspruch zu einer gewissermaßen diplomatischen Lösungsformel: »Doch aufgrund besonderer Gnade wird die Strafe, die den Schuldigen dem weltlichen Arm übergeben würde, in lebenslange Haft umgewandelt, unter strenger Bewachung und ohne Aussicht auf Begnadigung.«

Die Verhaftung und Verurteilung Cagliostros, der schon unter seinen Zeitgenossen als die schillerndste Figur der Epoche galt, erregten allgemeines Aufsehen, und der Vatikan beeilte sich, entgegen seinen Usancen die Gründe für sein Vorgehen und die Bestrafung öffentlich bekannt zu machen. Ein Jesuit namens Stefano Antonio Marcello wurde beauftragt, aus den Verhören und Prozeßakten eine Schrift zu erstellen, die sogleich in verschiedenen Sprachen erschien, offenbar reißenden Absatz fand und in der 1791 in Zürich herausgebrachten deutschen Version den Titel trug: »Leben und Thaten des Joseph Balsamo, sogenannten Grafen Cagliostro. Nebst einigen Nachrichten über die Beschaffenheit und den Zustand der Freymaurersekte. Auszug aus dem 1790 gegen ihn durchgeführten Prozeß in Anlehnung an die Apostolische Kammer.« Der zeitgemäß umständliche Titel gibt den Hinweis darauf, daß die Verurteilung nicht den Schwindler und Hochstapler, den Mystiker, Magnetiseur und Wunderheiler treffen wollte, sondern den politischen Feind, den Agenten, vielleicht sogar Führer jener verborgenen Männer, die als Freimaurer oder Illuminaten bezeichnet wurden und, nach dem Verstand von vielen, eine höchst effektive geheime Körperschaft zum Zweck des politischen Umsturzes bildeten. Den Aufenthalt in Frankfurt stellt der Herausgeber der Prozeßprotokolle als ein besonders alarmierendes Indiz für Cagliostros internationale Verbindungen und seine Gefährlichkeit dar. Das Buch läßt den Angeklagten unkommentiert zu Wort kommen und ihn detailliert darüber berichten, wie er sich um 1779 herum – falls überhaupt – in Frankfurt aufgehalten hatte und wie ihm von ungenannten Mitverschworenen in jener ländlichen Krypta das freimaurerische Weltgeheimnis vorgezeigt wurde.

Ich reiste nach Frankfurt. Bey meiner Ankunft fand ich die N. N. und N. N. – welche Häupter oder Archivarien des Freymaurerordens von der strengen oder sogenannten Illuminaten-Observanz waren. Sie luden mich ein, in ihrer Gesellschaft Kaffe zu trinken. Ohne meine Frau, oder sonst jemand von meinem Gefolge (dieses haben sie sich ausdrücklich von mir erbeten) mit zu nehmen, setzte ich mich mit ihnen in eine Kutsche, und fuhr auf ein von der Stadt entferntes Landhaus. Wir traten in einem Hause ab, und verfügten uns, nachdem wir den Kaffe eingenommen hatten, in einen Garten, wo wir eine künstliche Grotte fanden. Mit einem brennenden Lichte stiegen wir miteinander ungefähr 14 bis 15 Treppen unter die Erde hinab, und kamen in ein in die Runde gebautes Zimmer, in dessen Mitte ein Tisch stund, der, da er abgedeckt wurde, eine eiserne Kiste vorstellte. Nachdem auch diese eröfnet wurde, erblickte ich in derselben eine Menge Schriften, aus welchen meine besagten zwey Begleiter ein geschriebenes Buch, das einem Kastrole oder einem Missale ähnlich war, hervornahmen, dessen Inhalt mit den Worten anhub: Wir Großmeister der Tempelherren etc. Sodann folgte eine Eidformul, die in schreckbaren Ausdrücken abgefaßt war, deren ich mich nicht mehr erinnern kann, und die Verpflichtung enthielt, alle despotische Monarchen zu vertilgen. Diese Formul war mit Blut geschrieben, und hatte, ausser meiner oben angeführten Chifre, die obenan stund, eilf Unterschriften, die sämtlich mit Blut gemacht waren. Ich kann mich nicht aller dieser unterschriebenen Namen erinnern, nur weiß ich, daß die N. N. N. N. N. N. unterschrieben waren. Diese Unterschriften zeigten die Namen der zwölf Großmeister der Illuminaten an; meine Chifre war aber wirklich nicht von mir gemacht, und ich weiß auch nicht, wie sie dahin kam. Aus dem, was sie mir über den Inhalt dieses in französischer Sprache geschriebenen Buches offenbarten, noch mehr aber aus demjenigen, was ich hie und dort darinn gelesen hatte, überzeugte ich mich immer mehr, daß der bestimmte Streich dieser Sekte vornehmlich auf Frankreich gerichtet war, nach dessen Falle es sodann auf Italien, und sonderheitlich auf Rom losgehen würde. Ich überzeugte mich ferner, daß die Gesellschaft in verschiedenen Banken in Amsterdam, Rotterdam, London, Genua grosse Geldsummen liegen habe, welche, wie mich meine Begleiter versicherten, von den Beyträgen herkommen, die alljährlich von 180000 Maurern, für jeden zu 5 Louisd'or gerechnet, entrichtet würden; daß man sich dieser Summen zur Unterhaltung der Ordenshäupter, zur Besoldung der Emissarien, die an allen Höfen sich befänden, zur Unterhaltung der Schiffe, und endlich zur Anschaffung alles dessen, was die Sekte benöthiget wäre, und zur Belohnung derjenigen bediene, welche irgend eine Unternehmung wider despotische Souverains wagten. Ich entdeckte ferner, daß die Anzahl der Logen, die sich in Amerika und Europa befinden, auf 20000 belaufen, welche alljährlich am St. Johannstage verpflichtet sind, 25 Louisd'or an die gemeinsame Ordenskasse zu senden. Endlich boten mir meine Begleiter Unterstützung an Geld an, und versicherten, bereit zu seyn, auch mit ihrem Blute mir zu dienen. Ich erhielt wirklich 600 Luisd'or in baarem Gelde von ihnen. Als wir hierauf in Gesellschaft nach Frankfurt zurückkamen, reisete ich andern Tages mit meiner Frau nach Strasburg ab.

Beim Lesen dieses Aussageprotokolls spürt man schnell, daß da die Proportionen nicht stimmen können und daß es nicht mit rechten, sondern höchstens mit albernen Dingen zuging. Entweder ist diese Begebenheit pure Erfindung oder das – irgendwie redliche – Abbild eines kindischen Mummenschanzes. Der Jesuit Marcello hatte als erster bemerkt, daß diese vorgebliche Enthüllung Cagliostros zwar bei seinen vatikanischen Richtern auf freudige Glaubensbereitschaft gestoßen war, daß sie aber einer kritischeren Öffentlichkeit allerhand Unwahrscheinliches und Übertriebenes zumutete. Unmittelbar nach der Wiedergabe der Aussage meldete er die Zweifel seines eigenen gesunden Menschenverstandes an, um dann jedoch hervorzuheben, daß Cagliostro in seinen Verhören immer und immer wieder beteuert habe: gerade so und nicht anders sei das alles geschehen.

Tatsächlich kann man aus dieser Geschichte eine gewisse Plausibilität herauslesen, eine Plausibilität, die vielleicht auch den richtigen Blick eröffnet auf dieses ganz und gar erstaunliche, obskure Phänomen, das Cagliostro für seine Zeit darstellte.

Wir erfahren also und können es glauben, daß es in jenen Jahren in der Gegend von Frankfurt ein paar Männer gab, die sich für wichtig hielten oder nach Wichtigkeit verlangten und sich deshalb einer Mode angeschlossen hatten, welche als die europäische Mode galt für jedermann, der sich so wichtig nahm und für so wissend erachtete, daß er beanspruchen durfte, eine wichtige, hintergründige Rolle zu spielen. Der Laufsteg, auf welchem jeder, der es darauf anlegte, sich als eine *graue Eminenz* spreizen durfte, führte geradewegs in die seltsam hohle Körperschaft der Freimaurerei, deren sehr schichtenspezifische, höchst bemerkenswerte Ausbreitung vermutlich nur aus zwei Ursachen erwachsen war: erstens, daß alle Mitglieder sich a priori für bedeutend hielten und demnach ihre Vereinigung erst recht bedeutend sein mußte, und zweitens: daß die ausgeschlossen bleibende Öffentlichkeit auf die so geheimnistuerisch wie kokett ausgestreuten Bedeutsamkeitssignale wunschgemäß reagierte und dem Freimaurertum irgendeine tatsächliche, unfaßbare Bedeutung zumaß. Diese gruselnd bewundernde Zumessung geschah umso willfähriger, als kein Mensch an all den Logen, Geheimgesellschaften und Clubs irgendetwas tatsächlich Bedeutendes feststellen konnte, was nun erst recht als Beweis dafür taugte, daß die Bedeutung eine absolut geheime und folglich kolossale sein mußte. Das damalige, über ganz Europa dicht verstreute, sich andeutungsvoll verbergende Logenwesen könnte man – der Überspitzung halber und wenn's erlaubt ist – der schlichten Formel unterstellen: Wirkung ohne Ursache.

Falls denn eines Tages der sensationsumwitterte, bereits mit den buntesten freimaurerischen Ehren umkränzte Cagliostro tatsächlich in Frankfurt aufgetaucht war, kann man sich gut vorstellen, daß einige provinzielle, wichtigtuerische Kindsköpfe über ihn herfielen, ihn in die selbstersonnene Großartigkeit ihrer Logengeheimnisse hineinzogen, um endlich einmal von einem richtigen Fachmann bestaunt zu werden. Was man in solchen geheimbündlerischen Kreisen, wie sie in allen Städten und Residenzen florierten, zur Beschäftigung erkoren hatte, bestand aus ein bißchen Trivialphilosophie, ein bißchen Alchimie und Esoterik, ein bißchen Politisieren, dazu in größeren Portionen noch solchen Geistesspeisen, die ein salopper Eindringling vielleicht als Hierarchiegetue und Kostümplunder bezeichnet und belächelt hätte. Außerdem las man Zeitungen, verlangte Informationen aus aller Welt und entdeckte nicht nur den hohen Unterhaltungswert der Politik, sondern auch den noch höheren der universell betroffenen moralischen Rechthaberei. Paracelsus und Nostradamus, Rousseau und Voltaire, die Goldmacherei und die Geldmacherei, der Stein der Weisen, das Schwärmen von brüderlicher Egalität, doch nicht minder das reale Seilschaftsdenken und die vorteilshungrige Klüngelei, dazu noch einige politische Ideale von allgemeinster, unverbindlichster Art samt mancherlei an theatralischem Firlefanz und tiefsinnelnden Riten – all das zusammengeschüttet, ergab die landläufige Wirklichkeit des damaligen Freimaurertums. Da sollte zusammenwachsen, was nicht zusammen gehörte, jedoch als eine Freizeitzelebration für Eliten von eigenen Gnaden gewiß auch viele Zeichen guten Willens vorzuzeigen vermochte. Goethe in Weimar, nicht ohne große Erwartungen, schaute da nur kurz hinein, winkte ab und kehrte an sein Tagewerk zurück. Daß in den Logen als Losung die Einigkeit gepredigt wurde, war genauso schlüssig wie die unübersehbare Tatsache, daß innerhalb dieser Vereinigungen und zwischen ihnen die Uneinigkeit regierte und die Zänkerei um Rang und Reinheit den bevorzugten Kommunikationsstoff bildete. Gern möchte man jedoch zugeben, daß dieses dauernde Kreisen um sich selbst wenigstens den Reiz eines »höheren Indianerspiels« besaß. Immerhin hatten doch diese weltbewegenden Heimlichtuer, die Cagliostro zu ihrer mittelhessischen geheimen Kommandozentrale geleiteten, sich eine richtige Höhle zum Spielen und Kramen geschaffen, um der magischen Vorstellung zu huldigen, daß mit dem Vollschreiben von Papieren und mit blutigen Autogrammen aus mogelnden Federn die Geschichte zu lenken sei.

So mag es sich – kurz und kraß bezeichnet – mit den realen Vorbedingungen für die angebliche Gerichtsaussage des falschen italienischen Grafen verhalten haben. Was den Offenbarungen Cagliostros über die Untergründe der Wetterau indes als schlüssigstes Authentizitätsmerkmal anhaftet, ist der Anflug von weltkluger, ausgesprochen nobler Ironie, wie sie in den Reaktionen des berühmten Mannes zum Vorschein kam. Perfekt demonstrierte Cagliostro die Manieren des echten Abenteurers, welcher eine kleinere Langeweile gegenüber jener größeren vorzog, die ihm sonst als durchreisendem Gast im bürgerlich engen Frankfurt beschieden gewesen wäre. Mit höflich amüsierter Neugier ließ er die absonderlichen Dinge auf sich zukommen, die ihm in Wahrheit nicht wichtiger waren als das zweimalige Kaffeetrinken. Es ziemte sich, kein Spielverderber zu sein und mit Gelassenheit die Rolle anzunehmen, welche die Spielfreude der anderen ihm aufdrängte. Eine gewisse Gequältheit klingt allerdings an, und zwischen den Zeilen sehen wir, wie er damals die Augenbrauen hochzog, als die freimauernden Illuminatenbrüder ihm seine eigene Signatur vorzeigten, die von ihm nicht stammte. Einspruch legte er nicht ein; vielmehr scheint er geschmeichelt nachgiebigen Gefallen daran gefunden zu haben, daß die treuherzigen Herren ihn ganz ohne Frage zu den zwölf Häuptern der Weltverschwörung zählten, ihn sogar noch an die Spitze gesetzt hatten. Denn daran mußte er sowieso gewöhnt sein, daß er – der sich mehr noch als Casanova das Abenteurertum zum veritablen Beruf gemacht hatte – eine Doppelexistenz führte. Jener andere »virtuelle« Cagliostro hatte die Unterschrift geleistet, und so konnte sie in diesem besonderen Sinn als seine echte gelten. Genauso werden es auch die beiden selbsternannten Welterlöser gesehen haben, indem sie dem berühmten Fremdling eröffneten, daß er in dem Nie-Gesehenen, Nie-Betretenen längst ein Einheimischer war. Und schließlich, wie hätte er sich gegen die realen Angebinde dieses Phantastentums verwehren dürfen, wie hätte er Nein sagen können, als man sich am Ende die Ehre gab, ihm zum Lohn für sein Mitspielen einen fürstlichen Geldbetrag zu überreichen.

Die Welt will getäuscht und in ihrer Eitelkeit bestätigt werden. Um das Phänomen Cagliostro annähernd begreifen zu können, muß man sich Vorstellungen verschaffen vom Rezeptionsgefüge, von den gesellschaftlichen Erwartungen, auf die seine Erscheinung traf und denen er sich mit aufreizendem Spieltalent dermaßen anpaßte, daß er – ohne eigentlich ein Betrüger zu sein – dennoch für einen solchen gehalten werden konnte. Es war allerhand, was er seinen Zeitgenossen zumutete. Aber um wieviel größer war erst deren Befriedigung, daß er ihnen diese Zumutungen lieferte, da sie doch bestens geeignet waren zur Übung der geistigen Spannweite, ob nun in Richtung der Schwarmgeisterei oder in jene des Räsonierens, das bei den Herren auf der Höhe der Zeit dazugehörte wie die Schnupftabakdose. Der rätselhafte, ausgesprochen charismatische Italiener war ein Thema für jeden, ein durchweg demokratischer, jedem zugänglicher Diskussionsgegenstand. Cagliostro entsprach allen Sensationserwartungen seines so nervösen wie paradoxen Zeitalters, welches die allseits herbeigewünschte »Erleuchtung« entweder durch das Licht der Vernunft oder durch die okkultistische Verdunklung herbeiführen wollte – am liebsten jedoch durch die opulente Mischung von beidem. Cagliostro war ein Virtuose dieses »Clair-obscur«, das in der höfischen Malerei zwar fürs erste ziemlich aus der Mode gekommen war, an dem aber ein populärer frühromantischer Zeitgeschmack nun erst recht sein Vergnügen fand. Der Jesuit Marcello, der doch eigentlich diesen dahergelaufenen Giuseppe Balsamo alias Conte Cagliostro zu einem staats- und religionsfeindlichen Monstrum aufbauschen sollte, mußte über der Erledigung seines Auftrags bemerkt haben, daß da nicht viel dran war, und gelangte zu dem enttäuschend trivialen, gleichwohl fast respektvollen Fazit: »Um alles mit zwey Worten zu fassen: so sagen wir: Balsamo war ein famoser Betrüger.« Und das konnte er nur deshalb sein, weil er die Geister gemäß ihren eigenen Neigungen schied.

Getrost und ohne viele Umstände darf man für wahrscheinlich halten, daß Cagliostro sich für ein paar Tage in Frankfurt aufhielt. Es müßte dann gewesen sein auf seiner Reise von Warschau nach Straßburg, die 1779 oder, nach anderer Meinung, 1780 stattfand. Während der darauf folgenden drei Jahren blieb er in Straßburg, wo sich sein Ruf als Magier, als freimaurerischer Großmeister und – vor allem – als eminenter Arzt und Wunderheiler erst so recht befestigte. Der Abbé Lefranc aus Caen, der 1792 in Paris bei den Septembermorden umkam, schrieb 1791 eines der ersten von zahllosen Enthüllungswerken über die Ursachen der Französischen Revolution, welche allesamt vorgaben, daß sie den »Schleier lüfteten« über der groß organisierten Wühlarbeit, die von den Aufklärungsphilosophen samt den gottlosen Materialisten im Verbund mit den Freimaurern betrieben wurde. Wie alle Verschwörungstheoretiker seitdem hegten auch die Autoren dieser Bücher nicht die leisesten Bedenken, in ihrer Imagination die heterogensten Erscheinungen zu einer bedrohlichen Allianz zusammenzufügen und also den Aufklärungstruppen nicht nur freimaurerische Partisanen, sondern auch solche Okkultisten zuzu-

Abbildung 16
Cagliostro – Unter den zahllosen Karikaturen, die Europa überschwemmten, ein freundliches Bildnis von einem unbekannten Maler

ordnen wie den schwedischen Visionär Swedenborg, den deutschen Arzt und Magnetiseur Mesmer oder jenen hochstaplerischen Gedächtniskünstler, der sich Comte de Saint-Germain nannte und seinen Adepten glaubhaft machte, daß er Tausende Jahre alt sei. Derartige Feindaufklärung stammte meistens von Mitgliedern des Jesuitenordens, der seit den sechziger Jahren überall in Schwierigkeiten geraten, wenn nicht gar verboten worden war, sich jetzt aber mit dem Schüren von Konspirationsphobien wieder triumphierend zu Wort meldete. Daß allerdings auch das jesuitenfeindliche Lager seine eigenen Obsessionen kultivierte, doch mit denselben Waffen zurückschoß und deshalb nicht zögerte, den undurchsichtigen Priesterorden seinerseits zum Verbündeten sowohl der Aufklärer als auch der Obskuranten und sogar zum heimlichen Drahtzieher der Revolution zu erklären, ist vollkommen erklärlich. Denn in jeder Verschwörungstheorie ist grundsätzlich alles möglich, und das Unwahrscheinlichste gilt zwangsläufig stets als das Wahrscheinlichste. An Cagliostro jedenfalls kam bei diesen Vexierspiegeleien keiner vorbei. Der genannte Abbé Lefranc, in seinem Buch über die »Conjuration contre la Réligion Catholique et les souverains«, wußte ganz genau, worin der Auftrag des verdächtigen Reisenden bestand, als er nach Straßburg ging. Wie ein Gift sollte er in den von Ausschweifungen geschwächten Volkskörper Frankreichs eindringen, um in Straßburg einen ersten Infektionsherd anzulegen.

Sicher ist, daß Cagliostro ein großes Haus an der heutigen Place Kléber bezog, wo er, wie Marcello zugestand, »Wunder in der Heilkunde bewirkt zu haben sich rühmte. Die Kuren, die er durch seine Kunst machte, waren sehr viele und wunderbare. In kurzer Zeit sah er seine Wohnung mit Krücken angefüllt, welche von den Lahmen zurückgelassen worden, die er geheilt hatte.«

Nicht minder groß erkannte man nun, nach der Episode von Frankfurt, auch Cagliostros Einsatz für das Freimaurertum. In Straßburg existierten, wie überall, mehrere Logen und spiritualistisch-politische Debattierklubs, die miteinander wegen der höheren Reinheit und Legitimität im Streit lagen, und besonders wegen der modische Gewissensfrage, wie *strikt* die *Observanz* geboten sei gegenüber den *unbekannten Oberen* – die es vermutlich gar nicht gab. Cagliostro, der bis dahin hauptsächlich im Geschäft der Esoterik und ihrer Abwege ausgewiesen war, galt von jetzt an nach Meinung der Zeitbeobachter als ein Freimaurer mit Spezialmission, der daran arbeitete, die vielgelobte Einigkeit unter allen Logenbrüdern endlich auch herzustellen, um sie dann unter dem von ihm erfundenen Konzept des *ägyptischen Ritus* zusammenzufassen. Daß er in Frankfurt in vertraulichsten Kontakt mit den Freimaurern gekommen sei, daß er hier von zwei *ehrwürdigen Meistern* der *Strikten Observanz* seine *Initiation* empfangen habe, so will es eine Legende, welche ein wenig anders verläuft als die Geschichte, die 1790 von der Inquisition in die Welt gesetzt wurde. Darüber hinaus weiß diese Legende, daß ihm eine ganz spezielle, eine politische Unterweisung erteilt wurde, daß man ihm eine hochbedeutende, zutiefst geheime Aufgabe anvertraute, eine strategische Reiseroute vorzeichnete und einen Schatz aus Goldmünzen mit auf den Weg gab.

Hier ist nun die Gelegenheit, soweit möglich nach der Wirklichkeit hinter diesen Gerüchten zu suchen, um dabei vielleicht auch zu einer klareren Sicht zu gelangen auf jene Zeitverhältnisse, welche die Außerordentlichkeit Cagliostros möglich machten, sie recht eigentlich erschufen. Daß es in dieser Welt kleinkrämerischer zuging, als die Einbildung es wünschte, konnte man schon aus dem Protokoll der römischen Inquisition herauslesen. Eher langweilig, hohltönend und pedantisch waren die Verhältnisse jener eher bürgerlichen Gegenkultur, die Cagliostros Stern zuerst zum Aufleuchten brachte. Solche selbstironischen Logenbrüder wie den Goethe des »Wilhelm Meister« oder wie Jean Paul forderten sie eher zur Satire heraus. Ein intelligenter, anonym gebliebener Publizist gelangte über den von Verwirrung und Obessionen geplagten Geist seiner Zeit zu folgendem Befund: »Die Gesellschaft liegt auf der Folterbank ihrer ruhelosen Phantasie, stets bereit, vor allem zu bangen und alles abzuwehren oder sich allem in die Arme zu stürzen. Sie schafft sich die Ungeheuer, vor denen sie sich fürchten kann, und die Idole, denen sie sich ausliefert. Bis zur Unbesonnenheit und Unmäßigkeit wird man zum Sklaven der Wahrheit, die man entdeckt zu haben meint.«

Diese Phantasie wurde dennoch meistens nicht in vollen Schwung versetzt. In den überall sich etablierenden Lesegesellschaften, in den Tabakskollegien und Caféhäusern vergnügte und begnügte sich ein lendenlahmes Bildungs- und Honoratiorenpublikum mit dem bloßen Konsumieren der Weltbegebenheiten, mit der Lektüre von Zeitschriften und Zeitungen, die in den letzten Jahrzehnten des 18. Jahrhunderts mit einem wahrhaften, die kleinsten Provinzmetropolen erfassenden Gründungsfieber hervorgebracht wurden und den Journalismus neuerdings zu einem auskömmlichen Beruf machten. Das »Politisieren« entwickelte sich zu einer Lieblingsbeschäftigung der Herren, und bald richtete sich auch – wenigstens in Paris – die Damenwelt ihre eigenen politischen Debattierklubs ein. In diesem Milieu erzeugte sich der Typ jenes *Weltbürgers*, der auch heute noch von seinem Sessel aus an allem teilnimmt, sich alles einverleibt, was ihm irgendein ungeklärtes Mitspracherecht verschaffen könnte. Ihm ist alles gleichermaßen gültig und gleichgültig. Die Wirklichkeit, die dieser Zeitungsleser aus seiner informationssaugenden Ferne in sich aufnimmt, verwandelt sich in alberne Nivellierung von ungleichen Größen und Qualitäten. Die »Privilegirte Mainzer Zeitung«, die nicht gerade der Nabel der Welt war, aber scharf danach trachtete, am Puls der Zeit zu sein, bietet nicht nur ein gutes Beispiel, sondern lieferte auch solche. Aus Rom meldete sie ihren an allem interessierten Abonnenten schnellstens das Aktuellste über Cagliostros Verhaftung, Prozeß und Verurteilung. Dichtgedrängt und ganz unsortiert stehen diese Meldungen in der kuriosesten Nachbarschaft, um den ziemlich eingeebneten, bürgerlichen Geist der Epoche gleichermaßen zu bilden wie widerzuspiegeln. Man findet das Weltgeschehen dort gleichsam in Anekdoten zerlegt. Auf der Titelseite der Ausgabe vom 18. Mai 1791 haben sowohl die Erfordernisse des Umbruchs als auch der Zufall die Episoden aneinander gereiht und damit nicht nur eine unwillkürliche Komik erzeugt. Denn ganz unbewußt, ohne irgendeinen Denkstachel fallen auch Schlaglichter auf die Wirklichkeit eines überflüssigen, saturierten Feudalismus, der gegen alles gefeit zu sein scheint und dessen Nachlässigkeiten allein den Subalternen zum Schaden gereichen:

Wien vom 11. Mai. Der regierende Fürst Alois Liechtenstein hatte dieser Tage das Unglück, indem er aus dem ersten Stocke im Hofe den Arbeitern zusah, das Uebergewicht zu bekommen, und hinab zu fallen. Da aber glücklicher Weise unter eben diesem Fenster just ein Tag-

löhnersknabe saß, auf welchen der Fürst fiel, so blieb es bei einigen Verrenkungen und Kontusionen, womit auch der Knabe davon kam.

Zu Rom ist nun das Urtheil des Inquisitionsgerichts über den angeblichen Grafen Kagliostro öffentlich erschienen, und man ersieht daraus, daß die Sectiererei und Bethörungen, oder die sogenannte ägyptische Freimaurerei, wovon er das Oberhaupt und Verbreiter war, die einzigen Verbrechen sind, deren man ihn schuldig fand.

Der König von Neapel ist von seinem Volke mit großem Jubel vier Stunden Weges weit eingeholet, und nach seiner Residenz begleitet worden.

Wenn ein müßig gaffender Fürst abstürzt, ist garantiert, daß unten eine Sklavenkreatur den Buckel hinhält für eine schadlose Landung. Und was machen solche Kreaturen, wenn sie den Buckel nicht hinhalten und auch nicht arbeiten? Sie laufen vier Stunden weit, um ihren Fürsten entgegezujubeln, und vier jubelnde Stunden zurück. Dazwischen die Meldung vom Sturz Cagliostros, der immerhin auch im Verdacht stand, das *Volk* auf dumme Gedanken zu bringen. Ähnlich bemerkenswert und in gewisser Weise auch amüsant ist der Kontext der nächsten Nachricht aus Rom vom 23. Mai, die den vatikanischen Gefangenen unbedacht mit den revolutionären Unruhen und Hungeraufständen in Südfrankreich verband. Daß die Meldung von dort, auf ihrem Weg in die deutschen Lesekabinette und Köpfe, aufs Anekdotische und Nebensächliche verkürzt und von jeglichem Zusammenhang abgetrennt wurde, versteht sich:

Die Rebellen, die Carpentras belagern, haben dieser Stadt fast noch gar keinen Schaden gethan; es wäre nicht einmal ein Mann noch verwundet worden, wenn nicht Einer eine ganz langsam daher rollende Kanonenkugel mit dem Fuße hätte aufhalten wollen, die aber noch stark genug war, ihm das Bein zu zerschmettern. – Durch ein Dekret der Inquisition ist ein französisches Manuscript, das den Titel hat: Egyptische Maurerei, das man bei dem berüchtigten Kagliostro gefunden hat, als gotteslästerlich, abergläubisch, und ketzerisch zum Feuer verdammt worden. Dem zu Folge ward dasselbe am 4ten auf dem Platze Minerva durch die Hand des Scharfrichters, nebst den Werkzeugen der von diesem Manne gestifteten neuen Sekte öffentlich verbrannt. Diese bestanden in 2 seidenen Schurzfellen, worauf hieroglíphische Figuren, auf dem ersten in Gold und auf dem zweiten in Silber gestickt waren, 2 mit Gold eingelegte Degen, und einige Freimaurerwerkzeuge.

Ein solchermaßen gelenkter Seitenumbruch des Weltgeschehens eröffnet Einblick in die Geisteswelt der *besseren Leute*, der *gehobenen Stände* Deutschlands und bringt hervor, daß da ein gewisser Elan zur Teilnahme durchaus bestand, daß dieser aber zum Schwadronieren und fruchtlosen Hantieren, zum Abonnieren und zum Diskutieren verkam. Fortschrittlich ist es zweifellos, dieses »mediale« Verfügenkönnen über das gesamte Weltgeschehen. Es handelt sich um den Fortschritt des Telephons für die Jackentasche, das jedermanns nichtige Nachrichten allzeit und stehenden Fußes übermittelt; es handelt sich um jenen Fortschritt, dessen Absurdität schon der Theologe und Trunkenbold Ernst Elias Niebergall beim Beobachten seiner zeitungslesenden Mitbürger messerscharf definierte. In seinem genialen Lustspiel »Datterich«, das 1841 herauskam und dessen Verbreitung – leider – durch den hessischen Dialekt begrenzt blieb, wird die Frage nach dem Nutzen des Fortschritts folgendermaßen gestellt: »Was ich Sie schon längst fragen wollte, ich habe mich nämlich letztens darüber gestritten: Hat die geplante Eisenbahn für Darmstadt einen Nutzen oder nicht?« Die Antwort des auf alle Zeitungen abonnierten Fachmanns für alles, der folglich den Namen »Dummbach« trägt, lautet gravitätisch: »Einen bedeutenden Nutzen! Ohne Frage! Bedenken Sie nur: Wieviel Menschen reisen dann an Darmstadt vorbei, die sonst ihren Lebtag nicht vorbeigereist wären!« Auch über die Kunst des Zeitungslesens erteilt uns dieser Dummbach verbindlichste, tiefsinnigste Belehrung: »Wer die Verhältnisse versteht, die eben in Europa ihren Umlauf haben, findet das Wichtigste in den geringsten Nachrichten. Zum Exempel, wenn da steht: der und der Fürst macht eine Reise da und da hin, dann macht er das nicht seines Plaisirs wegen, sondern das hat einen politischen Hintergrund. Verstehen Sie? So ist es mit allem. Zum Beispiel: Die Franzosen vergrößern sich auf Unkosten anderer unzivilisierter Nationen in Afrika, um den Russen den Weg nach dem Kaukasus abzuschneiden. Allgemein hört man von Überschwemmungen; die Victoria hat taufen lassen, und wenn ich mich nicht irre, die Gloria auch; ferner: alles rüstet auf. Die Franzosen haben Pferde im Vogelsberg gekauft, der König von Württemberg schickt express Leute nach Persien, damit sie Pferde holen. Meinen Sie, all diese Ereignisse wären Zufall?«

Es waren Blätter wie der »Privilegirten Mainzer Zeitung«, welche dieses tonangebende Milieu der deutschen Kleinstaaten und Kleinstädterei reflektierten; und ausgerechnet in solchem Milieu wäre Cagliostro in die tiefsten Geheimnisse, in die weltverändernden Pläne des Freimaurertums eingeweiht worden? Konnte man sich keine adäquatere, phantastischere Orte vorstellen? Seine Reisen, so hieß es, hatten den Abenteurer doch schon früh aus seiner sizilianischen Heimat weggeführt, nach Griechenland, Ägypten, Vorderasien und Persien, dann nach Rom, London, Paris, nach Malta und Spanien, in die Niederlande, ins Berlin Friedrichs II., in die Kurlande, nach Sankt Petersburg und Warschau, bis er dann in Frankfurt angelangte. Mit allerlei Facetten des Okkultismus und Freimaurertums war er bereits innigst vertraut, er war Alchimist, Templer, Rosenkreuzer, Prophet, Kabbalist, Thaumaturg, Malteserritter, Mitglied der Großloge von England, Meister der Strikten Observanz, Hierophant und was noch alles. Bei Gelegenheit war er in Nürnberg dem freimauernden Friedrich II. vorgestellt worden. Als er danach in Sankt Petersburg größtes Aufsehen erregte, ließ ihm Katharina die Große ein ansehnliches Geldgeschenk zukommen – was von Skeptikern und Lästermäulern allerdings erheblich in Zweifel gezogen wurde. Diese nämlich fanden es bemerkenswerter, daß er von der Zarin nicht vorgelassen wurde; und falls das mit dem Geschenk stimmte, dann sei die Absicht gewesen, den etwas grotesken Italiener vornehm abzuwimmeln. Denn wenn Katharina auch, um irgendeine Höflingspartei billig zufriedenzustellen, von dieser den Titel einer *Schirmherrin der Freimaurer* angenommen hatte, so wollte doch ihr klarer Kopf von solchem Obskurantentum grundsätzlich überhaupt nichts wissen. Dafür war jedoch die Begeisterung des polnischen Königs für den allwissenden Cagliostro, der vielleicht sogar Gold machen konnte, umso größer. Was hätte dieser also danach in Frankfurt noch Großartiges erfahren können? Vielleicht jene spezifisch *deutschen Tugenden*, als da wären: Zuverlässigkeit und Pedanterie, aktenmäßige Organisation, Eifer und Genauigkeit auch im Leerlauf,

Projekteschmiederei und Kompetenzgetue, Verantwortungsbeflissenheit und der allgemeine Hang zur moralischen Verbesserung.

Tatsächlich wirkte damals in Frankfurt ein Mann mit einem unruhigen Geist, der das alles in einer teils rührenden, teils komischen Weise in sich verwirklichte: der Freiherr Adolph von Knigge, den man sehr unzureichend und auch ziemlich verzerrend als den Vater der deutschen Anstandsbibel kennt. Er war kein farbloser Präzeptor von steifen Regeln über das Benehmen, sondern ein gescheiter Verhaltensforscher und Psychologe, der viele Bücher schrieb. Das einzige von diesen, das zwar nur vage, doch immerhin bekannt geblieben ist, trägt den etwas richtungslosen Titel »Über den Umgang mit Menschen«, ist aber – als eine Art demokratischer Fürstenspiegel, als Machiavellismus für brave Bürgersleute – politisch und fortschrittlich gemeint, außerdem noch mit dem »Cortegiano« Castigliones durchaus verwandt. 1752 war Knigge in der Nähe von Hannover zur Welt gekommen, mitten in verarmte Adelsverhältnisse hinein. In Göttingen studierte er Rechtswissenschaften, schlug sich nachher auf die Weise durch, wie sie solchen, ein wenig schiefgestellten Leuten meistens beschieden war, nämlich als Hofjunker und Domänenassessor, fand das alles zum Sterben langweilig, verwandelte sich in einen Spottvogel und flog deshalb bald aus den Herrendiensten raus. Nun suchte er eine Aufgabe, die einen Sinn, einen größeren und höheren, haben sollte, auch wenn er diesen selber nicht kannte, irgendetwas, das ihm Wichtigkeit verschaffte und getrost auch außerhalb der Reihe sein durfte, da es ihm in der Reihe sowieso niemals behagte. Bei den Freimaurern, von denen so viel gemunkelt wurde, witterte er eine solche Chance. Da ihm jedoch das einfache Mitmachen zu wenig war, suchte er nach einem Einlaß, welcher ihn sogleich als einen großen Reformator des Logenwesens empfahl. Zumindest mußte alles Freimaurerische, soweit er es kannte, verändert, verbessert, umorganisiert, gestrafft und ausgeweitet, aktenkundig fixiert und verwaltet und überhaupt effektiver gemacht werden. Zwecke und Ziele brauchte es dann eigentlich nicht zu haben. Doch da diese zu einem richtigen Verein nun mal dazugehörten, bedurfte es nicht viel, bis Knigge die Programmatik eines universalen Freimaurertums erdacht und verfaßt hatte, mit welcher dem peinlichen Theoriedefizit der elitären Universalgemeinschaft ein Ende gesetzt werden konnte. Es handelte sich um dieselben Prinzipien wie die der botmäßigsten Aufklärung und der allgemeinsten Humanität, ungefähr so, wie der Frei- und Geschäftsmaurer Emanuel Schikaneder sie im Text für die »Zauberflöte« formulierte, damit sie in Musik gesetzt wurden von Wolfgang Amadeus Mozart, der nicht nur Künstler, sondern auch Geschäftsmann und vielleicht nur deshalb auch Freimaurer war. Solchen Weisheitslehren konnte jeder Kutscher zustimmen und auch jeder Fürst, der einigermaßen den Standard halten wollte.

Wo aber blieben denn da die Feinde, deren Knigge – seiner etwas polemischen, verschrobenen Natur gemäß – durchaus bedurfte? Er dachte nicht an Klassenfeinde, nicht an Thron und Altar oder an irgendwelche konkreten Tyrannen. In den eigenen Reihen seines neuen Interessengebiets waren sie am ehesten zu finden: in den heruntergekommenen Freimaurerlogen, wo man ein eitles, kindisches Kostüm- und Titelunwesen trieb, mit der Alchimie dilettierte, in den Töpfen rührte, um Gold oder den Stein des Weisen zu kochen und wo man feierliche Worte machte von wegen der *natürlichen Güte* à la Rousseau, der vernunftreligiösen Brüderlichkeit und Gleichheit aller Menschen, während man – unter Brüdern – Kontakte knüpfte, um sich Vermögens- und Amtsvorteile zu verschaffen. Im übrigen schwadronierten diese Herren herum, lasen dieses und jenes, erwarteten die ultimative Erleuchtung und huldigten einem *Zeitgeist*, der sich von dem heutigen erstaunlich wenig unterscheidet. Bücher aus unseren Tagen mit Titeln wie »Zeit«, »Wissen«, »Über Natur«, »Die Seele des Ganzen«, »Der Plan Gottes«, »Psychopharmaka«, »Enthüllung«, »Der geheime Kanal«, »Der Vatikan – Von Gott verlassen?«, »Das magische Auge« samt allerlei Esoterischem wären auch damals das wonnigste Lesefutter gewesen für jene behäbig-aufgekratzten Sinnsucher, über die Knigge sich ärgerte, obwohl er ihnen nicht allzu ungleich war. So machte er sich an die nächste Arbeit, ein alles umfassendes Offenbarungswerk zu schreiben, das nicht weniger sein sollte als ein »Allgemeines System für das Volk zur Grundlage aller Erkenntnisse, für Menschen aus allen Nationen, Ständen und Religionen«. Da es allerdings schon genug dergleichen auf dem Markt gab und Knigge so wenig Resonanz wie Verkaufserlös erzielte, begab sich der Enttäuschte mit bald erneuertem Mut ans Forschen nach den vielberedeten *unbekannten Oberen* der Freimaurer, diesen irgendwo inkognito wirkenden, mächtigen Lenkern, denen das tiefste Wissen des mittelalterlichen Templerordens, das Mysterium der Schöpfung selbst, anvertraut war und in denen das Urlicht des Göttlichen strahlte. Er fand sie nicht – und begann den Verdacht zu hegen, daß es diese verborgenen Spitzen des Systems überhaupt nicht gab, daß dieses ganze geheimnisvolle System womöglich auf listiger Täuschung, bestimmt aber auf Selbsttäuschung beruhte, daß es wie ein Strudel kreiste und die dabei aufgesaugten Gelder im Nichts verschwinden ließ.

Da jedoch geschah es, daß einer, der sich *Spartakus* nannte, sonst aber absolut unerkannt und unsichtbar bleiben wollte, eine raunende Nachricht an Knigge ergehen ließ. Er sei der Höchste des geheimen Bundes, und der Eifer des armen Freiherrn sei hochwillkommen. Im Nu standen alle Einsatzkräfte des mittlerweile in Frankfurt herumwerkelnden Familienvaters bereit. Der Name *Philo* wurde ihm gegeben, seine Begeisterung, sein Arbeitseifer, seine hohe Belastbarkeit sollten endlich einer allerhöchsten, geheimen Sache dienen. In Briefen ohne Absender wurde ihm viel Ehre angetan: Er könne sich fast als ein Oberhaupt, mindestens jedoch als der Chefpropagandist, Chefakquisiteur und Chefkassenwart einer neuen, gereinigten und wahrhaft erhabenen Bruderschaft betrachten. Diese sei auf dem Weg, zur Ober- und Zentralorganisation aller Freimaurer zu werden und heiße der *Illuminaten-Orden*. Der Unbekannte, der den freiherrlichen Idealisten partout nicht an sich heranlassen wollte, war der Ingolstädter Professor Adam Weishaupt, der, vormals ein Schüler der Jesuiten, nach deren Verbot in Bayern, 1772, sich zum verbissenen Jesuitenfeind verwandelt hatte. Aber die Befehls- und Gehorsamsstrukturen ebenso wie die geheimnisvolle Aura der katholischen Gesellschaft Jesu scheinen auf den autokratischen Charakter Weishaupts viel Attraktion ausgeübt zu haben. So raffiniert wie machtbewußt und abgeschirmt setzte er seine Erfindung des *Illuminaten-Ordens* in Gang, damit er bald über allen Freimaurerlogen stünde.

Mit vollem Einsatz machte Knigge sich daran, den ersten, zugleich auch präzisesten Auftrag des unsichtbaren *Spartakus* zu erfüllen und die besten, vielleicht auch einträglichsten Logenbrüder in ganz Deutschland zu den *Illuminaten* herüberzuziehen. In allen anderen Dingen aber wurde ihm vollkommen freie Hand gelassen, was den

Freiherrn ein wenig verwunderte und bald auch stutzig machte. Über Sinn, Ziele und konkretes Vorhandensein der Oberloge vermochte er nichts in Erfahrung zu bringen; und als er sich – wie er nun einmal war – daran machte, seine eigenen Ideen zu Statuten umzuarbeiten, wurde ihm bedeutet, daß dergleichen nicht dringlich sei, daß er seine Kräfte besser aufs Organisieren, auf die Mitgliederwerbung, auf das Eintreiben und Abführen der Beitragszahlungen konzentrieren sollte. Dafür sei ihm von den Unsichtbaren jetzt sogar der Rang eines *Mitglieds des Areopag*, der Obersten Ordensleitung, zuerkannt worden. Da ihm Lob und Anerkennung der Phantome also garantiert waren, möchte man dem unermüdlichen Knigge, da er Frau und Kinder zu ernähren hatte, nur noch wünschen, daß ein wenig von den Geldern, die durch seine enthusiastischen Hände flossen, bei ihm hängen blieb.

Phantasievolle Zeremonien malte er sich auf dem Papier aus, sein Haus vor dem Bockenheimer Tor am Stadtrand von Frankfurt wurde zu einem regelrechten Verwaltungszentrum mit fest angestellten, zur Geheimhaltung verpflichteten Schreibern und Rechnern. Irgendwann aber kam Knigge dann doch darauf, daß in diesem Orden der *Erleuchteten* ausgerechnet die Lichtversorgung nicht in Ordnung war und allzu viel im Finsteren blieb. Er kündigte seine Tätigkeit samt seiner Mitgliedschaft auf, kurz bevor der Bayerische Kurfürst 1785 Verbot und strikte Unterdrückung über die *Illuminaten* verhängte. Sie galten als eine politisch gefährliche Sekte, welche darauf hinwirkte, das Neuheidentum der französischen Aufklärung an die Macht zu bringen. Damit freilich verlieh man dieser – uns auch heute nicht sehr fremdartig erscheinenden – Vereinigung jene unergründliche Bedeutung, an der künftig die Köpfe der Verschwörungsforscher sich erst so recht reiben sollten.

Daß die Illuminaten später, besonders von kirchlicher, von jesuitischer Seite und mit einer kleinen Prise von Deutschfeindlichkeit, als die Urheber der Französischen Revolution namhaft gemacht wurden, besitzt deshalb Konsequenz, erscheint jedoch nicht weniger romanhaft und unwahrscheinlich als die Bedeutung jener Grotte bei Frankfurt, in welcher der »famose Betrüger« Cagliostro mit seinem anderen, seinem politischen Ich bekannt gemacht worden sei. Daß diese Geschichte gleichwohl Spurenelemente von Realität enthält, dafür lassen sich in Knigges Aufzeichnungen Indizien finden. Es handelt sich um Andeutungen über einen fremdartigen, weltmännischen Grafen, der, mit der Aura einer hohen, geheimnisvollen Wichtigkeit, unterwegs war und in Frankfurt die Bekanntschaft des fleißigen Freiherrn suchte. Dieser wäre demnach einer der Männer gewesen, welche Cagliostro zum Kaffeetrinken, danach in ihr unterirdisches Universalarchiv geleiteten. Letzten Endes aber bleibt alles unklar; und auch die sensationsgierigen Spurensucher, die nach Ausbruch der Revolution wie Pilze aus dem Humus der europäischen Publizistik schossen, um nicht die sozialen und politischen Verhältnisse, sondern teuflische Dunkelmänner für den Umsturz verantwortlich zu machen, fanden nichts Greifbares auf Cagliostros Fährte.

Ebenso mühselig kam man auf den Wegen voran, ihn in Zusammenhang mit Rousseau zu bringen, der wie Voltaire zu den kapitalen Urhebern der Revolution gezählt wurde. Denn soviel wußten schon die Kinder auf der Straße zu singen: »C'est la faute à Voltaire, c'est la faute à Rousseau!«

Im lesenden Europa indes war allgemein bekannt, daß der die staatliche Nachstellung fürchtende Rousseau wenige Monate vor seinem Tod außerhalb von Paris eine letzte Zuflucht gefunden hatte, in dem Schloß von Erménonville. Schloßherr und Beschützer Rousseaus aber war der Marquis de Girardin, der nicht nur deshalb selbst ein verdächtiger Freigeist sein mußte. In der »Allgemeinen deutschen Bibliothek« wurde 1790, wie immer bei solchen konstruierten Zusammenhängen, eine »merkwürdige Anekdote vom Marquis de Girardin« mitgeteilt. Zu jedweder Spekulation gaben die gruselnd-vernünftigen Schreiber der ziemlich gemischten Aufklärungszeitschrift ihren Anstoß, indem sie sich auf die stets verfügbare Wahrheitsquelle des »Gerüchts« beriefen. Dieses munkelte darüber, wie den übermütigen Marquis sein Schicksal ereilte. Nachdem er nämlich Rousseau beherbergt hatte, »nistete sich bei ihm durch listige Blendwerke auf seinem Gute eine Gesellschaft von Martinisten ein. Selbst Cagliostro war darunter. Die Gesellschaft zerstob, und Herr von G. entfloh. Seitdem hat er nur incognito seine Frau besucht, und soll, wie der Autor gehört hat, in eine tiefe Schwermuth verfallen seyn«.

Um der Verbindung zwischen Rousseau, der Philosophie, der *kritischen Theorie* jener Zeit, und der Französischen Revolution eine irgendwie dingfeste Plausibilität zu verschaffen, mußten geeignete Personen und Beziehungen gefunden oder erfunden werden. Denn es verdiente keinen Glauben, daß Ideen von sich aus die Kraft zur Veränderung der Wirklichkeit aufbringen könnten. Gleichsam als Auffüllmaterial oder als »Transmissionsriemen« mußten Freimaurer, Illuminaten, Martinisten, Rosenkreuzer und wer auch immer herhalten, Cagliostro bot sich als ganz besonders hervorschillernde Figur schon längst an, um eine quecksilbrige Rolle zugeteilt zu bekommen. Irgendein Element allerdings fehlte noch, um solchem diffusen Zusammenhang die politisch-konkrete Evidenz zu verschaffen. Mirabeau, der sich als potenter Umstürzler wie als kritischer Staatsdenker ausgewiesen hatte, war es schließlich, den man als das fehlende Glied in der Kette entdeckte. Nachdem seine Wirksamkeit identifiziert war, funktionierte die Verschwörungsphantasie. Die »Frankfurter Kaiserliche Reichs-Ober-Post-Amts-Zeitung« vom 9. Mai 1791 führte vor, wie das ging, wie *man* sich seine Gedanken machte, seine Schlüsse zog und wie sich auf einmal alles so schrecklich einfach darstellte: »Man sagt jezt, Cagliostro habe mit seinen 20000 Anhängern einen ausserordentlichen Plan gehabt, zu dessen Ausführung ihm nur noch ein Anhang von Großen zu Rom mangelte. Der Erfinder des Plans sei Mirabeau, und Cagliostro nur der Agent gewesen, der ihn ausführen sollte, und zu diesem Ende von den reichen Gliedern mit Wechseln unterstützt wurde. Rom sey der Brennpunkt gewesen, wo seine Plane reif werden sollten.«

Anfangs war es das Gerücht des vagabundierenden Abenteurertums, das Cagliostro vorauseilte und ihn zu einer geheimnisvoll glänzenden Berühmtheit machte. Dann war es wieder das Gerücht, jedoch über sein Umstürzlertum, das sich gegen ihn kehrte, auf seine Vernichtung abzielte und eines Tages anfing, ihn boshaft zu verfolgen, um ihn auch dann nicht in Ruhe zu lassen, als er schließlich in Rom nichts viel anderes als seine Ruhe suchte. Da er müde war von all dem Mummenschanz, von den Strapazen seiner ewigen Wanderschaft und da er keine Lust mehr verspürte, sein Spiel nach den Anweisungen des Publikums fortzusetzen, scheuchte das Gerücht ihn auf und denunzierte ihn als kapitalen Urheber des Übels der Zeit. Zuletzt zerrte es ihn vor das päpstliche Tribunal und setzte durch, daß er zu einem besonders elenden Sterben verurteilt wurde –

obwohl er doch, wie alle diese Freimaurer, Illuminaten und Scharlatane, eigentlich nur ein kollektives Phantasieprodukt war und keine größere Sünde auf sich geladen hatte, als die Vorteile einer solchen Existenz nach Lust und Gegebenheiten zu genießen. Wahrscheinlich besaß Cagliostro jenes kluge, ironische, sehr aristokratische Bewußtsein, daß derjenige am besten dran ist und sich am besten zur Geltung bringt, der weiß, daß es die Wirklichkeit nicht gibt, sondern nur das Theater. Beifall ist besser als Pfiffe, hohe Gagen für exotische Auftritte sind besser als ein leerer Beutel, und hintergründige Rollen bringen mehr ein als die durchsichtigen. Die Verstellung ist die Wahrheit.

Daß Cagliostro ein Genie der Verstellung, der vollkommenen Identifikation mit irgendeinem beliebigen Andersartigen gewesen sein muß, darüber hat uns Casanova einen akkuraten Bericht hinterlassen. Es handelt sich dabei um das einzige ernstzunehmende, aus der direkten Anschauung gewonnene Zeugnis über die Vorgeschichte des späteren Mystagogen, der 1768, als Casanova ihm in Aix-en-Provence begegnete, sich noch Balsamo nannte.

Da die Gesellschaft an der Wirtshaustafel ausgezeichnet war, speiste ich dort täglich. Eines Mittags sprach man von einem Pilger und einer Pilgerin italienischer Abstammung, die gerade aus Santiago de Compostela zu Fuße angekommen seien und hochgestellte Persönlichkeiten sein müßten, da sie beim Betreten der Stadt viel Geld an die Armen verteilt hätten. Die Pilgerin war, wie man erzählte, reizend und achtzehn Jahre alt. Sie wohnten in unserem Gasthof, und wir wurden alle neugierig. Als Italiener wurde ich vorangeschickt, als wir diesen Leuten, die fanatische Frömmler oder Gauner sein mußten, einen Besuch machen wollten. Wir fanden die Pilgerin in einem Lehnstuhl sitzend, als sei sie völlig erschöpft; auffällig war ihre große Jugend, ihre durch die Büßermiene noch gesteigerte Schönheit und ein sechs Zoll langes Kruzifix aus gelbem Metall, das sie in der Hand hielt. Bei unserem Erscheinen legte sie es beiseite und erhob sich, um uns holdselig zu begrüßen. Der Pilger, der Sanktjakobsmuscheln auf seinen schwarzen Wachstuchmantel nähte, rührte sich nicht; mit einem Blick auf die Frau schien er uns anzudeuten, daß wir uns nur mit ihr beschäftigen sollten. Er war offenbar fünf oder sechs Jahre älter als sie, ziemlich klein, aber gut gebaut; sein recht einnehmendes Gesicht verriet Unternehmungsgeist, Frechheit, Spott und Schurkerei, während im Gegensatz dazu das seiner Frau Adel, Bescheidenheit, Einfalt, Sanftmut und Zurückhaltung zeigte. Die beiden Menschen, die sich nur mit vieler Mühe französisch verständigen konnten, atmeten auf, als ich sie italienisch ansprach. Sie sagte mir, sie sei Römerin. Ihn hielt ich für einen Sizilianer, obgleich er mir sagte, er sei aus Neapel. Nach seinem in Rom ausgestellten Paß hieß er Balsamo. Er wurde zehn Jahre später zu Cagliostro.

Sie erzählte uns, sie kehre befriedigt mit ihrem Mann nach Rom zurück, nachdem sie in Santiago ihre Andacht verrichtet habe. Sie seien hin und zurück zu Fuß gepilgert, hätten stets von Almosen gelebt und vergeblich die Not herbeigewünscht, um vor Gott größere Verdienste zu erwerben.

»Auch wenn ich stets nur um einen Sou bat«, fügte sie hinzu, »gab man mir stets Silber und Gold, so daß wir zur Erfüllung unseres Gelübdes immer beim Eintritt in eine Stadt das restliche Geld unter die Armen verteilen mußten.« Sie hätte in den schlechten Betten fast stets in Kleidern geschlafen, aus Angst, sich eine Hautkrankeit zuzuziehen.

Ich hatte ganz den Eindruck, als hätte sie uns diese Einzelheit nur berichtet, um uns auf die Glätte ihrer Haut auch anderswo neugierig zu machen, als an ihren Armen und Händen, deren Weiße und vollkommene Glätte sie uns dabei unentgeltlich zeigte. Ihr Gesicht hatte nur einen einzigen Fehler; der ein wenig katzenhafte Schnitt beeinträchtigte den zärtlichen Ausdruck ihrer schönen blauen Augen.

Beim Frühstück am nächsten Morgen erzählte mir der Pilger auf die Frage nach seinem Beruf, er sei Federzeichner. Seine Kunst bestehe nur darin, einen Stich zu kopieren, ohne etwas Neues zu schaffen; aber er versicherte mir, darin sei er hervorragend, denn er könne sich verpflichten, jeden Stich genauso zu kopieren, daß bestimmt niemand den Unterschied zwischen der Kopie und dem Original erkennen könne. Um mich zu überzeugen, wies er einen von ihm kopierten Rembrandt vor, der womöglich noch schöner war als das Original. Dennoch schwor mir der in seinem Fach sicher ausgezeichnete Mann, das genüge nicht, um davon zu leben; aber ich glaubte es ihm nicht. Er war eines jener arbeitsscheuen Genies, die ein Landstreicherleben der

Arbeit vorziehen. Ich wollte ihm für einen von ihm bemalten Fächer einen Louis geben; doch er lehnte es ab und bat mich, ihn unentgeltlich anzunehmen, für ihn aber eine Kollekte bei Tisch zu veranstalten. Ich nahm den Fächer an und versprach die Kollekte. Ich brachte fünfzig oder sechzig Taler zusammmen; die Pilgerin holte sie selbst bei Tisch ab, während wir noch beisammen saßen. Die Aufforderung, ihren Namen auf einen Lotterieschein zu schreiben, lehnte sie mit den Worten ab, in Rom lasse man Mädchen, die man tugendhaft erziehen wolle, nicht schreiben lernen. Alle lachten, außer mir, denn sie tat mir leid, und ich wollte sie nicht verunglimpft sehen; doch war ich nun sicher, daß sie vom Lande stammen mußte.

Am nächsten Tag kam sie in mein Zimmer, um mich um einen Empfehlungsbrief nach Avignon zu bitten; ich stellte ihr sogleich zwei aus. Nach dem Abendessen brachte sie mir den einen zurück und sagte, ihr Gatte hätte ihr erklärt, sie würden ihn nicht brauchen. Gleichzeitig drang sie in mich, ich solle mir den zurückgegebenen Brief gut ansehen, ob er derselbe sei, den ich ihr gegeben hätte, und nach einem Blick darauf sagte ich, er sei ohne Zweifel derselbe. Daraufhin erklärte sie lachend, ich würde mich täuschen, denn es sei nur eine Kopie. Ich bestritt es. Sie rief ihren Gatten herunter, der mich mit meinem Brief in der Hand von der wunderbaren Fälschung überzeugte, die ja weit schwieriger war als die Kopie eines Stichs. Voll Bewunderung meinte ich, er könne aus seiner Begabung großen Nutzen ziehen; wenn er allerdings nicht vorsichtig sei, könne sie ihm das Leben kosten.

Am nächsten Tag wanderte das Paar weiter. Zur gegebenen Zeit, etwa zehn Jahre später, wird der Leser erfahren, wo und wie ich diesem Mann mit seiner treu sorgenden und ihm ganz ergebenen Gattin wieder begegnete. Jetzt, während ich dieses schreibe, ist er in einem Gefängnis, das er nicht mehr verlassen wird, und seine Frau ist vielleicht glücklich, in einem Kloster zu sein. Man hat mir erzählt, er sei tot.

Casanovas Lebenszeit war nicht lang genug bemessen, daß er die angekündigte Geschichte von der zweiten Begegnung noch hätte aufschreiben können. Wir dürfen aber annehmen, daß er nichts Freundliches über diesen anderen, ihn bald an Berühmtheit beträchtlich

Übertreffenden zu erzählen hatte. Europa war ihm nicht groß genug, um zwei Gestalten von solcher ähnlichen Art auf einmal zu beherbergen; und Casanova spielte bei dieser Unverträglichkeit lieber den – auch in politischen und kirchlichen Dingen – korrekten, altmodischen Aristokraten, der aus demonstrativer Entfernung auf Cagliostro hinabblickte und ihn keinesfalls als Rivalen anerkennen wollte. Ein Trinkgeld und später noch ein guter Rat im Vorübergehen, das war das einzige, was der Erfahrene dem Jüngeren, den er nur zu nachäffenden, vulgären Effekten befähigt hielt, mit auf den Weg gab. Im übrigen hat Casanova ihn ziemlich grob abgekanzelt: »Ich werde nie davon abstehen, jedem Unglücklichen, wer er auch sein mag, wenn ich ihn an Rand eines Abgrunds sehe, einen guten Rat zu erteilen. Nach diesem Grundsatz habe ich vor zwanzig Jahren in Venedig zu dem ungebildeten Gauner Cagliostro gesagt, er müsse sich hüten, seinen Fuß nach Rom zu setzen. Hätte er mir geglaubt, wäre er nicht in der Festung San Leo gestorben.«

Die Bilder jedoch, die Casanova aus dem Gasthof in Aix-en-Provence übermittelte, zeigen uns ein junges, herumvagabundierendes Pärchen, das nicht unsympathisch wirkt. Unverkennbar ist, daß die beiden sich vorteilhaft ergänzten: Den mit einem, wie es scheint, ziemlich einseitigen Talent ausgestatteten Zeichenkünstler mag man für phlegmatisch oder auch schüchtern und linkisch halten; seine Gefährtin jedoch besitzt viel Ähnlichkeit mit den leichtfüßigen, leichtsinnigen Italienerinnen, die immer die Nase vorne haben und uns aus den Komödien Carlo Goldonis oder Lorenzo Da Pontes bestens bekannt sind. Man braucht nur an jene Volksweisheit zu denken, nach der hinter einem guten Mann immer eine gute oder noch bessere Frau steht, um zur Vermutung zu gelangen, daß diese Regel auch bei dem so stabilen wie anrührenden Bündnis des Ehepaares Cagliostro Gültigkeit besaß – und recht eigentlich das Erfolgsgeheimnis des Wundermannes war. Wie Casanova berichtet, lag es einfach nur am mühelosen Liebreiz der jungen Lorenza, daß den beiden mehr Geld zufloß, als sie nötig hatten; und über die Kunst des leichten Nehmens und leichten Gebens scheinen sie von Anfang an verfügt zu haben. Jahre später aber, als sie nämlich 1776 wie aus dem Nichts in London eintrafen, hatten ihr Herumtändeln und zielloses Glücksrittertum einen konkreteren, zielstrebigen Habitus gewonnen. Das freundlich-belanglos durch die Lande irrende Paar von einst besaß von nun an – man weiß nicht wie – ein ganz anderes Format. Es sieht so aus, als seien die beiden, die sich zuvor schon mit dem andeutungsvollen Namen Phoenix ausstaffiert hatten und nun als Graf und Gräfin Cagliostro in England Einzug hielten, auf eine glänzende Geschäftsidee gekommen, mit welcher sie auf eine überaus günstige Marktsituation stießen.

Der etwas antriebslose Zeichner und Schriftenimitator aus dem südlichsten Italien und die kleine Römerin, hinter deren katzengesichtiger und großäugiger Flinkheit Casanova eine plebejische Herkunft witterte, standen eines Tages und unversehens als hochinteressante, respektgebietende Erscheinungen mittendrin in der schönen und noblen Welt Londons. Mit einem Sekretär, einer Gesellschaftsdame, einer gehörigen Dienerschaft und mancherlei Opulenz richte-

Abbildung 17
Lorenza Feliciano alias Serafina Gräfin Cagliostro.

ten sie sich in der Whitcomb Street ein. Der Graf Alessandro Cagliostro verfügte über alles, was zu einem eleganten Kavalier gehörte, und Gräfin Serafina bezauberte mehr noch durch ihre Anmut als durch ihren Schmuck und ihre Garderobe. Nur ein einziger Umstand befremdete ein wenig: daß nämlich über ihr Herkommen gar nichts zu erfahren war. Weder zeigten sie Empfehlungsschreiben vor, welche damals so viel wie Pässe und Einlaßbillets galten, noch war bekannt, daß sie mit Bankhäusern zu tun hatten, Bonität besaßen und Wechsel einlösten, um ihre Haushaltung zu finanzieren. Gleichviel, sie verfügten nicht nur über reichliche Liquidität, sondern auch über die passenden Manieren – und falls immer noch irgendwelche Ausweisdokumente nötig gewesen wären, hätte das den vormaligen Schriftkünstler gewiß in keinerlei Verlegenheit gestürzt.

Wie leicht es damals möglich war, Identität, Rang und Rolle zu verändern, sich durch Maskeraden Vorteile zu verschaffen, dafür findet man abermals in der »Frankfurter Kaiserlichen Reichs-Ober-Post-Amts-Zeitung« vom 6. Mai 1791 eine hübsche Anekdote – was sonst? –, in der es zwar um Geringeres geht als um Cagliostro, die deshalb aber das zugrunde liegende Muster umso klarer hervorscheinen läßt.

Vor einiger Zeit kam nach Leipzig ein geharnischter Officier, der sich für einen rußischen Baron ausgab; er machte allgemeines Aufsehen, man drängte sich, ihn auf den Strassen zu sehen, wo er immer mit dem Brustharnisch, mit Helm und niedergeschlagenem Visier paradirte. Er fand in den angesehensten Häusern Zutritt, wurde öfters zur Tafel geladen, wo er vorgab, daß ihm eine Wunde, die er bey Ismail bekommen hätte, nöthigte, immer den Harnisch zu tragen. Da er die Fatalität hatte, auf seiner langen Reise von Gelde entblößt zu werden, und seine Wechsel ausblieben, so übermachten ihm die dasigen Officiers 60 fl. Reisegeld. Nun gieng er, hatte aber das Unglück, in einer anderen Stadt als ein Fleischerknecht erkannt und arretiret zu werden.

Was hatte der nun in London ins Licht tretende Graf Cagliostro außer seinem Prunk und einer gewissen Exotik noch so Besonderes zu bieten, daß es ihm mit einem Mal Aufsehen und anhaltende Berühmtheit verschaffte? Der kleine Italiener, der für Casanova kaum des Hinschauens wert gewesen war, hatte sich in den dazwischen liegenden Jahren eine höchst effektvolle Rolle ausgesucht, hatte sie offenbar bestens einstudiert und perfektioniert, und zwar unter verschiedenen Namen, hinter deren Wechselspiel er während der Reisen immer wieder verschwinden und neu auftauchen konnte. Jetzt endlich verfügte er über soviel Sicherheit, daß er auf dem strahlungsmächtigen Schauplatz London seine Premiere als Cagliostro wagte. Diese »Rolle Cagliostro« bestand aus einer opaken Fülle von Einzelrollen. Als ein Meister aller Geheimwissenschaften, als ein direkter Erbe der griechischen Philosophen und der tiefsten Denker des Orients trat er auf. Er wußte um die mystischen Lehren des Großen Werkes, kannte die *Smaragdinische Tafel*, das innerste Gesetz aller Natur und der Gestirne, er verfügte über den Stein des Weisen und die Kenntnis von der magischen Transmutation der Elemente, über das Wissen also, wie man aus geringen Metallen Silber oder Gold machte und aus unedler Materie Diamanten. Daß er daneben noch als Meister der kabbalistischen Zahlenmystik glänzte, mußte als das Mindeste gelten.

Auch wenn man dergleichen nur für Taschenspielerei, für Hokuspokus hält, wird selbst der geringschätzigste Betrachter zugeben müssen, daß die Aneignung dieser »Wissenschaften« wie der dazugehörigen darstellerischen Fähigkeiten eine enorme Leistung bedeutete, zumal es darum ging, vor dem Londoner Publikum zu bestehen, das in Hinblick auf transzendentale Phänomene als ein überaus fachmännisches, verwöhntes und anspruchsvolles galt. Gerade deshalb bedeutete es keine Erleichterung, daß Cagliostro sich an Vorbildern orientieren konnte. Nicht an irgendwelchen der zahlreich herumtingelnden Salonschamanen nahm er – oder seine Rollenberaterin Seraphina? – Maß. Sein Niveau sollte das der Größten sein, die das staunend fanatisierte London je gesehen hatte. Da gab es diesen *Geisterseher von Stockholm*, den Forscher und Theosophen Emanuel Swedenborg, der 1772 zwar wie ein ganz gewöhnlicher Mensch in London gestorben war, doch vormals Wunder bewirkt, die Engel sichtbar gemacht, die Toten herbeigezaubert und darüber hinaus noch mancherlei beigetragen hatte zum Freimaurertum, das in Britannien ganz besonders virulent in Mode gekommen war. Außer diesem gab es den nicht minder erstaunlichen, zudem mit größerer irdisch-realer Attraktivität versehenen Grafen von Saint-Germain, der sich auch Marquis de Montferrat oder sonstwie genannt und 1760 in London Sensation gemacht hatte. Dieser besaß neben vielem anderen auch das Elixier der ewigen Jugend, blickte deshalb auf ein unsagbar langes Leben zurück, war überall, wo es welthistorisch und malerisch zuging, zu Gast gewesen, selbstverständlich in Babylon, bei der Königin von Saba sowieso, und erst recht hatte er bei der Hochzeit von Kana nicht fehlen dürfen. Er badete geradezu in den kostbarsten Edelsteinen aus eigener Geheimproduktion, wurde geschätzt als talentierter Maler und brillierte außerdem noch als ein Musiker, dem sogar der strenge Rameau Komplimente machte. Und das Beste: die Pforten von Versailles hatten sich ihm geöffnet, er stieg auf zum Günstling der Pompadour, zum Idol Ludwigs XV., galt als dessen Geheimagent und dazu noch als der beziehungsreichste Emissär des Ordens der Rosenkreuzer, die so etwas Ähnliches waren wie die Freimaurer, nur eben vollkommen anders.

Nachdem Cagliostro sich in seiner – heute kaum mehr ernsthaft zu erhellenden -Vorbereitungszeit also die Materien und Kunstgriffe angeeignet hatte, welche zu einem derartigen Anschein und Aufsehen gehörten, fehlte nur noch eine Geschichte von seiner Herkunft, seiner Berufung, deren wunderbare Erstaunlichkeit es mindestens aufzunehmen hatte mit dem Lebensmärchen des Grafen von Saint-Germain. Die Anfänge von dessen Laufbahn, die vielleicht doch kürzer als dreitausend Jahre war, sind übrigens bis heute im dunkeln geblieben. Was Cagliostro indes von ihm als ein spezielles Erfolgsrezept übernahm, bestand erstens aus der hoch reizenden Zumutung an die Glaubenswilligkeit der Glaubensbereiten und zweitens aus der mystisch-legendären Verbrämung seiner tatsächlichen, individuellen Talente. Saint-Germain hatte seine unbezweifelbare Gedächtnis-, Phantasie- und Erzählbegabung mit der Aura des ganz und gar Unwahrscheinlichen umgeben, das Raum und Zeit außer Kraft setzte. Eine solche mythische Legitimation benötigte auch Cagliostro, da er nun die Herrschaft über die Köpfe und die Einfalt der Menschen anstrebte. Insofern verhielt es sich mit ihm nicht anders als mit dem Kaiser Augustus und allen diesen Potentaten, denen ein Dichter den Mythos ihres göttlichen Ursprungs erfinden mußte, damit ihr höheres Recht, ihre höhere Weisheit geheiligt und unangreifbar wurden.

Woher also stammte dieser ausstrahlungsreiche Fremdling ohne Ausweis und ohne Bankreferenzen? Nicht gerade vom Olymp oder aus den Gefilden des Alten Testaments. Cagliostros Ursprung war zeitlich näherliegend, aber umso betörender. Er stammte aus dem *Glücklichen Arabia*, das heißt: nicht aus dem Arabien, das den Kaufleuten bekannt war, sondern aus dem Wunderland, wo ewig die Märchen blühen, wo die Düfte klingen, wo die tiefste Weisheit selig schwebt und die schönen Dinge die schönsten Namen tragen. Geboren wurde er in Medina. Er war ein Kind der Liebe, erzeugt aus dem heimlichen Bund der Prinzessin von Trapezunt mit dem Scherif. In der gütigen, weisen Pflege eines Erziehers wuchs er auf und trug den Namen Achara. Mit drei Jahren kam er nach Mekka, erhielt die Unterweisung im Glauben Mohammeds und war für Großes ausersehen, bis den Knaben – wie alle Märchenhelden und Artusritter, wie jeden Orlando und Amadis – das Fernweh ergriff und in die weite Welt hinaustrieb. Auf der Suche nach Abenteuern und mehr noch nach der Erleuchtung durch geheimste Wissenschaften bereiste der nachmalige Cagliostro Asien, Afrika und Ägypten, wo er von geheimnisträgerischen Priesterkönigen in die größten Mysterien und selbstverständlich auch in die der Pyramiden eingeweiht wurde. 1766 legte sein Schiff dann in Rhodos an. Von seinem Erzieher und drei Dienern umsorgt, nahm er nun den Geist der griechischen Weisheit in sich auf. Dieses vollendet, segelte er weiter nach Malta, wo noch größere Wunder und Weihen seiner harrten: das Traumschloß des Malteserordens, Zentrum und Gralsburg dieser erlesenen, weitverzweigten, allwissenden und alles vermögenden Rittergesellschaft. Der Großmeister Don Manoel Pinto de Fonesca empfing den Jüngling wie einen Erwählten, erhob ihn zum Christen und zum Grafen und gab ihm nun endlich den Namen aller Namen: Cagliostro. Alles war wunderbar, geheimnisvoll, und so waren auch die Missionen, die ihn nach Neapel, nach Rom, zu Prinzen und Kardinälen führten. 1770 vermählte er sich in Rom mit jenem Engelswesen, das den bezeichnenden Namen Serafina trug und von nun an seine Gefährtin bleiben sollte. In Spanien wie in Portugal wurden die beiden mit Ehren empfangen und mit Schätzen reich versorgt, so daß es wahrhaftig keiner trivialen Bankguthaben bedurfte, als sie schließlich in London erschienen, um dort ihren Wohnsitz einzurichten und Wunder zu vollbringen.

Daß dieses Curriculum vitae, das die beiden Cagliostros mit Überzeugungskraft ausstreuten, dennoch in dingfesteren Köpfen auf Zweifel stieß, kann nicht sehr erstaunen. Ihrer Jenseitigkeit blieb es nicht erspart, in sehr irdische Polizei- und Gerichtshändel hineingezogen zu werden; und nachdem Cagliostro 1785 in Paris auch noch der Kumpanei bei der höchst folgenreichen Halsbandaffaire verdächtigt und deshalb vom königlichen Zorn Marie-Antoinettes verfolgt wurde, ließ der französische Hof Nachforschungen anstellen, um die vermutlich ganz andersartige Identität des Wundermannes ans Licht zu bringen. Auf verschiedene verdächtige Spuren hatten die Gerüchte des dichtvernetzten Europa bereits aufmerksam gemacht. Sie führten nach Sizilien, nach Palermo; und auch auf den gesuchten Namen Balsamo war man gestoßen, welcher dem orientalischen Märchenprinzen und Groß-Cophta, da er doch unverkennbar ein Italiener war, eher zustand. Ein sizilianischer Advokat erhielt vom französischen Ministerium den Auftrag, nach Vorhandensein und Herkunft eines gewissen Giuseppe Balsamo zu forschen. Es bereitete keine große Mühe, in einem Armeleuteviertel Palermos auf eine Familie dieses Namens zu stoßen. Folgendermaßen wurden die Verhältnisse aufgeklärt:

Vermutlich am 8. Juni 1743 war in Palermo dem Bandhändler Pietro Balsamo und seiner Frau Felice ein Sohn geboren worden, der auf den Namen Giuseppe getauft wurde. Patin war seine Großtante Vicenza, von deren Mann, der Giuseppe Cagliostro hieß, das Kind den Vornamen erhielt. Daß später irgendwann dieser derart namhaft gemachte Giuseppe Balsamo seinen schlichten Taufnamen gegen den interessanteren Alessandro umtauschte und auch den Balsamo aufgab, um wie zum Ausgleich für den ersten Handel nun den Nachnamen seiner Patin anzunehmen, erschien plausibel, und es konnte folglich der so unexotische wie unaristokratische Ursprung des gräflichen Scharlatans als entdeckt gelten. Allerdings blieb noch die Lücke von vierunddreißig Jahren zwischen der Geburt und dem Auftreten in London, die mit gleichermaßen konkreten wie entlarvenden Lebenszeugnissen gefüllt werden mußte. Die Anfänge, die der sizilianische Advokat an Ort und Stelle erforschte, stellten sich im Sinn des Auftraggebers allerdings als überaus günstig heraus. Den Jungen hatte man zum Orden der Barmherzigen Brüder gegeben, die sich der Krankenpflege widmeten. Zwar zeigte er sich anstellig und geschickt für die Medizin und das Hantieren mit Arzneien. Dennoch wurde er, wegen ungehörigen Verhaltens, davongejagt. Was niemanden verwundern konnte, war doch schon sein Vater ein Bankrotteur, dessen Lebenswandel ein früher Tod bestrafte. Seine nächsten Spuren hinterließ der – erstaunlich modern agierende – Giuseppe in den Gerichtsakten: daß er hauptsächlich wegen Urkundenfälschung und betrügerischer Grundstückshändel bezichtigt wurde, in der Nebensache auch wegen eines – allerdings eher altmodischen – Spekulationsgeschäfts mit einem geldgierigen Uhrmacher, dem er sechzig Unzen Gold aus der Tasche gelockt hatte für das Versprechen, ihm mit diesem Einsatz einen riesigen Schatz zu verschaffen, welchen er zur Mitternacht in einer Höhle aus dem Bann infernalischer Geister heben wollte.

Die Existenz dieses phantasievollen Gauners pendelte hin und her zwischen dem Gefängnis und den Wohltaten, die ein leicht zu täuschender, so gönner- wie tölpelhafter Regionalfürst ihm angedeihen ließ. Der sizilianische Boden wurde ihm schließlich zu heiß, und die Nachforschungen trafen erst in Rom wieder auf seine Fährte. Nun war er zu dem Federzeichner geworden, den Casanova bald darauf kennenlernte. Für die vielen Reisenden, die in Rom Halt machten, fertigte er Kopien von berühmten Bildern an. Am 20. April 1768 erfolgte, ganz real und aktenkundig, in der Kirche San Salvatore in Campo seine Eheschließung mit der fünfzehnjährigen Lorenza Feliciani, deren Vater nun freilich kein Erzengel, sondern nur ein Metallgießer war oder vielleicht ein Gürtelmacher. Im selben Jahr noch begaben sich die Jungvermählten zu Fuß auf die Reise; es sollte die Pilgerschaft nach Santiago de Compostela werden, wo sie jedoch vermutlich niemals ankamen. Als Casanova den beiden begegnete und die junge Frau sehr viel interessanter und unternehmender fand als ihren Mann, war von ihrer Zukunft noch nichts zu ahnen. Vielleicht stimmt es, daß sie nachher nach Barcelona und Madrid reisten, gewiß aber tauchten sie 1771 zum ersten Mal in London auf, wo der achtundzwanzigjährige Balsamo ohne viel Anklang noch immer als Zeichner nach Beschäftigung suchte. Im Jahr darauf, und nun in Paris, hatte sich endlich die Art seines Wirkens vielsagend verändert: »Während Lorenza mit ihren Reizen wucherte, verkaufte ihr Gemahl verjüngende Lebenstinkturen, Universalessenzen, Schönheitswässer, trieb Goldmacherei, beschwor Geister und gewann bedeutende Summen.« So wird es jedenfalls von der Menge der bald erscheinenden Cagliostro-Biographien behauptet, welche mehr erfanden als wußten und ungefähr so verfuhren wie die eben zitierten, 1785 herausgebrachten »Mémoires pour servir à l'histoire du comte de Cagliostro«.

Wahrscheinlicher aber trieben die beiden Balsamos überhaupt nichts Wunderliches und Auffälliges, sondern genossen einfach nur den Unterschlupf, den sie bei einem ältlichen Vermögensverwalter und Advokaten namens Du Plessis gefunden hatten. Dieser war mehr an der koketten Lorenza als an den Talenten ihres Gatten interessiert; worauf hin selbst diesen beiden, die sonst doch wie Pech und Schwefel zusammenhielten, eine Ehekrise nicht erspart blieb. Lorenza ließ sich verführen und ihren Giuseppe im Stich. Mit dem reichen Du Plessis wollte sie zu einer großen Vergnügungsreise ausfahren. Dem künftigen Propheten und Geisterseher, der unversehens als betrogener Gatte dasaß, fiel nichts Besseres ein, als die Polizei mit der Suche nach den Flüchtlingen zu beauftragen. Sie wurden ergriffen, und das ehebrecherische italienische Flittchen steckten die Häscher fürs erste ins Gefängnis – bis dann der alles verzeihende Giuseppe ihre Freilassung erwirkte. 1773 verließen die also wieder glücklich Vereinten die französische Hauptstadt, aus der sie als mißliebiges Gesindel verbannt worden waren. Zwei Jahre später sah man sie dann in Neapel, wo der kleine Balsamo sich in einen Marquis de Pellegrini, einen symbolbehafteten Pilger und Wanderer also, verwandelt hatte. Solche Metamorphosen wurden zur Regel. Die Namen änderten sich fortan wie die Aufenthalte, und alles ist ein Vexierbild. Es mögen die beiden künftigen Cagliostros auf Rhodos, vielleicht sogar wirklich auch auf Malta, in Spanien und eigentlich überall gewesen sein. Der einstmalige Immobilienhändler, Zeichner und Schriftimitator nannten sich in buntem Wechsel Tischio, Melissa, Belmonte, Marquis d'Annat, Comte Fénix, Comte Harat und wie auch immer. Auch wollte ein Gerücht nun wissen, daß es sich bei diesem geheimnisvollen Heimatlosen zwar um ein Kind der Sünde, dabei jedoch auch um den natürlichen Sohn des Großmeisters von Malta handelte. Eine komplette Mystifikation, wie man dergleichen damals nannte; und diese Mystifikation erhielt bald darauf durch weitere Gerüchte ein die Verhältnisse nochmals umkehrendes Vorzeichen.

Feststeht, daß das Paar sich 1776 in Cadiz nach London einschiffte, wo dann der große Auftritt stattfinden sollte. Gleichgültig, unter welchem Namen sie sich auf die Passagierliste setzten: es waren doch die beiden Balsamos. Als sie aber in England von Bord gingen, hießen sie Graf und Gräfin Cagliostro. Als zweite Merkwürdigkeit kam hinzu, daß beim Anlegen des Schiffs einer der Passagiere fehlte. Und da man sich jetzt in England befand, forschte das Gerücht in den folgenden Jahren nach einer Kriminal-, am besten nach einer Mordgeschichte. Ein realer, echter Graf Cagliostro sei Passagier auf dem Schiff gewesen. Zwischen ihm und Lorenza habe es eine Anbändelei gegeben, einer der beiden Männer war im Weg; folglich ein tückischer Plan zum Nachteil dieses einen Überzähligen; ein heimlicher Mord; die Leiche verschwand im Meer, es hätte die des alleinreisenden Grafen sein können, aber – so reimte es sich der detektivische Verstand zusammen – es war die von Giuseppe Balsamo, dessen Geschichte damit ihr Ende hatte. Lorenza betrat als Gräfin Serafina den englischen Boden, am Arm ihres neuen Gatten, des echten Alessandro de Cagliostro, der eine ganz andere Vorgeschichte haben mußte als der kleine Schwindler aus Palermo. Denn dessen, durch die französischen Nachforschungen von 1785 ans Licht gebrachte, Banalität war für eine Legendenbildung absolut unbrauchbar. Wer nun, nach dieser geheimnisvollen Kriminalgeschichte, den Geisterseher Cagliostro verunglimpfen wollte und deshalb immer noch auf Balsamo deutete, war erheblich im Irrtum. Was sprach – so betrachtet – dagegen, daß es sich bei Cagliostro tatsächlich um den Sohn der Prinzessin von Trapezunt handelte oder um den illegitimen Sproß des Obersten Malteserritters? Als 1790 der Prozeß in Rom zum letztenmal eine gewaltige Diskussion um den rätselhaften Mann entfachte, meldeten sich scharfsinnige Detektive zu Wort, um zu belegen oder auseinanderzusetzen, daß es nicht den geringsten Beweis dafür gebe, daß Balsamo und Cagliostro dieselbe Person seien. Wo war dann der eine geblieben? Und woher war der andere gekommen?

Als man Cagliostro 1787 bei einer Abendgesellschaft in Rovereto gewisse Vorhaltungen machte wegen der Unvereinbarkeiten sowohl seiner eigenen Herkunftsbezeugungen als auch der Gerüchte, gab er die klarste Antwort, die vielleicht je von ihm zu vernehmen war: »Wer ich bin? Ich weiß es selber nicht.« Man ist geneigt, ihm vollkommen zu glauben und in dieser Auskunft nicht verlegenen Zynismus zu vernehmen, sondern Verwirrung, Resignation, Überforderung, sogar Verzweiflung. Wie Goethes »Zauberlehrling« wurde auch dieser große Zaubermeister die Geister nicht mehr los, die er gerufen hatte. Seine Rolle, die ihm zwar erheblichen Glanz, doch auch – nicht lange vor diesem Gespräch in Rovereto – schon Einkerkerung in der Bastille und manche Schmach beschieden hatte, scheint schließlich dem ermüdeten Wanderer zwischen den Welten über den Kopf gewachsen zu sein.

Übrigens mochte Goethe Cagliostro nicht. Er war ihm nie begegnet und schätzte ihn nicht einmal als einen *famosen Betrüger* ein. Er hielt ihn für einen ziemlich hohlen, plumpen Gauner, der ihn weniger interessierte, auch weniger ärgerte als die Dummheit und der Enthusiasmus des Publikums, das mitten im Zeitalter der Aufklärung der Macht dieser Aufklärung dermaßen hohnsprach. In seiner Komödie »Der Groß-Cophta«, die zu Goethes schlechteren Werken gehört, hat er sich an diesem Phänomen gerieben und den umschwärmten Grafen als einen bramarbasierenden Laffen und eitlen Popanz hingestellt. Das Stück entstand 1791, gleich nachdem die Prozeßenthüllungen Cagliostros herausgebracht worden waren. Auch Weimar wurde also vom Cagliostrofieber befallen, was Christian Joseph Jagemann, den Bibliothekar der Herzoginmutter Anna Amalia, schnellstens zu dem Zuverdienst animierte, eine eigene deutsche Übersetzung der vatikanischen Verhörprotokolle anzufertigen. Nebenher äußerte sich Goethe am 1. Juni in einem Brief: »Ich weiß nicht, ob du schon den Auszug von seinem Prozesse gelesen hast, den man in Rom hat drucken lassen. Er enthält fast nichts, was man nicht schon wußte, aber wie viele Menschen wollten es nicht wissen. Es ist erbärmlich anzusehen, wie die Menschen nach Wundern schnappen, um nur in ihrem Unsinn und Albernheit beharren zu dürfen, und um sich gegen die Obermacht des Menschenverstandes und der Vernunft wehren zu können.«

Goethes Urteil über das »Phänomen Cagliostro« stand schon zehn Jahre früher fest. An den Schweizer Johann Kaspar Lavater, der als emphatischer Dichter wie als Begründer einer wissenschaftlichen

Physiognomik zu Ansehen gelangte und für die Geisterseherei Cagliostros durchaus empfänglich war, schrieb er 1781:

Was die geheimen Künste des C. betrifft, bin ich sehr mißtrauisch gegen alle Geschichten. Ich habe Spuren, um nicht zu sagen Nachrichten, von einer großen Masse Lügen, die im Finstern schleicht, von der du noch keine Ahndung zu haben scheinst. Glaube mir, unsere moralische und politische Welt ist mit unterirdischen Gängen, Kellern und Cloaken miniert, wie eine große Stadt zu seyn pflegt, an deren Zusammenhang wohl niemand denkt und sinnt; nur wird es dem, der davon einige Kundschaft hat, viel begreiflicher, wenn da einmal der Erdboden einstürzt, dort einmal ein Rauch aus einer Schlucht aufsteigt, und hier wunderbare Stimmen gehört werden. Glaube mir, das Unterirdische geht so natürlich zu als das Überirdische, und wer bei Tage und unter freyem Himmel nicht Geister bannt, ruft sie um Mitternacht in keinem Gewölbe.

Wie eigentlich meistens, wenn er sich äußerte, hatte Goethe auch hier wohl das letzte Wort. Die Distanz, die er gegenüber der Schwarmgeisterei samt ihrer *Sozialpsychologie* so eisern bewahrte, schützte ihn freilich nicht vor der Verlockung, auf den Spuren Cagliostros zu wandeln und zu schnüffeln, als seine Italienreise ihn in deren Nähe führte. Im April 1787, in Palermo, verfiel er auf die Idee, die Familie Balsamo persönlich in Augenschein zu nehmen; und er wendete dafür nicht nur Mühe, sondern auch eine ganze Portion von Hinterlist und Verstellung auf, welche ihn nicht unbedingt über den sizilianischen Schwindler erhaben machten. Goethe brachte von dem Advokaten, der die Nachforschungen für den französischen Hof betrieben hatte, in Erfahrung, daß Balsamos alias Cagliostros Mutter, seine Schwester und noch einiger Anhang scheu und zurückgezogen in der Nähe lebten. Er ließ sich dort einführen als ein reisender Engländer, der von dem berühmten Grafen einen Gruß zu übermitteln habe an seine noch nicht vergessene Familie. Freundlich wurde er von den einfachen, sauberen und gutherzigen Leuten empfangen. Er musterte alles ganz genau, kommentierte es in seinem späteren Reisebericht mit viel Gewogenheit und Respekt – und nahm auch zur Kenntnis, daß diese bedürftigen Personen zu allem auch noch ein schwerbehindertes, vor sich hindämmerndes Menschenkind bei sich aufgenommen hatten, aus keinem anderen Grund als aus christlicher Nächstenliebe. Irgendwelche Offenbarungen über Cagliostro wurden dem falschen Engländer nicht zuteil, da die Angehörigen weniger über ihn wußten als Goethe selbst. Sie hatten davon gehört, daß er als ein berühmter Mann durch Europa reise, daß er reich sei; aber von seiner Familie wolle er nichts wissen, und außerdem schulde er von früher her seiner Schwester noch einen gewissen Geldbetrag. Goethe gab zu verstehen, daß er den Grafen über die Lage seiner Verwandten unterrichten, daß er ihm auch einen von der Schwester verfaßten Brief überbringen wolle. Und dann spätestens muß er sich über den Betrug am Glauben, an der Hoffnung dieser Menschen geschämt haben, als er der alten Frau zum letzten Mal ins Gesicht schaute:

Sie hatte den Brief wieder und wieder gelesen. Da sie hörte, daß ich Abschied nehmen wollte, stand sie auf und übergab mir das zusammengefaltete Papier. »Sagen Sie meinem Sohn«, fing sie mit einer edlen Lebhaftigkeit, ja einer Art von Begeisterung an, »sagen Sie meinem Sohn, wie glücklich mich die Nachricht gemacht hat, die Sie mir von ihm gebracht haben! Sagen Sie ihm, daß ich ihn so an mein Herz schließe« – hier streckte sie die Arme auseinander und drückte sie wieder auf ihre Brust zusammen –, »daß ich täglich Gott und unsere heilige Jungfrau für ihn im Gebet anflehe, daß ich ihm und seiner Frau meinen Segen gebe, und daß ich nur wünsche, ihn vor meinem Ende noch einmal mit diesen Augen zu sehen, die so viele Tränen über ihn vergossen haben.«

Nach seiner Rückkehr nach Deutschland strengte Goethe sich an, seinen Betrug wieder gutzumachen. Er hielt einen Vortrag über die Familie Balsamo, veranstaltete zu ihren Gunsten eine Kollekte, überwies mehrmals Geldbeträge an sie und stiftete ihnen seine Einnahmen aus dem Druck des »Groß-Cophta«.

In seiner »Italienischen Reise« hatte Goethe knapp vermerkt, daß Cagliostro »vermutlich von jüdischem Geschlecht abstammte«. So hatte er es in den Unterlagen der Anwaltskanzlei gelesen, und die Erwähnung geschah gewiß ohne jeglichen Hintersinn. Daß dennoch in der Verschwörungsphantasie auch schon jener Zeit antisemitische

Anklänge hörbar wurden, hat man immerhin zur Kenntnis zu nehmen. Triumphierend hielten die Enthüller den wahren Namen *Balsamo* in die Höhe; und dann gab es noch den Schweizer Johann Georg Zimmermann, der Arzt war, zudem ein konservativer Besserwisser, der sich ungefragt zu allen nahen wie fernen Angelegenheiten mit inquisitorischer Strenge, mit Unterstellungslust und Verdächtigungseifer zu Wort meldete und schließlich den Grafen Mirabeau als den Erzfeind schlechthin entlarvte. Daß unter den Verschwörungstheoretikern Cagliostro als der Agent Mirabeaus galt, war schon zu lesen. Daß aber Mirabeau noch andere Verbündete und Hintermänner hatte, darauf machte dieser, zum Ritter erhobene, Doktor von Zimmermann mit einem sehr ungelehrten, sehr unritterlichen, aber charakteristischen Wortgebilde aufmerksam. Es lautet *Aufklärungssynagoge*. Die »Berlinische Monatsschrift«, in der meistens ein hellerer Geist leuchtete und die sich deshalb gegen das dauernde Wutschnauben des schweizerischen Orakels besonders zu erwehren hatte, schrieb 1790 unter dem Titel »Geheime Gesellschaften«: »Diese Aufklärungssynagoge nun – so nennt Hr. Z. die geheime Verbindung, wahrscheinlich zur gerechten Bestrafung dafür, daß sie auch Moses Mendelssohn und Markus Herz und David Friedländer unter ihren Freunden zählen – diese geheime Gesellschaft hat, wie Hr. Z. lehrt, ein gar gefährliches Komplott gemacht: und zwar mit dem Grafen Mirabeau.«

An derartige Aspekte und Verknüpfungen dachte, als Cagliostro sich 1776 in London seinen Namen machte, noch keiner. Damals bestand seine hauptsächliche Sensation darin, daß er die Nummern der Gewinnlose der englischen Staatslotterie voraussagte – oder vielmehr mittels einer magischen Tafel errechnen konnte. Um diese Glückszahlen in Erfahrung zu bringen, lief alle Welt dem wundersamen Grafenpaar die Türen ein; man bedrängte sie mit Angeboten zur Gewinnbeteiligung oder mit Geschichten von schweren Schicksalen, die ans Mitleid appellierten. Besonders zudringlich wurden zwei windige Existenzen, die ein Pärchen bildeten, das den Cagliostros nicht unähnlich war, jedoch mehr Neigung zum blanken Ganoventum als Begabung zum raffinierten Großtun besaß. Dieser Mister Scott und seine Kumpanin, die sich Mylady nennen ließ, aber nur eine Miss Fry war, hatten bereits sehr einträglich von Cagliostros

Hellseherkunst profitiert – was immer man von dieser Zahlenkabbalistik halten mag. Nun wollten sie nicht mehr aufhören, von diesem Weg zum schnellen Reichtum zu profitieren. Da Cagliostro diese in Drohungen ausartende Bittstellerei nicht länger ertragen wollte, da ihm außerdem diese leicht überprüfbaren Proben seines Könnens allmählich auch zu riskant wurden, verbat sich die Visiten der Scotts. Folglich mußte er mit Rache, mit Ärgernissen rechnen. Er bekam die Polizei ins Haus, kam vors Gericht und dann ins Gefängnis. Jemand fand sich, der eine Kaution für ihn stellte, dann aber wieder zurückzog – was Cagliostro allerdings nicht mehr schadete. Man hatte ihn nämlich voreilig schon in die Freiheit entlassen, die er umgehend dazu nutzte, mit seiner Gräfin aus England zu verschwinden. 1786 schrieb er – nun von Mißerfolgen und Verfolgungen gezeichnet – in einem großen, apologetischen »Brief an die Engländer«: »Ich beschloß, ein Land, in dem Gerechtigkeit, Dankbarkeit und Gastfreundschaft dermaßen mit Füßen getreten werden, für immer zu verlassen.« Und auch nach zehn Jahren noch immer zornentflammt, wies er warnend darauf hin, daß seine magischen Kräfte nicht nur das Gute bewirken konnten, sondern auch das Verhängnis: Die vierzehn Personen, die sein Londoner Debakel verschuldet hatten, seien allesamt – der Fluch des pharaonischen Geheimpriesters! – von frühem Tod, Wahnsinn oder Ruin ereilt worden.

Im Dezember 1777 war er aus England geflüchtet. In seinem Gepäck führte er auch seine älteren Namen, wie Pellegrini und Fénix, mit, um sie in den nächsten Jahren bedarfsweise als Masken oder Tarnkappen hervorzuziehen. In den Niederlanden und Deutschland reiste er samt Gemahlin umher und nutzte dabei seine freimaurerischen Beziehungen. Serafina hatte das Schreiben seit ihrer Begegnung mit Casanova noch immer nicht gelernt. Dafür war sie aber längst im Besitz der Ordensweisheit und gehörte – denn auch so etwas gab es – einer Frauenloge an. Die in London begonnene Karriere ließ sich trotz des von dort nachhallenden Zetergeschreis auf dem Kontinent glücklich fortsetzen. Jedoch offenbarte sich alsbald das unheilvolle Gesetz, dem diese Laufbahn unterworfen war: daß nämlich auf die Triumphe stets Bedrohungen und Niederlagen folgten und daß die Unruhe, die Cagliostro überall erregte, immer nur in ihrem ersten Teil zu seinen Gunsten wirkte.

Im kurländischen Mitau, wo die Cagliostros auf ihrer groß geplanten Erfolgstournee nach Sankt Petersburg länger als vorgesehen Quartier bezogen, gelangten sie an den nächsten Scheitelpunkt ihres Konjunkturzyklus. Freimaurertum und Okkultismus hatten typischer Weise auch in der so kleinstädtischen wie weltfernen Residenz der Herzöge von Kurland und Semgallen längst schon Einzug gehalten und somit dem selbsternannten Großmeister aller Logen, aller magischen Disziplinen den günstigsten Boden bereitet. Herz und Seele der dortigen Swedenborgianer, Illuminaten und Geisterbeschwörer war die Baronin Elise von der Recke und Medem, in deren seltsamen Persönlichkeit sich Schwärmerei und Intelligenz auf eine Weise vermischt hatten, deren Gefährlichkeit dem enthusiastisch empfangenen Cagliostro nicht lang verborgen bleiben konnte. Denn was immer er auch war: daß er ein genialer Psychologe war, steht außer Zweifel. Zuerst entsprach er aufs entzückendste den Erwartungen dieses wunderlichen Milieus, er trumpfte mit Fähigkeiten auf, welche die in Mitau geläufigen Wunderwerke weit übertrafen und die auch für ihn selber neu, vielleicht sogar überraschend waren. Mit seiner Menschenkenntnis, seinem Sinn für das Wahrscheinliche, dazu mit einer guten Portion von Unverfrorenheit qualifizierte Cagliostro sich nun nicht mehr als Taschenspieler und freimaurerischer Sendbote, sondern als Prophet, und zwar als einer, der Schicksalschwereres voraussagen konnte als nur die Lotteriezahlen. Einem besonders überdrehten Wortführer dieser Schwärmerkolonie prophezeite er den alsbaldigen Tod, was in Anbetracht solcher Persönlichkeitsmerkmale vielleicht kein Kunststück war; aber man feierte es als eine entsetzliche Sensation, daß diese Weissagung sich erfüllte und ihr Objekt eine oder zwei Wochen danach sich eine Kugel ins Herz schoß. Außerdem – und noch eindrucksvoller – glückten dem Propheten jetzt seine ersten Geisterbeschwörungen. Die Baronin hatte vergebens herumexperimentiert, wie es ihr gelingen könne, den Geist ihres verstorbenen Bruders herbeizurufen und Nachricht von ihm über sein jenseitiges Befinden zu empfangen. Cagliostro gelang es auf Anhieb. Dazu brauchte er nicht viel: nur die Beschwörungsformel, die er von dem Osirispriester im Innern der großen Pyramide gelernt hatte, außerdem die auf Selbstsicherheit beruhende Beherrschung der Suggestions- und Hypnosetechnik, die der Vater des animalischen

Magnetismus, der Arzt Franz Mesmer, der staunenden Welt vorgeführt hatte, und zuletzt noch ein unverdorbenes Kind, das sich zum Medium eignete und in dem kleinen Neffen der Baronin schnell gefunden war. Der hinter einem Paravent in Trance versetzte Knabe übermittelte nicht nur die erfreulichsten – und unverbindlichsten – Neuigkeiten von dem Verstorbenen, sondern schaute auch die himmlischen Heerscharen und erkannte unter diesen – an seinem blütenweißen Hemd – den Erzengel Michael.

Noch mehrere Wunder dieser Art vollbrachte der so dämonische wie menschenfreundliche Graf, der im wirklichen Leben allerdings nicht ganz über die Selbstkontrolle verfügte, die man einem Erleuchteten, dazu noch einem Aristokraten hätte abverlangen dürfen. Nicht nur wechselte er unvermittelt zwischen mürrisch-ungemütlicher Schweigsamkeit und visionären Redeströmen, welche er in einem harten, italienisch unterlegten Französisch hervorstieß, in dem auch unverständliche Phrasen vorkamen, welche man für arabisch oder hebräisch hielt. Er konnte auch, wie in jäher Ungeduld und als brauche seine innere Angespanntheit eine Pause, aus der Verbindlichkeit des Kavaliers, aus der Zuwendung des Philanthropen umschlagen in schroffe, ausgesprochen plebejische Anwandlungen. Nicht selten soll es vorgekommen sein, daß Cagliostro sogar wichtig zu nehmende Verehrer und Bittsteller nach einem kurzen, abschätzigen Blick willkommen hieß mit dem Satz: »Ich kann Ihnen nützlich sein, während ich von Ihnen nichts zu erwarten habe.« Mit solchen Ausfälligkeiten mag er manch einen brüskiert und zum Feind gemacht haben, während andere mit Unbeirrbarkeit nur dieses eine feststellten und gelten ließen: »Sein Gesicht strahlt Geist, ja Genie aus, seine feurigen Augen lesen auf dem Grund der Seele.«

Anscheinend hatte die zu jeglicher Verehrung, Selbstauslieferung und Zudringlichkeit bereite Elisa von der Recke nicht nur die magischen und gewiß auch die erotischen, sondern auch die barschen, zurückweisenden Ausstrahlungen Cagliostros zu spüren bekommen. Mit einem Mal herrschte in Mitau Verstimmung. Das vagabundierende Grafenpaar stieg eiligst in die Kutsche und hinterließ der Baronin die beinahe flehende, aber keine Gründe verratende Bitte, daß sie vertrauensvoll und verschwiegen sein möge. Ihre Hoffnungen, daß Cagliostro wieder nach Mitau – und zu ihr – zurückkehren würde, erfüllte dieser nicht. Also sann sie auf Rache. Da sie dem Magier vermutlich auf einige Schliche gekommen war, reifte in ihr der Entschluß, daß sie kein Vertrauen mehr haben und daß sie auch nicht verschwiegen sein wollte; und da sie, wenn sie nicht schwärmte, über einen scharfen Verstand verfügte und die Feder entsprechend zu führen wußte, nahm die kleine Edeldame sich vor, das kurländische Schurkenstück an die große Glocke zu hängen.

Gelegenheit dazu ergab sich jedoch erst 1786, als Cagliostro wegen der Halsbandaffaire in der Bastille eingesperrt war. Niemals schrieb und debattierte man so viel über ihn wie jetzt, wo er zu allem noch in den Geruch eines Staatsfeinds gekommen war. Ganz Europa fiel über ihn her. Überhaupt sieht es so aus, als sei im ganzen 18. Jahrhundert über keinen Menschen mehr und leidenschaftlicher geschrieben worden als über Cagliostro. Jeder, der wollte, konnte seit diesem Pariser Riesenskandal seine Enthüllungsphantasien zum Druck befördern, um den rätselhaftesten aller Zeitgenossen als denjenigen Feind zu entlarven, der dem jeweiligen Schreiber am besten in sein Weltbild paßte. Die beleidigte Baronin wollte mit den Wölfen heulen und brachte ihre lang zurückgehaltenen Meinungen über das entwischte Idol im Zentralorgan der deutschen Aufklärung, in der »Berlinischen Monatsschrift« vom Mai 1786, an die Öffentlichkeit oder wenigstens an eine spezifische Leserschaft. Diese reagierte mit gebührender Erleuchtung. Daß Cagliostro ein Schwindler sei, das hatten die Berliner Herausgeber und ihre Abonnenten längst vermutet; nun aber brachte die baltische Dame ans Tageslicht, daß das Obskurantentum des italienischen Taschenspielers System besaß, und zwar ein höchst gefährliches. Die »Berlinische Monatsschrift« polemisierte gemäß ihren rationalistischen Grundsätzen gegen alle Verschwörungstheorien, nur nicht gegen ihre eigene. – Auch dergleichen gehört zur *Dialektik der Aufklärung*. – Und mitten in das Schußfeld dieser aufklärerischen Verschwörungsobsession hinein baute die Baronin das von ihr entdeckte System auf, in dem Cagliostro die empörendste Rolle spielte. Es war das System der verborgenen Machenschaften der Jesuiten gegen den Protestantismus und den freigeistigen Modernismus. Ein Donnerschlag. Cagliostro war entlarvt als Agitator der Jesuiten, deren Weltverschwörung die Berliner Klargeister nicht für ein Hirngespinst, sondern eine felsenfeste Tatsache erachteten. Daß dann die jesuitischer Seite mit dem typischen Umkehrschluß reagierte und den vormaligen Balsamo – der wahrscheinlich in niemandes Diensten stand, sondern nur ein Selbstdarsteller war – als einen Geschäftsführer der *Aufklärungssekte* in Haftung nahm, war schon zu lesen und besaß Logik. Die Offenbarungen der Baronin machten gewaltigen Lärm und fügten dem Ruf Cagliostros in Deutschland nachdrücklichsten Schaden zu. Aber auch Nutzen war aus ihnen zu ziehen, und als erste tat das die literarische Dame selbst, indem sie ihrem vielbeachteten Zeitschriftenbeitrag umgehend ein ausführliches Buch zur Zweitverwertung nachschob, das 1787 unter dem Titel »Nachricht von des berühmten Cagliostro Aufenthalt in Mitau« als ein allseits begehrtes Lesefutter auf den Markt kam.

Auch Schiller, der nicht nur sehr auf Heller und Pfennig achtete, sondern sich seines Erwerbssinns als einer vorzüglichen Inspirationsquelle erfreute, beschloß eiligst, mit dem Wind zu segeln, der zwar dem Gefangenen in der Bastille garstig ins Gesicht blies, aber einem Schreiber, der sich richtig aufstellte, manchen Taler in die Tasche wehen konnte. Gerade malte Schiller sich mit seiner Zeitschrift »Thalia« die trefflichsten Gewinne aus, als ihm der Cagliostro-Stoff auf den Schreibtisch flatterte und er den Leckerbissen erkannte, um Abonnenten zuhauf herbeizuziehen. Ein signalgebender Titel war schnell gefunden: »Der Geisterseher«. Der politisch-konfessionelle Bezug, den Schiller immer gern suchte, war leicht herzustellen und – wenn man wollte – auf das protestantische Württemberg anzuwenden, wo man sich über den rätselhaften Hang der Herzogsfamilie zum Katholizismus wunderte und die Jesuiten wegen okkultistischer Einflußnahme streng in Verdacht hatte. Ein Roman mußte daraus werden, ein Fortsetzungsroman, der den Appetit der Leser auf die profitabelste Art in die Länge zog. Freimütig legte Schiller seinem Freund Körner die Kalkulation offen: »Der Geisterseher wird schlecht – schlecht, ich kann nicht helfen. Aber bezahlt wird es nun einmal … Die Thalia macht wieder viel Aufsehen; sie zirkuliert durch alle Häuser. Soviel ist indessen gewiß, daß ich mir diesen Geschmack des Publikums zu Nutzen machen und so viel Geld davon ziehen werde, als nur immer möglich ist … Ich schmachte nach dem Augenblick, wo ich anfangen kann, Schulden zu bezahlen, und dieses will erschrieben sein. Jetzt dank ich dem guten Zufall, der mir den Geisterseher zuführte. Ich arbeite ihn ins Weite, und unter 30 Bogen kommt er nicht weg. Göschen kann ihn mir gut bezahlen.«

Das ist recht amüsant, zeigt uns Wirklichkeit; und man sollte es Cagliostro danken, daß er Schiller half, seine Schulden loszuwerden und noch einiges darüber in der Haushaltskasse zu behalten.

Daß die Publizistik Helden braucht und – besser noch – Dämonen, ist genauso wenig eine Erscheinung der Jetztzeit wie die Zauberkraft des schreibenden Profitinteresses, das sich die Wirklichkeiten schafft, wie sie gerade am vorteilhaftesten sind, und sie in hochgejubelte Höhen treibt, um den tiefsten Fall konjunkturgerecht nachfolgen zu lassen. Seit 1786 herrschte über Cagliostro eine europaweite Übereinkunft der Publizistik, daß man seine Geheimnisse lüften wollte nach der Maßregel, auf weitere, noch ungeahnte Geheimnisse zu stoßen, damit das Thema fortwährend im öffentlichen Bewußtsein erhalten blieb, in alle Richtungen erweitert und ausgebeutet werden konnte und eine beliebig lange, am besten eine unendliche Geschichte ergab. Mirabeau war es, der in einem Brief an den Göttinger Professor Christoph Meiners das Übermaß von Fiktion, die sich als publizistische Enthüllungsstrategie gerierte, und den wahren Anteil Cagliostros – als einer kollektiven Phantasiegestalt – vernünftig relativierte: »Die Erscheinung des Grafen von Cagliostro gleicht einem Märchen aus Tausendundeiner Nacht, aber vielleicht ist das nicht die Schuld des romantischen Fremdlings. Denn die Grenzen des Möglichen sind weit hinausgeschoben, und das Wahre ist nicht immer wahrscheinlich.« Doch der Herr Professor wollte von solchen Verharmlosungen nichts hören und beharrte darauf, daß er und seinesgleichen es besser wußten. Die Wirklichkeit sei gerade so, wie sie seiner Art von Publikum am gefälligsten in den Kopf paßte. Egal, was immer Mirabeau auch an Vernunftgründen dagegen halten mochte: unter einer »großen Zahl kluger, gemäßigter und unterrichteter Leute« sei jedenfalls längst bekannt, daß man es bei Cagliostro mit einem verkappten Jesuiten zu tun habe, »der in den protestantischen Ländern insgeheim alle möglichen Fäden knüpft«.

Von überall, wo er vormals gleichermaßen Begeisterung wie Enttäuschung und Anfeindung erregt hatte, warf man seit 1786 dem rätselvollen Wanderer Steine nach, so als sei er das inkarnierte Übel der Zeit. Mit dem ihr manchmal eigenen Ausrottungseifer meldete Katharina II. am 1. Juli 1787 an den insofern wahlverwandten, bereits erwähnten Doktor Zimmermann, daß sie nicht weniger als drei entlarvende, hochaktuelle Komödien verfaßt habe, die auch nach Deutschland kommen sollten, um mit »Calliostro et consorts« schonungslos abzurechnen. Hatte sie doch schon 1779, bei Cagliostros Aufenthalt in Sankt Petersburg, gehörigen Abstand zu diesem Subjekt gehalten, und das nicht nur, weil ihr Favorit Potemkin auf die Reize von Serafina mit gesteigertem Interesse reagiert hatte. Der Fremdling mit seinen freimaurerischen Verbindungen sei ihr gefährlich vorgekommen. Er trage den Geist des Umsturzes in sich, so lautete ihr Befund. Zwar halte sie das, was sie über sein Treiben vernommen hatte, für lächerlich, aber das könne durchaus die Mimikry des heimlichen Jesuiten sein. Daß sie ihm dennoch oder warum auch immer ein Geldgeschenk schickte, ist nur ein Gerücht; aber gewiß ist, daß sie ihm, als *femme de lettres*, schon damals ein satirisches, bissiges Pamphlet nachschleuderte, welches von ihrem langjährigen Brieffreund Voltaire hätte inspiriert sein können. Auch aus Warschau, wo Cagliostro endlich einmal richtig von einem König empfangen worden war und als Goldmacher die gierigsten Erwartungen diverser Hofschranzen und halbverrückter, dreiviertelbankrotter Adligen entfacht hatte, traf ihn 1787 ein alter, neubelebter Zorn. Der Graf Moszynski, der acht Jahre zuvor in seinem alchimistischen Kabinett hell begeistert zusammen mit dem illustren Reisenden gewerkelt hatte und doch nicht zu den herbeigefieberten Goldschätzen gekommen war, erhob nun Anklage gegen den »in Warschau entlarvten Cagliostro« und brachte der Welt einen »Wahren Bericht eines Augenzeugen über seine Operationen« zur aufrüttelnden Kenntnis. Die dann ganz und gar weltverschwörerische Wahrheit über den folgenden Aufenthalt in Frankfurt wurde am Ende von der römischen Inquisition aufgedeckt.

Aber die nächste, dem Warschauer Aufenthalt folgende Rolle, die eines Wunderheilers, die der bisherige Zahlenprophet, Freimaurer, Alchimist und Geisterbeschwörer ab 1779 in Straßburg spielte, traf ohne Zögern und Umschweife – und keineswegs erstaunlich – auf das vehementeste Protestgeschrei. Denn nun fühlte sich das ewige

Besitzstandsdenken der Ärzteschaft herausgefordert, mit der weniger zu spaßen war als mit einer russischen Zarin. Da es um die rechte Lehre und erst recht um die Einkünfte ging, mußten die gröbsten Polemiken auch die standesgemäßesten sein. Die Patientenströme, die Cagliostro heimsuchten und den Doktoren entgingen, durften nicht geduldet werden. Als Außenseiter und Betrüger wurde er geschmäht; doch sein größter Frevel bestand darin, daß er gegen die Standesehre verstieß und niemals ein Entgelt für seine Leistungen verlangte.

Es rumorte in Straßburg. Geschichten von unerhörten Heilungen wurden kolportiert. In den Gazetten erschienen Dankeshymnen von Patienten, die nach langen Irrwegen durch die Ärztezunft endlich bei Cagliostro Rettung gefunden hatten. Kranke reisten von weit her. Ein gewisser Doktor Ostertag erhob sich als wutschäumender Wortführer der ansässigen Mediziner, während der Gemeindepfarrer Zaegelin genauso wie der als Philanthrop auch heute noch bekannte Pastor Oberlin öffentlich für Cagliostro Zeugnis ablegten. Neugierige forschten nach seinen Lebensgewohnheiten und brachten heraus, daß er nicht in einem üppigen Bett, sondern in einem einfachen Lehnstuhl schlief und daß er, obwohl von wunderbarem Reichtum, ein Asket, wenn nicht gar ein Heiliger sein mußte. Nur einmal am Tag nehme er Nahrung zu sich, und diese bestehe aus nichts anderem als Nudeln und Käse. Wozu Schiller in einer nebensächlichen Veröffentlichung von 1781 immerhin einfiel, daß der Verzehr von Teigwaren und Käse für einen Italiener vielleicht keine Überwindung bedeute; und daß »er des Tags nur einmal esse: nun das könnte freilich nur den Herren Straßburger sonderbar vorkommen, die den Tag unter déjeunnés, dinnés, goutées und souppées so trefflich zu teilen wissen«.

Während ihr Gatte also Wunder vollbrachte, unbequem schlief und fast nichts aß, wollte Gräfin Serafina zwar noch immer nicht das Schreiben lernen. Aber sie ritt auf einer schwarzen Stute spazieren oder machte es sich behaglich in ihrem Salon, wo sie noble Gäste und Geldleute empfing. Der schwerreiche, darum gewiß nicht leicht hinters Licht zu führende Steuerpächter Laborde jedoch, den ein chronisches Leiden plagte, kam nicht aus Serafinas Salon, sondern aus der Sprechstunde ihres Mannes, als er das Folgende aufschrieb, das uns wahrscheinlich über die mirakulösesten Geheimnisse der Wunderheilungen die evidentesten Erklärungen liefert:

Ich komme von ihm. Stellen Sie sich einen riesigen Saal voll unglücklicher, meist hilfloser Geschöpfe vor, die mit emporgereckten Armen den Grafen um Mitleid anflehen. Er hört sich einen nach dem anderen an, merkt sich jedes Wort, verläßt kurz das Zimmer, kehrt aber sogleich wieder zurück mit einer Unmenge von Heilmitteln, die er an diese Geschlagenen verteilt, wobei er jedem wiederholt, was ihm dieser über seine Krankheit gesagt hat, und allen eine baldige Genesung zusichert, wenn sie sich genau an seine Verordnung halten. Aber mit den Arzneien allein ist es nicht getan. Sie brauchen auch kräftigende Suppen; doch nur wenige dieser Unglücklichen haben die Mittel dazu; der mitfühlende Graf teilt den Inhalt seiner Börse unter die Armen auf. Sie scheint unerschöpflich. Es bereitet ihm mehr Freude, zu geben statt zu nehmen, was sich an seinem Mitleid erweist. Die Unglücklichen werfen sich, von Dankbarkeit und Achtung durchdrungen, ihm zu Füßen. Das rührt den braven Mann. Tränen stürzen ihm aus den Augen.

Er kennt beinahe alle Sprachen Europas und Asiens; seine Beredsamkeit erstaunt und reißt mit, selbst in den Sprachen, die er nicht so gut beherrscht. Ich schaute zu, wie seine Hände die ekelerregendsten Wunden versorgten, wie er die Leiden linderte und die Elenden durch Hoffnung tröstete, wie er sie mit Heilmitteln, Wohltaten und Geschenken versorgte – und all das ohne ein anderes Ziel, als der leidenden Menschheit zu helfen. Dieses bewegende Schauspiel wiederholt sich dreimal in der Woche.

Das gesamte Skandalmaterial, das um Cagliostro in dieser Zeit wucherte, faßte der sachliche Beobachter Johann Daniel Salzmann in einem Brief aus Straßburg zusammen: »Cagliostro ist hier. Er behauptet, im Besitz eines Allheilmittels zu sein. Tatsächlich hat er recht beachtliche Heilerfolge erzielt, aber er nimmt nichts dafür, da er angeblich sehr reich ist.«

Trotz der naturgegebenen Gegner sah die erste Zeit in Straßburg aus wie der Beginn einer großen Erfolgsgeschichte. In seiner neuen Eigenschaft als Arzt von eigenen Gnade und Methoden machte Cagliostro einen ersten Abstecher nach Paris, von wo der mit ihm seit langem befreundete Chevalier de Corbéron meldete: »Ich war heute morgen bei Cagliostro. Seine Audienzen sind allmählich recht gut besucht. Der Graf von Caylus, der Chevalier de Luxembourg, mehrere Frauen ...«

Es fehlte auch nicht an Zuschauern, die sich von jeglicher Voreingenommenheit freihalten wollten und mit kritischem Blick zu erkunden suchten, was an Charismatischem oder Trivialem, an Wahrhaftigem oder an Blendwerk in der Person des abenteuerlichen Grafen vereinigt war. Der unabhängig denkenden Baronin von Oberkirch, aus der Nähe von Straßburg, verdanken wir ein Portrait, das in seinem Untergrund zwar eine gewisse Antipathie spüren läßt, aber gerade deshalb die Zwiespältigkeit des Portraitierten besonders schön hervorbringt und damit auch seinen gewinnenden Qualitäten umso gerechter wird.

Man macht sich keine Vorstellung, mit welch wütender Leidenschaft sich ihm alle Welt an den Hals warf. Man muß es selber erlebt haben. Alle drängten sich um ihn, belagerten ihn; jeder wollte einen Blick, ein Wort von ihm erhaschen; und zwar nicht nur hierzulande, in Paris war es dasselbe ... Er war nicht eben schön, aber noch nie hatte ich eine so bemerkenswerte Physiognomie gesehen. Sein Blick war von einer geradezu übernatürlichen Tiefe; der Ausdruck seiner Augen läßt sich schwer beschreiben: sie waren gleichzeitig feurig und eisig; man fühlte sich angezogen und abgestoßen; er flößte Angst ein, aber auch eine unüberwindliche Neugier. Man ist versucht, zwei Bilder von ihm zu zeichnen, die einander gleichen, aber doch so unähnlich wie möglich sind. Am Hemd, an den Uhrketten, an den Fingern trug er Diamanten von ungewöhnlicher Größe und wunderbarem Feuer. Er behauptete, sie selbst gemacht zu haben ... Hätte ich meinem Hang zum Wunderbaren nachgegeben, so wäre ich bestimmt ebenfalls auf diesen Intriganten hereingefallen. Ich kann nicht leugnen, daß Cagliostro eine dämonische Kraft besaß, die den Geist faszinierte, die Vernunft verwirrte. Ich versuche nicht, das Phänomen zu erklären, ich schildere es nur und überlasse es Klügeren, das Geheimnis zu durchschauen.

Der Dualismus in Cagliostros Wesen und Wirkung war der Feind seiner Ruhe und setzte durch, daß auch der Fortgang seiner Geschichte dieser selbstzerstörerischen Dialektik unterworfen blieb, die man anzuerkennen hat als das innerste Gesetz dieses Menschen, der immer etwas anderes sein mußte als das, was er gerade war.

Zwei seiner Sekretäre, die mit ihrem Arbeitgeber nicht schlecht gefahren waren, hatten herausgefunden, daß es sich auf der Seite seiner Feinde und als Kronzeugen gegen Cagliostro vielleicht noch besser leben ließ. Von nun an sorgten sie bei allen möglichen Anlässen für Hintergrundinformationen, Enthüllungen und Anekdoten, die zur Diffamierung geeignet waren. Auf andere Weise sollte ihm dagegen eine bedeutende Freundschaft, die er in Straßburg schloß, zum Verhängnis werden. Den Kardinal hatte die Neugier getrieben, diesen Menschen kennenzulernen, der in seiner Stadt so viel Unruhe stiftete. Es bedeutete nicht wenig, daß er sich höchstpersönlich zum Wohnsitz des umstrittenen Fremdlings bemühte, der nur ein zweifelhafter Graf und auch in Glaubensfragen gewiß nicht korrekt war. Sein Rang gestattete ihm nur eine knappe, herablassende Visite, die ihn allerdings faszinierte. »Das Gesicht dieses nur wenig gesprächigen Mannes – so berichtete der Kardinal – strahlte eine so eindrucksvolle Würde aus, daß mich ein frommer Schauder erfaßte und meine ersten Worte von Hochachtung diktiert wurden. Diese Unterhaltung, so kurz sie auch war, erweckte in mir den lebhaftesten Wunsch, nähere Bekanntschaft mit ihm zu schließen.« Dieser Kardinal war der achtundvierzig Jahre alte Prinz Louis-René-Édouard de Rohan, der erst 1779 – und nicht aus Berufung – zum elsässischen Kirchenfürsten geworden war. Er stammte aus einer der ersten Familien Frankreichs, hatte vorher als Gesandter seines Landes am Wiener Hof seine Rolle dermaßen leichtfertig und genußsüchtig gespielt, daß er der sittenstrengen Maria Theresia überhaupt nicht gefiel. Nachdem die Kaisertochter Marie-Antoinette französische Königin geworden war, galt die Ablösung Rohans als eine beschlossene Sache. Seine standesgemäße Unterbringung in Straßburg mußte durchaus als eine Abschiebung verstanden werden, da sie den eitlen Prinzen als einen brandmarkte, der im fernen Versailles nicht willkommen war. Man hat ihn sich als einen weichen, zugleich sinnlichen, wohlwollenden und nicht sonderlich intelligenten Menschen vorzustellen, der naiv und leicht zu beeindrucken war. In dem für seinen Geschmack ziemlich langweiligen Straßburg mußte er Cagliostro für eine spannende Abwechslung halten, und das umso mehr, als er mit kindlicher Freude an der Alchimie hing. Eine andere Abwechslung scheint der Kardinal bei einer jungen, grazilen Comtesse gefunden haben, die sich mit dem Anschein einer Notlage bei ihm eingenistet hatte, gern in engen Hosen durch die Säle des bischöflichen Lustschlosses in Zabern stolzierte und außerdem ein Luder war und Jeanne de la Motte hieß.

So ungefähr war der Stand der Dinge, als die Cagliostros 1783 in Straßburg ihre Zelte abbrachen, um anderswo von neuem ihr Glück zu suchen, das für sie – wie sie nun einmal geschaffen waren – am ehesten in dem Weg dorthin bestand. Zwar hatte Rohan sich in Freundschaft mit dem Wundermann verbunden und auch seine ziemlich unbeholfenen Mittel zum Einsatz gebracht, um diesen vor den nicht nachlassenden Anfeindungen der Ärzteschaft zu schützen. Er hatte aus Versailles Briefe von hohen Amtsinhabern bestellt, die den Bürgermeister von Straßburg einschüchtern und zur Protektion Cagliostros ermahnen sollten. Aber morgens sah man an den Hauswänden Anschläge und Schreibereien, die ihn als schlampigen Ausländer in türkischen Gewand, als Quacksalber und als »impertinenter Hundsfott« titulierten. So bestiegen an einem solchen Morgen der Graf und die Gräfin wieder einmal die große Reisekutsche.

Im August 1783 sah man sie in Neapel. Sie erschraken und ergriffen die Flucht, doch diesmal nicht vor der Wut der Ärzte. Sie machten sich schleunigst davon, weil irgendjemand behauptet hatte, dieser prunkvolle Reisende, der aus dem Norden kam, sei kein anderer als jener Giuseppe Balsamo, der sich vor Jahren und von Süden her als kleiner Gauner in Neapel eingeschlichen hatte. Wohin nun also? Nach Bordeaux – was dann auch nicht das Richtige war, und dann nach Lyon. Ein bekennender Esoteriker könnte behaupten, daß Cagliostro in Lyon nun seine beste Zeit hatte. Er wurde, wie es in den Zeugnissen seiner Sympathisanten immer heißt, »mit Ehren empfangen«; er wurde zum Held und Abgott der Provinz. Man wollte Wunder von ihm sehen, aber durchaus keine Wunderheilungen an armen und hilflosen Menschen, denen mit einem Teller kräftiger Suppe schon zu helfen war. Die saturierte Lyoneser Bourgeoisie, die von der

Arbeit der Seidenweber lebte und in ihren Mauern eine eigene Aristokratie bildete, verlangte nach feineren Genüssen. Man muß bedauern, daß Cagliostro – wie alle Abenteurer – so flink, so anpassungsbereit war beim Wechseln der Rollen und sein gewiß nicht unnützes Wirken in Straßburg nun vollkommen vergaß. Statt tröstend die Hand aufzulegen und die Armen zu speisen, widmete er sich einem kostenaufwendigen orientalischen Zinnober, wie ihn das bürgerliche Theaterpublikum aus den neusten Märchenstücken des Venezianers Carlo Gozzi kannten und wie er uns mit seinen Restbeständen erhalten und vertraut geblieben ist in der Ägypten- und Freimaurermagie von Mozarts »Zauberflöte«. Das Ägyptische, mit dem Cagliostro schon länger kokettiert hatte, galt jetzt als die Attraktion des gehobenen Geschmacks und als eine Erfolgsdevise. Einen Freimaurertempel mit spektakulären, esoterischen Dekors wollten die Lyoneser Seidenfakrikanten bauen, und Cagliostro sollte dazu die Direktiven erteilen. Außerdem sollte er ein Statut verfassen für eine Loge nach *Ägyptischem Ritus*, die folglich mit ihrem extravaganten Kostümwesen, mit ihrer ganz besonderen Weisheitslehre den höchsten Rang über allen Logen Frankreichs, ja der ganzen Welt einnehmen sollte. Und weil damals sowieso kein Mann daran dachte, Frauen als mindere Wesen einzustufen, und weil auch keine Frau auf die Idee gekommen wäre, sich als irgendwie benachteiligt zu empfinden, war es eine absolute Selbstverständlichkeit, daß Cagliostro für die Damen Lyons eine eigene *Ägyptische Loge* gründete, deren Großmeisterin auf einem erhöhten Thron und unter einem Baldachin residierte, auf dem die tiefen Worte geschrieben standen: »Ruhm oder Tod« und »Wohltätigkeit oder Tod«.

Man ahnt, wie bald dieses Treiben dem Logengründer langweilig werden mußte. Zur Abwechslung ließ er sich noch etwas anderes einfallen: den Trick aus Mitau, mit dem Kind, das ins Jenseitige schaute. Einige Verbesserungen nahm der Geisterbeschwörer vor: Das Kind, das als Medium diente, wurde *Taube* genannt und nicht mehr hinter einem Paravent verborgen. Vor den Augen eines atemlosen Publikums mußte es in einen geweihten Krug hineinschauen, der halb mit Wasser gefüllt war, auf dessen Oberfläche ein paar Ölflecken herumschwammen. Durch dieses Verschwimmen und Schimmern hindurch blickte die *Taube* in die Welt der Geister. Doch auch diese Séancen samt den Nachrichten, die dergestalt von »drüben« empfangen wurden, müssen Cagliostro gelangweilt haben, genauso wie die unablässig huldigende Zudringlichkeit der Lyoneser Gesellschaft.

Abbildung 18
Szene aus einer französischen Freimaurerloge, in der die Damen den Ton angaben (Zeitgenössische Zeichnung)

In dieser Situation, die einen E. T. A. Hoffmann hätte inspirieren können, meldete sich der Kardinal von Rohan, den es wieder einmal nach Paris gezogen hatte. Das hieß für Cagliostro: Paris meldete sich. Um seinen Rang endlich vor König und Königin durchzusetzen, benötigte der Kardinal und Prinz, der gleich unter dem König stand und dennoch in Versailles nicht wohlgelitten war, die Hilfe des genialen Psychologen und Magiers. Im Januar 1785 hielten die Cagliostros Einzug in der Metropole Europas und in einem Palais, das Rohan ihnen bereitgestellt hatte. Die Gräfin de la Motte war auch schon da, und auch sonst noch einige zwielichtige Gestalten. In nächtlichen Sitzungen wurde der Geist angestrengt, wurden die Geister beschworen, wie der hilflose Kardinal ans Ziel seiner Geltungswünsche gebracht werden konnte. Serafina war derweilen hauptsächlich damit beschäftigt, dem vornehmen Gastgeber, zum Ärger der La Motte, schöne Augen und pikante Verheißungen zu machen. Im übrigen thronte sie als Große Meisterin in der *Ägyptischen Frauenloge*, die nun auch in Paris zu einem Exklusivitätssymbol der Damenwelt geworden war. Cagliostro, der mit adäquater Kleidung anscheinend immer Probleme hatte, putzte sich in diesem Milieu von Weltniveau als ein Kavalier heraus, der jeden Modeschöpfer zum Erblassen bringen mußte. Mit seinen großen Nasenlöchern, mit den hervortretenden Augen in seinem runden, olivfarbenen Gesicht, das auf einem sehr kurzen Hals lastete, der auf einem mittelgroßen und inzwischen füllig gewordenen Körper saß, war sein reichliches Haar zu vielen kleinen Zöpfen geflochten, die ein netzartiger, glitzernder Beutel zusammenfaßte, während unter einem stahlgrauen Rock eine feuerrote Weste und eine ebensolche Hose hervorstachen. Über und über mit Gold und Edelsteinen war das alles verbrämt.

Die Katastrophe, die sich anbahnte und die dann mit guten Gründen in die politische Geschichte einging als die *Halsbandaffaire*, ist entweder zu verworren, als daß man sie aufklären könnte, oder zu banal, als daß man es glauben möchte. Vielleicht gab Serafina dem Appetit des Kardinals nach, vielleicht ließ Cagliostro sie absichtsvoll gewähren. Des Zuhältertums hatte man ihn sowieso schon immer verdächtigt. Die Gräfin de la Motte, mochte sie auch anderes im Schilde führen als die fortwährende Herrschaft über Rohan, wurde dennoch eifersüchtig. Sie prahlte damit, die intimste Vertraute der Königin zu sein, und diese begehre ein Diamantencollier, das viel zu teuer war, als daß sie es bezahlen konnte. Ob der Kardinal da vielleicht aushelfen möchte? Dieser sah seine Chance, sah schon die dankbaren Augen Marie-Antoinettes, in die er trotz aller Querelen wohl richtig verliebt war. Die quirlige La Motte steckte ihm süße, in vorauseilender Dankesschuld vieles versprechende Briefchen zu, die von der Königin kämen. Darauf im Park von Versailles, hinter hohen Büschen, ein nächtliches Rendezvous mit einer scheuen, jedoch schmachtenden Dame, welche der unkeusche Kardinal für die Königin halten mußte. Wie konnte er da noch anders, als seine Schecks auf die Riesensumme auszustellen? Das Collier kam herbei – und war mit einem Mal auf Nimmerwiedersehen verschwunden. Die Geschichte wurde publik, die Königin sah sich den schlimmsten Verdächtigungen ausgesetzt, der König wurde ausgelacht. Wer steckte hinter allem wenn nicht Cagliostro? Und bei diesem mußte auch das Collier gelandet sein. Aber alle Hausdurchsuchungen und Verhöre brachten nichts ans Licht, was ihn überführen konnte. Dennoch wurde er, abseits vom regulären Rechtsweg eines Parlamentsurteils, in das königliche Gefängnis gesteckt. Am 23. August 1785 betrat er die Bastille, die er erst am 1. Juni des folgenden Jahres wieder verlassen durfte.

Wie mancher anderer Häftling der Bastille vor und nach ihm verzehrte er sich vor Liebe und Sehnsucht nach seiner Frau, die ebenfalls in Haft gesetzt worden und ihm viel näher war, als er ahnte. Drei Briefe Cagliostros sind erhalten, welche der vergötterten Serafina vermutlich niemals ausgehändigt wurden. Und ob sie die Zeilen ihres Mannes hätte lesen können, da sie das Schreiben noch immer nicht erlernt hatte?

In allerköniglichster Ungnade entlassen, hatte Cagliostro eines Tages die Pforte der Bastille wieder hinter seinem Rücken. Vorrevolutionäres Volk umjubelte das Willküropfer des Tyrannen, und einige freimaurerische Bruderschaftler nahmen sich des Haftentlassenen an. Auch vom König erhielt er Nachricht; der Baron de Breteuil zeigte ihm die von Ludwig XVI. unterzeichnete Order: »Befehlen Sie Cagliostro, Paris binnen acht Tagen und das Königreich binnen drei Wochen zu verlassen.«

Ob Serafina unter den Wartenden stand, wird nicht klar. Während ihr Mann ihr seine glühenden Liebesbriefe schrieb und sie weit entfernt wähnte, war sie in derselben Bastille eingeschlossen und fand die Bedingungen nicht allzu schlimm. Nach sechs Monaten hatte man sie freigelassen; für Massen von neugierigen Besuchern hielt sie Hof. Mit einem Portrait, das ein beflissener Maler von ihr angefertigt hatte, wurde sie konfrontiert, worüber sie in ein schallendes, nicht enden wollendes, vielleicht auch hysterisches Lachen ausbrach.

Gleichviel, die beiden hatten sich wieder und machten sich abermals auf den Weg. Was von ihnen in Paris zurückblieb, waren die Akten mit ihren Aussagen, auf die niemand sich einen Reim machen konnte. Ob denn nun Cagliostro ein märchenhafter Araber war oder ein sizilianischer Hochstapler? Die Spur nach Sizilien, so beschloß man, sollte jedenfalls ausgeforscht werden. Die Reise des Paares aber führte nach England, das Cagliostro zwei Jahre zuvor noch öffentlich zum Teufel gewünscht hatte. Der notorische Freimaurerchor stand schon bereit und jubelte den Großmeistern entgegen. Diese ließen sich die maurerischen Wohltaten behagen und waren vermutlich bereit, nach den Pariser Strapazen die Umstände nicht so bald wieder als langweilig zu empfinden. Jedoch, es tauchten nun Journalisten auf, denen die Cagliostros zu langweilig wurden und die felsenfest entschlossen waren, daß der Cagliostro-Stoff noch längst nicht langweilig werden durfte. Da sensationelle Neuigkeiten für die Neuauflage des Themas »Cagliostro in London« zu allgemeinem Verdruß nirgends zu entdecken waren, griffen die Schreiber mit doppeltem Ärger in die Kiste mit den alten Enthüllungsgeschichten. Die Gazetten labten sich in schlimmsten Vorwürfen von der gewohnten, doch boshaft zugespitzten Art. Die Meute hetzte den trügerischen Paradiesvogel, der in Wahrheit im Lauf der Jahre seine zunehmende Flügellahmheit immer weniger verbergen konnte und sich nun mit einem verzweifelten Schrei an die Öffentlichkeit wandte, um Schonung zu erflehen: »Engländer, hört mich an! Ich bin ein Mensch!« Und abermals diese englischen Gerichtsscherereien: daß Cagliostro beweisen sollte, daß er trotz seines Akzents kein Kalabrese oder Sizilianer sei, daß die Freimaurerei nicht den Umsturz, sondern die Humanität befördern wolle – und was sonst noch alles. Nach Paris schickte er Sendboten, die Schadenersatz für das Unrecht seiner Inhaftierung einklagen sollten. Ludwig XVI., dem das alles ebenfalls zuviel wurde, untersagte die Bearbeitung, überhaupt jegliche Bekanntmachung der Quengeleien dieses höchst ärgerlichen Wichtigtuers.

Daß er anfing, den Don Quijote zu spielen, mußte Cagliostro darüber allmählich bewußt werden – und daß die Windmühlenflügel ihm ernsthaft gefährlich wurden. Doch wie in allen seinen bisherigen Notlagen ließ sich der Freimaurerjubel, der im Londoner Lärm untergegangen war, aus der Ferne wieder vernehmen, von wo es nach ihm rief und alle Ehren verhieß. Daß es diesmal aus der Schweiz kam, hätte Cagliostro allerdings zur Vorsicht gemahnen müssen. Denn ausgerechnet dort konnten unsichere Kantonisten, Ausländer zumal, sich schnell den höchst gefährlichen Ruf von Friedensstörern erwerben. Genug Beispiele waren bekannt, daß daraus Verurteilungen wegen Hochverrats oder Ketzerei entstanden und daß das Schlußbild einen lodernden Scheiterhaufen oder einen abgeschlagenen Kopf zeigte. Nicht lange war es auch her, daß der in der Schweiz Asyl suchenden Rousseau vom aufgehetzten Pöbel mit Steinen beworfen wurde und die Obrigkeit darin den Ausdruck gesunden Volksempfindens erkannt hatte, das den Einsatz schärferer Mittel durchaus legitimieren konnte. Die Cagliostros allerdings hatten diesmal Glück. Sie wurden zu einer kantonalen Sensation und sahen sich unter dem Schutz irgendeines verbissenen regionalen Souveränitätsdenkens gestellt. Serafina konnte es sogar riskieren, zum Baden nach Aix-les-Bains hinüberzufahren. Aber immerfort zu baden, von Spießbürgern begafft und zur Demütigung der Nachbarkantone als Freiheitsstatuen hochgehalten zu werden, das mußte den beiden Abenteurern am Ende doch wieder zu langweilig werden.

Die Länder Europas, die zählten, waren ihnen inzwischen verschlossen. Da sie älter geworden waren und ein bißchen müde, ließen sie sich vom Heimweh die Richtung zeigen. Freilich, in den meisten Kleinstaaten Italiens galten sie als exkommuniziert und war ihnen der Aufenthalt verboten. Aber in Rovereto herrschte ein freierer Geist; und tatsächlich wurden die Cagliostros dort wie gewohnt empfangen. Um allen geheimbündlerischen und religionswidrigen Verdächtigungen vorzubeugen, konzentrierte der Graf sich wieder auf dieses von seinen Talenten, welches er in Straßburg so erfolg- wie segensreich zur Anwendung gebracht hatte: das Heilen und Helfen und das Erteilen von ermutigendem oder tröstendem Zuspruch. Daran konnte keine Staatsgewalt, konnte kein Priester Anstoß nehmen. Aber überrascht, erschrocken war Cagliostro über die außerordentlich hohe Zahl von Syphilitikern, die hier in Rovereto auf ihn einstürmten und die er weder mit gutem Zureden noch mit Scheinmedikamenten, noch mit einer kräftigenden Suppe kurieren konnte. Er kam ins Grübeln, ob er unter diesen Bedingungen am rechten Platz war, um den Ruf seiner Heilkraft zu verteidigen, und natürlich schrillte ihm schon seit seiner Ankunft das Wutgeschrei der Ärzteschaft wieder in den Ohren.

Am 17. Mai 1789, keine zwei Monate vor dem Sturm auf die Bastille, bestiegen die Cagliostros die Kutsche für ihre letzte gemeinsame Reise.

Sie dachten nicht an Casanovas Warnung vor Rom. Mit der kindlichen Arglosigkeit vieler Abenteurer fuhren sie in die Ewige Stadt ein. Dort empfing sie der strahlendste Frühsommer, und der Papst, so dachte sich der Graf, konnte ihnen nicht unfreundlicher gesinnt sein. Zwar fühlte sich Cagliostro ermattet, doch er sah sich auf einmal wieder ganz oben. In kolossaler Verkennung der Realität übersandte er Seiner Heiligkeit, dem Papst Pius VI., seine Statuten der Ägyptischen Freimaurerei und verband damit das Ansinnen, daß die Kirche Belehrung, überdies noch reformatorischen Nutzen ziehen möge aus den esoterischen Erleuchtungen, die der ewige Wanderer und Pilger als die Summe seiner Theologie, seiner Lebenserfahrung ansah. Der Heilige Vater bedankte sich nicht; auch sonst war kein Wort aus dem Vatikan zu vernehmen. Doch stellten die päpstlichen Behörden stille, fieberhafte Nachforschungen an. Serafina freute sich derweilen über das Wiedersehen mit ihrer Familie, hatte Tausende von Geschichten zu erzählen und ließ sich die Nähe eines fremden Priesters gefallen, der sich an sie drängte, gespannt lauschte, ihrer Lust am Fabulieren schmeichelte und ihr endlich vollgeschriebene Papiere vorlegte, die sie nicht lesen konnte und die sie ohne viele Gedanken, so gut sie es konnte, mit dem Signum ihres Namens unterzeichnete. Es handelte sich um ein Geständnis, wie man es sich umfassender und gelegener nicht wünschen konnte. Das Heilige Offizium nahm es zufrieden zu den Akten. Das Schicksal der Cagliostros war besiegelt, bevor sie begriffen, daß sie in Gefahr schwebten. Alle Warnungen von Freunden schlug der berühmte Weltreisende in den Wind. Er spürte nichts von dem, was um ihn vorging, und weder seine Weltklugheit noch seine Menschenkenntnis machten ihn darauf aufmerksam, wie sich inzwischen von Frankreich her die Welt verändert und gegen ihn verschworen hatte. Am 27. Dezember 1789 erfolgte die Verhaftung, und dann folgten Verhöre auf Verhöre. Nichts Großes kam dabei heraus; als das einzige Mittel seiner Magie mußten die Inquisitoren gelten lassen, daß es aus Cagliostros psychologischem Talent und seiner Persönlichkeit bestand. Als justitiables Delikt blieb nur sein Freimaurertum. Darüber jedenfalls sollte ein Exempel statuiert werden. Im Kirchenrecht standen die einschlägigen Gesetze. Am 21. März 1791 verhängte das heilige Tribunal das Todesurteil. Weil aber aus Prinzip die Kirche das Schwert nicht anzurühren pflegte und weil sie diesen sehr speziellen Delinquenten durchaus nicht in fremde Hände ausliefern wollte, entschied der Papst auf eine Begnadigung, die keine war und keine sein sollte: Lebenslanger Kerker bedeutete – bei solchem Vorsatz – so viel wie die später in Frankreich aufgekommene Redensart von der *trockenen Guillotine*. Am 7. April wurde in einem öffentlichen Auftritt des Inquisitionsgerichts unter dem persönlichen Vorsitz des Papstes das endgültige Urteil über den gefesselten, knienden, von einer schwarzen Kapuze verhüllten Cagliostro gesprochen. Darauf brachte man ihn zurück in die Engelsburg, wo er, in Ketten gelegt und streng bewacht, auf seine letzte große Szene vor Zuschauern zu warten hatte.

Über Serafina wurde Stillschweigen, aber keine Gnade ausgebreitet. Sie verschwand hinter den Mauern eines Klosters in Trastevere, das ein der heiligen Apollonia geweihtes Strafkloster war und sich mit eigenen Methoden dem Sühnewerk an den eingelieferten Sünderinnen widmete. Nie wieder hat man etwas von Serafina gehört. Nur ein heimliches Gerücht wußte davon, daß sie in der Obhut der Nonnen bald gestorben sei.

Am 20. Juni wurde den Römern ein Schauspiel geboten über den Triumph des rechten Glaubens, über die Macht der Kirche, über Schuld, Strafe und Zerknirschung. Das Tor der Engelsburg tat sich auf für eine Mönchsprozession, welche den armen, barfüßigen Sünder, der ins Büßergewand gehüllt war und eine Kerze in der Hand hielt, zur Kirche Santa Maria geleitete, wo er niederkniete, seinen Irrtümern abschwor und Gott und die Heilige Kirche um Vergebung anflehte. Auf dem Platz, wo sich einstmals der Minervatempel erhoben hatte, verbrannte der Henker Cagliostros Freimaurerutensilien, seine Bücher und einen Teil seiner Schriften. Die übrigen liegen noch heute unzugänglich im Vatikan.

Nicht weit entfernt von dem Scheiterhaufen hatte einst ein anderer seinen Lehren abgeschworen, die von der Bewegung der Erde, der Sonne und der Planeten handelten. Nachdem er mit seiner Unterschrift die alte Lehre, daß die Erde stillstehe, anerkannt hatte, soll dieser Galileo Galilei trotzig sein »Und sie bewegt sich doch!« geknurrt haben. Daß Cagliostro das Abschwören ebenso schwergefallen sei, läßt sich aus den veröffentlichten Protokollen nicht erkennen. Wenn man sie für getreulich hält, muß man eher staunen, wie wenig Heldenmut dieser Gefangene bewies, mit welchem Geständniseifer er alles erzählte, was seine Lebensgeschichte, wie er sie sich dachte, zu bieten hatte. Ob er meinte, auf diese Weise den Zeitgenossen und der Nachwelt seine Memoiren zu hinterlassen, deren Abfassung ihm anders nicht mehr vergönnt war? Oder ob er in seinem noch immer leichten Sinn die Hoffnung hegte, durch sein freimütiges Erzählen ein mildes Urteil zu erwirken? Gewiß ist, daß er seiner Lebensregel gehorchte, die ihm abverlangte, in jeder Situation den Erwartungen auf irgendeine glänzende Art zu entsprechen. Und da es keineswegs eine geringe Rolle war, als ein bedeutender Angeklagter vor dem Ehrfurcht und Schrecken gebietenden, sagenumwobenen Tribunal der Heiligen Inquisition zu stehen, spielte er sie – wie alle seine Rollen – mit Freigebigkeit und Opulenz.

Nur zu seiner letzten Rolle, die ihm außer Dulden und Verzweifeln nichts abverlangte, vermochte Cagliostro keine Beziehung herzustellen. Das apostolische Urteil gebot, daß er nach der öffentlichen Buße von acht Grenadieren aus der Engelsburg weggebracht wurde, daß er vor der Porta Angelica in einen Reisewagen gesetzt und unter dem Geleit einer päpstlichen Kompanie unter Führung des Adjudanten Grilloni ins Herzogtum Urbino und dort in die Festung San Leo gebracht wurde, um dort bis zum Ende seiner Tage in Gefangenschaft zu bleiben.

Vier Jahre, vier Monate und fünf Tage verbrachte Cagliostro als ein lebendig Begrabener in den Kerkern der imposanten, einen Berggipfel krönenden Festung, die zum Kirchenstaat gehörte. Während der ersten sechs Monate war er in der sogenannten Schatzkammerzelle eingesperrt. Danach wurde er in das *pozetto*, das *Loch*, eingezwängt, eine türlose, enge Zelle mit einer Falltür in der Decke und einem kleinen, dreifach vergitterten Fenster, das den Blick hinunter richtete auf die Kirchen der kleinen Stadt, »in der Hoffnung«, wie es hieß, »daß er sich bekehren möge«. Aber er bäumte sich auf, tobte, war dem Wahnsinn nahe; man schlug ihn, um sein Schreien zu beenden. Ein Dominikanermönch wurde vergeblich zu ihm geschickt, um sich das Verdienst zu erwerben, dem Todgeweihten noch irgendwelche letzten Geständnisse und Unterwerfungsbekundungen zu entlocken, obwohl er angeblich doch schon alles gestanden und zutiefst bereut hatte. Cagliostro starb am 26. August 1795.

Der Gemeindepfarrer von San Leo fertigte darüber eine Urkunde aus, in der es heißt:

Nachdem er in dem ihm gebührlichen Starrsinn die Qualen des Kerkers ausgehalten hatte, erlitt er endlich einen schlimmen Schlaganfall, und so starb er im Alter von zweiundfünfzig Jahren, zwei Monaten und achtundzwanzig Tagen, verstockt und unbeugsam, ohne ein Zeichen der Reue, aus der Gemeinschaft der Heiligen Mutter Kirche ausgestoßen und unbeweint.

Unglücklich ward er geboren, unglücklich lebte er, unglücklich war sein Tod am sechsundzwanzigsten Tag des Monats August des genannten Jahres, zur dritten Stunde nach Mitternacht. An diesem selben Tag ward öffentlich für ihn gebetet, auf daß Gott der Barmherzige sein Auge auf dies elende Geschöpf seiner Hände wenden möge.

Ihm, einem aus der Kirche ausgestoßenen Ketzer, der keine Reue zeigte, wird christliche Bestattung verweigert. Sein Leichnam wird auf dem höchsten Gipfel des Berges, an der westwärts schauenden Seite, der Erde anheim gegeben, etwa auf halbem Weg zwischen den beiden Wachen, welche das Volk Palazzotto und Casino heißt, in einem Stück Land, welches der Römischen Apostolischen Kammer gehört, am achtundzwanzigsten Tag des genannten Monats zur dreiundzwanzigsten Stunde.

Daß in Wahrheit der Kerkermeister den Gefangenen, der so schnell nicht sterben wollte, erdrosselt habe, meldete ein Gerücht, das bald in Umlauf kam.

Franz Anton Mesmer

Eine Arztkarriere

Er war ein Deutscher, und er trug eine Segensbotschaft an die Menschheit mit sich, als er sich im Januar 1778 auf die Reise nach Paris begab, wo er schon alles Mögliche veranlaßt hatte, damit er dort als der Erfinder einer so schonenden wie wirksamen Heilmethode gegen jegliche Art von Krankheit empfangen wurde. Es mußte diese Methode deshalb als die allgemeine und ursächliche gelten, weil ihre Theorie sich von der Vorstellung einer Vielzahl von Krankheiten gelöst hatte und den Blick darauf lenkte, daß der Begriff Gesundheit den Plural nicht bilden kann, daß es nur eine einzige Gesundheit gibt, deren Herstellung und Erhalt folglich kein anderes Mittel zulasse als das einer einzigen, universalen Medizin. Der dreiundvierzigjährige Doktor Mesmer, der sich mit solchen Verheißungen den Parisern als eine Sensation ankündigte, hatte schon vieles erreicht und doch längst noch nicht durchgesetzt, daß seine Entdeckung des thierischen oder animalischen Magnetismus, daß seine Fluidaltheorie und alles in allem der Mesmerismus in der Öffentlichkeit und erst recht in der Ärzteschaft den ungeteilten Beifall fanden, den sie als Wissenschaft und mehr noch als ein allumfassendes Heilverfahren zu beanspruchen hatten. Da ihm also an der propagandistischen Wirkung nicht minder gelegen sein mußte als an der medizinischen, hatte der aus Wien kommende Revolutionär der Heilkunst schon von Straßburg aus dafür gesorgt, daß im vielgelesenen »Journal de Paris« seine baldige Ankunft und Praxiseröffnung angezeigt und daß von Prospektverteilern auf den Straßen folgende offenbarungsvolle Nachricht zu jedermanns Kenntnis gebracht wurde: Das animalische Nervensystem werde von einem Fluidum durchströmt, dessen Disharmonie die Ursache aller Krankheitserscheinungen sei. Dieses Fluidum zu lenken, dafür besitze der in Wien wie in den deutschen Landen hochberühmte Doktor Mesmer die ganz besondere Begabung und Wissenschaft, weshalb er mittels seiner Magnetkur einen aus dem fluidalen Gleichgewicht geratenen, demnach erkrankten Körper wieder in Harmonie und somit in Gesundheit versetzen könne.

Zwar hatte ihm Maria Theresias Staatsminister und Kanzler Graf Kaunitz ein Empfehlungsschreiben an den kaiserlichen Gesandten am französischen Hof mitgegeben, zwar hatte es Mesmer schon in Wien zu Aufsehen und Vermögen gebracht, doch war sein schnell getroffener Entschluß, in Paris einen neuen, besseren Anfang zu versuchen, weder aus freien Stücken noch aus glücksritterlichem Wagemut entstanden. Wenn er auch nicht gerade aus Wien hatte fliehen müssen, so hatte er sich dort am Ende doch in so vielen Kalamitäten befunden, daß nur im Wechsel der Szenerie ein Heil zu finden war, wie es dieser zwiespältige, bald unternehmungsvolle und hochfahrende, bald zum Defaitismus neigende Mann in den Trostgründen einer unbeschwerten Seele nicht zu finden vermochte. Daß er, der in der kleinformatigen Kaiserstadt zuletzt als gestürzter Emporkömmling, als entlarvter Schwindler verspottet wurde, dennoch laut an die Pforten des hundertmal glänzenderen Paris pochte, daß er dort zum Helden des Tages, gar zum Erlöser der leidenden Menschheit aufsteigen wollte, zeigte an, wie sehr es ihn trieb, eine Rolle zu spielen.

Leichtsinnig und risikofreudig, aber auch leichtverzagt und schwerfällig, weltmännisch und kunstsinnig, aber auch misanthropisch und rechenhaft, gehörte Mesmer zu denjenigen, deren Abenteuermut nicht auskam ohne missionarischen Eifer und die des glänzenden Kostüms bedurften, damit es ihre unablässige, ganz ungraziöse Anstrengung verhüllte. Indem er sich der Welt als Segensstifter anpries, mußte ihn erst recht der Verdacht ichbesessener Falschspielerei treffen. Da er sonst niemand fand, der ihm applaudieren wollte, baute er seine Bühne bei den Kranken und lieber noch den Hypochondern auf, deren Heilserwartung ihm schnellste, drastischste Effekte garantierte. Statt in der weiten Welt umherzuziehen, ließ er die Schwachen und Leidenden zu sich kommen, damit sie sich um ihn scharten und seinen Zauberspielen huldigten. Mehr als um die Medizin ging es Mesmer um die Anerkennung. Sein Anspruch lautete, daß

Könige, Nationen, die ganze Menschheit ihm zu Füßen lagen. Doch sobald diese beim Niederknien zögerten, reagierte er barsch, beleidigt, mit der allzeit bereiten Drohung, sich der Welt zu entziehen, ihr seine Universalwissenschaft vorzuenthalten, die er teuer zwar, doch preiswert offerierte.

Von Cagliostro, dem er in manchem ähnelte und dessen Vorbild ihn gewiß auch inspirierte, unterschieden ihn sein geringes, nur krampfhaftes Selbstvertrauen, seine eingeschränkte Beweglichkeit und über allem noch seine »teutonisch« doktrinäre Rechthaberei. Es war ihm nicht gegeben, von einer verlorenen Sache beizeiten ablassen zu können und ins Kostüm einer neuen Rolle zu schlüpfen. Das Spiel mit wechselnden Phantasienamen, wie Cagliostro es virtuos beherrschte, mußte Mesmer unendlich fernliegen. Denn unlöslich hatte er sich mit seinem Geburtsnamen verbunden; auf diesen sollte aller Glanz fallen, den er durch seine Leistung erwarb. Da das Schicksal ihm die Rolle eines Arztes zugewiesen hatte und die Verwandlung wie das Spielen ihm stets mehr Mühe als Lust bedeutete, gelangten Mesmers Daseinsexperimente über die – allerdings weitgesteckten – Grenzen des heilkundlichen Terrains niemals hinaus. Nichts hatte er vorzuweisen außer seinen medizinischen Kenntnissen. Als man ihm diese aber streitig machte und keine flinke Anpassungsgabe ihm zu neuen Rollen verhalf, blieb ihm nur noch der eine, merkwürdige Ausweg: daß er sich zum Genie erklärte. Da solche Selbsternennungen freilich die soziale Resonanz nicht zwangsläufig nach sich ziehen, kultivierte Mesmer das zehrende Gefühl, ein verkanntes, zurückgesetztes Genie zu sein. Wenn er in trüben Stunden jedoch klagte, daß seine Begabung wie ein Fluch auf ihm laste, konnte man diesem Ansinnen romantischer Dämonisierung spöttisch entgegenhalten, daß diese Last mit dem Segen beträchtlicher Einkünfte verbunden war, deren Sammlung und Vermehrung seinen Geist nicht weniger ansporntе als sein »gehobenes Dilettantentum« in der Medizin.

Wie jeden seinesgleichen zog es ihn zu den Gruppierungen hin, deren Anerkennung Prestige verschaffte. Die Schleichwege der Spitzbuben und Blender hätte er gewiß lauthals verschmäht. Sie standen ihm freilich auch nicht zu Gebote. Zu denen gehörte er nicht, die mit dem Quecksilber ihrer Persönlichkeit, mit ihrem Spieltalent Wirkung erzielten; und wie man auch die Zeugnisse seines Lebens dreht und wendet: nirgends findet man Spuren von Witz, Ironie und Distanz zu sich selbst. Mesmer benötigte, als er seinem Leben Richtung geben, seinen Appetit auf die Welt nicht länger zügeln wollte, eine Idee, eine große Idee, um seine Ansprüche zu begründen. Die Wissenschaften, in denen Casanova, Cagliostro oder die Pompadour nach Lust, Laune und Gelegenheit artige Effekte suchten und zumindest Kurzweile fanden, benutzte Mesmer wie ein gepanzertes Fahrzeug, damit es ihn zu seinen Märchenschlössern transportierte. Erst als er merkte, daß seine wissenschaftlichen Energiereserven zu solchem Aufstieg nicht reichten, offenbarte sich ihm seine innerste, heiligste Befähigung. Wenn er sich selbst, wenn danach auch die Welt ihn für einen erhabenen Schöpfergeist hielt, dann war er zu keinen Reverenzen gegenüber wissenschaftlichen, gesellschaftlichen oder stilistischen Anforderungen mehr verpflichtet. Gesetze, die ihn nicht bestätigten, brauchten ihn fortan nichts anzugehen.

Ein Dasein als Wissenschaftler aber hatte ihm sein Herkommen als bestmögliches in den Umkreis des Erreichbaren gelegt. Es muß nicht immer Venedig oder Paris sein. Weshalb sollte nicht auch das schwäbische Iznang an einem westlichen Zipfel des Bodensees Eignung als Brutstätte für Abenteurernaturen besitzen? Dieses eingeräumt, wird man um so bereitwilliger zugeben, daß eine umfassende Erziehung im »katholischen Milieu«, von strengen, klugen und schlauen Jesuiten geleitet, aufs günstigste den Nährboden bereitet, um hochstrebende, so hungrige wie wendige Weltmenschen zu erzeugen. Auffällig ist ganz allgemein, daß die Abenteurerseelen, welche sich im Regelwerk der europäischen Adelskultur reckten und formten, größtenteils durch die Schule strikter katholischer Observanz hindurchgingen. So geschah es auch mit Franz Anton Mesmer, der – wie man heute einig ist – am 23. Mai 1734 in besagtem Iznang zur Welt kam, als vermutlich jüngster Sohn eines Försters oder Jägers im Dienst des Fürstbischofs von Konstanz. Dieser geistliche Herr, mit zivilem Namen Ronald Golon, neigte, wie es ihm zustand, zu einem Lebensstil von barocker Fülle, liebte die Jagd über alles, dazu noch die Musik und sorgte dafür, daß der heranwachsende Sohn seines Forstgehilfen oder Oberjägermeisters im Musizieren geübt wurde und auch sonst soviel Unterricht erhielt, wie es sich nur irgendwie fügte und schickte. Mit sechzehn kam Franz Anton – wie man schon ahnt – zu den Jesuiten, ins Seminar von Dillingen, wo er sich angeblich nicht nur musikalisch, sondern auch in Mathematik und Physik hervortat. Einundzwanzig Jahre war Mesmer alt, als sein bischöflicher Gönner es in die Wege leitete, daß er an der Universität von Ingolstadt, einer berühmten jesuitischen Geistesbastion, das Studium der Theologie aufnahm, aus dem er sich jedoch 1759 als studiosus emeritus ohne Neigung zum geistlichen Stand wieder verabschiedete. Was aber den Bischof in Konstanz offenbar nicht verdroß; denn der war bereit, seinem Schützling obendrein ein zweites Studium zwecks Zugang in eine weltliche Laufbahn zu finanzieren. Die Rechtswissenschaften sollten es diesmal sein und an keinem kostengünstigeren Ort als im fernen Wien, wo dann der nicht mehr ganz junge Student bald befand, daß er, wenn überhaupt, doch eher zur Medizin berufen sei, zumal es auch damals schon eine Juristenschwemme, noch nicht aber eine Ärzteschwemme gab. Die Heilkunst samt ihren zeitgemäßen exzentrischen Anreizen versprach eine dermaßen auskömmliche Lebensgrundlage, wie niemals ein schwäbisches Waidmannskind sich hätte erträumen dürfen. Seinen bis dahin ziemlich verbummelten Bildungsweg vollendete Mesmer deshalb mit beherzteren Schritten. Am 27. Mai 1766 wurde der Zweiunddreißigjährige, nachdem er seine Inauguraldissertation vorgelegt und verteidigt hatte, im großen Saal der Wiener Universität zum Doktor der Medizin promoviert und hätte neben allem Stolz sich auch ein bißchen genieren können, daß er für Schule und Studium fast ein Jahrzehnt mehr verbraucht hatte, als die Maßstäbe seines Jahrhunderts erforderten.

Man mag nun innehalten und sich fragen, welche Erkenntnisse dieses bis dahin nur spärlich überlieferte biographische Material vermittelt, zu welchen Deutungen es Anlaß gibt. Ohne der Ehre der gewiß sehr braven, tugendhaften Eltern des kostspieligen ewigen Studenten nahetreten zu wollen, fragt man sich, was in jener Zeit mit dem Berufsstand des Försters assoziiert wurde, welche Hintergründe zu denken waren, wenn es der Redensart nach hieß, irgend jemand sei zu den Förstern gegeben worden. Wem solches geschah, war nach hoher Wahrscheinlichkeit illegitimer Sproß eines Provinzpotentaten oder abgefundener, zum Stillhalten verpflichteter Ehemann einer Frau, welche ein feudalherrliches Wohlgefallen ausersehen hatte, gegen das – außer dem erfundenen Figaro von Beaumarchais – niemand zu rebellieren wagte und das manchmal gewiß auch recht gelegen kam. Ob sich von daher die jedenfalls erstaunliche, geduldige Großzügigkeit des Fürstbischofs erklärt, der noch über seinen Tod hinaus die Unterhaltszahlungen an den Studenten in Wien geregelt hatte?

Daß aber die splendide Versorgung, vielleicht auch ein genaueres Wissen um seine Abstammung den Beamtensohn ausstaffierte mit einem Hang zu Wohlleben und Luxus, zum Aufsteigen und Glänzenwollen, zur Aristokratenmode des wissenschaftlichen Dilettierens und Spekulierens und zum Sich-Treibenlassen, kann man vermuten. Man wird es bestätigt finden, sobald man Mesmers Werdegang unter dem Gesichtspunkt seines Abenteurertums weiterverfolgt, von dem seine Biographen seltsamerweise nichts wissen wollen. Lieber plagen sie sich ab, um seine Visionen und Praktiken in wissenschaftskonforme Linien zu zwingen, ihn mindestens als den Vorläufer, den Entdecker irgendeiner psychosomatischen oder alternativen Medizin zu erkennen – was insofern gut möglich ist, als Mesmer, zum Erklären nicht gewillt oder befähigt, seine Ahnungen, Intuitionen, vielleicht seine fixen Ideen dermaßen offen gelassen hat, daß jeder in sie einfüllen kann, was er nur mag.

Seine Doktorarbeit allerdings muß ein heutiger Leser auf den ersten Blick für imposant halten, und wenn er will, kann er finden, daß sie im Kern schon das gesamte Mesmersche System enthält, seine revolutionäre Betrachtungsweise wie den von ihm angesteuerten naturwissenschaftlichen Paradigmawechsel. Daß sie in Latein abgefaßt wurde, muß uns freilich nicht sonderlich beeindrucken. Das entsprach damals überall der akademischen Pflicht, die jeder Student, jeder Doktorand ob leichthändig, ob mühselig oder durch Vergabe an einen Lohnübersetzer zu erledigen hatte. Die Spannweite von Mesmers Arbeit indes ist gewaltig; sie handelt über das weiträumige Thema vom Einfluß der Gestirne auf die Körper in physikalisch-medizinischer Hinsicht und trägt den Titel »Dissertatio physico-medica de planetarum influxu«. Zuletzt hat 1991 die Historikerin Anneliese Ego überaus gewissenhaft aus Mesmers Debütschrift die zahlreichen Einflüsse all der philosophischen, physikalischen und medizinischen Konzepte herauspräpariert, welche an den Akademien Europas teils als herrschende, teils als überholte Lehren galten und teils auch als Meinungen von Minderheiten. Ein Stammbaum der geistigen Anreger Mesmers läßt sich auf diese Weise erstellen, der alles, was die frühneuzeitliche Medizingeschichte samt der Physik und Kosmologie aufboten, enthält und sich somit dem Verdacht großsinniger, vollmundiger Beliebigkeit nicht entziehen kann. Wer nicht unbedingt darauf versessen ist, in diesem wissenschaftlichen Befähigungsnachweis schon die erste große Blüte eines späteren medizinischen Genies zu entdecken, wird diese Schrift für eine ziemlich bunte Boutique halten müssen, deren emsige Vorzeigelust nichts außer acht ließ, was nur irgendeine Erwartung bezüglich akademischer Brillanz befriedigen konnte. Wer bereit ist zu Überraschungen, die sich selber erfüllen, und sich sodann auf die Suche begibt, findet Spurenelemente des Baconischen Empirismus, des Mechanizismus à la Descartes, der einstmals modischen Sympathetik, der astromedizinischen und iatromagischen Lehren, des Neoplatonismus – und der unerläßlichen Mikrokosmos-Makrokosmos-Analogie des Stoizismus sowieso. Auch in die Traditionslinien von Paracelsus wie des Holländers Helmont, der eine Theorie vom astralen Einfluß auf die Witterung und somit den Menschen entworfen hatte, läßt Mesmer sich ohne weiteres stellen. Doch war es Newton, der unverkennbar – und wie es in einem halbwegs avancierten Universitätsbetrieb nicht anders sein konnte – in dieser Arbeit die breitesten Spuren hinterließ. Es war Newton mit seinen Gravitationsgesetzen, seiner Lehre von der Massenanziehung auf die Himmelskörper und der Mechanik der *machina universi*.

Das alles in einer medizinischen Veröffentlichung jener Jahre in Betracht zu ziehen war weniger originell und elitär, als man heute denken mag. Auch das, was Mesmer nach seiner Angebotsbesichtigung schließlich daraus als eigene These zog, die Vorstellung nämlich, daß das Phänomen der Gravitation erst realisiert wird durch ein Fluidum, durch feine, fast nicht mehr materielle Substanzteilchen also, welche das Universum ausfüllen und die Kräfte weitervermitteln, konnte so ähnlich schon bei Newton nachgelesen werden. Von dort her hat sich diese Anschauungsweise seitdem in der wissenschaftlichen Terminologie bezüglich der Magnetosphäre eingebürgert mit Begriffen wie Sonnenwind, komprimierte Teilchenströme oder Plasmaschicht. Fast unzulässige Verlegenheitslösungen muß man in diesen sinnlich-verspielten Begriffen sehen, da sie das Unsinnliche in der gestalthaften Vorstellungswelt des Menschen einquartieren wollen. Doch aus der Not Newtons und der modernen Physik, das Unfaßbare mit griffigen Namen zu bezeichnen, gelangte Mesmer zu dem Schluß, die Hilfskonstruktion der sogenannten Teilchenströme für eine konkrete, zwar dünne, doch um so energiegeladenere Suppe zu halten, welche das Universum ausfülle und deren Substanz, deren Fluß man – einige Sensibilität vorausgesetzt – tatsächlich mit den Fingerspitzen spüren könne.

Das war die etwas umständlich herbeigeführte Behauptung oder Erkenntnis, zu der Mesmers Dissertation gelangte. Welcher Natur dieses Fluidum sei, ob elektrischer oder magnetischer, ließ der Jungwissenschaftler noch dahingestellt. Jedenfalls – so malte er es sich mit spätbarocker, frühromantischer Phantasie aus – erfüllte es das Weltall mit einem dauernden Wogen, welches die Himmelskörper bewegte und von deren Bewegung wieder bewegt wurde. Alle Körper würden, abhängig von ihrer Masse, Dichte, Materie und – besonders hervorzuheben – ihrer Erregbarkeit, von diesem Fluidum affiziert. Auf der Erde verursache es Ebbe und Flut, aber auch Wirbelstürme und Vulkanausbrüche. In lebendigen Körpern bewirke es, gemäß der *gravitas animalis*, periodische Erscheinungen, die zur Normalität gehörten, doch ebenso mancherlei Verwirrungen sowie das Hochsteigen der Körpersäfte, wodurch Krankheiten und, bei breiterer Streuung des Fluidums, Epidemien hervorgerufen würden. Daß aufgrund dieser Gegebenheiten durch kenntnisreiche Lenkung des Fluidalstroms eine kausale, dazu noch universale Krankheitsbehandlung möglich sei, daß diese vom medizinischen Fortschritt unbedingt gefordert werden müsse, lag demnach auf der Hand, wurde so von Mesmer auch am Ende seiner Dissertation formuliert und war für den damaligen Leser im Prinzip nichts Neues.

Denn Magnetiseure und Elektrisierer, allesamt mit einem ähnlichen Theoriehintergrund, zogen längst durch die Lande, hatten sich etabliert, um alsbald wieder aus der Mode zu kommen. Seit man es in England nämlich um 1730 herum fertiggebracht hatte, künstliche Stahlmagnete, sogar mit erheblicher Potenz herzustellen, so daß man von den schwierig zu hantierenden Magnetsteinen loskam, hatte dieses Gewerbe einen mächtigen Aufschwung erlebt. Dennoch vermochten selbst die gelegentlichen spektakulären Heilerfolge das Zutrauen in diese Methoden auf Dauer nicht hochzuhalten.

Das einzige, was dennoch aus Mesmers Arbeit als eigenständig und weiterführend hervorschimmerte, war der unschlüssig andeutende Hinweis auf einen sozusagen autonomen animalischen Magnetismus, der den belebten, beseelten Körpern durchweg eigen sei, so daß man jeden Organismus nicht nur als einen Rezeptor, sondern auch als einen eigenmächtigen Magneten ansehen müsse, der in den universellen Wellen und Wogen des Fluidums eine – vielleicht von der individuellen Konstitution abhängige – Rolle spiele und einerseits bei der Krankheitsanfälligkeit, andererseits bei der Fähigkeit, Krankheiten zu beeinflussen, gar zu heilen, in Betracht gezogen werden müsse.

Damit aber hatte Mesmer, ganz im Kostüm seiner eigenen Vorstellungen und Begriffe, auch ohne daß er es wissen konnte, in eine Richtung gedeutet, wo man weder Newton noch irgendein physisches Fluidum mehr benötigte. In diese Richtung begab sich zur selben Zeit eine ganz neue Wissenschaft, die Erfahrungsseelenkunde, zwar noch mit unsicheren Schritten, doch mit hellwachem Gespür, um dann unter den Namen der Psychologie, der Psychiatrie, der Neurologie, der Psychoanalyse und zuletzt der psychosomatischen Medizin dem nachzuforschen, was sich hinter Krankheitsbildern wie Hypochondrie, Hysterie, Anfallsattacken, Lähmungen und Melancholie verbarg und ans Licht gebracht werden konnte unter Titeln wie Suggestibilität, bedingte Reflexe, Traumatisches und fehlgeleitetes Lernen, Phobie, Fluchtimpulse und Verweigerung, unterdrückte Triebregungen und Neurosen. Daß Mesmer sich einem derartigen, in jener Epoche der Wissenschaftsgeschichte höchst verrufenen Empirismus nicht anschloß, dürfte kein Mensch ihm zum Vorwurf machen. Daß seine Forderungen nach einer neuen, letzten Endes intuitiven Medizin des Anscheins bedurften, sie seien eingebettet im Spektrum zeitgemäßer Wissenschaftlichkeit, leuchtet ein – so weit wenigstens, wie es sich um Mesmers Promotionsleistung handelte, die einerseits getrost reichliches Ornament vorzeigen durfte, andererseits als eine Studentenleistung nicht auf die Goldwaage gelegt werden mußte. Da Mesmer sich aber niemals vom Zwang befreite, seiner in Wahrheit psychologischen Idee von der Beeinflußbarkeit des Menschen die Weihe des Newtonschen Wissenschaftskonzepts zu erkämpfen, da er seiner Sache einen völlig nutzlosen Ballast an Theorie aufbürdete, mit dem er nicht zurechtkam, da ihm auch die Worte fehlten, um zu erklären, weshalb er kein Scharlatan war, manövrierte er sich in eine schiefe Situation hinein, wurde er schwermütiger und schwerfälliger, als es seine mehr vom Zufall als vom Nachdenken geleitete Entdeckernatur, sein dahintreibender Optimismus und erst recht seine lebenslangen Glücksumstände zulassen konnten.

Was er zunächst nur undeutlich ahnte, dann aber zu seinem eigenen Erstaunen immer mehr begriff und doch wegen der Unzünftigkeit keineswegs zugeben wollte, war die gewaltige Macht, die von der Suggestion und ihrer Schwester, der Einbildung, ausgehen kann, um Kranke zu heilen, Gesunde krank zu machen, die Geister zu verwirren und in Abhängigkeit zu versetzen. Daß der langjährige Zögling der Jesuiten, die mit solchen Mitteln ihre gegenreformatorischen Siege errungen hatten, für diese Wirkungsmöglichkeiten ein spezifisches Gespür besaß, liegt auf der Hand. Daß er sie jedoch verbissen als ein Newtonsches Fluidum ausgeben, daß er die Suggestion als eine Materie gleichsam objektivieren wollte, kann nur erklärt werden aus seinem Drang nach Unverwechselbarkeit und persönlicher Geltung in jenem akademischen Daseinsbereich, in welchen ihn die bischöfliche Gunst gesetzt hatte. Dort herrschten die Standards aufklärungskonformer Wissenschaftlichkeit. Dort aber auszubrechen, um dennoch mit seinen einzigen, den medizinischen Fähigkeiten zu glänzen, konnte ihn nirgendwo anders hinbringen als in den Verruf, ein Scharlatan oder gar ein Exorzist zu sein.

Als Mesmer mit dem Magnetisieren anfing und dabei diese Mode von gestern auf den Boden seiner so unverständlichen wie praktisch einleuchtenden Fluidaltheorie stellte, damit sie als Geniestreich, als Sensation angesehen wurde, mußte er erfahren, daß die gewünschten Phänomene sich nicht nach offensichtlicher Gesetzmäßigkeit einstellten, daß zwischen Ursache und Wirkung kein überprüfbarer Zusammenhang bestand und daß die Versagerquote seiner Demonstrationen ihn unablässig zu desavouieren drohte. Deshalb wurde aus dem Aufsteiger, der nach Wohlleben und höchstem Beifall verlangte und die kleinen Leute eher als Objekte zum Vorführen betrachtete, mehr und mehr ein versagensängstlicher, zerrissener Charakter, der ausgerechnet die Öffentlichkeit mied, in die es ihn so mächtig zog. In der Klemme verleugnete er die Höflichkeit. Zurückgezogen im Prunk seiner Residenzen, schleuderte er wie ein plebejischer Feigling unmanierliche, beinahe größenwahnsinnige Drohungen aus gegen Kaiser und Königin und gegen die ganze Welt.

Großzügig und mit amüsiertem Wohlwollen scheint aber das Kollegium der medizinischen Fakultät auf Mesmers etwas großspurige, etwas konfuse, doch irgendwie auch anregende Doktorarbeit reagiert zu haben. Dort gab nämlich ein ausgesprochener Grandseigneur den Ton an, der allseits interessierte und fördernde Gerard van Swieten, der sich als Leibarzt Maria Theresias Verdienste und Ansehen erworben hatte und nun auch als Dekan Richtung und Geist der Universität maßgeblich bestimmte. Mit einer freundlichen, vielleicht auch ein wenig ironischen Geste wurde Mesmer der späterworbene Doktorhut überlassen. Weitere Verwendung hatte man für ihn allerdings nicht. In den Hörsälen, in den anatomischen Instituten und den Kliniken war ihm weiterhin beliebiger Zugang gestattet, und in diesem Rahmen tätig zu werden, falls seiner Mithilfe sich eine Gelegenheit bot, war in sein Ermessen gestellt und sonst um Gottes Lohn. Im übrigen sollte er aber selber zusehen, wie er als Arzt sich irgendwo eine Existenz aufbaute.

Daß Mesmer nun in faustischem Streben, ohne Ruhe und Rast an der Aufklärung seiner Vision, an der Entwicklung seiner Theorie von einer universalen Medizin gegrübelt habe, daß ihm die Erlösung der Menschheit von Krankheit und Leid ein heiliges Anliegen gewesen sei, stellen zwar seine devoten Biographen ohne Unterlaß als Tatsachen hin. Doch da ihr zu Euphemismen stets aufgelegtes Wohlwollen diesem Helden nicht unbedingt die besten Dienste leistet, dürfen Zweifel angemeldet werden. Von Tatendrang und Forschungseifer ist nämlich auf Mesmers Spuren fürs nächste überhaupt nichts zu erkennen. Sich als Arzt niederzulassen, als Armenarzt womöglich, was nicht viel gekostet hätte, dazu scheint er nicht die geringste Lust verspürt zu haben. Ein geregeltes Durchschnittsdasein lag ihm ebenso fern wie das Weiterspinnen an der These seiner Doktorarbeit, die ihren Zweck erfüllt, Titel und Rang verschafft hatte und dem Herrn

Doktor deshalb so viel wie der Schnee von gestern bedeutete. Solange ihm die Alimentation aus Konstanz noch zufloß, vertrieb sich der Nachwuchsarzt die Tage und Nächte nicht in Hospitälern oder Studierstuben, sondern nach seinem eigenen, anderweitigen Gusto, wobei er Ausschau hielt und Beziehungen knüpfte, um seiner ziellosen, durchaus hedonistischen Existenz nicht nur leicht erworbenen Glanz, sondern auch eine zukunftssichere materielle Grundlage zu verschaffen. Daß er als Akademiker, als Stipendiat eines Fürstbischofs, dazu noch als Musiker und routinierter Salonvirtuose auf verschiedenen Instrumenten unter den zweitklassigen Freimaurerlogen wie unter anderen Geheimgesellschaften Wiens die freie Wahl hatte, war eine Selbstverständlichkeit. Der Loge »Wahrheit und Einigkeit« erwies der stets bemerkenswert bindungsscheue Herr Doktor seine unverbindliche Ehre. Mehr Unterhaltung fand er vermutlich in einem Herrenclub, der sich hauptsächlich der sportlichen Betätigung widmete und – warum auch immer – den Namen »Initiierte Ritter und Brüder Asiens« trug. Zwischen den medizinischen Einrichtungen der Kaiserstadt promenierte er derweilen, wie es ihm Zeit und Lust vergönnten, hin und her. Auch nahm er, wie es sich gehörte, weiterbildende Kenntnis von der Alchimie, deren wundersame Operationen und Transmutationen von einem der berühmtesten Adepten, dem Kapuzinerpater Geloni, der besseren Gesellschaft Wiens in finsteren Kellergewölben vors verzückte Angesicht geführt wurden. An der medizinischen Fakultät mag Mesmer vielleicht den Experimenten zugeschaut haben, die dort mit neuesten Importgütern aus England und Holland an geeignetem Menschenmaterial vollzogen wurden. Unter Vorsitz Gerard van Swietens und des nicht minder seriösen Hofmedikus Störck kurbelten die Assistenten elektrostatische Maschinen an, welche der Doktor de Haen zu hohen Preisen aus Rotterdam herbeigeschafft hatte. Völlig neuartig war dergleichen nicht, doch noch niemals hatte man in Wien gesehen, daß es gelang, den erzeugten flüchtigen Strom in seltsame, mit bizarren Metallteilen gefüllte Glasflaschen zu leiten, den elektrischen Strom darin zu speichern, um ihn dann abzuleiten an die erschlafften Muskeln gelähmter Patienten, die dadurch zu konvulsivischen Zuckungen erregt wurden.

Für entschieden bedenkenswerter mußte Mesmer indes die Bekanntschaft mit einer Dame erachten, die vielleicht nicht die jüngste, schönste und liebenswürdigste von allen war, jedoch in den gewöhnlich gut informierten Kreisen als die reichste unter denjenigen Witwen Wiens veranschlagt wurde, die zur Wiederverheiratung anstanden. Es handelte sich um die Gemahlin des seligen Barons von Bosch, vormalige Maria Anna von Eulenschenk, die zwar zehn Jahre älter als der doktorale Müßiggänger war, doch hervorstechend und einflußreich genug, um den künftigen Magnetiseur gewaltig anzuzie-

Abbildung 19
Franz Anton Mesmer in Paris (Zeitgenössischer Stich)

hen. Rasch ging es, bis die Witwe ihm bewilligte, sich unterm gemeinsamen Dach ihrer Prachtvilla in der Landstraße 261, im damals noch schicken Viertel nahe dem Prater, häuslich einzurichten.

Von angemessenem Reichtum, doch auch von jener typischen, ins Affige schießenden Abenteuerlichkeit zeugte von nun an die Garderobe, mit der Mesmer sich von der Verwöhnungslust der Frau Baronin ausstatten ließ. In Kombinationen aus teuersten Stoffen und Pelzen, die vom kecken Dreispitz bis hinab zu den graziösen Schuhen ein allzu modisches Rosa beherrschte, welches nur dem Weiß der Perücke und einiger Applikationen, dazu noch dem Schwarz elegant verteilter Besätze einen gewissen Raum zugestand – so gefiel sich der Hochbeglückte. Auch hochgewachsen wie er war, breitschultrig und mit der saturierten Fülle eines Mannes nahe den besten Jahren, mußte eine solche, elegante Leichtigkeit suggerierende Kostümierung geeignet sein, Mesmers Anzeichen von Lethargie und Schwerfälligkeit planvoll zu kaschieren. Seine Logenbrüder und Sportsfreunde zog er zu sich in den gastoffenen Witwensitz, wo es an Bewirtung so wenig fehlte wie an Musik, in die bald die Melodien des zwölfjährigen Wolfgang Amadeus Mozart sich mischen sollten. Daß aber auch Neid-, Spott- und Schimpfreden laut wurden über das allzu durchsichtige Bündnis zwischen der schwerreichen Witwe und dem gernegroßen, doch arbeitsscheuen Akademiker von unklarer Herkunft, konnte nicht ausbleiben; und die Lästermäuler beruhigten sich erst recht nicht, als die Baronin dem Doktor die Hand zum Ehebund reichte, was zu keinem guten Ende führen konnte.

Zuerst jedoch gestalteten sich die Verhältnisse für den Gatten der Madame Mesmer, die doch lieber sich als Baronin anreden ließ, aufs vorteilhafteste. Er erhielt Zugang in Kreise, welche die Kumpaneien seiner zweitrangigen Logenbrüderschaften weit übertrafen, bis in die Nähe der Kaiserin. Deren Kanzler Graf Kaunitz pflegte sogar der gewesenen Baronin in ihrem Domizil mit den prächtigen Gärten dann und wann seine Aufwartung zu machen, trat ihr auch bei gesellschaftlichen Anlässen zuvorkommend entgegen und konnte deshalb über den Mann an ihrer Seite nicht hinwegsehen.

Jedenfalls ging es draußen in der Landstraße 261 bei den Mesmers immer hoch her. Daß dabei jedoch ihr Vermögen schmolz und daß ihr Gemahl absolut nichts tat, um mit eigenen Kräften der Haushaltskasse Zufluß zu verschaffen, bemerkte die Hausherrin eines Tages mit nicht geringem Verdruß, um zu beschließen, daß, falls da nicht eine Veränderung eintrat, sie sich fortan als ein garstiges, vorwurfsvolles und zänkisches Eheweib aufführen wollte. Wie aber Mozart fast nie zu seinem eigenen, doch meist zum Glück der anderen sich zur rechten Zeit trostspendend und verklärend einzufinden vermochte, so löste er auch jetzt bei den Mesmers die innerfamiliären Spannungen, wenn auch nur für eine Weile. Vater Leopold war mit dem halbwüchsigen Amadé zwecks Verbesserung der Auftragslage und Karriereaussichten in Wien abgestiegen, und wie gewohnt ging alles irgendwie schief. Die auf Vorrat geschriebene Oper des einstmals gehätschelten Wunderkinds war nicht an den Mann und schon gar nicht auf die Bühne der Hofoper zu bringen. Daß »La finta semplice«, das italienische Operchen des teutonischen Bengels, dem wahrscheinlich der geschäftswütige Alte die Hand führte, zur Aufführung gelangte, das wußte die Verschwörung der neidischen Herren Italiener, die das Musikwesen Wiens beherrschten, nachdrücklich zu verhindern. Tausendmal gewogener wurden die beiden enttäuschten Mozarts hingegen von den beiden verzankten, doch Harmonie vorspielenden Mesmers aufgenommen. Das geschah im Jahr 1768, als der ausgabenfreudige, hochmusikalische und mäzenatisch gestimmte Doktor – wie einigermaßen verläßlich überliefert ist – mit dem Vorschlag herausrückte, daß der zwölfjährige Wolfgang, da ihm das große Theater verwehrt blieb, wenigstens ein kleines Singspiel komponieren könne, geeignet für die Naturbühne, die im Park der Mesmers genauso wenig fehlen durfte wie in den Anwesen aller reichen Herrschaften von Wien. Ein so schlichter wie herziger Stoff war schnell zur Hand, das von Rousseau verfaßte und bereits von ihm schon in Musik gesetzte Schäferspiel vom Dorfwahrsager, »Le devin du village«, in dem einstmals die Pompadour mit Gesang und Grazie brilliert hatte. Der Text wurde umgeschrieben, auf Geheiß des Vaters von dem Wunderknaben schnell und schön vertont und dann, als »Bastien und Bastienne«, festlich, doch folgenlos am 1. Oktober im Garten der Mesmers zur Aufführung gebracht.

Genauso ungewiß wie das Vorankommen des manchmal arg malträtierten und herumgezerrten Wolfgang Amadeus war die Situation, in welcher der von seiner Frau recht zwielichtig ausgehaltene

Doktor sich befand, der außer seinen musikalischen und medizinischen Nebenbeschäftigungen nichts tat und zur Regelmäßigkeit einer minderen Arzttätigkeit nun erst recht keine Lust mehr verspürte. Doch stellte der Zufall, der Schutzgott der Abenteurer, sich ein, um seiner konturlosen Existenz jene Richtung zu weisen, die ihn auf eine Höhe führte, wo er von ganz Europa gesehen wurde.

Ein Jesuit ging letztens bei ihm ein und aus. Mesmer hatte ihm auf seinem Anwesen einen Platz eingeräumt, wo dieser, mit Namen Maximilian Hell und seines Zeichens Hofastronom und Leiter der Wiener Sternwarte, den nächtlichen Himmel besser observieren konnte als in seinem dienstlichen Himmelslaboratorium. Der konversationsgewandte, in der Lenkung eitler Seelen gewiefte Priester brachte aus Artigkeit, doch mehr noch mit Hintergedanken die Rede auf Mesmers Doktorarbeit. Mit großem Interesse habe er diese studiert, doch bitte er um Vergebung wegen seiner Nachfrage, wie der Herr Doktor sich das im einzelnen vorstelle mit der Wirkung von Magneten innerhalb des gesamten, das Universum erfüllenden Fluidums und wie er als medizinischer Fachmann die Möglichkeiten abschätze, die magnetische Kraft als einen andersartigen Einfluß auf den animalischen Organismus der heilkundlichen Praxis dienstbar zu machen.

So unverhofft nach dem einzigen befragt, womit er sich distinguieren konnte, wird Mesmer gewiß ins Schwadronieren und Projektieren geraten und dem Pater Hell auf den Leim gegangen sein. Dieser lauschte und billigte, obwohl er am besten wußte, daß die schnellebige Welt den gestrigen Glauben an die Heilkraft der Magnetkuren schon fast wieder verloren hatte und daß in der Angebotsfülle medizinischer Gerätschaften mit Magneten als den Sensationen von gestern keine Geschäfte mehr zu machen waren. Über diesen erstaunlich reichhaltigen Markt, den der gelehrte Gottesdiener während der Dialoge mit Mesmer wahrscheinlich am meisten im Sinn hatte, liest man in den 1782 in Berlin herausgebrachten »Medicinisch-chirurgischen Aufsätzen« des Militärarztes J. A. Hemman: »Es vergeht keine Messe, daß wir nicht eine ganze Menge ganz neuer Heilmittel bekommen, von welchen die Erfinder versichern, daß sie die verzweifeltsten Krankheiten damit aufgehoben, und doch heilen wir im Ganzen immer schlechter als unsere Vorfahren vor zweyhundert Jahren.« Damit urteilte der pensionierte Medikus freilich zu pauschal. Unter den couragierten oder vorwitzigen medizinischen Erfindungen dieser Jahre gab es einige, die sich – obwohl wir ihre Urheber vergessen haben – segensreicher und beständiger erwiesen als Mesmers vielberedeter Magnetismus. Man muß sich beispielsweise das Wahnsinnstreiben des Holländers Jan Ingenhousz vorstellen, der predigte, er könne die Menschen gegen die Pocken immunisieren, indem er ihnen ausgerechnet mit einem vom Blut infizierter Tiere verunreinigten Skalpell ins Fleisch schnitt. Daß Lady Montagu, die Frau des englischen Gesandten in Konstantinopel, ihm erlaubt hatte, ihre Tochter mit diesen Todeskeimen zu inokulieren, war entsetzlicher Leichtsinn, war ein Verbrechen, auch wenn es anscheinend glimpflich ausging. Daß der holländische Scharlatan danach mit diesem Propagandaerfolg in England hausieren ging und sowohl Glauben als auch Kundschaft fand, konnte man nur dem spleenigen Geist der Inselbewohner zuschreiben. Doch als schließlich sogar Maria Theresia den Impfdoktor an den Wiener Hof bestellte, damit er ihre ganze Kinderschar gegen die Seuche immunisierte, und es dort weder Schäden noch nachfolgende Pockenerkrankungen gab, war ein Zeichen gesetzt, dem das Vertrauen nicht viel länger mehr vorenthalten werden konnte.

Auf der Grundlage ihrer beiderseitigen Interessen gelangten indes der Jesuit, der sich als Astronom und sonstwie verdingte, und der unterbeschäftigte Mediziner zur Übereinkunft, daß die gemeinsame Ursache aller Krankheiten in der schlechten Verteilung des Fluidums im Körper liege und daß demnach das probateste Heilmittel in der Verwendung von Magneten zu erkennen sei, da sie allein die Harmonie der Säfte wiederherstellen könnten. Freilich kam es weniger von der Lust am wissenschaftlichen Palaver oder von der Aussicht auf alsbaldige Volksgesundheit, daß Pater Hell sich getrieben sah, die Idee von den Magneten tief in Mesmers Verstand einzuimpfen. Einen Vorrat von Stahlmagneten und dazu noch beträchtliche Fabrikationskapazitäten hielt der vielseitige Geistliche im Hintergrund, wo sie warteten, um einer wiederbelebten, möglichst zahlungskräftigen Nachfrage zugeführt zu werden. Dazu jedoch war ein approbierter Arzt vonnöten, irgendeiner. Die unklar, von seinen Biographen zu Mesmers Vorteil überlieferte Sache verhielt sich, wenn man sie vom Praktischen her betrachtet, nämlich folgendermaßen.

Am 10. September 1777 hatte Joseph II. in freudiger Befolgung der Päpstlichen Bulle »Dominus ac Redemptor noster« die sofortige Auflösung des Jesuitenordens befohlen, was die armen geistlichen Herren in arge Existenznöte versetzte. Leopold Mozart, in seinen Briefen ein gewitzter Zeitbeobachter erster Güte, sah ihr Los jedoch als nicht allzu bedauernswert an: »Sie mögen als Weltpriester sich kleiden, und man sagt, jeder bekommt jährlich 300 Florint! Wenn er Messen dazu bekommt, so mag er sich ein hüpsches Zimmer und eine säuberliche Häuserin anschaffen.« Doch gab es selbst unter den Jesuiten nicht wenige, die im »richtigen Leben« nur zu Handwerksarbeiten zu gebrauchen waren. Dem mit seiner Sternwarte schon hinlänglich versorgten Pater Hell war die nicht üble Beschäftigungs- und Geschäftsidee gekommen, für seine sonst nicht unterzubringenden Ordensbrüder eine Stahlschmiede zu gründen, welche nach englischen Vorbildern der Arbeit einen entschieden höheren Mehrwert zufügen sollte, indem sie statt billiger Hufeisen teure Magnete aller Formen und Stärken für einen nicht abschätzbaren Bedarf herstellte. Doch während die alten Klosterbrüder in ihrer neuen Kommune nach Herzenslust hämmerten, bogen und feilten und mit den Blasebälgen pumpten, mußten sie bemerken, daß ihr wackeres Unternehmertum den Markt beträchtlich verfehlte, daß die Nachfrage von Handwerkern und Bastlern sich arg in Grenzen hielt und die Zeiten vorbei waren, wo man mit Magneten als Heilmitteln noch traumhafte Umsätze erzielen konnte. Es sei denn, so mag es Pater Hell wie ein Blitz durch den Geist geschossen sein, man fand einen zugelassenen, nicht ganz ausgelasteten, leicht zu begeisternden Arzt, den man vorschieben konnte, damit er erstens die Gewerbevorschriften des Gesundheitswesens erfüllte und zweitens der veralteten Ware einen neuen Sinn stiftete, der sie besser verkäuflich machte. So geschah es, daß Mesmer, ohne es zu ahnen, von der schmiedenden Priesterschaft als ihr Hoffnungsträger ausersehen wurde, der es ermöglichen sollte, den sperrigen Eisenkram unter einer leicht modifizierten Rezeptur wieder in den florierenden Medizinalmarkt einzuschleusen.

Den treibenden und handelnden Part jedenfalls übernahm Pater Hell, und bei der ersten gemeinsamen Demonstration des neubelebten Magnetismus spielte Mesmer keine größere Rolle als die eines »Strohmannes«, gerade gut genug, um durch seine Präsenz die

Rechtsvorschriften förmlich zu erfüllen. Nicht anders kann man die Meldung in Büschings »Wöchentlichen Nachrichten« vom Dezember 1774 verstehen, in denen es heißt, daß in Wien ein »Herr Hell« mit einer »wunderbaren Magnetcur« einen Mann geheilt habe, der an »gewaltigen Krämpfen und Zuckungen der Nerven« litt, und daß danach »in Gegenwart des Arztes Mesmer etliche 20 Kranke, alte und junge, reiche und arme geheilet, ja, lahme gesund gemacht, und zwar alle unentgeldlich, um die Eifersucht der Aerzte nicht zu sehr wider sich zu reizen«. Diese Nachricht wurde umgehend von anderen Zeitschriften übernommen und weit über Wien hinaus verbreitet. Der Erfolg seiner Methode, so gab Hell zu verstehen, beruhe auf der von ihm erfundenen Neuerung, daß zahlreiche Magnete unter strikter Beachtung der Polstellung von den Patienten tagelang am Körper zu tragen seien. Denn da das erregte Aufsehen so günstig war, wie es nur sein konnte, wollte hinter Hells Freude als Fabrikant auch sein Stolz als Wissenschaftler nicht zurückstehen. So legte er und nicht Mesmer der gewogenen Öffentlichkeit alsbald einen »Unpartheyischen Bericht« vor, in dem er die Verbesserung wie den Erfolg der Magnettherapie ganz allein sich selber zuschrieb und im übrigen bekanntgab, daß er die Durchführung dieser Kuren von nun an seinem medizinisch befugten Partner überlasse. Da es nur auf die Befolgung seiner Anwendungsdirektiven und auf die Qualität der stählernen Heilmittel ankomme, für deren Lieferung Hell weiterhin sorgen wollte, liege die Ausführung der Kuren bei Mesmer in besten Händen.

Dermaßen als Hintergrundfigur, als Handlanger hingestellt, konnte selbst die ihm anhaftende Mühsamkeit des Erklärens Mesmer nicht länger hindern, ins volle Rampenlicht zu stürzen, um das nichtsahnende Publikum auf sein Vorhandensein hinzuweisen und mit einem Streich dem vorwitzigen Eisenhändler die Geschäftsgrundlage unter den Füßen wegzuziehen. In seinem später so genannten »Ersten Schreiben« teilte Mesmer einer breiten, diskussionsfreudigen, an medizinischen Fragen hochinteressierten Leserschaft mit, daß an mineralischen, also auch an Stahlmagneten längst nicht so viel gelegen sei, wie der in astronomischen Dingen gewiß sehr zuständige Pater Hell behaupte. Die entscheidende Heilwirkung, so habe er selbst herausgefunden, gehe vielmehr vom animalischen Magnetismus aus, was bedeuten sollte: von einer allen belebten Wesen innewohnenden Kraft, welche viel besser als die mineralischen Magnete geeignet sei, das die Körper affizierende Fluidum therapeutisch zu lenken und zu richten, wodurch ein erkrankter Organismus wieder zurückgeführt werde zum Gleichgewicht seines Energiestroms und zur Harmonie der Säfte. Alle Menschen, alle Lebewesen besäßen – im Prinzip – dieses magnetische Wirkungsvermögen, doch sei es von Individuum zu Individuum unterschiedlich ausgeprägt und nur bei wenigen so groß, um Kranke gesund zu machen. Ein dermaßen durch seine Heilkraft hervorgehobener, seltener Mensch aber bedürfe der Stahlmagnete grundsätzlich nicht. Daß diese dennoch nicht vollkommen unnütz seien, daß sie hilfsweise, zur Unterstützung einer Kur durchaus taugen könnten, das räumte Mesmer gleichwohl vorsorglich ein.

Damit war es in Hells Ermessen gestellt, ob er diesen Scheidebrief nicht doch lieber als das Angebot eines beiderseits vorteilhaften Handels ansehen wollte. Was immer er auch dachte, feststeht, daß der Astronom, den neuerdings der Auftrag einer Forschungsreise nach Skandinavien in nicht geringen Anspruch nahm, sich fortan mit Verlautbarungen über den Magnetismus zurückhielt. So konnte Mesmer frei schalten und walten, ohne darüber zu vergessen, die ihm bald zuströmenden Patienten mit den subsidiären Langzeittherapeutika aus der Jesuitenschmiede ausgiebig zu versorgen.

Damit die Dinge sich dorthin entwickeln konnten, hatte eine gewisse Lady Wilcox aus England nach Wien reisen müssen, wo sie von heftigen Magenkrämpfen heimgesucht wurde, die sie allerdings auch in ihrem Heimatland seit langem schon periodisch plagten. So hatte sie es sich zur Gewohnheit gemacht, in solchen Krisen auf den Beistand eines Magnetiseurs zu schwören, der einen Eisenstab über sie hielt, den sie mit einer Hand umfaßte, während ihre andere die freie Hand des Medikus fest auf ihren Unterleib preßte. In ihrer Verzweiflung, jetzt unter den schulterzuckenden Ärzten Wiens einen Magnetkundigen zu finden, stieß sie auf Hell, um von diesem als ein krampfgeschüttelter Glücksfall geradewegs an Mesmer überwiesen zu werden, der somit erstmals in seinem künftigen Metier zum Einsatz kam und währenddessen bezüglich seiner Theorie vermutlich absolut widersätzliche Betrachtungen anstellte, ob denn die Entspannung der Hysterikerin wirklich vom Magnetismus herrühre oder nicht doch eher von seiner männlich gefaßten Nähe.

In jener Zeit, als die beiden Mozarts abermals zu Gast waren in der Mesmerschen Villa, fünf Jahre nach der Aufführung von »Bastien und Bastienne«, trug es sich zu, daß der Hausherr das Sortiment seiner Magnete wieder zum Einsatz brachte, und zwar als Notarzt im eigenen Familienkreis. Leopold Mozarts Briefe teilen darüber einiges, soweit er es verfolgen konnte, mit. Demnach ging es im Mesmerschen Anwesen drunter und drüber. Die Mutter der gewesenen Baronin drohte an Asthmaanfällen zu ersticken, während im anderen Trakt des Gebäudes die Braut ihres Sohnes aus voriger Ehe von Konvulsionen heimgesucht wurde, deren schreiende, die Extremitäten weit öffnende, den Körper entblößende Natur die herbeigeeilten Hausgenossen und Domestiken in hundert Schrecken und in noch mehr Verlegenheiten versetzte. Mesmer nun, gezwungenermaßen in der sonst verschmähten Rolle des praktischen Arztes, eilte von der einen zur anderen Patientin, behalf sich, so gut er konnte, mit den klassischen Mitteln der zeitgemäßen Notfallmedizin, ließ zur Ader nach der Devise, daß mehr auch mehr hilft, verabreichte Brech- und Abführmittel, damit er der Zentralphantasie der damaligen Heilkunde genügte und den Krieg der Körpersäfte wieder zum Frieden zwang, bis ihm in seiner Panik die Idee aufleuchtete, sein Glück denn also mit den Hellschen Magneten zu versuchen, auf deren Wirksamkeit er auch nach der Behandlung von Lady Wilcox keine großen Stücke setzte.

Daß allein schon die Berührung seiner Hand es vermochte, die Crisen zu unterbrechen und die neunundzwanzigjährige Jungfer Franziska Österling in friedlichen, wenn auch nur kurzen Schlaf zu versetzen, bemerkte er mit nachhaltiger Verwunderung. Nachhaltiger jedoch schien die Magnetkur zu sein, zu der er sich entschloß und die er in seinem »Ersten Schreiben an einen auswärtigen Arzt« im Januar 1775 folgendermaßen schilderte:

Ich verfiel endlich auf den Gedanken, in dem Körper der Kranken eine gleichsam künstliche Ebbe und Fluth mit dem Magnete zu erwecken. Die Kranke bekam aufs neue einen ihrer gewöhnlichen Anfälle, und ich brachte bey ihr drey künstliche Magneten, einen auf den Magen, zween auf den beyden Füßen an. Diß verursachte ihr, in sehr kurzer Zeit, ausserordentliche Empfindungen. Sie fühlte, innerlich, ein schmerzhaftes Ströhmen einer sehr feinen Materie, welches sich bald da, bald dorthin, endlich aber in die unteren Theile des Körpers zog, und sie 6 Stunden von allen fernern Anfällen befreyte. Die Lage der Kranken veranlaßte mich, den folgenden Tag, den nemlichen Versuch zu machen, und er glückte mir wie das erstemal.

Während dieser Behandlung sei ihm gleichwohl bewußt geworden, daß die fluidale Wirkung in entscheidendem Maß von ihm selbst ausging, daß er, Mesmer, imstande war, durch seine Berührung schlichtweg alles, »Papier, Brod, Wolle, Seide, Leder, Stein, Glas, Wasser ... Hunde, Menschen« magnetisch zu machen. Recht bedrückend nimmt es sich demnach aus, wenn er alsbald mit dem Stolz eines Hexenmeisters verkündete: »Ich brachte der Kranken ohne alle Communication mit ihr in einer Entfernung von 8 bis 10 Schritten, indem ich mich hinter einer Person oder hinter einer Mauer verbarg, auf jeden Theil des Leibes, wohin ich wollte, einen so heftigen Schlag bey, gleich als hätte sie einen Hieb mit einem stumpfen Eisen bekommen.«

Der von der Patientin als »ziehende, brennende, zerreißende« Schmerzen empfundene und somit zweifelsfrei nachgewiesene animalische Magnetismus verursachte, so lautete Mesmers Theorie, im erkrankten Körper ein Strömen, dessen Gleichmäßigkeit »die ungleiche Austheilung und Dispensation des fluidi nervei und dessen verwirrte Bewegung« wieder zur Regelmäßigkeit zurückführe »und denjenigen Zustand hervorbringe, den ich die Harmonie der Nerven nenne«.

Ob Mesmer, außer daß er sie quälte, der unglücklichen Jungfer dauerhaft helfen konnte – oder ob sie sich helfen ließ –, bleibt ungewiß. Jedoch fiel ihm auf, daß sein Magnetisieren viel leichter die Anfälle auslöste und ihren Verlauf verschlimmerte, als daß er sie zu lindern, gar zu kupieren vermochte. Dieser eigentlich unerwünschte, absolut widersinnige Effekt stürzte Mesmer nun freilich in keinerlei Erklärungs- und Rechtfertigungsnot. Die gravierenden Zuspitzungen seien die unabdingbaren Leidenswege zur Reinigung und Harmonie, sie seien die glücklichsten Anzeichen, sogar schon die Heilung selbst. So durfte Mesmer das getrost sehen, weil er sich damit in schönster Übereinstimmung mit einem bis heute geheiligten Dogma der herrschenden Medizin befand, demgemäß zwischen Verschlimmerung und Verbesserung solange kein großer Unterschied besteht, wie sie die ärztliche Wirksamkeit zur Geltung bringen. Die Krankheitsgeschichte der Franziska Österling allerdings, in die Mesmer seinem Willen nach wie ein sattelfester Wissenschaftler und Newtonianer einzugreifen suchte, während er als empirischer Psychologe handelte und sich doch wie ein Exorzist gebärdete, hätte als ein exemplarischer Fall einbezogen werden können in die Studien über Hysterie, welche Sigmund Freud über hundert Jahre später, und ebenfalls in Wien, anstellte.

Was Mesmer halsstarrig als gute oder schlimme Wirkungen des Fluidums, des animalischen Magnetismus und schließlich seiner genialen magnetischen Aura ansah, entlarvte der Vater der Psychoanalyse – vermutlich definitiv – als die Macht seelischer Übertragung, der Suggestion, der Triebunterdrückung und autoaggressiven Konfliktverdrängung. Für Freud hätten sich die alarmierenden Anwandlungen der etwas späten Jungfer Österling, die in ihren krisenfreien Stunden für den jungen Mozart eine Geldbörse stickte und imübrigen die Rolle einer ewigen Braut spielte, in vollkommener Transparenz dargestellt, nämlich als Symptomleistungen einer hochkomplizierten Seele, die während eines Waldspaziergangs mit dem Verlobten mit sich selbst in einen Zwist aus Begehren, Abscheu und Selbstbestrafung geraten war. Hätte Mesmer, der die Anfälle als »hysterisches Fieber« diagnostizierte, die Signale der jungen Frau unbefangen betrachtet und sich dann auch über die Formulierung seines Befundes ein paar Gedanken gemacht, dann wären der aufkommenden Erfahrungsseelenkunde durch ihn wahrscheinlich mancherlei Vermutungen und Erkenntnisse zugeflossen. Statt die zwar ahnungsvolle, doch noch zaghafte Psychologie in Verruf zubringen, ihre Entwicklung geradezu aufzuhalten, lag es nämlich in Mesmers Hand, ihr gute Dienste zu leisten. Dazu hätte er sich zwar von den Newtonianern trennen, doch nicht sonderlich über den »medizinischen Realismus« erheben müssen, welcher auch seinerzeit neben allen akademischen Meinungen und Richtungen unterm Titel des »gesunden Menschenverstands« unablässig gegenwärtig war.

Daß nämlich hysterisch nichts anderes bedeutet als an der Gebärmutter erkrankt, denunzierte dieses immer auch mit Auffälligkeit, mit einer gewissen demonstrativen Gestik verbundene Leiden als eine ausgesprochen exklusive Frauenangelegenheit, während der andere Typus der damals klassifizierten minderschweren Neuropathien, die Hypochondrie, eher als eine Männersache, als die Symptomatik der Erschlafften, der überreizten Wollüstlinge angesehen wurde. Mit den *hypochondriaci*, an denen nicht viel auszurichten war, wollten die meisten Ärzte nicht gern zu tun haben, während das zahlreiche Patientengut der Hysterikerinnen für spektakuläre Heilungen bestens disponiert war. Wie unumwunden in jenem Zeitalter der Empfindsamkeit eben diese Empfindsamkeit, das Einbildungsvermögen, die Rührbarkeit und das Verinnerlichen in einen Kausalzusammenhang gestellt wurden mit dem wahrhaften Volksleiden der Hysterie, schimmert sogar noch durch in den dummen Ausfällen eines anonymen Frauenfeindes, der sich in der »Allgemeinen Deutschen Bibliothek« 1776 mit »Prüfenden Anmerkungen« zu Wort meldete. Dieser »Wahrheitsfreund« stellte die Frage nach dem enormen Zulauf, den solche quacksalbernde Abenteurer wie Mesmer fanden, und rückte sogleich selbst mit der Antwort heraus. Es handele sich »meistentheils um Frauenspersonen, die nebst der Schwachheit der Überlegung und der Lebhaftigkeit der Empfindung, die ihnen von Natur anklebet, auch mit hysterischen Zuständen, Nervenkrankheiten, Milzsucht, und oft mit einem ziemlichen Grade von Wahnwitze behaftet sind. Oft ists auch Bosheit, und ein Vorwand zur Betteley.«

Wahr ist jedoch, daß die Hysterie – ganz anders als die luxurierte Hypochondrie und Melancholie – eine ausgesprochen klassenlose Krankheit war, daß hysterische Anfälle sowohl als Massenphänomene wallfahrender Bäuerinnen und Mägde wie auch als Solovorstellungen höherer Töchter oder schwieriger Prinzessinnen beobachtet werden konnten.

Noch andere Volkskrankheiten gab es, die selbst das Zeitalter der Aufklärung nicht als Einbildungen oder Neurasthenien wegwischen konnte, massenhafte, die den Straßenbildern ihre charakteristischen Farben zufügten, Farben allerdings, von denen die Maler und Dichter nichts wissen wollten. Dort, wo Wunderheiler, Scharlatane,

Exorzisten auftraten, wo auch Cagliostro als Segensbringer den Leidenden in die Augen schaute, ihnen Zuspruch erteilte, sie mit kräftigenden Suppen kurierte, lenkten die Berichterstatter die Aufmerksamkeit ihrer Leser meistens auf die phantastischen Einzeldarsteller. Deren Kundschaft und Publikum mag man sich hinzudenken. Doch sollten wir uns nicht abwenden, wenn ein Zeuge jener vergangenen Welt unserer Vorstellungskraft auf die Beine helfen kann, uns eine Ahnung vermittelt vom alltäglichen Elend, von der Machtlosigkeit, von der Herausforderung an die Heilkunst und ihrer irrlichternden Betriebsamkeit, von der Vehemenz des Prinzips Hoffnung. Die Unzahl der Menschen, welche durch vorgeburtliche oder Geburtsschäden gezeichnet waren, die Massen derer, denen die Kinderkrankheiten, ohne daß es Abwehr gab, fast immer die schlimmsten ihrer Folgen zugefügt hatten, die Legionen der in Kriegen, bei Unfällen Verstümmelten oder Verkrüppelten ... und wenn dann einer auftrat, der ihnen allesamt Heilung oder Linderung versprach, ergab sich überall, in Städten und Provinzen, eben ein solches Bild, wie es ein gewisser B. J. Schleis unter dem tiefsinnigen Titel »Zweifelsfragen« hinterließ:

Die Straße wimmelte von elenden Pilgrimen, welche Hülfe suchten. Das tausendfältige Elend von 10, 20, 30 Meilwegs in die Länge und Breite schien in dieser Gegend zusammengedrängt zu seyn. Alle Heerbergen, Ställe, Schaathäuser, Zäune und Heken lagen voll von Blinden, Tauben, Lahmen, Krüppeln; von Schlagflüssen, Gicht und andern Zufällen jämmerlich zugerichteten Menschen. Was Krebs, Eiter, Grind und Kräze, Ekelhaftes, Abscheuliches, Entsetzliches hat, selbst was die Seele drückt und entmannt – Schwermut, Wahnsinn, Tollheit, stille Wut, Raserei, teuflische Anfechtungen – war an Krüken, an Stecken, auf Eseln, Pferden, Karren, in Tragtüchern, auf Reffen und Bahren in einer schrecklichen Gruppe zusammengedrängt. So kommen täglich 11 bis 1200 Frembde von allem Stand und Alter dort an.

Viel gab es für die Heilkundigen zu tun. Doch den in seinen Eheverhältnissen eingeklemmten Doktor Mesmer, der sich im Wohlleben ausbreitete, den Glanz als beargwöhnter Mann einer reichen Frau aber nur halb genoß und sich durchaus unbedeutend fühlen durfte, muß man beinahe für einen Arzt wider Willen halten. Zwar von stattlicher Körperlichkeit und in erlesener Kostümierung, doch eigentlich nur mit einem besseren Gastrecht in noblem Hause untergebracht, hatte er die Mäkeleien seines Eheweibs samt den Vorwürfen wegen seiner Nutzlosigkeit und Kostspieligkeit bis dahin wehrlos ertragen müssen. Daß er zum Grübeln angelegt war, erst recht auch zum projektewälzenden Dilettantismus als dem klassenspezifischen Freizeitvergnügen der besseren Herren, daß er zu fixen Ideen neigte, daß ihm der Zufall zuerst die Magnete und dann auch noch zwei oder drei Patientinnen in die Hände gespielt hatte, das machte ihn noch längst nicht zum fähigen Medikus. Doch konnten ihm diese Voraussetzungen zu einer Rolle verhelfen, die ihn unabhängig machte und so hoch hinaufbrachte, daß er nicht fürchten mußte, jemals wieder in ein dahintreibendes Randfigurendasein zurückgeschleudert zu werden. Wie Mesmer demnach als ein ausgesprochen bürgerlicher Abenteurer bei allen seinen Drahtseilakten zuerst auf finanzielle Absicherung und Zukunftsvorsorge achtete, so war er auch bei der Herrichtung seiner Sensationsmittel peinlich darauf bedacht, daß er stets vollkommen Herr über sie blieb, daß sie ohne ihn niemals eigene Gültigkeit beanspruchten und er das Geschäftsmonopol fest in seinen Händen hielt.

Wie in seinem sozialen Status so befand er sich allerdings auch als medizinischer Solodarsteller in einer verteufelten Klemme. Seiner Magnettheorie wie seiner Heilpraxis wollte er mit allen Mitteln vollkommene wissenschaftliche Anerkennung verschaffen, was aber bedeutet hätte, daß sie als erlernbar, beliebig reproduzierbar und also auch als imitierbar nachgewiesen wurden. Mit der ersehnten Besiegelung der Wissenschaftlichkeit hätte Mesmer auf seinen Monopolanspruch verzichten müssen. Wenn er aber seiner zweifellos gehegten Ahnung gefolgt wäre, die Krankheitsbilder seiner ausgelesenen Patientenschaft als psychische Symptomleistungen zu erkennen, hätte er gemäß seiner Denkungsart zum Schluß gelangen müssen, daß Krankheiten nichts anderes waren als Einbildungen, vom Patienten selbst produzierte Resultate seiner Suggestion, hermetische Systeme des Selbstbetrugs also, bei denen ein zünftiger Arzt durchaus nicht am rechten Platz war. Seine »magnetischen« Wirkungen hätte Mesmer dann als immateriell und unmechanisch, als wissenschaftliche Nicht-Existenzen ansehen müssen. Denn wenn die Kranken nur eingebildete Kranke waren, dann war auch er selbst nur ein Arzt in der Einbildung, und seine Leistung hatte keinen höheren Wert als der Seelenzuspruch eines kleinen Priesters oder – falls Mesmer denn Gott überhaupt in die Pflicht genommen hätte – als die Raserei eines Exorzisten, wie sie im Zeitalter des Aufklärung keineswegs mehr hingenommen werden konnte.

Um aber wissenschaftliche Konformität zu beanspruchen, die er weder beweisen konnte noch durfte, um sich Aufsehen und Singularität zu sichern, erfand Mesmer seinen animalischen Magnetismus als eine zwar universelle Theorie und im Prinzip auch jedermann zugängliche Heilmethode, die aber, wie es die Vorsehung bestimmt hatte, nur in ihm allein zur völligen Offenbarung und praktischen Vollendung gelangt war.

Zu dieser Konzeption als dem patentesten Ausweg aus der Zwickmühle seiner Situation muß Mesmer gelangt sein, als er sich ein Herz faßte, um es zur gegebenen Zeit mit einer prominenten Patientin aufzunehmen, die kein Mensch zu den hochsuggestiblen Psychosomatikern gezählt hätte. Vorher allerdings übte er sich tüchtig ein, um in der Welt des Elends das große Spiel zu riskieren. Als Mesmer im Habit des weltgewandten Kavaliers und mit selbstbewußten Zeichen seines medizinischen Einzelgängertums in die Öffentlichkeit trat wie auf eine Bühne, mußten die Patienten, die ihm als Mitspieler vorgeführt wurden, den kritischen Beobachtern wie handverlesen vorkommen. »Kranke!« ließ sich ein anonymer Zweifler in einer 1778 in Leipzig erschienenen Sammlung von Polemiken gegen Mesmer verlauten, »und was für Kranke? meistens das zarte und schwache Geschlecht; überhaupt lauter solche, die schwache und sehr reizbare Nerven haben, und eben deswegen mit einer starken Einbildungskraft begabt sind.«

Man sieht, daß die wütenden Beschimpfungen, die alsbald von seiten der norddeutschen Aufklärungshochburgen wie von seiten der Wiener Ärzteschaft über den windigen Empyriker hereinbrachen, das flankierende Kampfmittel der Patientenbeschimpfung keineswegs verschmähten. Denn kein Glücksspieler kann gewinnen ohne die Torheit seiner Mitspieler. »Seh einer die Milchgesichter unserer

Zeitgenossen an, ob sie nicht wie eine Satyre aufs weibische, sieche kränkelnde 18te Jahrhundert aussehen. S'ist viel Aufgedunsenes, Angestrengtes, Heuchlerisches, Mißtrauisches, Schiefes, Lebenssattes drin.« So kanzelte der wegen seiner »Fürstengruft« bekannt gebliebene Schubart 1776 das Panorama der zu einem einzigen Patientenhaufen verkommenen Deutschen ab. Der hypochondrische, vom Fieber der Einbildung und von seiner Unterwerfungslust geschüttelte Auswurf des Menschengeschlechts lieferte den Boden, auf dem solche bizarren Blüten hochschossen wie dieser Doktor Messmer, der aus der Ferne, in der Phantasie eines aufgebrachten Lesers der »Gazette d'agriculture« 1776 als ein finsterer Glücksritter, als ein Vagabund, der von Land zu Land ziehe, auf die einschlägigen Begriffe einer erfundenen Abenteurerwirklichkeit gebracht wurde, obwohl die Bodenständigkeit des großbürgerlich integrierten Emporkömmlings bis dahin überhaupt nicht in Zweifel zu ziehen war.

Nicht alle Kranken freilich, die Mesmer in Wien und um Wien herum vor sensationslüsternen, glaubensbereiten oder mißerfolgsgierigen Zuschauern als Objekte seines Experimentierens wie seiner Selbstdarstellung vorführte, stammten aus dem Reservoir der Hysteriker, Somnambulen und Hypochonder. Durchs Bestreichen mit Magneten, durch die hypnotische Anstrengung seines Willens, durch anherrschende Befehle, durch das Fluidum also seines ganz besonders ausgeprägten Magnetismus, vermochte er längst nicht alle Gelähmten zum Aufstehen und Gehen zu bewegen. Die Therapieversuche mit dem lungenkranken, zum Gebrauch seiner Beine unfähigen Elie Wiksel, einem Jungen aus bettelarmen jüdischen Verhältnissen, nehmen sich in der unsicheren Überlieferung aus wie grausame Abrichtungsmaßnahmen eines erfolgssüchtigen Dompteurs. Daß dem verzweifelten Jungen die kraftlosen Beine immer wieder einknickten, deutete der euphemistische Teil des herbeigeströmten, stets willkommenen Publikums als sicherste Anzeichen der einsetzenden Heilung, während Mesmer aus dem tatsächlichen Versagen seines Magnetismus die heimliche Lehre zog, solche Patienten, die seinem Ansehen nur schaden konnten, künftig fernzuhalten. Um Eindruck zu machen, brauchte er im übrigen noch nicht einmal Heilerfolge zu erzielen; denn mindestens genauso faszinierte es die

Beobachter, wenn er seine Wirkungskräfte im entgegengesetzten Sinn, durch das Evozieren der Krankheitssymptome, zum Einsatz brachte, was offenbar und verständlicherweise viel leichter gelang. In der »Sammlung der neuesten Nachrichten von Magnet-Curen« wird 1778 davon berichtet, wie Mesmer vor einer gelehrten Gesellschaft Erstaunen hervorrief durch seine Demonstrationen an einem anfallskranken Menschen. »Diesen bestrich er einige Mal mit seiner Hand, und nach einer Zeit von 5 bis 6 Minuten zeigte sich der Anfall im höchsten Grade.«

Gewaltiges Aufsehen indes und einen beträchtlichen Schub an Anerkennung erwirkte Mesmer durch die unstrittige Heilung eines Freimaurerbruders, der als Konditormeister unter den Feinschmeckern Wiens berühmt geworden war und deshalb von der Loge »Wahrheit und Einheit« unbedingt als zierendes Mitglied gewonnen werden mußte. Die düsteren, mit allerlei Gruselwerk und Todessymbolik versehenen Initiationsprozeduren jedoch verängstigten den reichen Zuckerbäcker dermaßen, daß er, als ihm am Ende dieser bitteren Prüfungen die schwarze Binde von den Augen genommen wurde und eine Phalanx von Degenspitzen ihm ins Gesicht starrte, von diesem Anblick nichts mehr wissen wollte und schlagartig erblindete. Die geweihten Humanitätsapostel bekamen rote Ohren und waren in nicht geringer Verlegenheit. Daß ihr neuer Bruder durch sie das Licht empfangen sollte, hatte auf einmal eine ganz andere Bedeutung bekommen. Diskrete Steuerung des Panikverhaltens war die Devise, doch weder der Universitätsprofessor Störck noch der berühmte Starstecher Joseph Barth vermochte dem armen Konditor zu helfen. So mußte als letzter Nothelfer denn Mesmer die Hand anlegen, was er dergestalt vollzog, daß er den Blinden befragte, ihn dazu zwang, alle Schrecknisse des Aufnahmerituals zu erzählen, es nochmals zu durchleben, bis Mesmer ihm schließlich die Daumen auf die Augäpfel drückte, dann plötzlich losließ und Eugen Kolschitzky – so hieß der Patient – von der jähen Fülle des Lichts geblendet aufschrie und, wie man es auch drehte und wendete, als ein Geheilter angesehen werden mußte.

Die Einsprüche der irritierten Ärzteschaft jedoch konnten deshalb nur in die gewohnte Richtung zielen, daß solche Effekte bei einem weichlich ängstlichen, dazu noch satten Hypochonder kein

Kunststück seien, daß Mesmer also im medizinischen Sinn absolut kein Verdienst zukomme. Wogegen allerdings ein bemerkenswerter Satz ins Gerede kam, dessen Autorschaft zwar nicht zu klären ist, der gleichwohl aber einen klaren Kopf zum Vorschein bringt: »Wollte jemand sagen, die Historie mit den Augen sey bloße Einbildung, so bin ich es zufrieden, und ich verlange von keinem Arzt der Welt mehr, als daß er so viel zuwege bringt, daß ich mir fest einbilde, gesund zu seyn.«

Fortan konnte Mesmer sich einiges herausnehmen. Er gehörte zu den Attraktionen Wiens. In der Hofburg und in Schönbrunn war von ihm die Rede, und nicht nur als dem Anhängsel der Frau Baronin. Diese aber scheint sofort die Chance erkannt zu haben, wie der verbummelte Phantast an ihrer Seite in ein gewinnbringendes Subjekt zu verwandeln war. Flugs wurde das Lustschloß in der Landstraße 261 in einen durchorganisierten Klinikbetrieb verwandelt mit zwei Pavillons als Krankenstationen und sonstigen Räumlichkeiten mit Wartemöglichkeiten für alle diejenigen, die zur ambulanten Behandlung herbeiströmten, und für die noch zahlreicheren, welche nur zum Zuschauen kamen. Denn vor allem war Mesmers Klinik ein »therapeutisches Theater«, das offene Türen, Publikum und Zeugen brauchte für die Spektakel des Zaubermagneten in Menschengestalt. Selbst Madame Mesmer trat tatkräftig in Erscheinung. Weniger freilich wird man sie sich als philanthropische, patientenversorgende Assistentin vorstellen müssen denn als eine jener resoluten Damen, die goldbehangen hinter Zirkuskassen sitzen und beim Verkaufen der Einlaßbillets schneller die Geldscheine an sich reißen, als sie beim Erteilen der Plätze entgegenkommend sind.

Wer als Patient oder bloß zum Zuschauen gekommen war, wurde in diesem theatralischen Therapiezentrum niemals richtig klar. Indes schritt Mesmer beinahe täglich mit innerer Sammlung an sein zweifellos anstrengendes, erschöpfendes Werk. Einen sinnreichen Lehnstuhl hatte er sich konstruieren lassen, der an exakt definierten Stellen mit Magneten versehen war. Nicht daß er sie nach seiner Grundsatzentscheidung gegen Pater Hell und nach seinen Praxiserfahrungen noch unbedingt benötigte. Nur zu seiner Konzentration, zur Nachladung seiner hoch beanspruchten fluidalen Energie sollten sie ihm dienen. So setzte er sich denn vor seinen Auftritten auf diesen

Stuhl, schloß die Augen, ließ sich in einen meditativen Zustand sinken, der ihm den Zustrom der kosmischen Kraft fühlbar machte. Dermaßen gestärkt und gestrafft, erhob er sich nach ein paar Minuten, um mit Akribie sein Ankleiden zu vollenden. Er prüfte den rechten Sitz der Applikationen, des Brokats und der Brillanten, betrachtete sich im Spiegel, schwärzte seine Augenbrauen mit einer Paste, verschmähte wie alle Männer von Welt gewiß auch Schminke nicht, und die Schauspiele, die dann folgten, übertrafen alles, was selbst die Hofoper an sinnlicher Vielfalt, an virtuosen Koloraturhysterien von Primadonnen und Kastraten aufbieten konnte, erregte aber im Palast des Erzbischofs mancherlei Bedenken in bezug auf Anstand und Züchtigkeit. Die Frage war aufgekommen, ob man denn nicht einschreiten müsse gegen die begafften Aufführungen mancher vom Magnetstrom enthemmten Patienten wie auch gegen die oftmals zweideutige Gestik der therapeutischen Kontaktaufnahme.

Solche drohenden Anzeichen allerdings konnten ihm genauso wenig gefährlich werden, wie er sich aus den vereinigten Anfeindungen der Wiener Ärzteschaft ein Gewissen machen mußte. Welchen Rang besaß denn schon die habsburgische Kapitale im Konzert der europäischen Metropolen? An die Akademien von Paris, von London und wohin noch sonst – und hilfsweise auch an die Königliche Akademie von Berlin – verschickte Mesmer Darstellungen seines Natur- und Heilsystems, mit dem Ersuchen um gewogene, doch auch strenge Beurteilung. Nirgends allerdings unterzog man sich der Mühe, ihm auch nur den Empfang seiner kryptischen Schreibereien zu bestätigen, außer in Berlin. Dort beauftragte die preußische Akademikerelite ihr Mitglied, den Mathematiker und Theologen Johann Georg Sulzer, mit der Prüfung und Kommentierung von Mesmers Ausführungen, doch nicht aus Interesse an der Sache, sondern um gefällig zu sein. Es hatte nämlich Gottfried van Swieten, Wiens Gesandter in Preußen und Sohn des so besonnenen wie großzügigen kaiserlichen Leibarztes und Dekans, unter der Hand und über die Köpfe der Wiener Mediziner hinweg um eine neutrale Begutachtung gebeten, damit man fürderhin wisse, ob man den Doktor Mesmer nicht doch ernstzunehmen habe. Sulzers Expertise war ablehnend, wenn auch nicht zerschmetternd. Es bestünden die Darlegungen Mesmers vornehmlich aus puren Behauptungen, die Erklärungen seines Verfahrens seien wirr und fehlerhaft, seine Experimente erfüllten nicht die wissenschaftliche Erfordernis der Reproduzierbarkeit. Daß im übrigen der menschliche Organismus magnetische Eigenschaften wie auch Reaktionsfähigkeit besitze, sei durch diesen Tadel allerdings nicht in Abrede gestellt.

Sonderlich schwer nahm Mesmer diesen Schlag nicht. Der Ausweg, welchen er nun fand, war der typische Ausweg aller Abenteurer, nämlich das Reisen, irgendwohin, bis dann das Glück sich von selber einstellen würde. Es könnte fast eine in der Mode der Zeit liegende sentimentale Reise gewesen sein, zurück in die Szenerien der Kindheit und Jugend, auch um den alten Bekannten vorzuzeigen, zu was für einem blendenden Grandseigneur sich der Förstersohn gemausert hatte. Tatsächlich wollten die solidarischen Schwaben, nachdem ihr Landsmann nun wieder am Bodensee weilte, nichts auf den Spott und die Wut geben, die Mesmers Schwabenstreiche in den neidischen Kreisen der Wiener Gesellschaft hervorgerufen hatte. Mit beträchtlichem Patriotenstolz meldete das »Constanzische Wochenblatt« am 28. August 1775: »Der durch die Entdeckung verschiedener neuer Wirkungen des Magnets, und besonders des thierischen Magnetismus, berühmte Hr. Dr. Mesmer ist von Wien ohnlängst allhier angekommen und hält sich wirklich noch in unsern Gegenden auf.« Und was dieser großartige Arzt alles an Segen unter die Menschen zu streuen verstand! »Er erregt Ohnmachten, Schwindel, Zittern, Magenkrampf und andere hysterische und konvulsivische Symptome, ja, er erwecket diese Erscheinungen sogar ohne Berührungen in der Entfernung von mehreren Schritten. Diese Erscheinungen hat er in Gegenwart verschiedener Hofcavaliers und anderer ansehnlicher Personen, zu jedermanns Erstaunen, an verschiedenen Patienten gezeigt.«

Mesmers *sentimental journey* zu seinen Wurzeln, die vielleicht auch als eine Propagandatournee gedacht war, trug jedenfalls Züge eines Duells oder eines Verdrängungswettbewerbs. Es hatten nämlich in jenen Monaten die exorzistischen Massenspektakel des umherreisenden Dorfpriesters Johann Joseph Gaßner die südlichen Gegenden Deutschlands in helle Aufregung versetzt. Eine regelrechte Volksbewegung war durch den Exorzisten entfacht worden, mit allen Anzeichen kollektiver Hysterie, die weit über das hinausgingen, was Mesmers »therapeutisches Theater« an Eindrucksvollem, Zweifelhaftem oder Abgeschmacktem hervorbrachte. Im Oktober 1774 hatte der siebenundvierzig Jahre alte Gaßner, der selbst an unerklärlichen Anfällen litt, ein für allemal seine Pfarrei im Bistum Chur verlassen, um durch Bayern, die Oberpfalz und Schwaben zu ziehen, damit er die leidende Menschheit mit jenem Universalmittel kurierte, welches die Alchimisten im Stein des Weisen suchten, Mesmer im animalischen Magnetismus entdeckt zu haben glaubte und das Gaßner im Exorzismus, in der alten Kirchenlehre der Teufelsaustreibung, wiedergefunden hatte. Drei große, programmatische Fragen ließ der Gottesmann durch die Lande schallen: »1. Kan der Teufel dem Leib der Menschen schaden? 2. Welchen am mehrsten? 3. Wie ist zu helfen?«

Es gebe nur eine einzige Krankheit, genauso wie nur eine einzige Gesundheit. Krankheit sei Folge dämonischen Einflusses und weise nicht in der Art, sondern nur im Grad ihrer Schwere Unterschiede auf, und zwar in drei Stufen als Symptom von Anfechtung, Verzauberung oder Besessenheit. Folglich, so predigte Gaßner, könne Heilung allein von einem besonders befähigten Priester, durch das Kreuzeszeichen und den Befehl im Namen Jesu erzwungen werden, obwohl vom Grundsatz her das Exorzieren jedem wahrhaften Christenmenschen möglich sei. Das waren Ansichten, die unter den aufgeklärten Geistern auf geballte Empörung stießen, die aber – unter einem anderen Hauptnenner – mit der Lehre Mesmers vollkommen übereinstimmten. Heftiger als gegen diesen tobte freilich die Polemik der aufklärerischen Druckerzeugnisse gegen den Exorzismus, was die Menschenströme, die zu Gaßner pilgerten, keineswegs verringerte. In Ellwangen, wo er 1775 ein halbes Jahr residierte und exorzierte, soll er zwanzigtausend Menschen behandelt haben.

Wenn Gaßner auch unter der Protektion des Regensburger Fürstbischofs stand, so hinderte das den besorgten Wiener Hof nicht, den allzeit brauchbaren Gottfried van Swieten und den Leibmedikus de Haen zwecks Nachforschungen auszusenden. Der bayerische Kurfürst Max III. Joseph wollte nicht nachstehen und brachte seine Akademie der Wissenschaften auf Trab, um dem Spuk der Gaßneriaden ein Ende zu bereiten. Der Zufall fügte es, daß der in Gaßners Revier umherreisende, doch auf deutlichste Abgrenzung versessene Mesmer sich gerade mitten im Blickfeld befand, als die Münchner Akademiker nach einem wunderheilenden Experten suchten, der nicht auf dem Boden des Glaubens oder Aberglaubens, sondern auf dem der Wissenschaft stehen wollte und also am ehesten Rat geben konnte, was denn von dem Teufelsaustreiber und seinen unleugbaren Erfolgen zu halten sei.

Höhere Anerkennung von offizieller Seite ist Mesmer nie mehr widerfahren als die, welche ihm von der Münchner Akademie zuteil wurde, die ihn umgehend zu ihrem Mitglied ernannte. Er bezauberte die Herren, und was er dann an Argumenten gegen Gaßner vortrug, schüttelte er wie nichts aus dem Ärmel. Man hatte sie ihm selber schon tausendmal entgegengeschleudert. Daß dieses exorzistische Volkstheater nichts wert sei, daß seine Wirkungen ganz allein auf der Einbildung, auf der wehrlosen, glaubensgierigen Beeinflußbarkeit eines gewissen Patientenguts beruhe, hätten sich die gelehrten Männer auch selber aufsagen können. Indem es aber als Expertenvotum galt und Mesmer auch mit einigen seiner Kunststücke zu gefallen wußte, war der Exorzist aus dem Feld geschlagen und mußte dem strikten, doch nicht ungnädigen Ruf seiner Kirchenoberen folgen, daß er sich in einen entlegenen Winkel zurückzog, wo er Ruhe gab und in Ehren gehalten wurde.

Den Triumph über Gaßner nutzte der frischernannte Akademiker, um auf die Unvergleichlichkeit seines eigenen Produkts hinzuweisen. Daß die Phänomene, die seine Demonstrationen hervorbrachten, sich durch nichts von denen Gaßners unterschieden, kam den gelehrten Männern seltsamerweise nicht in ihre Sinne, die keine Aufklärung gegen die Einbildungslust gewappnet hatte. *Ex officio* bildeten sie sich ein, über Einbildung und Suggestion erhaben zu sein, weshalb sie gezwungen waren, die Zuckungsmechanik eines Akademikerfingers, die kalten und warmen Winde, die sie als Fluidalströme auf Mesmers Geheiß im Gesicht verspürten, als unumstößliche Tatsachen gelten zu lassen. In den von Reuss 1778 zusammengetragenen Zeugnissen liest man: »Erwehnter Herr Doctor hat auch die Gnade gehabt, in Gegenwart Sr. Kurfürstlichen Durchlaucht einige Versuche des thierischen Magnetismus mit glücklichem Erfolge zu zeigen.« Einen solchen Erfolg erzielte er an dem Akademiesekretär Pater Kennedy, der berichtet hatte, daß er zeitweise an nervösen Zuckungen eines Fingers litt, woraufhin Mesmer dieses Zucken umgehend und nach Belieben provozierte, bis der nur noch halbamüsierte Gelehrte darum bat, »diesem Scherz ein Ende zu machen«.

Nachdem er also den Exorzisten als einen falschen Zwillingsbruder aus dem Spiel geworfen und aufs deutlichste bewiesen hatte, daß er selbst der größte Feind aller Geistheiler war, gestärkt auch vom Glanz wissenschaftlicher Anerkennung und vom Beifall des Münchner Hofs, hielt Mesmer wieder Einzug in Wien. Der Vorhang hob sich vor einer neuen Saison des therapeutischen Theaters, das nun zu allem auch noch mit Musik aufwartete. Geigen- und Flötentöne umschmeichelten sanft die heilenden Aktionen, der ätherische Klang einer neuartigen, sündhaft teuren Glasharmonika mischte sich ein, um dem magnetischen Fluidum geschwisterliche Hilfe zu leisten. Denn wie Mesmer einerseits der Musik diente durch seine Wohltaten an Mozart – der später in »Così fan tutte« dem Magnetismus ein parodistisches Denkmal setzte –, so bediente er sich fortan auch der Musik zur Unterstützung seines Heilverfahrens. Demnach muß man Mesmer, der noch mancherlei Bleibendes in die ärztliche Praxis einführen sollte, für einen der Erfinder der Musiktherapie ansehen. Recht schön war das zwar, doch nicht genug, um die Rituale der täglichen Hysterikerabfertigung wie auch die immer leicht möglichen, doch schwer zu bemäntelnden Fehlschläge vor dem Verfall in Langweile zu bewahren. Eine zusätzliche Attraktion mußte her und war schon längst gefunden.

Um neben Mesmer als dem Autor, Regisseur und Hauptakteur eine Sensationsrolle zu spielen, konnte niemand geeigneter sein als die siebzehnjährige Maria Theresia Paradis, die als hochsensible, nachgerade spirituelle Pianistin mit Wunderkindvergangenheit zu den Berühmtheiten Wiens zählte, dazu noch die vorzügliche Protektion ihrer Patin, der Kaiserin, genoß und während ihrer Darbietungen einen überaus merkwürdigen, abwesenden, so keuschen wie erotischen Zauber ausstrahlte. Das Mädchen war blind. Seit ihrem vierten Lebensjahr. Von einem Tag auf den anderen und ohne daß irgendeine Erkrankung als Ursache gefunden wurde, hatte das Kind sein Sehvermögen verloren. Da der Vater ein Amt bei Hofe hatte und die Kaiserin nicht nur großherzig Patenschaften und Namen verschenkte, sondern sich auch um vieles kümmerte, gewährte sie den Eltern ein Trostgehalt von jährlich zweihundert Gulden und der Tochter eine auszeichnende Erziehung im Theresianum, wo sie von solchen Autoritäten wie Georg Christoph Wagenseil und dem Abbé Vogler in Komposition und Klavierspiel unterrichtet wurde. Zuerst als Mitspielerin in Quartetten und Quintetten, dann als Solistin rührte und begeisterte das blinde Mädchen, dem niemand zu helfen wußte, das musikalische wie das schaulustige Wien. Daß Mesmer, da er schon einen Konditor sehend gemacht hatte, endlich seine Hilfe auch der kleinen Paradis anbot, mußte man geradezu für eine moralische Pflicht halten. Vielleicht empfand er es auch so. In einem Pavillon des Therapiezentrums in der Landstraße 261 wurde Maria Theresia untergebracht, sie zu kurieren erklärte Mesmer zu seinem vordringlichen Anliegen. Täglich arbeitete er stundenlang an und mit ihr, benutzte Magnete oder auch nicht. Was er unbeirrbar als fluidale Lenkung verstehen wollte, wird man von heute aus leicht als eine Gesprächstherapie erkennen können, als ein tiefenpsychologisches Eindringen, das freilich gemäß den Regeln der Freudschen Psychoanalyse die kapitalen Fehler beging und sogar kultivierte, das Therapieziel durch Suggestion, hypnotische Einwirkung und vor allem durch Ungeduld erzwingen zu wollen. Es scheint, als sei das Mädchen zu gewissen Zeiten überzeugt gewesen, daß es die Sehkraft wiedererlangt hatte, worauf Phasen der Enttäuschung, der Verzweiflung folgten – und vieles davon vor einer Zuschauerschaft, die zwar zum Staunen bereit, doch dann erst recht erfreut war, wenn sich in den Qualen der Patientin das Unvermögen Mesmers offenbarte. Notorische Skeptiker wollten Mogeleien beobachtet haben, und die ganz Schlauen streuten den Verdacht aus, daß die Vorführungen dieses exzentrischen Bühnenpaars abgesprochen seien oder daß die kleine Paradis gar nicht blind war, sondern ein raffiniertes Luder, das sich im Bund mit den Eltern die Vorzugsstellung samt der schönen kaiserlichen Pension sehr gefallen ließ. Auch in der Art, wie der Arzt die überaus reizende Patientin berührte, entdeckten entsprechend disponierte Zuschauer manches Anstößige, wodurch sie von den schon leidig gewordenen Diskussionen über das kosmische Heilverfahren abgelenkt wurden zu der viel irdischeren Hypothesenbildung, ob zwischen dem Doktor, der gewiß kein Heiliger war, und dem jungen Ding vielleicht hinter den Kulissen ein intimes Verhältnis bestand.

Fluidale Ströme eines nahenden Skandals zogen durch die Wiener Luft. Die Eltern Paradis drängten auf Herausgabe ihrer Tochter, was die Überzahl der Schlechtdenkenden sofort dergestalt deutete, das geschehe aus Furcht vor einer drohenden Heilung der Tochter und somit vor dem Verlust des Gnadengelds; und wenn Mesmer sich den Forderungen der Eltern widersetzte, dann nur deshalb, weil er die heimliche Geliebte nicht verlieren wollte. Es kam zum Eklat, als eines Tages Vater und Mutter Paradis samt einem sensationslüsternen Anhang von Müßiggängern laut und grell in die innersten Gemächer Mesmers eindrangen, den Arzt und die Patientin auseinanderrissen und der Degen des wutschnaubenden Herrn Paradis vor Mesmer fuchtelte, während die Fäuste seiner Gemahlin wie in einem hysterischen Anfall auf die entgeisterte Tochter trommelten. Daß aus dem schrillen Gemenge des sofort entfachten Parteienstreits ein gewisser Graf Pellegrini hervortrat, der Mesmer eine Visite abstatten wollte und nun die Rasenden trennte und schlichtete, wird hier und da erwäht. Daß der ewig reisende Cagliostro sich dieses Namens gern bediente, weiß man. Nur wird es nicht zu klären sein, ob er es war, welcher die Bekanntschaft dieses anderen suchte, in dem er dann gewissermaßen auf seinen deutschen Doppelgänger getroffen wäre.

Wie dem auch sei, Mesmer ließ sich, wie nicht anders denkbar, vernehmen, daß die Rückkehr des Augenlichts unmittelbar bevorstehe, wenn man bis dahin Maria Theresia in seiner Obhut belasse. Die Behörden indes machten sich vernehmlich, daß der von schnöder Menschlichkeit durchwirkten Zauberei ein Ende zu setzen sei. So mußte denn die kleine Paradis zu ihren Eltern zurück, um für immer blind zu bleiben, doch auch befreit zu sein von den Einreden und magnetischen Visionen, daß sie die Dinge, ihre Farbe und Gestalt, daß sie die Gesichter der Menschen und im Spiegel ihr eigenes sehen und erkennen könne. Weit über die Grenzen Wiens hinaus wurde sie durch die Vorfälle im Haus Mesmer nicht nur als medizinischer Debattierstoff, sondern auch als Pianistin bekannt. Sieben Jahre später begeisterte das beinahe jenseitige Spiel der blinden Virtuosin in Paris die Herzen und Sinne aller, die Ohren hatten, um zu hören, und

Augen, um zu sehen, oder einfach nur ihrer Sensationslust gefolgt waren.

Mesmer hatte bis dahin allerdings in Paris schon für erheblich größeres Aufsehen gesorgt. Daß er seiner einstmaligen Vorzugspatientin, die ihm kein Glück brachte, dort wieder begegnete, wird gelegentlich mit Rührung behauptet, bleibt aber unerforschlich. Es hätte dann im Jahr 1784 geschehen müssen, als Mesmer von solchen wissenschaftlichen Kapazitäten wie Benjamin Franklin und Lavoisier die empfindlichsten Niederlagen zugefügt wurden, die er seit dem Fall Paradis hinnehmen mußte. Seit diesem war Wien nicht länger der Ort, wo er brillieren, wo er sich noch irgendeinen Aufstieg erhoffen durfte. Am strengen Hof Maria Theresias galt er schlichtweg als ein so kompromittiertes wie kompromittierendes Subjekt, als ein gerissener, Unruhe stiftender Aufsteiger, der fernzuhalten, am besten ganz zu expedieren war. Daß das Empfehlungsschreiben, welches der Kanzler Kaunitz ihm zur Vorlage in Paris zusteckte, diesen Zweck verfolgte, kann man vermuten. Alles, die schöne Villa, den Park und die Naturbühne, die Krankenpavillons und die grantelnde Ehefrau, alles, was ihm nie gehört hatte, ließ er zurück, um sich – ob nun Ende 1777 oder Anfang des Folgejahres – auf eine jener unzähligen Abenteuerreisen zu begeben, die allesamt nach Paris führten.

Anders als so viele Glücksritter vor, neben und nach ihm trat er die Reise zum Zentrum Europas nicht mit leeren Taschen an, und daß er seinen Pariser Einstand kostspielig und effektvoll inszeniert hatte, war schon zu lesen. Geld war von nun an das wenigste, was ihm mangelte. Worum er aber warb und buhlte wie ein Besessener, war die Anerkennung – nicht eigentlich seiner Theorie oder Methode, sondern seiner Person, die als der einzige, wahre Garant seiner Lehre den begriffsstutzigen Mitmenschen endlich doch begreiflich werden mußte. Magnete brauchte er im Grunde genausowenig wie Kruzifixe. Er brauchte keine Wissenschaftlichkeit und nicht einmal Heilerfolge. Was war schon an der Ruhigstellung einer Hysterikerin gelegen, daß davon sein Kredit abhängig sein sollte? Oder wie konnte das zufällige, durch störende magnetische Interferenzen verursachte Scheitern einer therapeutischen Maßnahme als Beweis dafür gelten, daß er sich auf trügerischen Abwegen befand? Mesmers Universalmedizin war erhaben über alle Irrtümer, weil er, Mesmer, nicht irren konnte. Diese

Offenbarung jedoch in die Köpfe der Gelehrten und Raisonnierer einzupflanzen, damit hatte es auch in Paris seine Schwierigkeiten.

Patienten aber von allerlei Kaliber, dazu Müßiggänger und Gaffer belagerten, kaum daß er im Februar 1778 dort angekommen war, sein Quartier an der Place Vendôme, das bald zu eng und den Nachbarn zu einer Quelle dauernder Belästigung wurde. Auch Ärzte mischten sich unter die Zuschauer, um zu spionieren oder die Séancen durch aggressive Fragen zu stören, denen Mesmer in mangelhaftem Französisch nur unbeholfen zu entgegnen wußte. Zwar erwies sich seine Praxis, wie er in seiner »Kurzen Geschichte des thierischen Magnetismus« offen eingestand, als eine »wahre Goldmine«. »Von allen Seiten floß das Geld herbei, und wie die Dinge liefen, hätte ich nicht gewußt, was anfangen mit all dem Gewinn.« Doch erkennt man, wenn man nach den Motiven für Mesmers alsbaldiges Hin- und Herrücken, für seine Inkonsequenzen und Absonderlichkeiten sucht, daß es dem Flüchtling aus Wien, der wie ein Heilsbringer in Paris Einzug gehalten hatte, angst und bang geworden sein muß vor dem großen Spiel, das er nun wagte. In seinen Handlungen ahnt man immer die Furcht vor der eigenen Courage, in seinen Protestnoten spürt man das Verzagen, in seinen Umtrieben die Überforderung, in seinen Bewegungen den Antrieb zur Flucht. Der Mann aus Iznang und gelernte Wiener war kein Casanova, der sich mit ein paar Glanzstückchen, auch mit bedarfsweisen medizinischen Aktionen, mit Alchimie oder Geldmacherei in Paris so leicht zurechtfand wie überall auf der Welt. Sich in den Wogen des fließenden Französisch, die ihn umgaben, mit den Rudimenten seiner papierenen Sprachkenntnisse verständlich zu machen, scheint ihm eine einzige, kaum nachlassende Qual bedeutet zu haben. Denn nicht nur bei Mesmer war es um die polyglotten Sprachkenntnisse viel weniger gut bestellt, als wir es uns heute angesichts der Geistesmenschen, Grenzüberschreiter, Repräsentanten und Abenteurer dieser wahrhaft europäischen Kultur gern vorstellen. Lesend und schreibend kam Schiller zwar mit dem Französischen leidlich zurecht, doch wenn's ums Parlieren ging, vermochte er nicht einmal die schwäbischen Sprachbarrieren zu überwinden. Goethe stand wie ein Stockfisch vor Napoleon und brachte kaum einen Satz zuwege, der dem Kaiser der Franzosen irgendeine Erleuchtung vermittelte, und wie fließend in Sanssouci die

Zwiesprachen zwischen Friedrich dem Großen und Voltaire sich gestalteten, das möchte man schon gern gehört haben.

Es kann nicht anders als eine Flucht verstanden werden, daß Mesmer schon nach drei Monaten aus dem Gewimmel und rhetorischen Überschwang von Paris hinauszog in die ländliche Stille. Zwar war es ein kleines Schloß, das er draußen in Créteil bezog und nach Art seiner Wiener Klinik einrichtete. Es folgten ihm auch manche seiner Patienten nach, soweit sie sich eine Kutsche leisten konnten. Doch setzte ihn diese Maßnahme entschieden ins Abseits, und Madame Dubarry, die als letzte große Maitresse Ludwigs XV. nach dessen Tod in die Verbannung geschickt worden war und von der Ödnis des Landlebens tausend Geschichten erzählen konnte, gab, als sie Mesmer der Neugierde und einiger Hypochondrien halber aufsuchte, zu verstehen, daß sie den langen Weg für eine Zumutung halte. Wie krank sie demnach sein müsse, daß sie trotzdem die Strapaze der Fahrt auf sich genommen habe, um Monsieur le Docteur ins Angesicht und, wenn's genehm, auch ein wenig über die Schultern zu schauen. Denn der extravagante Unterhaltungswert von Mesmers therapeutischem Theater war auch in Paris schnellstens zum Stadtgespräch geworden. Ihre unruhigen Leiber den magnetischen Strömungen des schweigsamen Deutschen auszusetzen behagte den Marquisen und Herzoginnen ungemein und galt beinahe als eine gesellschaftliche Pflicht.

Die Anhänger, die Mesmer demnach reichlich und reich genug gefunden hatte, wurden alsbald die Mesmeristen genannt. Sie bildeten eine richtige, fanatisierte Partei, genauso wie in diesem seltsam erregten, übernervösen Paris die Anhänger der Reformopern Glucks sich die Gluckisten, die Parteigänger der traditionellen Oper aber sich nach dem Hofkomponisten Nicola Piccini nannten, um als Piccinisten des divergierenden Operngeschmacks halber den Gluckisten regelrechte Straßenschlachten zu liefern.

Am wundergläubigen Beifall seiner Anhänger aber, denen er so wenig traute wie der Urteilskraft jener einfältigen Hysteriker, die dem Exorzisten Gaßner nachgelaufen waren, lag Mesmer fast gar nichts. So halsstarrig und mit derselben inneren Gleichgültigkeit wie irgendein Pérez oder Bonneval suchte er die Anerkennung von Autoritäten, Machthabern, doch auch die Querelen. Besser als in Wien gelang es ihm im liberaleren Paris, die Herren und Rechthaber der Weisheitstempel auf sich aufmerksam zu machen. Der Präsident der Akademie der Wissenschaften zeigte sich geneigt und lud, schon der Unterhaltung wegen, Mesmer ein, dem gelehrten Kollegium Kostproben seiner Kunst vorzuführen und ein paar erläuternde Worte zu sprechen. Doch als der deutsche Doktor, herausgeputzt wie ein Parvenu, vor dem polierten, die Fragen schon wie Pfeile spitzenden Gremium stand, brachte er den Mund nicht auf, und was er schließlich hervorstieß, bevor er in Panik den Sitzungssaal verließ, hörte sich eher nach Grobheit als nach Entschuldigung an. Eine zweite und dritte Chance erbat und erhielt er, um in kleinerem Kreis das verständlich zu machen, wozu ihm vor der einschüchternden Akademikerfront die Worte fehlten. Überzeugend waren indes weder seine Demonstrationen an den mitgebrachten Patienten noch seine Ausführungen, und Mesmer durfte sich soweit als ein linkischer, verbohrter deutscher Phantast abgeurteilt sehen, über den man nur den Kopf schütteln konnte.

Ein anderer Weg allerdings konnte, bei mehr Glück und besserer Vorbereitung, noch zum Erfolg führen. Die neugegründete, mit moderner denkenden Männern besetzte königliche Société de médecine, deren Aufgabe in der Zuverlässigkeitsprüfung von Arzneien und Heilmethoden bestand, war schon von Amts wegen verpflichtet, Mesmer eine gewisse Aufmerksamkeit zu schenken, obwohl es aussieht, als sei sein undefinierbares Treiben zwischen Medizin und Schaustellerei niemals in die Zuständigkeit irgendeiner Behörde oder Standesordnung gefallen. Da er jedoch darum ersucht hatte, stellten die königlichen Qualitätsprüfer, wie es sich gehörte, Anforderungen, die Mesmer, wie er nicht anders konnte, mit wortkarger Empörung von sich wies. Daß die Patienten, bevor er mit ihrer Behandlung anfing, von neutralen Gutachtern untersucht würden, daß danach der Krankheitsverlauf bis zum Abschluß der Kur in regelmäßigen Abständen begutachtet werden sollte, hielt Mesmer für eine Ehrabschneiderei, die vollkommen klarstellte, wie ungeeignet diese Herren Doktoren waren zu rechten Begriffen von seiner ganz durch ihn selbst bestimmten Wissenschaft. In einen Verständnisrahmen wollten sie ihn hineinzerren, wo er a priori schon das Bild eines Verrückten oder Schwindlers abgeben mußte. An seiner Lehre gebe es nichts zu prüfen, zu messen, zu begründen und zu erläutern. Nichts weiter stehe der medizinischen Kontrollgesellschaft zu, als zur Kenntnis zu nehmen, daß es diese Heilmethode gab, und zu attestieren, daß sie theoretisch begründet und wirksam war, weil sie von ihm, dem Doktor Mesmer, stammte und deshalb nicht irrig sein konnte.

Wie man also die idealen Patienten des animalischen Magnetismus als Kinder jener Epoche der Empfindsamkeit erkennt, so offenbarte sich sein Erfinder als ein Erzeugnis des synchronen Geniezeitalters, als ein Originalgenie, dessen prometheeische Schöpfungskraft allen Regeln und Gesetzen als Herrschaftsmitteln einer Zwergentyrannei hohnlachte.

Die Konsequenz solcher Vermessenheit bekam Mesmer empfindlich zu spüren. In seiner weniger autobiographischen als apologetischen »Kurzen Geschichte des thierischen Magnetismus« blickte er auf das Elend dieser verstörendsten Epoche seines Lebens zurück: »Im Monat September 1778 war ich verlassen – alles, was mit Wissenschaften in Verbindung stand, floh, beschimpfte, schwärzte mich an.« Man könnte meinen, Mesmer sei bei seinen Patienten in die Schule gegangen, um sich die innere Logik wie die »Methodik« einer hysterischen Aphasie anzueignen und in die Stummheit zu flüchten, wie der Konditor von Wien in der Blindheit seine Rettung gesucht hatte. Überlastet vom unaufhörlichen, vergeblichen Zwang, alles, was ihm wichtig war, mit Worten, dazu noch in fremder Sprache erklären, beweisen und rechtfertigen zu müssen, übermüdet von der fruchtlosen Anstrengung, Phänomene, die er selbst kaum erfaßte, in gelenkige, überkritisch beargwöhnte Sätze zu fassen, zog er sich wie in autistischer Regression von der Sprache zurück. Die Sprache, so richtete er über deren mehr sinnverwirrendes als sinnverbindendes Strömen, sei zu unvollkommen, zu grob, um die Fülle, die Stürme der Empfindungen und Gedanken wiederzugeben, welche in seinem Innern tobten, einander verfolgten, überfielen und lähmten. Drei Monate lang habe er dem Gebrauch der Wörter vollständig entsagt, habe sich sein Denken nur in bildlichen und gefühlsmäßigen Vorstellungen bewegt. »Ich dachte ohne Worte.«

Doch suchte in dieser selbstverordneten Menschenferne ein Mann die Nähe des Verstummten, der ihm wie ein Erlöser vorkommen mußte und ihn umgehend wieder zum Sprechen brachte. Leibarzt des Grafen von Artois zu sein, dazu noch einer der Regenten der medizinischen Fakultät, darin bestanden die hervorhebenden Qualitäten dieses Charles d'Eslon, der darum ersuchte, in Mesmers Wissenschaft eingeführt zu werden, die dieser mit allerlei Windungen doch stets als eine nicht lehrbare, genialische Kapazität hinzustellen beliebte. Da aber d'Eslon sich energisch auf seine Seite stellte, zudem wegen seines Einflusses hoch zu schätzen war, nahm Mesmer es mit seiner Doktrin diesmal nicht allzu genau, und sobald die Instruktion des so wortmächtigen wie vorteilssüchtigen Franzosen erledigt war, griff dieser zur Feder, um in Mesmers Namen und Sinn siebenundzwanzig Thesen über den Magnetismus aufzuschreiben, die den wunderlichen Deutschen bei der Société de médecine endlich zur gebührenden Geltung bringen sollten. Was allerdings völlig mißlang und dem Fürsprecher des Scharlatans die Androhung einbrachte, daß er aus der Ärztegesellschaft wie aus der Fakultät ausgeschlossen würde, wenn er nicht binnen eines Jahres seine Meinung über die Irrlehren Mesmers vorbehaltlos widerrufe. Das befolgte d'Eslon, der sich bald als falscher Freund erweisen sollte, nur so weit, als er zu seinem Lehrmeister auf eine vorerst bloß taktische Distanz ging, an den empfangenen Lehren jedoch, als seien sie seine eigenen, festhielt und zum Lohn künftiger Geldeinnahmen den fortgesetzten Glaubenskrieg mit Ärzteschaft und Fakultät in Kauf nahm. Im Fahrtwind Mesmers nämlich, so hatte er erkannt, gab's Besseres zu holen als die Chimären der Wahrheit. Draußen in Créteil freilich durfte dieser nicht länger sitzenbleiben, um bald vergessen zu werden. Der schweigsame Wunderheiler, der aus Wien doch auch sein Wissen über Aufbau und Leitung einer Klinik mitgebracht hatte, mußte wieder unter die Menschen, mußte nach Paris zurück und mitten hinein.

Alles, was die Firma Mesmer als ein neuartiger Kurbetrieb groß an ihre Glocken hängen konnte, scheint d'Eslon flink herbeigeschafft und arrangiert zu haben. Der scheue, auch vom Phlegma gehemmte Magnetiseur brauchte sich nur schieben zu lassen. Das Hôtel de Bullion, das der Freimaurerloge vom »Schottischen Ritus« gehörte, stand leer, war zu vermieten und besaß beste Eignung zu einer theatralischen Poliklinik. Bald zog es Arme wie Reiche, Arbeiter wie Aristokraten zu diesem einzigartigen Heilzentrum, wo Patienten und Schaulustige, nach Rang und Vermögen sortiert, in luxuriösen Zimmern oder kahlen Sälen warteten, bis der fremde Doktor, dem sein wohlbekannter Adlatus d'Eslon aufmerksam folgte, die Runde machte und die heilsamen Inszenierungen mit gesteigertem Aufwand nun auch in Paris täglich neu begannen.

Nichts mehr von Wiener Schlampereien. Ganz straff war die Pariser »Mayo-Klinik« organisiert und durchkalkuliert. Die Honorarbedingungen waren klar geregelt. Kranke Habenichtse, das schickte sich so und war auch gut für die Werbung, wurden gratis behandelt; wer einiges, doch nicht viel besaß, konnte zum Festpreis die ganze Kur sozusagen im Paket erwerben. Die Bessergestellten hingegen mußten nach Augenschein und Anspruchsniveau berappen; sie waren es, die das magnetische, mit dem Personal eines Billiglohnlandes reich ausgestattete Institut hoch in die Gewinnzone hinaufbeförderten.

Wie er in Wien schon die Musiktherapie eingeführt hatte, deren Einsätze jetzt noch verfeinert wurden, so gelangen Mesmer oder seinem Unternehmensberater in der atemberaubenden Enge des hochwillkommenen Menschenandrangs einige weitere Erfindungen, welche im Unterschied zu seiner medizinischen Lehre in der Ärzteschaft auf Resonanz stießen und dort bis heute wirksam blieben. Die Ausgangsfrage lautete: Wie kann man als Arzt mit reduziertem Einsatz um so mehr Geld verdienen? Oder: Wie kann man möglichst viele Patienten ohne Behandlung doch dazu bringen, daß sie sich im Glauben wiegen, sie würden behandelt und seien zur Entlohnung verpflichtet? Medizinisch-technisches Personal mußte herbei, um, mit Magneten ausgestattet und vertretungsweise mit dem Fluidum des Meisters versehen, im Parterre die Massenabfertigung zu übernehmen, während Mesmer in den séparés auf der Beletage sich über eine hübsche Comtesse oder eine hintergründige Bankiersgattin beugte, deren nervöse Agitationen er durch sanftes Bestreichen in ein halbschlafartiges, hochinteressantes Wohlbefinden hinüberleitete. Da aber die Minderbemittelten im Erdgeschoß trotz der Ersatztherapie nicht weniger wurden und durch ihre unerfreuliche Körperlichkeit dermaßen lästig fielen, daß man ihrer selbst durch eine starke Parfümierung der Räume, also durch eine neuartige Geruchstherapie, nicht Herr werden konnte, gelangte die Klinikleitung zu dem überaus glücklichen Einfall, die Kur der Armen ganz nach außen zu verlagern, was zudem noch einen beträchtlichen Kosteneinsparungseffekt nach sich zog. Verschiedene Bäume in der Nachbarschaft infiltrierte Mesmer mit seinem höchstpersönlichen Magnetströmen, und danach durfte jeder, der sich leidend fühlte und zur Entrichtung einer geringen Schutzgebühr imstande war, die mit der Heilkraft des Meisters geladenen Blätter berühren oder sogar den Baumstamm wie in brünstiger Leidenschaft umarmen.

Da dieses Heilverfahren jedoch allzu sehr an Scharlatanerie oder primitive Magie erinnerte, mußte Mesmer am Ende die Erfindung der Gerätemedizin als die allerglücklichste seiner Innovationen erachten. Eine mysteriöse, unschöne, doch bombastische Konstruktion, die er in Wien schon zum experimentellen, seine persönliche Mühe schonenden Einsatz gebracht hatte, bewirkte, daß die Münzen wie aus einem Automaten in die Klinikkasse sprudelten. Das Ungetüm, das solches bewirkte, sah inhaltsreich und gedankenvoll aus, erregte glaubenshungriges Unverständnis und war doch vollkommen einleuchtend organisiert, so daß es Zutrauen fand und manchen Psychosomatiker gewiß zur Genesung animierte. In der Hauptsache handelte es sich um eine Art Holzfaß, einen großen, verschlossenen Zuber, welcher mit energiespendender Materie, Erdaushub und allerlei Kram, gefüllt war und deshalb als ein Fluidalverstärker angesehen wurde. Aus diesem ragten strahlengleich bewegliche Metallstäbe heraus, deren Enden von den kreisförmig um dieses Faß sitzenden Patienten und Erlebnishungrigen auf die Problemzonen ihres Körpers gerichtet wurden. Danach faßte jeder seine Nachbarn an den Händen, ein Seil verband zusätzlich den Patientenzirkel zu einem zweifach geschlossenen Ring. In diesem strömte das Fluidum dann mit animalischer Macht, um in den Selbsterfahrungssüchtigen kuriose Empfindungen in Schwung zu bringen, unter den schwärmerischen Gemütern aber ganze Salven von hysterischen Anfällen auszulösen, deren exquisite Theatralik diese Séancen des kollektiven Magnetismus zu vielbeachteten Schaustücken erhob.

Lästermäuler freilich behaupteten, die Produzentinnen der sehenswertesten Konvulsionen seien bezahlte Schauspielerinnen. Nicht anders verhalte es sich mit gewissen Herumstehern, die auf Abruf begeisterte Geschichten über ihre Heilung durch den Mesmerismus vorzutragen pflegten, und allgemein fiel auf, daß diese Klinik,

Abbildung 20
Der »animalische Magnetismus«
im Séparé des therapeutischen Theaters
(Zeitgenössische Radierung)

als ein Tummelplatz der Reichen und Schönen, solche Kranken geflissentlich abwimmelte, deren Gebrechen die zarte Wahrnehmung der Ästheten hätte beleidigen können.

Gewiß ist, daß der gesellschaftliche Erfolg seiner Kurklinik dem nicht allzu stabilen, nicht allzu unverschämten und auftrittsgewandten, dazu nur mäßig metiersicheren Hauptrollenspieler aus Deutschland bald über den Kopf wuchs, daß er privaten Annäherungen aus dem Weg ging, daß er sich sogar dem wetteifernden Werben der prestigeträchtigen Freimaurerlogen von Paris entzog, daß er sich allseits spröde verhielt, daß er aber wegen seiner Unsicherheit um so mehr als ein besonders geheimnisvoller Einzelgänger angesehen wurde. Die heftigen Einreden der Ärzteschaft, die im Zeitalter der Aufklärung offenbar zugriff, um den Dogmatismus und die Verfolgungswut der erlahmenden kirchlichen Inquisition an sich zu reißen, vermochten vorerst zwar den Empfindsamkeitskarneval der vorrevolutionären Pariser nicht zu stören. Doch trafen sie tiefer in Mesmers Seele, als er Trost empfing vom Fanatismus seiner Klientel, die er vielleicht besser durchschaute als irgendwer. Am liebsten – wäre er nur beweglicher gewesen – hätte er davonlaufen mögen. Doch da er nur ging, wenn man ihn zog oder jagte, und er sonst seßhaft auf seinem Unbehagen brütete, verwundert es kaum, daß der mißvergnügte Wunderdoktor nicht einfach sein Vermögen zusammenpackte, um die Szene zu wechseln, sondern sich eines Tages dumpf vernehmbar machte mit der drohenden Ankündigung, daß er zwar nicht heute, nicht morgen, aber demnächst irgendwann Frankreich verlassen, daß er sich für immer abkehren werde von dieser undankbaren Nation, die seinem Genie nicht mit gebührender Einhelligkeit huldigte. Sollten die Franzosen doch in Krankheit und Elend verkommen!

Was dieses Menetekel eines beleidigten, müde gewordenen Götzen auch an Entsetzen oder Triumphgelächter hervorrief, höchst erstaunlich nimmt sich in diesem Wirrwarr der Emotionen die sachliche, klare Reaktion Marie-Antoinettes aus, die in ihrer Verantwortung als Königin wie vermutlich auch nach Erkundigungen bei van Swieten in Wien befand, daß es mit den Heilkünsten des unzünftigen Empirikers doch eine besondere Bewandtnis haben könnte und man ihn nicht so einfach laufen lassen dürfe. Diskret, aber geradlinig ließ sie Mesmer am 14. März 1781 ein Angebot unterbreiten: Wenn er sich entschlösse, in Frankreich zu bleiben, dann solle ihm aus Mitteln des Königs eine Klinik errichtet werden. 10000 Livres zu deren Unterhaltung würden ihm jährlich zur Verfügung gestellt und ihm selbst 20000 Livres als Jahresgehalt gezahlt werden. An eine Bedingung indes war die Offerte geknüpft: daß Mesmer drei staatlich bestimmte Ärzte über seine Methode instruierte, daß diese seine Therapie fortlaufend beobachteten und ihre Wirksamkeit nachprüften.

Da kannte die Österreicherin auf Frankreichs Thron freilich den schwäbischen Querkopf schlecht, den der altbekannte Mißtrauensvorbehalt des Anerbietens vielleicht nicht einmal an seinem empfindlichsten Nerv traf. Mindestens genauso brachte ihn der ausgesetzte Hungerlohn außer Fassung, und als ausgesprochene Herabsetzung sah er an, daß er nicht nach Versailles geladen wurde, wo er im heimatlichen Idiom der Majestät viel leichter hätte Rede und Antwort stehen können. Daß Mesmer auf Marie-Antoinettes geneigtes Ohr vorerst keine Hoffnung setzen durfte, hatte allerdings vorrangige Ursache in der Hofetikette. Unlängst war nämlich die Kaiserin in Wien verstorben, weshalb ihre Tochter in Paris während des Trauerjahres sich tiefste Zurückgezogenheit auferlegen mußte.

Für dergleichen aber besaß der Emporkömmling so wenig Gespür wie für den rechten Ton. Da er ein Leben lang nicht einmal die Formel seines illustren Daseins, den wahren Urgrund seines Magnetismus recht begreifen wollte, wie hätte er da die entgegengestreckte Hand erkennen können? Aufbrausend wie er sein konnte, hätte der deutsche Wunderdoktor am liebsten die Welt umgestürzt und den Himmel eingerissen. Doch war es nur ein Brief, mit dem er der Königin ins Gesicht schlug. Das offerierte Salär, so schrieb er ihr, blamiere die Majestät geradeso wie den Umworbenen, der sich selber jedoch keineswegs unter das Maß der geforderten Großzügigkeit stellen wollte: »In einer Angelegenheit, bei der es um die ganze Menschheit geht, darf Geld nur von zweitrangiger Bedeutung sein. Für Eure Majestät sind vier- oder fünfhunderttausend Livres, an einen solchen Zweck verwendet, ein Nichts. Das Wohl des Volkes steht an erster Stelle. Meine Entdeckungen und ich müssen mit einer Großzügigkeit aufgenommen und vergütet werden, die der Größe des Monarchen würdig ist, an den ich mich jemals binden werde. Seit nunmehr drei Jahren erhalte ich tagtäglich finanzielle Angebote. Meine Zeit reicht zu deren Lektüre kaum aus, und ich kann sagen, daß ich obendrein mit vollen Händen beträchtliche Summen den Flammen übergeben habe.«

Sogar wenn's um Geld und Prestige ging, standen diesem Medikus klare Zusammenhänge nicht zu Gebot. So wehrlos er der versammelten Mißgunst der Ärzteschaft gegenüberzustehen pflegte, so wahllos eiferte und bellte er, um wie mit einem selbstzerstörerischen Spieleinsatz seine Beleidigungslust am Entgegenkommen Marie-Antoinettes auszutoben. Was solle er von einem Angebot halten, so fragte er böse, das von ihm die Beschränkung auf zwanzig Patienten aus der Schickeria, auf gewisse Vorzugsfreundinnen der Königin, verlangte, da es doch seine Pflicht sei, die gesamte Menschheit zu heilen. Mit dem gleißenden Hohn eines hochfahrenden Beleidigten wies Mesmer die Habsburgerin darauf hin, daß Maria Theresia und Joseph II. ihn drei Jahre zuvor ohne Rücksicht auf die Not seiner Patienten aus Wien vertrieben hätten und wie jedermann dort herzlich dazu eingeladen war, ihn »in den Augen Dero erhabenen Mutter und Dero erhabenen Bruders in Ungnade fallen zu lassen«. Solche Schmach solle ihm, der »das Urteil der Völker und der Nachwelt stets vor Augen hat«, nicht noch einmal widerfahren. Staub sollen sie fressen, die hohen Herrschaften, nachlaufen sollen sie ihm und reumütig winseln. Die Königin Frankreichs muß büßen für die Arroganz ihres kaiserlichen Bruders in Wien. Der Tag wird kommen, wo »die öffentliche Meinung unumstößlich die der Könige bestimmt. Heute, Madame, hat man mir versichert, Euer Bruder empfinde für mich nichts als Verachtung. Nun gut! Wenn einst die öffentliche Meinung zu ihrem Urteil gelangt sein wird, wird auch er mir Gerechtigkeit widerfahren lassen. Sollte das nicht mehr zu meinen Lebzeiten geschehen, so wird er meinem Grab seinen Respekt erweisen.«

Diese Phantasmen eines maßlosen Kindskopfs hätten mit einem Haftbefehl, mit der Einsperrung in der Bastille beantwortet werden können. Marie-Antoinette indes reagierte mit keinem jemals laut gewordenen Wort. Der Welterlöser jedoch, der immer über die eigenen Beine stolperte und doch als ein Glückskind anzusehen ist, der mutwillig Widerstände suchte und jetzt, wo kein rächender Schlag ihn traf, ins Staunen geriet, begab sich wieder mit selbstbestrafender Herzenslust in die Isolation. Alles ließ er in Paris stehen und liegen, um in die Natureinsamkeit zu flüchten. Nicht in eine richtig wilde Szenerie allerdings, sondern in die komfortable Waldesruhe, zu den teuren Quellwassern von Spa, jenem Modebad in den Ardennen, wo er nicht nur mit dem tröstenden Geist Rousseaus wortlose Zwiesprache halten konnte, sondern auch unter den qualitätvollen Kurgästen nicht wenige fand, denen er sich im vertrauten Deutsch mitteilen konnte.

Diesen Frieden zerstörte die Nachricht aus Paris, daß derweilen der hinterhältige d'Eslon die Herrschaft über das Hôtel de Bullion an sich gerissen habe und mit Mesmers Magnettherapie geradeso fortfuhr, als sei sie seine eigenes Werk. Umgehend war der Weltflüchtling, der eben noch Pläne zur Gründung einer Klinik in Spa geschmiedet hatte, wieder in Paris, um sein Revier zurückzuerobern. Statt d'Eslon, mit dessen Konkurrenz Mesmer fortan zu rechnen hatte, war ein zarter, eiskalter Hypochonder aus Lyon verehrungsvoll an seine Seite getreten. Es handelte sich um den jungen Nicolas Bergasse, der außer seinem Hang zur fluidalen Seelenmedizin auch über ein wieselhaftes Gespür für Schleichwege und einträgliche Kombinationen verfügte. Daß er diese, nachdem die Welle des Mesmerismus verebbt war, im Strudel der Politik, in den Glanz- und Machtmöglichkeiten der ausbrechenden Revolution zu erhaschen suchte, sei nur nebenbei bemerkt.

Der im Vertragsrecht geschulte Verstand von Bergasse, vereint mit dem Geschäftssinn eines hinzugezogenen Bankiers, erkannte, daß der von Launen und Schwächeanwandlungen unablässig gefährdete Ein-Mann-Betrieb Mesmers auf die breiten Beine eines völlig neuartigen Wirtschaftsunternehmens gestellt werden mußte, eines profitorientierten Konsortiums unter dem Mantel der Heilkunst, wie es seitdem zahllose Nachfolger gefunden hat. Das kostbare Geniegebilde Mesmers mußte, um nicht länger den Zufällen des Abenteurertums ausgesetzt zu sein, in eine Aktiengesellschaft mit vertraglich gesicherter Kontrolle und Nutznießung verwandelt werden. Ein Stammkapital von 10000 Louis d'or, soviel wie 240000 Livres, benötigte diese Gesellschaft. Aufgebracht werden sollte es durch den Verkauf von hundert Anteilen an hundert Aktionäre, die als Einstandsbonus das exklusive Recht erwarben, von Mesmer in die Geheimnisse seiner Heilkunst eingeweiht zu werden und diese dann auf eigene Rechnung unter dem eiligst propagierten Markennamen einer »Société de l'harmonie de France« ausüben zu dürfen.

Die Erfindung des *franchising* hängt demnach vermutlich ebenfalls mit dem Mesmerismus zusammen und zog als gleichsam »kapitalistischer Magnetismus« weit mehr als die nötige Zahl von Investoren herbei. Entschieden mehr, als was John Laws System je hatte ankündigen können, versprach die Mesmersche Gesellschaft ihren Aktionären, nämlich nicht nur die Geldvermehrung, sondern darüber hinaus die Fähigkeit, durch ein Fingerschnippen die Menschen in willenlose, zu jeglichen Leistungen bereite Wesen zu verwandeln und somit den uralten Sklavenhaltertraum endlich zu verwirklichen. Mit nicht geringem Erstaunen nimmt man zur Kenntnis, daß neben diversen ministeriellen und adligen Würdenträgern auch der hochberühmte Feldmarschall und Freiheitsheld La Fayette zu den Erstzeichnern der Aktie gehörte.

Dieses Kapitalbeschaffungs- und Organisationsmodell, zu dem Mesmer sich wie leicht oder schwer auch immer überreden ließ, setzte allerdings die Preisgabe des zentralen Stücks seiner Doktrin voraus. Der animalische Magnetismus, dessen Beherrschung der Meister bislang allein seinem Genie vorbehalten hatte, mußte nun also zu einer erlernbaren Allerweltswissenschaft verkommen, was nur wenig mit der erlösenden Formel kaschiert werden konnte, welche dann sinngemäß lautete: Nicht vollständig habe er das Geheimnis seiner Lehre und Kraft an die Aktieninhaber weitergegeben. Die Quelle aller heilsamen Energie sei er, Mesmer, weiterhin und ganz allein. Die Adepten seien nichts als Weiterträger, Multiplikatoren seines zentralen Magnetismus.

Sitz der Neugründung wurde das Hôtel de Coigny, gegenüber der vormaligen Mesmerschen Poliklinik, in der sich d'Eslon breitgemacht hatte, bis ihm die Freimaurer zwecks Eigenbedarfs das Mietverhältnis kündigten und die vorwärts, in eine neue Epoche weisende »Loge vom Contrat social« dort einzog. Mit dem harmoniebeschwörenden Firmennamen wie mit allerlei Emblemen, die nun auch das Hôtel de Coigny schmückten, suggerierte Mesmer seinerseits eine Nähe zu den Freimaurern, deren verwirrende Geselligkeit er tatsächlich eher scheute. Daß er sein neues Institut, das zum kleinen Teil aus Unterrichtszimmern, zum großen Teil jedoch aus den gewohnten Therapieräumen seines szenischen Klinikkonzepts bestand, eine »Loge« nannte, daß er die Aktionäre durch kryptische Initiationsriten in seine Wissenschaft einführte, muß man als Mesmers Tribut an den Zeitgeist verstehen. Dieser schwang sogleich das Zepter, wo der Einfluß des Firmenchefs endete, so daß sich in die bald ganz Frankreich überziehenden Filialen von »Mesmers System« die Freimaurer wie auch das pure Geschäftsinteresse viel stärker einmischten, als es dem Urheber vermutlich recht war. Der Magnetismus, der Mesmerismus, entzündete im Klima dieser Endzeit- und Aufbruchsstimmung von Straßburg bis Bordeaux in den Köpfen der Wunder- oder Fortschrittsgläubigen eine neue Religion, einen modischen Fanatismus, im dem alles zusammenkam, was Wissenschaft und Okkultismus, Medizin und Alchimie, Freimaurerei und nicht zuletzt auch die politische Debattierlust an Reizelementen hervorbringen konnten.

Dieses alles als eine vorübergehende Torheit geringzuschätzen war mit der Staatsraison nicht länger vereinbar. Auf eine Selbstvernichtung dieses Massenphänomens, wie die publikationsfreudige Partei des zwangsläufig entstandenen Anti-Magnetismus versprochen hatte, war nicht länger zu hoffen. Eine von Ludwig XVI. am 12. März 1784 einberufene Kommission sollte mit den größten Kapazitäten, die aufzubieten waren, den Nerv des Unwesens treffen und über diese Medizin der Einbildung ein endgültig vernichtendes Urteil sprechen. Zum Vorsitzenden des neunköpfigen Gremiums wurde Benjamin Franklin ernannt, Botschafter der Vereinigten Staaten in Paris, zudem ein Gelehrter von Rang. Zu denen, die neben ihm über den Magnetismus zu Gericht saßen, gehörten der Chemiker Lavoisier und der Astronom Bailly, der später Bürgermeister von Paris wurde und deshalb unter einer Maschine ums Leben kam, welche von einem anderen Kommissionsmitglied, dem Arzt Guillotin, ersonnen wurde.

Bemerkenswert viel Mühe gaben sich die Herren. Das von Bailly im August abgefaßte Gutachten läßt erkennen, daß man in allen Belangen zu ausgewogenen Urteilen gelangen wollte, welche dennoch nicht umhin kamen, die Theorie des animalischen Magnetismus ebenso wie die von ihr abgeleitete Praxis unter allen denkbaren Gesichtspunkten als irrig, wenn nicht als schädlich zu verwerfen. Die physikalischen Grundsatzannahmen seien absurd, die an einer gewissen Art von Menschen zu beobachtende Einwirkung beruhe allein auf deren Beeinflußbarkeit, und die unverkennbare sexuelle Komponente solcher Erregungen müsse nicht ans Licht gezogen werden und könne zum Mißbrauch verleiten.

Mesmer indes erkannte Gründe, daß er von diesem Verdikt in keiner Weise betroffen sei. Denn um nicht gesehen zu werden, hatte er seiner verbrannten Finger wegen den Kopf in den Sand gesteckt, als die Kommissionsherren Ausschau hielten, wer am besten zur Vorführung des Mesmerismus geeignet war. Sein Lehrling und Rivale, der ewig gefallsüchtige d'Eslon, war statt seiner laut und outriert mit erfolgsgewissen Demonstrationen vor die Richter getreten und vom Unwetter überschüttet worden. Nachdem die tausend Prüfungs- und Erklärungsängste dergestalt an ihm vorbeigegangen waren, glaubte Mesmer nach Abschluß des Verfahrens, den Kopf keck erheben zu dürfen. Er ließ unters Volk bringen, die Aburteilung des Stümpers sei vollkommen gerecht, d'Eslons Praktiken hätten mit der von ihm verwalteten, einzig richtigen Lehre nicht das geringste gemein.

Seine Kundschaft scheint das überzeugt zu haben. Auch daß die Regierung das Kommissionsgutachten in einer Auflage von zwanzigtausend zum Zweck der Volksaufklärung im Land verteilen ließ, schadete Mesmer vorerst gar nicht. Er wurde nur um so mehr zu einem Objekt der Neugier, zog weitere Kreise von Heilsuchenden und Gaffern an, bis schließlich eine Pressekampagne ihn in einer Weise traf, daß seine seelenvollsten Enthusiasten sich als erste verbittert gegen ihn stellten. Denn daß der magnetische Einflößer ein Geldschröpfer war, daß er allein durch seine Aktienausgabe Riesensummen eingenommen hatte, das warf der jubelnde Enthüllungsjournalismus, nachdem er lange genug von Mesmers Wunderheilungen gezehrt hatte, in genauesten Ziffern dem empörten Publikum vors Angesicht.

Der Doktor aus Deutschland, der bei Kaiser und Königen, bei Akademien und freischaffenden Aufklärern in Ungnade gefallen war, fiel zuletzt noch unter den demokratischen Bann der sogenannten breiten Öffentlichkeit. Der Pariser Karneval zog ihn als Spottfigur durch die Straßen, während das Hôtel de Coigny verödete. Zur Verteidigung seiner Ideen machte Mesmer sich weder stark noch rührte

Abbildung 21
Mesmers Grab in Meersburg – Alles ist Symbol

er einen Finger. Doch mit Prozessierereien wegen Urheberrechten, entgangenen Einkünften und der in Liquidation befindlichen Aktiengesellschaft schlug er sich, da er sich schon an Bettelstab sah, verbissen herum. Die Rolle, die ihm zum Lebensinhalt, zur phantastischen Einnahmequelle und zuletzt entschieden lästig geworden war, legte er ab wie ein verschlissenes Kostüm. Eine Altersrolle wie sonst alle Abenteurer von Geblüt fand Mesmer nicht. Er suchte auch keine, und daß er sich dann mit Leidenschaft und Parteilichkeit in die Wirren der Revolution gestürzt, daß er der Guillotine nur um Haaresbreite entkommen sei, muß man für Einbildungen romantischer Nachredner halten.

Wie als Mittel gegen die eigene Langweile erteilte er dann und wann einem verspäteten Anhänger eine magnetische Kur oder Unterweisung. 1786 reiste er für ein paar Monate hinüber nach England, wo er sich noch viel fremder vorkommen mußte als in Frankreich. Halbherzig geknüpfte Kontakte ließ er lustlos verkümmern, er wurde angesehen wie ein Bonmot von gestern. Keine Leidenschaft außer einer gewissen Verbitterung scheint ihn fortan noch bewegt zu haben. Er ließ sich leicht von der Bühne jagen und suchte außer dem Geld nach keinen Vorräten für Herbst und Winter. Mit dem Vergessenwerden fand er sich ab; es brachte ihm, da er auch immer ein Meister im Ducken war, sogar den Vorteil, daß die ersten Stürme der Revolution über ihn hinwegzogen, ohne ihn zu zausen. Keinerlei Bedenken trug er, wieder nach Paris zurückzukehren, nachdem er 1790 eine Reise nach Wien unternommen hatte, um sich der Hinterlassenschaft seiner verstorbenen Frau zu versichern. In den heimischen Gefilden von Konstanz und in Karlsruhe, wo es noch nachzügelnde Provinzclubs von Magnetiseuren gab, stattete er auf der Rückreise Visiten ab. Als aber der Kopf des Königs gefallen war und das französische Volk nach dem Blut der verhaßten Österreicherin Marie-Antoinette lechzte, begriff ihr Landsmann, daß Paris nicht länger seine Heimstatt sein konnte. 1793 traf Mesmer letztmals in Wien ein, vielleicht um sich am Ausgangspunkt seiner Karriere zur Ruhe zu setzen.

Doch da er aus Frankreich kam und ihm von den Königsmördern nichts Böses widerfahren war, hatten unauffällige Eckensteher ihn schon vor seiner Ankunft als ein verdächtiges Subjekt registriert. Es könnte der abgewirtschaftete Magnetiseur jetzt zum politischen Drahtzieher geworden sei, es könnte der suggestive Scharlatan sich als verkappter Jakobiner betätigen. So lautete der Verdacht, und so wollte es die Rolle, welche ihm die Wiener Polizei zwangsläufig zumaß, damit er ins Klischee der wetterwendischen Glücksritter paßte. Nur gelang es selbst den argwöhnischsten, den phantasievollsten Untersuchungsbeamten nicht, für Mesmer eine solche Wirklichkeit zu erfinden. Die Details sind undurchsichtig und, soweit sie unseren Helden betreffen, auch unwichtig. Am 17. November 1793 nahm man Mesmer in Haft. Durch eine nicht überlieferte Rechtfertigungsschrift gelang es ihm jedoch, seine politische Harmlosigkeit überzeugend darzulegen, worauf er am 5. Dezember freigelassen, doch als ein unerwünschter Geselle aus Wien und den habsburgischen Landen verwiesen wurde.

Wer danach noch viel über Mesmer zu berichten weiß, kennt Quellen, die nur ihm zugänglich sind, oder folgt romanhaften Wegen.

Daß er, in die willkommenheißende Bodenseeregion zurückgekehrt, sich der Alchimie zugewandt habe, muß man nicht von der Hand weisen. Daß er den französischen Staat auf Schadenersatz wegen entwerteter Anleihen verklagte, daß er sogar noch einmal mit einer kleinen Schrift über den Magnetismus herauskam, erregte kein Aufsehen. Daß er bei seinen Reisen im schwäbischen Revier in Ohningen im Gasthof »Flandern« abgestiegen sei, dort ein Schweinsragout mit Backpflaumen, dazu noch einen Brombeerkuchen verzehrt und reichlich getrunken habe, weiß nur ein einziger seiner Biographen zu berichten.

Alle aber sind sich einig, daß Mesmer sich zum Schlußakt eines behaglichen Altherrendaseins ein Anwesen in Meersburg kaufte, wo er am 5. März 1815, einundachtzig Jahre alt, seine eindringlichen Augen für immer schloß und heute noch begraben liegt, unter einem Steinquader, dessen knappe Inschrift und kosmischen Symbole er selbst bestimmt hatte.

Lorenzo Da Ponte

Mozarts Textdichter

Nachdem das überstanden war, kehrte ich nach Sunbury zurück ... Sunbury ist eine kleine Stadt in Pennsylvanien im Bezirk Northumberland, etwa hundertzwanzig Meilen von Philadelphia entfernt. Man gelangt dorthin über ein sechsunddreißig Meilen langes Gebirge. Es ist steil und rauh, doch durch kunstvolle Anlage der Straße leicht zu befahren. Die Ränder sind mit Grasbüscheln, Sträuchern und aller Art Bäumen bepflanzt, unter ihnen unglaublich viele wilde Lorbeerbüsche, die im Frühling und in einem Teil des Sommers mit ihren schönen, zierlichen Blüten den Anblick eines immerzu blühenden Gartens gewähren. Die Flanken dieses Gebirges bieten auf beiden Seiten der Straße ein Schauspiel ländlicher Pracht. Bäche, Wasserfälle, Hügel, Steilhänge, riesige Marmorblöcke und Baumgruppen von vielfältigen Formen breiten sich in weiten, tiefen Tälern aus, die von anderen, ähnlichen Bergen überragt sind. Hier und da finden sich kleine Häuser, Hütten von Hirten ... und Tiere gibt es: eine Unmenge Hirsche, Wildschweine, Rebhühner, Fasane und alle Arten Wild, auch Wölfe, Füchse, Bären, Klapperschlangen. Letztere greifen den Menschen selten an, fügen aber doch zu dieser majestätischen Einsamkeit einen gewissen wollüstigen Schauder, eine Art von Feierlichkeit hinzu. Die Wasser sind ›klar, frisch und angenehm‹ wie die, in denen Petrarcas vergötterte Laura ›die schönen Glieder badete‹, und zu bestimmten Zeiten im Jahr fängt man darin so wohlschmeckende Forellen, wie sie besser den Lombarden, diesen Feinschmeckern, auch der Comer- und der Gardasee nicht liefern. Der Anfang des Ortes bietet dem Auge wenig: keine sauberen Straßen, keine eleganten Gebäude, wenig Menschen. Aber sobald man den

Ortsteil erreicht, der sich am Ufer des Susquehanna hinzieht, ist die Aussicht wirklich wunderbar.

In diesem schönsten Teil von Sunbury lag das von mir gemietete Haus inmitten derer, die den geachtetsten Familien des Ortes gehörten; das waren damals in erster Linie die Grant, Hall, Bujers und Smith. Wir schlossen mit ihnen sehr bald die herzlichste Freundschaft, verbrachten das erste und großenteils das zweite Jahr in vollkommener Harmonie ... Was daran jetzt dunkel erscheint, will ich später erhellen, unter Tränen, denn es ist ein trübes Kapitel meines Lebens. Sobald bekannt wurde, daß ich in Sprachen und Literatur bewandert war, baten mich etliche junge Damen am Ort um Unterricht. Binnen kurzem konnte ich von dem, was ich mit Stunden und aus meinem kleinen Handel verdiente, bequem leben. So standen die Dinge, als durch einen großen Fehler, den ich beging, alles wieder in Frage gestellt wurde.

Nicht jeder wird beim Lesen dieses kleinen Stücks aus einer langen, beinahe übervollen Lebensgeschichte prompt an Lorenzo Da Ponte als ihren Autor und Helden denken, von dem alle Welt weiß, daß er für Mozart in glücklichster, gleichsinnigster Weise die Texte verfaßte für »Figaros Hochzeit«, »Don Giovanni« und »Così fan tutte«, diese drei Opern, die selbst unter all den Wunderwerken des gottgeliebten Salzburger Genies noch ganz besonders hervorglänzen. Dieser Glanz mag seine Ursache vielleicht auch darin haben, daß jener herumvagabundierende, zum leichthändigen Verseschmieden begabte Bruder Leichtfuß aus Venetien 1783 in Wien auf den jungen, noch längst nicht hochgeschätzten Komponisten gestoßen war, der seinen Namen vergrößern wollte, recht aussichtslos nach einem geeigneten Lieferanten von Operntexten suchte, bis die beide einen Bund eingingen, der den einen wie den anderen ganz zu sich selber brachte.

Daß der italienische Poet Jahrzehnte später aber die Landschaftsidylle im damals noch ziemlich wilden Osten Amerikas als seine zweite, von sachten Unglücksankündigungen überschattete Daseinskulisse erwählte, muß nicht überraschen, muß nicht uncharakteristisch erscheinen bei einem Mann, der zwar vom Geist und vom Klang des alten, galanten Europa erzeugt und erfüllt war, jedoch auch über die Gnade einer seltsam schwingenden, zum leichten Nehmen wie zum leichten Verzichten gleichermaßen befähigten Abenteurerseele verfügte. Ohne viel Federlesens konnte er alles hinter sich lassen, als der derbe Ordnungssinn einer neuen Zeit ihm Anordnung erteilte, daß in dem vom Rokokoplunder gereinigten Europa für schlecht definierte Existenzen seiner Art nicht länger mehr ein Aufenthaltsrecht bestehe. Als einem ewig Heimatlosen, der sich gleichwohl bis an die Grenze zur Langweile überall mit Lebenslust oder mit neugierig-amüsierter Entbehrungsbereitschaft einzurichten verstand, fiel es Da Ponte nicht schwer, dem Fortdrängeln der Zeit nachzugeben und ihren Wegweisern zu folgen. Da er auch noch mit einigen groben Stößen, mit offenen Rechnungen, faulen Wechseln, mit Haftbefehlen und all diesem uneleganten Kleinkram der bürgerlichen Rechenhaftigkeit traktiert wurde, machte sich der arme Poet schließlich, von England aus, auf die größte seiner Reisen. Wenn er schon in diesem verwirrend renovierten Europa keinen Platz mehr fand, so wollte er ganz anderswo, und sei es in der Neuen Welt, sein bißchen Glück suchen, das am Ende nichts weiter benötigte als die stetige Gewißheit eines halbwegs auskömmlichen, unterhaltsamen morgigen Tags. Obwohl er sich dieser Zukunft, die seinen Manieren, seinen Talenten nur wenig entgegenkam, mit anspruchlosem Optimismus zuwandte, obwohl er bereit war, wie ein Bremer Stadtmusikant sich auf das Unbekannte einzulassen und dem sowieso Verlorenen überdies noch zu entsagen, vermochte es der sonst so wandlungsfähige Venezianer dennoch nicht, von jenen Dreien jemals abzulassen: von seinen Erinnerungen, vom Brillieren seines Geistes, von seiner Freude am altmodisch Schönen. Daß sein Gepäck zur Reise über den Ozean fast noch erbarmungswürdiger wirkte als das reine Nichts, erklärt sich nur zum Teil aus der Notlage eines Flüchtlings, den seine Gläubiger hetzten. Eine ramponierte Violine, ein paar Saiten und drei, vier Bücher mit italienischen Klassikern, das war der ganze Inhalt seines Köfferchens – das Unzweckmäßigste, was sich denken läßt, für einen, der auszog, um auf harten Stolpersteinen, zwischen Pionieren und Pragmatikern ein Kaufmannsdasein zu begründen. Närrischer und trauriger war niemals ein Anfangskapital, das den Zöllnern in Philadelphia zum Augenschein gebracht wurde. Da wir uns aber die Hilflosigkeit der Geste, mit der Da Ponte die Dichterverse samt dem Saitenspiel zu seinen Reisegefährten bestimmt hatte, deutlich vorstellen können, stehen wir betroffen. Wir verspüren das zutiefst Anrührende, das recht eigentlich Symbolische dieser Wehmutsgeste, die das einzige, was das Herkommen übrig gelassen hatte, festhalten wollte, um es über alle Wechselfälle hinweg am Herzen zu tragen. Wir ahnen ebenso, daß die Blütenträume dieses alternden Wanderers aus dem alten Europa auch in der Neuen Welt nicht reifen sollten, daß er, noch ehe er dort ankam, schon zu den Verlierern gezählt war. Wie die verschlissenen Reste seines Besitzes ihm die fast dreimonatige Überfahrt verkürzen sollten, so bewahrte er in den dreiundreißig amerikanischen Jahren seines langen Lebens getreulich und mit beträchtlichem Stolz die Kunsterfahrung, die Lebensart auf, die ihm jenes vormalige, verloschene Europa aufs Gewissen gelegt hatte. Davon wollte Da Ponte in Neu England Zeugnis ablegen. Trotz mannigfachen Mißlingens, bis zum Rand der Schäbigkeit, trachtete der Rastlose, nicht zu Verdrießende danach, seinen poetischen, theatralischen Geist in Wahlverwandtschaft mit diesen fremden Szenerien zu verbinden, wo er zwar für keine großen Rollen, wohl aber zum Stichwortgeber noch Eignung besaß.

So wenig die enorme Spannweite dieses Lebensromans, so wenig der radikale Szenenwechsel vom Maskentreiben Venedigs, vom Wiener Kaiserhof, von den Opernbühnen der Primadonnen und Kastraten hinüber ins Land der karierten Hemden und Realisten, der Bären und Klapperschlangen verwundern können, so wenig veränderte diese Umkehr seiner Daseinsbedingungen Da Pontes Art, die Welt zu betrachten. Wie sehr sein Wahrnehmungsvermögen geprägt war vom Theater, vom zufälligen, improvisierten Effekt, von der galanten, gefälligen Gelegenheitspoesie, von tändelnden Episoden, vom Farbgetupfe schnell gemalter, schnell verkaufter venezianischer Veduten, vom flinken ästhetischen Arrangement, davon offenbart sich einiges in der gestaltungsfrohen Landschaftsbeschreibung aus Pennsylvanien, die in Wahrheit gar keine Landschaftsbeschreibung ist.

Da Ponte sieht eine Fülle von Einzelnem, alles hübsch und interessant, auch Wohlschmeckendes nicht zu vergessen, da die Gaumenfreude bei einem kunstsinnigen Italiener niemals hintenan stehen darf. Die Forellen hat er mit den Gebirgsflanken und den zu immergrüner Gartenpracht gezähmten Lorbeerbüschen zusammengefaßt unter dem Motto »majestätischer Einsamkeit«, dessen Zweck es ist, mit nur zwei Worten den Leser reichlich zu beeindrucken. Nebenbei und unwillkürlich bezeichnet dieses Motto – auffällig genug – auch eine Wahrnehmungsgrenze jener Zeit, nämlich den Übergang zwischen den vom Schaueffekt, vom Kulissenwesen geprägten Sehgewohnheiten des *Grand Siècle* einerseits und dem Seelenblick der andächtig erschütterten, waldeinsamen Romantik andererseits. Die ohne große Umstände auf Begriffe gebrachten Naturelemente hat Da Ponte behend und gleichsam nach Sachgruppen geordnet, um mit ihnen nach der Art eines Regisseurs zu verfahren, der in lockerer Improvisation die vorgefundenen Kulissenteile und Versatzstücke auf einer Bühne arrangiert. Hinter ihren bezeichnenswerten Partikeln sah dieser Routinier des Rokokotheaters die Landschaft selber überhaupt nicht, jedenfalls nicht so, wie wir uns seit der Romantik angewöhnt haben, Landschaften zu erfassen. In Da Pontes Panorama müßte eine andere, strengere Ordnung stiftende Hand eingreifen, ein absolutistischer französischer Gartenbaumeister, welcher den Wildwuchs der Natur in die Reihe brächte und stutzte, oder aber ein romantisch-dandyhafter Herrenmensch wie der Fürst Pückler, damit er die so unpraktisch ausgestreute Fülle der Schöpfung kunstvoll komprimierte und korrigierte, um sie den schlaff gewordenen »Weltkindern in der Mitten« zu bequemen Spaziergängen nahezubringen, wenn nicht gar zur allgegenwärtigen Anschauung vor die Schloßterrasse, direkt vor die Nase, zu setzen.

Derartige Herrschaftsansprüche blieben Da Ponte freilich vollkommen fremd. Ohne der verlockenden Frage weiter nachzugehen, nach welchen Maßregeln man im Wandel der Zeiten denn das Phänomen »Landschaft« überhaupt wahrzunehmen beliebte, erkennt man zumindest, daß Mozarts Textlieferant sich mit dem Erstellen von Zusammenhängen nicht quälte, daß er über die Naturgegebenheiten und vermutlich über alles wie ein freundlicher, mit der Unordnung der Dinge recht einverstandener Chaot waltete, der nur dann und wann für einen angekündigten Besuch ein bißchen aufräumte, sich aber sonst wegen der Wölfe und Klapperschlangen in seinem Revier keine schlaflosen Nächte bereitete. Dann allerdings kribbelte es ihm in den Fingern, wenn er im präpotenten Amerika eine Lücke erspähte, welche er wie zum Hohn mit den Anschauungen seiner gänzlich anderen, freilich überlegenen Kultur ausfüllen konnte. Daß die Forellen im Susquehanna ohne den feinsinnigen Verzehr durch die Lombarden eigentlich vergebens existierten, mußte Da Ponte demnach für einen Jammer halten. Daß er aber, da er doch die Hütten der Hirten in sein Landschaftsbild tupfte, den Gesang dieser Hirten nicht vernahm, wundert sehr. Sangen sie, in pastellenen Ziergewändern, denn nicht die graziösen Arien aus den kleinen Opern und Singspielen, welche als »Pastoralen« die Welt des Rokoko einstmals in Entzücken versetzten und an welchen nicht zuletzt sein Geschäftspartner Mozart seine frühreifen Talente einträglich geübt hatte? Sah er die Veilchen nicht, wie sie danach schmachteten, von der »jungen Schäferin« Goethes und unter dem Girlandenwerk von Mozarts Melodie zertrampelt zu werden? Aber daß er Petrarcas Laura als Badende in den kühlen, ihrer Nacktheit schmeichelnden Quellwassern erblickte, war für diesen Poeten wie für jeden italienischen Schönheits- und Bildungsschwärmer eine Ehrensache und eine Herzenssache dazu.

Ob nun bei solchem Kombinieren oder beim kurzen Verweilen, es war der Zufall, der Da Pontes Wahrnehmung wie sein ganzes Leben regierte. Allenfalls ein paar kleine Improvisationen fügten diesem Zufall eine Art von Zusammenhang, einen nicht allzu ernsten, bald wieder vergessenen Sinn hinzu. Das einzige, was den schönfarbigen Kranz aus Landschaftsimpressionen zusammenhält, ist eine handwerklich-dramaturgisch erzeugte Spannung gemäß dem uralten Rezept der bedrohten oder trügerischen Idylle, in welche – moderner und nach der Idee Rousseaus – jetzt der Ungeist samt dem Unrat der Menschen eingedrungen ist, um alle Unschuldsengeln vom Schlag Da Pontes in den Ruin zu treiben. Das selige Gegenwärtige wird noch vom widrigen Gestern überschattet, während es schon der Zerstörung durch das Künftige verfallen ist. »Wollte Gott, ich könnte von diesem Ort noch heute das sagen, was ich mit Recht in den ersten Zeiten von ihm hätte sagen können! Aber das Sunbury von 1818 war nicht mehr das von 1811.«

Nicht anders als in seinen Opernhandlungen für Mozart ist in Da Pontes Wahrnehmung alles doppelt- und dreifachwertig, sind die Spannungen zwar gehörig der Zeit nach, also horizontal, doch mehr noch vertikal ausgerichtet. Sie liegen in der Vielschichtigkeit des Augenblicks, nicht in dem Bogen zwischen dem Momentanen und einem sinnstiftenden Ziel. In die Treueschwüre der Heldenbräute Fiordiligi und Dorabella aus »Così fan tutte« dichtete Da Ponte verräterische Zeichen des Zweifels hinein, und Mozarts Orchester erst recht läßt, in aller Süße, der Skepsis ihren spöttischen Lauf. Die eben noch den widerborstigen Figaro mit seinem Eheversprechen drangsalierende Marcellina steht plötzlich als seine Mutter da, der er strahlend in die Arme fällt, was seine Braut Susanna aufs höchste alarmiert. Das himmlische Briefduett ist ein einziges Lügengespinst. Die Rolle des von seiner Jünglingspubertät lustvoll gequälten Cherubino, der den Damen so ausnehmend gefällt, wird, das weiß man, von einer Frau gespielt und gesungen. Die mit hundert Facetten einer disparaten Gleichzeitigkeit versehene Donna Anna klebt an ihrem steifen Don Ottavio und lechzt voller Haß nach Don Giovanni, von dem die rachsüchtige Donna Elvira schon gar nicht loskommt, die alles durchschaut und doch nicht bemerkt, daß sie im Begriff ist, sich dessen Diener Leporello in die Arme zu werfen, als wäre er Don Giovanni, den sie in die Hölle wünscht, vor der sie ihn verzweifelt zu retten sucht. Niemals schließt sich in Da Pontes Mozartopern eine Handlung wirklich – in klassischer Weise erklärend, sinngebend und befriedigend. Die Schlüsse sind Augenblicksaufnahmen eines höchst fragilen Zustands, einer zufälligen Konstellation, welche schon, während der Vorhang noch fällt, in einer Auflösung begriffen ist, die nach neuen Figurationen strebt, so daß dieses Spiel aus Augenblicken ins Unendliche fortgesetzt werden könnte.

Es sind, wie Da Pontes Lebensroman, aneinandergereihte Episoden, die alles offenlassen, aber einen seltsamen, beinahe dämonischen Schwebezustand herstellen, welcher getragen wird von einem dauernden Herzpochen in Mozarts Musik. Dieses Pochen allein, diese ganz besondere, von heutigen Dirigenten kaum je getroffene metrische Unaufdringlichkeit ist es, die schmerzlich daran gemahnt, daß die Kaprizen des Augenblicks, daß alle die Episoden schon der unerbittlichen Zeit anheimgegeben sind, die – wenn schon keine Ziele – so doch das Ende bestimmt. Was Mozarts ewig todgeweihten Herztöne vermochten, ließ Da Pontes leichtere Abenteurerseele freilich im Unberührten. Vor dem Mysterium der Zeit, vor der Widersprüchlichkeit in den Menschenherzen machte er Halt wie vor den Mauern verbotener Städte. Nach keinem Weshalb und Warum hat er jemals gefragt. Die großen Rätsel des Daseins zu lösen war seine Sache nicht. Unter den so oft behaupteten Tränen seines Unglücks vermochte er sogleich wieder zu lachen, am liebsten über sich selbst, der sich mit dem Leben doch manchmal ziemlich schwer tat und eigentlich von

Abbildung 22
Lorenzo Da Ponte, ein Italiener in New York
(Punktierstich nach einem Ölportrait von Nathan Rogers)

Anfang an als ein Gezeichneter gelten konnte. Auf keinen indes trifft die Lebensmaxime, die Hugo von Hofmannsthal den perfektesten Repräsentanten jener Epoche andichtete, mehr zu als auf Da Ponte: »Leicht muß man sein, mit leichtem Herzen und leichten Händen halten und nehmen, halten und lassen.«

Sein Herkommen schon, das mit beträchtlichem Ungemach belastet sein mußte, ließ er sich durchaus nicht als Last aufbürden, und über die Fragen, welche sich von daher auch heute noch stellen, ging er mit fröhlichem Mut hinweg. Seine Memoiren, deren erster Band 1823 in New York herauskam und an denen er bis in seine letzten Tage weiterschrieb, erzählen zwar von einer Kindheit in dürftigen Verhältnissen, vom frühen Tod der Mutter, von einem etwas barschen, den Knaben und dessen hellen Geist vernachlässigenden Vater. Im übrigen jedoch schwärmen sie von einer frühen, aus der eigenen Natur entspringenden Lust am Lesen, dazu noch von jenen sonnigen Lausbubenverhältnissen, wie man sie in einem italienischen Provinzstädtchen erwartet, wo ein freundlicher Erzbischof über seine Schäfchen wachte, der am allerliebsten dort die Not vertrieb, wo sie einen begabten Burschen daran hindern wollte, seine Talente zu entfalten. Daß dieser fromme Mann, der nicht nur dem jungen Lorenzo, sondern auch seinem Bruder Giròlamo Freiplätze im bischöflichen Seminar verschaffte, ebenfalls den Namen Lorenzo Da Ponte trug, teilte der alte Memoirenschreiber in New York indes gerade so mit, als sei es ihm noch nicht einmal aufgefallen.

Nun war es aber allgemein bekannt, daß Mozarts Textdichter sich bedarfsweise auch allen möglichen anderen Metiers zuwenden konnte, daß er außerdem zum nichtsnutzigen Herumtreiben wie zum Spielertum befähigt war und über allem noch die Priesterweihe empfangen hatte, so daß er sich berechtigter Weise »Abbate« nennen durfte. Genauso war es allgemein bekannt, daß er aus jüdischem Elternhaus stammte, daß er im Ghetto aufgewachsen war. Doch wie aus dem einen oder anderen brauchte er nach damaligem Ermessen auch aus seiner jüdischen Herkunft kein Geheimnis zu machen, nicht in Europa und schon gar nicht in New York. Die ihn kannten, wußten davon. Doch wie können wir heute wissen, warum er in seiner Autobiographie nicht die geringste Andeutung über seine jüdische Abstammung machte, welche ihm genauso viel oder genauso wenig schadete wie dem vermögenden, kultivierten, allseits geachteten Baron Wetzlar, in dessen gastoffenem Haus in Wien Da Ponte erstmals auf Mozart traf, und der, wie jedermann wußte, ein getaufter Jude war. Mag sein, daß damals die Verhältnisse sich noch um einiges unschuldiger gestalteten, als wir sie heute, mit dem Blick auf die Ausgeburten nachfolgender Epochen, behend in Verdacht ziehen.

Daß der verwitwete Vater das Ghetto verlassen hatte, um sich und seine Kinder taufen zu lassen und kurz danach eine Christin zu heiraten, ist seit langem – abseits von Da Pontes Selbstauskünften – bekannt, und die Spekulation stellte flugs einen verächtlichen Zusammenhang her: daß der Abtrünnige, auf den die eine Seite demzufolge gern verzichtete, den Schritt auf die andere Seite allein aus finanziellen Interessen vollzogen habe.

Ob das alles zum Verständnis dieses letzten Endes ja italienischen Literaten so wichtig sein kann, ist umso mehr die Frage, als dieser selbst die Verwirrung seiner Wurzeln des Erörterns nicht für dringlich hielt und sie ihm das Leben anscheinend viel weniger schwer machte, als wir uns vorstellen können. Weil jedoch der heutigen Beschäftigung mit Da Ponte zwar seine meistenteils höchst mitteilsamen Memoiren zur Verfügung stehen, zu ihrer Ergänzung oder Berichtigung aber nur auf überraschend spärliche Randnotizen von Zeitgenossen zurückgegriffen werden kann, ist die Versuchung groß, wenigstens bei dieser Gelegenheit einigen Spuren zu folgen, die unlängst der Regionalhistoriker A. Toffoli in den Archiven Venetiens ausfindig machte.

Aus diesen ergibt sich, zunächst in voller Übereinstimmung mit Da Pontes eigenen Angaben, daß er am 10. März 1749 in Ceneda, einer Kleinstadt sechzig Kilometer nördlich von Venedig, die heute Vittorio Veneto heißt, geboren wurde. Der Name freilich, den er erhielt, lautete Emanuele. Die Eltern, der mit kleinen Lederwaren handelnde Geremia Conegliano und seine Frau Rachele, besaßen ein enges Haus im jüdischen Viertel, wo der Vater fünf Jahre später, nach der Geburt zweier weiterer Söhne und dem frühen Tod seiner Frau, ein mißmutiges Wirtschaften anfing, bis er sich entschloß, alle Brücken abzubrechen, mit seinem Anhang das Ghetto ein für allemal hinter sich zu lassen und am Sitz des Erzbischofs mit der Bitte um christliche Unterweisung und Taufe vorstellig zu werden. Mit offenen Armen wurden die vier Habenichtse empfangen; der Hochwürdige Herr Lorenzo Da Ponte sorgte für geistliche und leibliche Speisung und dafür, daß Vater und Söhne fürs erste in seinem Palast unterkamen. Bald darauf brachte er der Kongregation seiner Priesterschaft im stolzem Latein zur Kenntnis, daß er am 23. August 1763 im Dom die vier Juden getauft hatte, denen er als ihr Pate seinen Familiennamen schenkte, dem vierzehnjährigen Ältesten dazu noch seinen Vornamen Lorenzo. Zwölf Tage nach der Taufe erfolgte die Verheiratung des Witwers, der nun Gaspare hieß, mit der achtzehnjährigen Orsolana Pasqua, die alles andere als eine reiche Partie war. Vielmehr stammte sie aus ärmsten Verhältnissen und hätte niemals einen Mann gefunden, wenn nicht die klugen Ehestifter im Bischofspalast auf den Einfall gekommen wären, durch die Vereinigung der beiden Versorgungsfälle zwei Probleme auf einmal zu lösen und sie in förderlichen Rahmenbedingungen miteinander zu vereinen. Man spendierte ihnen ein Häuschen, so daß der frischvermählte Lederhändler wieder seinem Gewerbe nachgehen und seine leistungsstarke Frau in schnellstmöglicher Folge zehn zusätzliche Kinder gebären konnte. In Anbetracht solcher Gnadenfülle muß man den überbürdeten Familienvater wohl in Schutz nehmen gegen die Vorwürfe seines Ältesten, daß aus der Haushaltskasse nur sehr wenig für seinen schöngeistigen Appetit übrig blieb. Um diesen und auch den wirklichen Hunger zu stillen, fand sich Lorenzo samt seinen beiden Brüdern bald wieder bei dem verehrungswürdigen Paten ein, der, da er ihre gescheiten Köpfe und ihre Eignung zum klerikalen Nachwuchs längst erkannt hatte, ihnen die kostenlose Aufnahme ins Seminar von Ceneda mit rechtem Patenstolz gewährte.

Schneller als das mustergebende florentinische Italienisch lernte der im venezianischen Idiom verhaftete Lorenzo die Beherrschung des Lateinischen. Vieles deutete darauf hin, daß sich hier eine Priesterkarriere von der eleganten Art anbahnte, wenn nur nicht der sprachverliebte Seminarist auch anderweitige Liebes- und Forschungsgelüste dermaßen sehnsüchtig verspürt hätte, daß er sich heimlich gestand, allen Berufungen freudiger nachkommen zu wollen als denen eines weltabgewandten Kirchenmannes. Venedig, dieses sagenumwobene Sündenbabel, so nah und doch zu fern, lockte schon lange und rückte dem unruhigen Bruder Lorenzo, dem man schon mit fünfzehn die Tonsur geschoren hatte, bald noch dichter auf den Leib. Dem bischöflichen Förderer gelang es nämlich, ihm eine Freistelle zu verschaffen am Seminar von Portogruaro, das von der venezianischen Republik unterhalten und deshalb als höherrangig estimiert wurde. Seine prompten Erfolge dort machten den inzwischen Zwanzigjährigen ganz schwindlig. Binnen kurzem purzelte er noch weiter die Ränge hinauf, wurde Instruktor, dann Professor für Rhetorik, endlich Vizedirektor und hatte Mühe, all das eiligst vorzulernen, was er am Tag darauf seinen Schülern beibringen sollte.

Kaum daß er in Portogruano angekommen war, mußte er – zwar fromm, doch ohne irgendein Gefühl von Berufung – im Frühjahr 1770 die niederen Weihen über sich ergehen lassen. So groß immerhin seine Freude an den sprachlichen, den poetischen Zauberwerken war, die er zu lehren hatte, viel stärker wirkten die Verheißungen Venedigs, um ihn die nächsten Jahre in ihrem Bann zu halten. Die »Serenissima« indes war längst zu einer rechten Sumpfblüte verkommen. Besser als die Bilder Canalettos oder Guardis vermitteln uns die Blicke Pietro Longhis in die Innenwelt Venedigs den Eindruck eines Schattenreichs von Menschen, welche sich wie aufgespießte exotische Schmetterlinge spreizen. Sie zeigen ins Fahle zerrinnende Farben, einen todgeweihten Glanz, die Untergangserotik dieser Republik der Reichen, Schönen, Graziösen, Sinnlichen, nicht mehr Gezügelten, deren letzter Euphorie mit dem Einzug der napoleonischen Truppen 1797 die Agonie folgte.

Es ist kaum vorzustellen, was in dieser Episodik der Auflösung, in diesem Drunter und Drüber von Moral und Unmoral, von Luxus und Schäbigkeit, von Künsten, Maskentreiben und Schmutz, von frivolem Spiel und Mordanschlägen nicht alles für zulässig galt. Ein Sammelsurium absurder Komödien, in das sich eines Tages auch die Komödienfigur des dreiundzwanzigjährigen Abbate Da Ponte einmischte, der weder Anstoß erregte noch überhaupt auffiel. Kaum daß er am 27. März 1773 in Portogruano die Priesterweihe empfangen und seine erste Messe gelesen hatte, gab es nichts mehr, was ihn dort noch halten konnte. Klein und schmal in seiner schwarzen Soutane stand er vor San Marco, mit großen dunklen Augen, die so abgrundtief und kindlich staunend blickten, obwohl sie ihre Eindrücke in scharf abschätzenden, ironischen Bildern durchaus zu fassen wußten.

Viele seinesgleichen im Priestergewand, das ihnen die Kirche als einzigen Besitz überlassen hatte, tummelten sich in Venedig wie an allen Orten, wohin der Appetit auf die Welt die Überzähligen von geistlichem Stand, doch ohne irdische Pfründe locken konnte. Gern entließ man sie aus kirchlicher Obhut und Alimentation hinaus in die Selbstbestimmung, damit sie zusahen, wie sie als quasi freiberufliche Gottesmänner ihr Dasein fristeten. »Unglücklicherweise«, behauptete Da Ponte später, sei er nach Venedig gegangen. »Denn ich war jung und feurig, besaß ein lebhaftes Temperament und nach dem Urteil aller gute Manieren, war also wie geschaffen für Abenteuer. Sie ließen auch nicht lange auf sich warten.«

Zu einem Tartuffe hatte er das Zeug nicht, und genauso fern lag es ihm, den Eselsweg zu gehen und mit Hilfsarbeiten in einer Kirchengemeinde oder als Hauslehrer seinen Unterhalt zu bestreiten. Zur Unterhaltung des Geistes aber bot die Perle der Adria diverse Theater, sieben Opernhäuser und mehr als ein »caffè de'letterati« von Art des verbliebenen Café Florian, wo man auf anerkannte Schöngeister und Poeten treffen und sogar verruchte politische Ideen zum besten geben konnte. Das Geld, das fehlte, mußte mit kleinem Einsatz und einem Quentchen Glück von den Spieltischen der zwielichtigen Spelunken oder unter dem Lüsterglanz des »Ridotto«, des legendären Kasinos von Venedig, abzuräumen sein. Was aber dem lange genug in Keuschheit gehaltenen Abbate am dringlichsten war, scheint er am schnellsten gefunden zu haben: eine Frau, zudem eine verheiratete, die ihr desinteressierter, zur Altersheiligkeit neigender Gatte wohlgefällig freigegeben hatte, damit sie sich nach eigener Laune auf Sinn- und Liebessuche begab. Sie trug den großen Namen Angiola Tiepolo, gehörte tatsächlich weitläufig zur Verwandtschaft des Malers und muß demnach eine strahlendfarbige, spätbarocke Schönheit gewesen sein. Ihr Vorname allerdings führte in die Irre; denn sie war kein Engel, sondern unbeherrscht, besitzergreifend, furios, eine besessene, süchtige Spielerin, die mit ihrem zuhälterartigen Bruder nachts durch die Spielhöllen zog und den armen Da Ponte nun als Dritten im Bund mitschleppte, um ihn dann tagsüber bei sich einzusperren, ohne ihn freilich in Ruhe zu lassen. Die Liebesbezeugungen Angiolas behagten dem kleinen Priester sehr. Doch die Hysterien, die Wurfgeschosse und körperverletzenden Eifersuchtsattacken dieses rechten

Katastrophenweibs erzeugten immer häufiger sein Verlangen nach weltabgekehrter Zufriedenheit in einer Studierstube, nach dem Lesen schöner Bücher, nach der sanften Laura Petrarcas, nach Muße zum Schreiben und Verseschmieden und überhaupt nach Reinheit von Körper, Seele und Geist.

Ein Jahr dieser venezianischen Exzesse und Strapazen verging, bis der ramponierte Weltsüchtige im geistlichen Gewand nur noch die-

Abbildung 23
Il Ridotto, das legendäre Spielkasino Venedigs, das nur in der Karnevalszeit geöffnet war (Ölgemälde von Pietro Longhi)

sen einen Wunsch kannte: Nichts wie weg, zurück in den friedlichen Schoß der Kirche! Niemand dort, das wußte er, würde ihm sein Praktikantenjahr im Reich der Sünde übelnehmen. Sein Bruder Girolamo, der gleichfalls dem geistlichen Stand zugeführt worden war, wo er sich stabil eingerichtet hatte, ließ seine Beziehungen spielen. Sobald es also Lorenzo glückte, aus den Krallen Angiolas zu entwischen, konnte er auf einem neuen, doch nicht fernen Terrain, in Treviso, sowohl Sicherheit vor ihren Racheschwüren und Mordplänen als auch eine ziemlich formidable Anstellung finden. So hatte es sein Bruder eingefädelt. Doch war es wieder der Lehrerberuf! Und schon wieder in einem frommen Seminar! So mag sich Da Ponte zuerst geschüttelt haben. Aber nun durfte er sich immerhin Magister, und zwar der Humanwissenschaften, nennen, welche ein weites Feld umfaßten, auf dem er nach Herzenslust ackern, grasen, sich auch an fremden Früchten bedienen konnte. Zudem war Treviso beliebt als ein Ort zur Erholung von den Plagen Venedigs. Viele, denen es an Mitteln nicht mangelte, besaßen dort Villen, um weit weg von der Fäulnisschwüle der Lagune die Sommer zu verbringen. Dazu gab es ein hübsches Theater mit Programmen für Kenner und ein animiertes Ambiente, in welchem der allmählich wieder zu Kräften gelangende Nachwuchsgelehrte eine attraktive Rolle spielen konnte. Denn nicht nur hatte er in der Feuertaufe Venedigs die Möglichkeiten seines flinken Charmes sowie die Wirkungskräfte der Galanterie entdeckt. Da er, wann immer er konnte, vor der verrückten Angiola Zuflucht suchte in den geistigen Hochburgen der Literaturcafés, erhielt er auch Anschauung davon, wieviel es selbst einem armen Schlucker aufhalf, wenn er mit gedrechselten Phrasen, mit sprudelnden Versen zu jonglieren und brillieren verstand. Ein beträchtlicher Fundus von antiker Poesie gehörte allerdings dazu, mindestens der halbe Dante, das Wirkungsvollste von Petrarca und Tasso sowieso, Gewitztes und Anzügliches aus dem Riesenvorrat italienischer Epigramme und Pamphlete und als besondere Würze noch ein wenig von jener modernen französischen Umstürzlerliteratur, die nur auf geheimen Kanälen ins verteidigungswütige Venedig gelangte.

Unter den Poeten, Schöngeistern, Mäzenen und Zaungästen dieser Kaffeegesellschaften hatte Da Ponte, da es mit seiner Belesenheit und Antikenkenntnis noch nicht allzu weit her war, am meisten Aufsehen erregt und Freunde gewonnen mit seiner Begabung zum Improvisieren, einer Kunst, die damals in Italien sehr in Mode war und einen ganzen Berufsstand der *improvvisatori* ernährte. Als Voraussetzung hierfür war nicht mehr vonnöten als ein vorzügliches Gedächtnis, ein durchnervtes Sprachtalent, eine blitzgescheite Assoziationsgabe, ein schnell zupackender Verstand für frappante Pointen und überraschende Wendungen, dazu noch eine effektvolle Lebendigkeit von Mimik und Gestik, übrigens noch Musikalität, da das Parodieren von Opernszenen und überhaupt das Wechseln in die Singstimme praktischer Weise zum Metier gehörten. Da nun der kleine Abbate aus dem Ghetto für dieses gesamtkunstwerkliche Ein-Mann-Theater sogar inmitten des Komödiantenvolks der Italiener als ein besonders Berufener angesehen wurde, mag der Gedanke zulässig sein, daß seine Ahnen, die ihm sonst nichts vererben konnten, ihm wenigstens eine gewisse, eigene Art des Wahrnehmens und Mitteilens zu seiner Nutzanwendung hinterlassen hatten.

In solcher improvisatorischen Laune, die auch das Provozieren nicht vergessen durfte, rüstete sich Da Ponte in Treviso nach anderthalb Magisterjahren zu seinem großen Auftritt vor den verwöhnten venezianischen Sommergästen. Es war Brauch, daß am Ende des Unterrichtsjahrs ausgewählte Seminaristen die literarischen Kreationen ihrer Lehrer, die sich kokett zurückhielten, zum Vortrag brachten. Da Ponte war nun auf die absolut nicht originelle Idee verfallen, sich von den beiden Debütschriften Rousseaus, den Diskursen über die Schäden der Zivilisation und die Ursachen der sozialen Ungleichheit, inspirieren zu lassen, welche zwar vor mehr als zwei Jahrzehnten für Aufsehen und Indignation gesorgt hatten, jetzt aber beinahe als alte Scharteken gelten konnten. Sein selbstgestelltes Thema lautete demnach: »Ob der Mensch, von Natur aus frei, durch die Gesetze zum Sklaven gemacht wird.« Die Zöglinge trugen artig vor, die wohlwollenden Gesichter der Damen und Herren in den sommerlichen Rokokogewändern verdüsterten sich. Einstimmige Empörung über diesen pädagogischen Habenichts, der mit den Lüftchen seines Vorwitzes die Mauern des Gemeinwesens stürzen, die Jugend verderben wollte. Wenn aber solcher Verdacht aufkommt, reagieren die behäbigsten Klüngel stets am schnellsten. Entfernung aus dem Schuldienst! Unterrichtsverbot im gesamten Herrschaftsgebiet der »Serenissima«, und auf ewig!

Da Ponte nahm es lachend zur Kenntnis, hatte sich schon vor dem hochwichtig im Dogenpalast verkündeten Urteil des Senats, am 1. August 1776, aus Treviso davongemacht – und geradewegs in die Richtung, wo seine Richter thronten, doch nicht um sich denen vor die Füße, sondern der geliebten Venezia wieder in die Arme zu werfen. Denn so wie er Venedig sah, zeigte es ihm keine senatorenstrengen Zornesfalten. Seine vermögenden Freunde aus den Literaturcafés, obwohl zu uralten, in Machtfragen ganz eisernen Familien gehörend und selbst in höchsten Ämtern, wußten im Privaten, daß der Affront des kleinen Priesters in jeder Beziehung eine Farce war. Sie hegten keine Bedenken, ihn als Lehrer ihrer Kinder zu sich in die Paläste zu bestellen und ihn dort auch als unterhaltsamen Gesellschafter um sich zu haben. Wie zu seiner Rundumversicherung hatte Da Ponte allerdings auch an die Pforten der Kirche geklopft, ob da denn nicht irgendein Unterschlupf zu finden sei. Im Viertel von San Luca gab es etwas, eine Tätigkeit in der Art eines Hilfsgeistlichen. Ein enges Zimmer bei Privatleuten gehörte dazu, mit einem Bett und einer großäugig lüsternen, drallen Vermieterin, die allerdings mal wieder schwanger und außerdem verheiratet war mit einem mißtrauischen Bürgersmann namens Bellaudi. So mußte es der zu den Weltenwonnen neigende Seelsorger vorerst für angebracht halten, daß er seine Liebesblicke anderweitig verströmte. Wie das ging, erzählte später der ehrwürdige, knorrige Pfarrer von San Luca den Sittenrichtern im Dogenpalast: Ein über alle Maßen empörendes Schauspiel sei es gewesen, was dieser Da Ponte seiner Gemeinde vorführte, als er zum ersten Mal dort antrat, um die Messe zu zelebrieren. Sich selber habe er zelebriert, und wie! Mit langem, nach schrillster Mode frisiertem Haar stand er vorm Altar, balzte wie ein Pfau und ließ mit anzüglichster Verführungsglut seine Augen hinab funkeln in die Reihen der knienden Mädchen. Daß dieser Schlawiner, so schwor der zornbebende Alte, nie wieder einen Fuß in seine Kirche setzte, dafür habe er gesorgt.

Mit denselben Verführungsblicken verfolgte Da Ponte um dieselbe Zeit auch die Geliebte seines Gönners Bernardo Memmo, die ganz in dessen Senatorenpalazzo eingezogen war, während dem

Hauslehrer nur die Türen zum gefälligen Ein- und Ausgang offenstanden. Dieser jungen Dame namens Teresa Zerbin, die zwar an den unfreundlichen Blicken von Signora Memmo keinen Anstoß nahm, beliebte es hingegen, sich von den Zusprüchen des kleinen Abbate nicht nur belästigt, sondern geradezu entehrt zu fühlen. Das nun brachte den Patrizierstolz ihres Galans dermaßen überraschend und heftig zur Wallung, daß Da Ponte erschrocken zurückfuhr und bis nach Padua auswich, um einem Strafgericht zu entgehen. Da er außer seiner Soutane noch immer nichts besaß, mußte er in der Stadt des heiligen Antonius noch ärmlicher als ein Heiliger leben. Mit Brot und Oliven fristete er die zweiundvierzig Tage seiner Verbannung, bis er sich unter tumben Glücksspielern ein paar Münzen als Reisegeld ergaunert hatte, um dem gnädigen Rückruf von Freund Memmo, welcher auch als milder Philosoph berühmt war, entgegenzueilen.

Im Haus Memmos, in Gesellschaft einiger anderer Freigeister aus der venezianischen Machtelite trug es sich dann 1777 zu, daß Da Ponte dem vierundzwanzig Jahre älteren Casanova begegnete, der nach seiner langen Verbannung und Wanderschaft mittels der Fürsprache dieser Herren endlich wieder Einlaß in seine Heimatstadt erlangt hatte. Ob zwischen diesen beiden klassischen Abenteurerseelen Freundschaft erblühte, mag man bezweifeln, wenngleich man es gern sähe. Als sicher gilt aber, daß sie in einer gewissen spitzbübischen Kumpanei über die Jahre hinweg einander verbunden blieben, daß sie in Wien wieder aufeinandertrafen und auch 1787 vor der Uraufführung des »Don Giovanni« in Prag, daß schließlich Da Ponte mit seiner Frau im September 1792 von Prag aus den siebenundsechzigjährigen Landsmann im Schloß Dux besuchte, wo dieser das Gnadenbrot des Grafen Waldstein verzehrte und genug Zeit fand zur Arbeit an seinen Memoiren. Ebenso bezeugt ist, daß dann und wann der eine dem anderen einen Brief schrieb. In Casanovas staubigem, bald vergessenem Nachlaß fanden sich Papiere aus Da Pontes Hand und – erst recht bemerkenswert – von Casanovas Hand eine alternative, dramatisch geschärfte Textfassung einer Szene aus dem zweiten Akt des »Don Giovanni«, die Mozart allerdings beiseite ließ, vielleicht auch niemals zu Gesicht bekommen hatte. Da Ponte seinerseits war vor der Premiere schon nach Wien zurückgereist. Indes ist verbürgt, daß Casanova sich im Publikum befand, als am 29. Oktober

1787 im Nostiz'schen Nationaltheater die tragisch-spaßhafte Oper über den bestraften Wüstling von der Prager Mozartgemeinde jubelnd – dem Geschmack der Wiener zum Spott – empfangen wurde.

Wenn denn ausgerechnet der hochspezialisierte Frauenverführer Casanova, selber ein Don Juan und kleiner Mythos, als Anreger oder Ratgeber beigetragen hätte zu Mozarts und Da Pontes Meisterwerk, dann wäre das keine schlechte Pointe. Nach Lage der Dinge besitzt diese Konjektur einige Plausibilität. Nur wissen wir leider gar nichts Genaues. Casanova kam mit dem Schreiben seiner Memoiren nicht mehr bis dahin. Er starb über den Erzählungen von seiner Rückkehr nach Venedig. Daß er weder Mozart noch Da Ponte mit einem einzigen Wort erwähnte, ist also vom Sachzwang her hinlänglich begründet – obwohl er doch das mutwillige Schalten und Walten mit den Zeitverhältnissen, das Vor- und Zurückgreifen im gesamten Strom seines Erinnerns durchaus nicht als eine unfeine Erzähltechnik verschmähte. Letzten Endes wird man diesen Burschen als ihr Grundprinzip zubilligen müssen, daß ihre Kriterien fürs Wichtignehmen und Wertschätzen andere waren als diejenigen, welche dann die Geschichte nach ihrem eigenen Gutdünken diktierte, und daß jener kleinwüchsige Musikus aus Salzburg im Erinnern Casanovas keine herausragende Rolle spielte. Doch auch dieser Sagenumwobene, dazu noch Vielgelesene und Vielbedichtete spielte zu seinen Lebzeiten durchaus keine Rolle, die irgendjemanden außer ihn selbst sonderlich interessierte. Stets war Casanova nur eine zweit- bis drittklassige Randfigur, ein bißchen aufdringlich, ein bißchen albern, vulgär und hyänenartig noch dazu. Zu einem glänzenden Irrwisch, der die Welt entzündete und um ihn herum zum Drehen brachte, erhöhte diesen notorischen Einzelgänger allein die Perspektive des Ich-Erzählers. Als man sich bei Brockhaus in Leipzig 1826 entschloß, die von einem Neffen Casanovas angekauften Erinnerungen zum Druck zu bringen, hatte man sich erst selbst ins klare setzen müssen und war das Lesepublikum noch längst nicht davon überzeugt, daß es diesen schon völlig vergessenen Abenteurer wirklich gegeben hatte.

Was nun Da Ponte über ihn mitzuteilen wußte, ist nicht allzu begeistert und auch nicht viel, jedoch – so weit man sieht – das einzige Bild, das Casanova nicht im schmeichelnden Spiegel, sondern von der

Seite und im Alltagsgewand zeigt. Dieses Wenige wirkt zudem wie hineingeflickt in Da Pontes Lebensroman, wie ein verspäteter Einfall, der ihm vielleicht erst kam, nachdem er – als von New York aus wachsam nach Europa blickender Buchhändler – davon Kenntnis erhielt, daß die Hinterlassenschaft des ephemeren Weggefährten ins Licht der Welt gehoben wurde. Ein possenartiges Gaunerstück mit schräger Erotik mischte er vermutlich aus Erinnerungsfetzen und eigener Einbildungskraft zu einem Beispiel für Casanovas Wesensart zusammen, von der er sich naserümpfend distanzierte. Immer habe dieser nur das Geld im Sinn gehabt, aber nicht im Traum sei ihm eingefallen, es sich durch Arbeit zu verdienen. Alle Welt und also auch ihn habe er angepumpt, doch nie daran gedacht, seine Schulden zu bezahlen. Statt dessen habe er huldvoll gute Ratschläge erteilt, da sie wertvoller wären als die schnöden Münzen, um die zu hadern keinem Mann von Qualität zu Gesicht stehe. Ein Rechthaber und sogar ein Ganove, ein gewissenloser, dabei noch hämischer Beischlafdieb sei Casanova gewesen. Doch auch ein Kerl, der es mit leichtem Herzen verschmerzen konnte, wenn er selbst einmal übertölpelt wurde, und dazu noch lachte, wenn das mit Witz geschah. So gelangte – und wir sind's zufrieden – Da Ponte zu einer Summe, wie man sie eigentlich auch erwartet hat: »Im Jahr 1777 hatte ich Gelegenheit, Casanova kennenzulernen und mich mit ihm bald im Haus von Memmo, bald in dem von Zaguri freundschaftlich zu unterhalten. Alle liebten, was Gutes in ihm war, und das Schlechte verziehen sie ihm. Sie lehrten mich das gleiche; und nachdem ich die Sache überprüft habe, könnte ich nicht einmal jetzt sagen, nach welcher Seite die Waage ausschlug.«

Somit also wieder bei Da Ponte und auf seinen venezianischen Spuren, wird man gleich zur Kenntnis nehmen müssen, wie schief die Bahn war, auf welcher der schon ziemlich verkrachte Abbate mit seinem schwarzen Gewand in die aberwitzigsten Verhältnisse hinabschlitterte. Nach seiner Rückkehr aus Padua, wohin das Schamgefühl der Senatorenkonkubine Teresa ihn verscheucht hatte, gestalteten sich seine Existenzgrundlage zunächst noch ganz manierlich. Im Haus des nicht nur einflußreichen, sondern auch liberalen Kunstliebhabers Antonio Zaguri, der auch Casanova manches Gute tat, fand Da Ponte eine Anstellung als Privatsekretär, was ihm allerlei Übung des geschliffenen Worts, des galanten Umgangs und der Betrachtung poetischer Gegenstände abverlangte. Dessen ungeachtet, wollte er von der Daseinsfülle in den tieferen Regionen der Lagunenstadt nicht ablassen. In einer Art Doppelexistenz, die er nun führte, hatte er anscheinend noch immer die Rolle eines volksverbundenen Hilfsvikars mit einer Option belegt. Sein Zimmer im kleinbürgerlichen San Luca, im Haus der Großfamilie Bellaudi, gab er nicht auf, und gern klopfte er zu einem Schwätzchen an den Türen seiner Wirtsleute an. Daß die schwangere Vermieterin ihn sogleich mit dem Band ihrer Sympathie umgeben hatte, wurde schon angedeutet. Daß er sich das gefallen ließ, muß nicht wundern. Daß er in diesen Fesseln jedoch eines Tages vor das Sittentribunal der Republik gezerrt werden sollte, hätte Bruder Lorenzo, da er lebenslang ein argloser Kindskopf blieb, sich nicht einmal im Traum vorstellen können. Dem alarmierenden Fingerzeig, welchen sein Schutzengel gab, sprach er leichtsinnig jegliche Bedeutung ab. Angiola oder Angioletta nämlich lautete der venzianische Engelsname, auf den die glutäugige Signora Bellaudi hörte, und dieser war ebenderselbe – und genauso irreführend – wie der jener strapaziösen Närrin aus dem Stamm der Tiepolo, welche drei Jahre zuvor den lebenslustigen Jungpriester beinahe ruiniert hatte. Nach dessen Meinung hatte der blinde Zufall diese Namensgleichheit gefügt. Nach der herrschenden Meinung aber gibt es für einen Sünder, der weder Lehren zieht noch warnenden Omen bemerkt, kein Pardon. Daß ihn am Ende dieser nun folgenden, mehr als zweijährigen »Lebensabschnitts-Partnerschaft« mit Signora Bellaudi der Richterspruch der »Esecutori contro la bestemmia« aus Venedig verbannte und mit noch Schlimmerem bedrohte, hielt das immer leichte Gewissen Da Pontes nicht nur für ein dummes Zufallsergebnis, sondern auch für schreiendes Unrecht, im absurdesten Mißverhältnis zu den beiden Delikten, deren man ihn – gemäß seiner Auskunft – beschuldigte: »Ich hätte an einem Freitag Fleisch gegessen. Auch sei ich etliche Sonntage nicht zur Messe gegangen.« Wenn in dem Strafverfahren überhaupt Sinn und Absicht walteten, dann sei es darum gegangen, ihn als jenen politischen Störenfied, der sich in Treviso durch sein Traktat entlarvt hatte, endgültig aus dem Feld zu schlagen.

Da mochte was dran sein, aber nicht viel. Wenngleich Da Pontes politisches Bewußtsein genauso ephemer war wie das meiste an ihm, hatte er sich dennoch unter die Trabanten des jungen, sich zurückgesetzt fühlenden Patriziers Giorgio Pisani gemischt, welcher als eine dramatische, pathetische Gestalt dem für antike Größe leicht entflammbaren Verlegenheitspriester mächtig imponierte. Dieser Pisani setzte sich, mit welchem Ernst auch immer, in Szene wie ein römischer Volkstribun, der Partei ergriff für die kleinen Leute, denen in Venedig der aufrechte Gang nur gestattet war als Staffagefiguren auf jenen bunten Vedutenmalereien, wie sie sich bis in die entlegensten Herrensitze Schottlands teuer verkaufen ließen. Da Ponte huldigte dem Salonsozialisten als einem *zweiten Gracchus*.; der Große Rat des venezianischen Geldadels hingegen ließ den theatralischen, wie von Verdi oder Wagner ersonnenen Volksvertreter bald darauf im Namen der Republik hinter Gitter setzen. Da aber war Da Ponte schon über alle Berge und jenseits der Alpen, mit dem großen Vorsatz im spärlichen Reisegepäck, jeder politischen Verdächtigung fortan geflissentlich aus dem Weg zu gehen.

Weil jedoch die Umstände seines Prozesses, wie Da Ponte sie für die Nachwelt aufschrieb, nicht ganz einleuchten und da außerdem das Staatsarchiv Veneziens längst nicht so verschollen ist wie der gerüchteumwobene Nachlaß Casanovas, mußte endlich irgendjemand auf die Idee kommen, dort einmal nach dem Rechten zu sehen. 1912 wurde der aktensuchende Dottore Molmenti fündig, 1930 brachte ein gewisser Dottore Nicolini Ergänzendes zum Vorschein. Die erschütterte Nachwelt aber, dergestalt mit dem »Wahren Grund für die Flucht Da Pontes« konfrontiert, wendete ihr Angesicht ab von diesen hochnotpeinlichen Ausgrabungen, da sie es sonst erfordert hätten, den kongenialen Partner Mozarts als einen bizarren Windbeutel zu erkennen.

Was gab es da zu lesen? Am eindrucksvollsten vielleicht ein paar unappetitliche Zettel, die von Denunzianten in die Briefkästen der Staatsinquisition gesteckt worden waren. Wer den Dogenpalast ein wenig kennt, hat auch den Schlitz des »Kastens für anonyme Briefe« gesehen, gleich beim Saal des Rats der Zehn. Derartige »Löwenmäuler« gab es in der wirren Lagunenstadt viele. Die nachbarschaftlich beflissenen Nachrichten, welche den unkeuschen Lorenzo anschwärzten, hatten die besorgten Verfasser anscheinend nicht weit vom Markusplatz, bei der Kirche San Moisè, auf den Postweg zur Gerechtigkeit gebracht. Außer solchen Schmierfinkereien enthält die

Akte Da Ponte, so heißt es, beinahe sechzig Zeugenaussagen, die zwar ein kunterbuntes Bild ergeben, sich aber in diesem einen vollkommen einig sind, daß der schmächtige Priester im Verbund mit der eheflüchtigen Angioletta gewaltig über die Stränge schlug. Falls alles so stimmt, muß das ein verrücktes, nicht enden wollendes Schauspiel gewesen sein. Da wurde über die Tage ihres ersten, zaghaften Liebeserblühens zu Protokoll gegeben, daß Da Ponte vor den Augen Dritter die Schwangere höchst unsittlich anfaßte und daß diese sich mit einem reziproken Griff ans Priestergewand revanchierte. Splitternackt habe er sich vor Angiolettas offener Zimmertür in Positur gestellt, ohne daß schamvoll gesenkte Frauenaugen ihn straften. Allerdings sei nach einigem Zusehen in dem murrenden Ehegatten der Entschluß gereift, erstens den eingemieteten Adonis aus dem Haus zu werfen und zweitens – was alle ganz richtig fanden und den venezianischen Gebräuchen entsprach – Mörder zu dingen, um die hochschwangere Gemahlin mit dem Tod zu strafen. Davon aber – so heißt es in einem Brief Zaguris an Casanova – bekam Da Ponte auf der Straße, wohin er gesetzt war, Wind. Bei Nacht schlich er sich zur Geliebten, um sie im letzten Augenblick vor den gleichfalls anschleichenden Meuchlern zu retten. Wie der Zufall die Dinge manchmal aufs ungelegenste zusammenfügt, mußte Angioletta ausgerechnet jetzt ihre Wehen einsetzen lassen. Nur mit Mühe gelang es den schöngeistigen Retterarmen, sie aus dem Mörderhaus ins Freie zu befördern, als sie auch schon niederkam. So hatte denn der schwitzende Priester, der noch nicht einmal das Taufen gelernt hatte, sich auf Pflastersteinen und stehenden Fußes als Geburtshelfer zu bewähren. Solchermaßen vom Zufall zur Unzertrennlichkeit und allerlei Unbequemlichkeit verurteilt, gaben die beiden das Neugeborene umgehend ins Findelhaus. Auch das war so Brauch, überall, als eine terminlich eindeutige, auch relativ unkomplizierte Antwort auf die Abtreibungsfrage, die zudem noch das Problem in die Hände Gottes legte und nicht ins Ermessen einer staatlich gebilligten Selbstindikation.

Die zwei Kinder, welche Angioletta danach in Jahresabständen zur Welt brachte, so daß Da Ponte als ihr wahrscheinlichster Erzeuger galt, wurden gleichfalls an die Waisenhäuser weitergereicht, die in Wahrheit Sterbehäuser waren.

Nicht anders als mit seiner ersten Angiola zog der Abbate auch mit der zweiten durch die ewigen Karnevalsnächte Venedigs. Die ökonomische Basis dieser Unternehmungslust scheint jetzt allerdings entschieden schmaler gewesen zu sein. Nicht einmal zu einer gemeinsamen Unterkunft reichte es immer. Vermutlich regte sich im venezianischen Kleinbürgermilieu, wo man doch an manche verzerrten Bilder aus der besseren Gesellschaft gewöhnt war, Unmut über dieses hervorstechende, arg ins Groteske schießende Paar. Daß die beiden vor den Augen der Öffentlichkeit Unzucht getrieben hätten, wurde dem Gericht vorgetragen; schlimmer noch: daß Da Ponte aus den Armen Angiolettas, die unter den braven Leute die »Hure des Priesters« hieß, direkt hinüber in die Kirche zur Messe geeilt sei. Manchmal fanden sie ihre Herberge in einem Bordell, wo sie sich je nach ihren geldwerten Eignungen verdingten, was im Fall Da Pontes aber nicht bedeutete, daß er in den dortigen Geselligkeitsräumen Gedichte aufsagte. Vielmehr sah und hörte man ihn in dem rötlichzwielichtigen Gehäuse als animierten Stehgeiger, der im verschlissenen Priesterrock zum Tanz aufspielte, mit einer Violine, die ihm irgendwann als sein zweites Besitzstück zugefallen und vielleicht dieselbe war, die er ein Vierteljahrhundert später mit auf die große Seefahrt nahm.

Erstaunlich ist das Fehlen jeglicher Hinweise, daß geistliche Obrigkeiten Anstoß genommen hätten an Da Pontes Lebenswandel, der immerhin doch ein schlechtes Licht warf auf seine vornehmen weltlichen Gönner und diese veranlaßte, in aller Deutlichkeit von dem Unverbesserlichen abzurücken. Zaguri schrieb später an Casanova, wie vergeblich er seinen tolldreisten Sekretär ins Gebet und wie er ihm dabei die Ausreden aus dem Mund genommen hatte: »Zuviele Zufälle, Abbate, zuviele Zufälle! Solche Zufälle sind das letzte, was ich aus Ihrem Mund hören will.«

Daß erst nach mehr als zwei Jahren seiner Aktionsgemeinschaft mit Angioletta die feindseligen Ermittlungen gegen ihn eingeleitet wurden, konnte, da er in der bisherigen Untätigkeit des Gerichts nichts anderes als stillschweigende Billigung erkannte, nur auf einem unglücklichen Zufall beruhen, dessen heftigem Wink er nach einigem ungläubigen Staunen dann allerdings schleunigst folgte. Am 5. Juni 1779 hatten die Inquisitoren wegen »mala vita« die Untersuchung gegen Da Ponte aufgenommen. Als man am 13. September nach ihm ausschickte, um ihn vors Tribunal zu kommandieren, war er nicht mehr da. »Meine Liebe zu meinem Land, offenbarte er in seinen Erinnerungen, war erloschen; es hatte sich so ungerecht gegen mich gezeigt. Es war so blind seinen wahren Interessen gegenüber. So verließ ich dann das undankbare Vaterland und ging nach Görz.«

Dort, in der habsburgischen Grafschaft nördlich von Triest, hatte der vollkommen verkrachte Priester in einer ganz neuen Rolle als flinker Poet bereits Fuß gefaßt, als am 17. Dezember in Venedig das Urteil über ihn verkündet wurde: fünfzehn Jahre Verbannung und im Fall, daß er derweilen den Boden der Republik wieder betrat, sieben Jahre finsterer Kerker. Was ihm freilich genauso wenig Sorgen und Herzenspein bereitete wie der zurückgebliebenen Angioletta. Diese nämlich kehrte, als sei nichts gewesen, nach den sinnestaumeligen Abenteuertouren in die offenen Arme ihres Gatten zurück.

Die offenen Arme eines blitzsauberen, nämlich deutschen oder mindestens austriakischen, Mädchens umschlangen im erstbesten Wirtshaus von Görz sogleich den vertriebenen Hungerleider, um ihn an einen prallen Busen, gegen ein sehr fremdartiges Dirndelkleid zu drücken. Es war die grundsolide Wirtin selber, die sich dergestalt erbarmungsvoll ein paar Tage, ein paar Nächte lang ein verstohlenes Abenteuer gönnte, bis sie, da die Ordnung ihrer Welt es so gebot, dem amüsanten, jedoch nicht vorzeigbaren Lorenzo einen herzlichen Abschied erteilte und unter Tränen gewiß nicht vergaß, ihm auch etwas Geld zuzustecken. Erwähnenswert ist diese Episode nicht nur, weil Da Ponte in seinen Memoiren mit besonderer Wehmut auf sie zurückblickte, sondern auch deshalb, weil er durch die patente Wirtin mit der deutschen Sprache in Berührung gebracht wurde, zudem mit einer pädagogisch-fortschrittlichen Methodik. Ein Wörterbuch ließ sie herbeischaffen, in dem die beiden Liebenden blätterten, um zuerst den Basiswortschatz zur Verständigung zusammenzusuchen. Nachdem die Kombinationen ergeben hatten, daß »Io amo voi« soviel wie »Ich liebe Euch« bedeutet, erwuchs das differenziertere Vokabular aus der Progression der Zutraulichkeiten, bis es dann Zeit wurde, dieser Romanze der Unvereinbarkeiten ein Ende zu setzen, und die beiden in dem dicken Buch blätterten, um all die unbekannten Wörter zu finden, die einem niemals einfallen wollen in Situationen, wo man einander eigentlich gar nichts zu sagen hat.

Fließendes Deutsch lernte Da Ponte hier und auch später nicht, was er freilich nicht einmal in den deutschen Metropolen dermaßen als einen Nachteil empfinden mußte wie Mozart die Mängel seiner Italienischkenntnisse. Denn mit nicht geringem Erstaunen liest man die ziemlich entlegene Nachricht, daß dieser, obwohl er als Musiker doch geradezu im Italienischen badete und schon von Kind an ganze Folianten italienischer Texte vertont hatte, ein mehrbändiges Wörterbuch kaufen mußte, als er den Pakt mit Da Ponte schloß und wohl begriff, daß das Komponieren ohne den Verstand der Sprache in diesem Fall nicht das Rechte sein konnte.

So kurz das Verweilen bei der schönen Wirtin war, so überraschend lange und ertragreich gestaltete sich im übrigen Da Pontes Aufenthalt in Görz. Der schäbige Priester entpuppte sich als ein tüchtiger Literat, der nun endlich seiner unansehnlichen Soutane den Abschied gab, um sie durch andere Kleider zu ersetzen, unter denen freilich ein neu geschneiderter Priesterrock für den gelegentlichen Bedarf nicht fehlen durfte. Von allen seinen Talenten war das zur Poesie das einzige, mit dem er Geld verdienen konnte. Schon am Seminar von Portogruaro hatte er mit einem gewitzten Gedicht über die Gerüche, mit seinem »Ditirambo sopra gli odori«, ersten großen Beifall gefunden. Görz nun aber galt als eine rechte Provinzhochburg für poetisierende, schwärmerisch nach Italien gewandte Kenner und Feinschmecker, die außerdem noch zahlungskräftig waren und in puncto aristokratischer Freigebigkeit sich von der großen Welt nicht lumpen lassen wollten. Gut möglich, daß es in diesem voralpenländischen Kulturbrennpunkt eine martialische Schützengilde gab, gewiß ist jedoch, daß die besseren Leute sich fast genauso gern in ihrer Arkadischen Literarischen Akademie trafen, in welche Da Ponte, nachdem er sich durchs Vorzeigen eiligst polierter Reime legitimiert hatte, ohne weiteres aufgenommen wurde. Als einem rechten Musensohn applaudierte man ihm, und einen entsprechend hellenistisch-bukolischen Namen erhielt er bei seiner Initiation zum Geschenk dieses kunstversessenen Vereins, der auch dem ubiquitären Freimaurertum nicht fernstand. Als so genannter Lesbonico Pegasio und binnen kurzem ganz Herr der Lage, ließ er hymnische Verse zum Ruhm irgendeines einheimischen Kriegsgewinnlers sowie zum eigenen finanziellen Vorteil hervorsprudeln und machte sich – neben allerlei anderem – auch ans Übersetzen und Bearbeiten von Theaterstücken.

Ein wenig sieht es so aus, als habe sich in dem guten Jahr in Görz der rhapsodische Jugendroman Da Pontes in einen zielstrebigen Entwicklungs- und Bildungsroman verwandelt, als sei der abenteuerliche Simplicissimus aus seinen Irrungen und Wirrungen erlöst worden, um wie ein Wilhelm Meister zur Klarheit seiner endgültigen Bestimmung zu gelangen. Während letzterer aber vom zwar ironischen, doch allemal klugen, zuverlässigen Planungsgeist Goethes gehegt und geleitet wurde, sollte der Weg des nicht mehr ganz jungen Venezianers auch weiterhin von den Capricen des Zufalls bestimmt werden. Entweder die Mystifikation eines akademischen Neidhammels oder schlichtweg nur ein Mißverständnis war die Ursache, daß er eines Tages wieder sein Ränzlein schnürte, um sein Revier in Görz zu räumen und sich nach Dresden aufzumachen, wo ein alter Bekannter aus Venedig, der nicht ganz unerhebliche Caterino Mazzolà, es zum kurfürstlichen Theaterdichter gebracht hatte. Von diesem, so machte ein zurückgesetzter Hauspoet den vorgezogenen Da Ponte glauben, sei für ihn ein Brief abgegeben worden, damit auch er zu den vollen Trögen im ewig aufschwungstrunkenen Nordosten eilte. Daß er auf dem Weg dorthin nicht schon in Wien hängenblieb, lag an der zufälligen Fügung, daß Maria Theresia kurz zuvor gestorben, die Kaiserstadt in Trauer und dort also absolut nichts los war. Auch in Dresden wartete kein Mensch auf Da Ponte, schon gar nicht jener Mazzolà, der von einem Einladungsschreiben an den Landsmann nichts wußte, wohl aber dessen Glanzmöglichkeiten ahnte, den Konkurrenten fürchtete und deshalb die Bewerbungstour des irrenden Dichters schnellstens nach Wien zurücklenkte. Daß der Stellungssuchende in der sächsischen Kapitale mit den sprichwörtlich schönen Mädchen von zwei besonders schönen Schwestern, die allerdings Italienerinnen waren, und sogar noch von deren Mutter in ein kompliziertes Liebesabenteuer, von dem hofmalenden Vater aber in zutreffenden Verdacht gezogen wurde, liest sich in seinen Memoiren wie von Casanova erfunden, wie die Ursprungsidee zu einem Opernstoff à la »Così fan tutte«. Den unwiderstehlichen, unternehmungswütigen Weiberhelden aber muß man Da Ponte nicht abnehmen.

Trotz oder wegen seiner venezianischen Kapriolen und einiger Aufschneidereien nach Art älterer Herren zielte sein Sehnen und Verlangen am meisten auf die Wärme eines hausväterlichen Wohnstubenglücks.

Alle diese Episoden indes, alle Wechselfälle, komische Fügungen, die Triumphe und kleinen Katastrophen, das bunte Zickzack und Auf und Ab seines Lebens hat Da Ponte selbst so heiter, komödiantisch, als eine Kette kleiner, pointierter Bühnenszenen, mit tolerabler Eitelkeit, aber noch mehr Selbstironie und mit so viel Gegenwärtigkeit erzählt, daß es zu den überflüssigsten Dingen dieser Welt gerechnet werden muß, wenn jemand sich untersteht, das alles nachzuerzählen.

Da es doch nur der Zufall war, der ihn 1781 nach Wien, zu seiner bedeutendsten Epoche, führte und ihn zehn Jahre später, da die Fernwirkung türkische Umtriebe im nachmaligen Jugoslawien den Wiener Theaterbetrieb lahmlegte, wieder von dort vertrieb, braucht in seiner Biographie auch nichts enträtselt oder sinnstiftend erleuchtet zu werden. Jedoch, bei diesem einen möchte man schon noch genauer hinschauen: Wie es sich denn mit Da Pontes Verhältnis zu Mozart, und umgekehrt, verhielt.

Der den Rivalen verscheuchende Mazzolà war immerhin Freund genug, ihn an den Opernpapst und Großkomponisten von Wien, an den Mozarts wegen unverdient geschmähten Antonio Salieri, zu empfehlen. Die italienische Konnektion funktionierte bestens. Auch der große, alte, dem Grab schon zuneigende Metastasio, dessen Lebenswerk an Dichtungen und Operntexten vielen kleineren Meistern, aber auch solchen verewigten wie Gluck und später Mozart zugute kam, empfing den zweiunddreißigjährigen Landsmann und lauschte gerührt dem Vortrag seiner Poesie. Ein Erfolg ohnegleichen, alles, was Mozart damals erzielen konnte, weit übertreffend, krönte schließlich 1786 Salieris und Da Pontes Zusammenarbeit an der Oper »Una cosa rara«, von der uns bis heute jene paar Takte im Ohr geblieben sind, die Mozart mit deutlichster Quellenangabe im vorletzten Bild seines »Don Giovanni« zitierte. Ziemlich schnell wurde der aus Venedig vertriebene Jude und unkeusche Priester in Wien zu einem gefragten Mann, der – nicht immer Erstklassiges – für mehrere anstehende Komponisten schrieb, unter denen Paisiello und der Spanier

Martin y Soler diejenigen sind, welche nicht nur als Namen überdauerten. Bis er dann Europa und seine Rolle als Theatermensch hinter sich ließ, verfaßte Da Ponte beinahe fünfzig Werke für die Bühne.

Salieri verschaffte ihm Zugang zum Kaiser. Dieser, Joseph II., der sich in Musik und Literatur fast so gut auskannte wie in den Ingenieurwissenschaften, fand sofort Gefallen an diesem ungewöhnlichen Italiener, der unerwartet präzise Gedanken hatte und diese ohne theatralische Umschweife vortragen konnte. Diese Qualitäten einzuüben und zur Geltung zu bringen, hatten allerdings einige Kenner der kaiserlichen Urteilskriterien dem Abbate wärmstes empfohlen, wenn er sich erfolgreich um das Amt des Hofoperndichters mit Direktionsfunktionen bewerben wollte. Eine Audienz genügte, und Da Ponte hatte den Posten.

Mozart befand sich derweilen in der desolaten Situation, einen fertigen Text oder einen Dichter finden zu müssen für eine italienische Oper, mit welcher – angesichts des herrschenden Geschmacks – mehr Geld und Reputation zu gewinnen waren als mit einem deutschen Singspiel, wie er es zuletzt als »Die Entführung aus dem Serail« den Wienern zu Ohren gebracht hatte, die trotz der modischen Orientalismen nicht so richtig hinhören wollten. Dutzende italienischer Libretti hatte er durchgesehen und als ausgemachten Quark beiseite geworfen. Nur einen gab es, der ihm helfen konnte. Doch dieser war nun mal Italiener und mußte auch sonst als hoffnungsloser Fall gelten. An seinen Vater, der von Salzburg aus nörgelnd besorgten Druck auf den flatterhaften, jedoch nicht vorwärtskommenden Wunderknaben ausübte, meldete Mozart am 7. Mai 1783, nachdem er beim Baron Wetzlar eine Bekanntschaft gemacht hatte:

Wir haben hier einen gewissen Abbate Da Ponte als Poeten; dieser hat nunmehr mit der Correktur im Theater rasend zu thun, muß per obligo ein ganz neues büchel für den Salieri machen – das wird vor zwei Monaten nicht fertig sein. Dann hat er mir ein neues zu machen versprochen. Wer weiß nun, ob er dann auch sein Wort halten kann – oder will! Sie wissen wohl, die Herren Italiener sind ins Gesicht sehr artig! Genug, wir kennen sie. Ist er mit Salieri verstanden, so bekomme ich mein Lebtag keines.

Diese wenigen Zeilen sind in der Hinterlassenschaft Mozarts das einzige, was sich erklärtermaßen auf Da Ponte bezieht. Sonst kein einziges Wort. Und was hat umgekehrt Da Ponte über Mozart geschrieben? Ein Vielfaches an Zeilen, ganz und gar vom Wissen um dessen Rang und Genialität durchwirkt. Indes, wenn man sie genauer betrachtet, wenn man den Klang dieser Lobpreisungen vernimmt, verspürt man darin das »Uneigentliche« jener typischen Verlegenheitsprosa von »Zeitzeugen«, die das Gebührende in gebührenden Phrasen zum doch nur selbstgefälligen Vortrag bringen, als wären sie, unendlich fern, noch immer im Gedenken betroffen. Wieviel Lebhaftes wußte Da Ponte in seinen Memoiren über Krethi und Plethi zu erzählen. Zu Mozart aber ist ihm schlichtweg nichts eingefallen, jedenfalls nichts, was nicht auch irgendein halbwegs informierter, zur Heiligsprechung genötigter, mit beweglicher Darstellungstechnik versehener Zeitgenosse hätte herunterschreiben können. Mit dem einzigen Unterschied, daß Da Ponte anläßlich Mozarts Gelegenheit ergreifen konnte, nachdrücklicher als sonst auf seine eigene Wichtigkeit hinzuweisen. Ein »lieber Freund« sei er damals gewesen, »ein Komponist von weitaus größerer Begabung vielleicht als jeder andere in Vergangenheit, Gegenwart und Zukunft ... keinem bekannt, ein Edelstein, dessen künftiger Glanz im Dunkel der Erde verborgen war.«

1822, dreißig Jahre nach Mozarts Tod und nach den ersten Schüben einer Wirkungsgeschichte, welche die Helden von gestern zurückstufte, während sie den Sonderling unter ihnen hochhob, war das, als bereits erfüllte Prophezeiung, leicht dahingesagt und der Nachwelt zu Protokoll gegeben. Es durfte nicht fehlen, daß Da Ponte darauf aufmerksam machte, wie schwer ohne seine praktische Hilfe Mozart sich getan hätte und daß ohne ihn aus diesem womöglich nichts geworden wäre. Den in Wien noch vorhandenen Baron von Wetzlar hüllten Da Pontes transatlantische Erinnerungen als einen großen Kenner und Mäzen in den Glanz seines Gedenkens, um die Bedingung zu schaffen, daß dieser Glanz auf ihn selber zurückfiel. »Er hat den Ruhm, Mozarts Genie erkannt und gefördert zu haben; er wird durch sein Zeugnis dafür sorgen, daß ein Strahl dieses Lichtes berechtigterweise auch auf mich fällt, seinen Freund Lorenzo Da Ponte. Denn: Ich kann nie ohne Freude daran denken, daß Europa, ja die Welt großenteils meiner Beharrlichkeit die köstlichen Vokalkompositionen dieses bewundernswerten Genies zu verdanken hat.«

Diese Freude ist glaubhaft, und daß sie mit dem Nachruhm Mozarts wuchs, erst recht. Beim konkreten Erinnern allerdings hatte der Alte in New York seine Mühe. Dort, wo man seinen Vorsatz deutlich spürt, über den Geschäftspartner von einst etwas Anekdotisches zu erzählen, fallen ihm Namen und Begebenheiten von anderen ein, die sich einmischen und als viel attraktiver vordrängen. Da Mozarts einstmalige Wegbegleitung von Da Ponte nur als eine flüchtige und nachrangige erlebt wurde, behalf er sich zu ihrer literarischen Vergegenwärtigung mit jenem Mittel, das er als Meister der kurzen, so leichten wie prägnanten Opernszenen am besten beherrschte. Ein paar Dialoge samt Regieanweisungen und einer gewissen dramatischen Spannung tupfte er hin, gerade so, wie es gewesen sein konnte und wie er gewiß dann auch glaubte, daß es so war. Vielleicht war es auch so. Daß er aber, wie jeder Memoirenschreiber, nicht nur vergeßlich sein, sondern auch irren konnte, sieht man beim zufälligen, keinesfalls erheblichen Vergleich mit einem anderen Vergangenheitsgenossen, der sich ebenfalls erinnerte und hier den Vorzug verdient. Der »Figaro«, so schreibt Da Ponte, sei nur deshalb rasch oder überhaupt zur Aufführung gelangt, weil er listig und geschickt beim Kaiser Werbung machte für das unbeholfene deutsche Genie und weil der Zufall – wer sonst? – bestimmt hatte, daß es, »zu Mozarts Glück«, der Wiener Oper »im Augenblick an Partituren fehlte«. Der irische Sänger Michael Kelly, der bei der Uraufführung mitwirkte, stellte das in seinen 1826 herausgegebenen, hochinteressanten, ziemlich akribischen »Reminiscenses« anders dar: »Es waren drei Opern auf dem Tapet, eine von Righini, eine von Salieri und eine von Mozart. Sie waren so ziemlich gleichzeitig zur Aufführung fertig, und jeder Komponist nahm für sich das Recht in Anspruch, seine Oper zuerst aufzuführen. Dadurch entstand großer Zwist. Der Charakter der Männer war sehr verschieden. Mozart war auffahrend wie Schießpulver und schwur, die Partitur seiner Oper ins Feuer zu werfen, wenn sie nicht zuerst auf die Bühne käme. Ich allein stand auf Mozarts Seite, natürlich genug, denn er hatte ein Recht auf meine Dankbarkeit für manche persönliche Gefälligkeit. Endlich schlichtete der Befehl des Kaisers den Streit.«

Alles zusammengenommen, erfährt man durch Mozart so gut wie nichts über Da Ponte und umgekehrt kaum mehr, als man nicht auch anderswo nachlesen könnte. Kreditwürdige Zeugnisse über die beiden, miteinander im Bund und in Arbeitsgemeinschaft, gibt es nicht. Jeder muß auf bittere Enttäuschung stoßen, der sich, womöglich mit sentimentalen Erwartungen, in Kenntnis setzen will über das gemeinsame Schaffen dieses einen, von dem der Dirigent Josef Krips behauptete, daß er geradewegs vom Himmel gekommen sei, und des anderen, der aus dem Höllenpfuhl Venedigs erstanden war, um beim Durchzug durch Mozarts Himmelsfeld gleich einer Sternschnuppe zu erstrahlen.

Man muß sich schlichtweg vorstellen, daß die beiden – als Erdenmenschen – von vornherein nicht viel voneinander hielten. Als sie Bekanntschaft machten, werden sie die Zeichen aufrichtigster gegenseitiger Geringschätzung ausgetauscht haben, Mozart, so weit er dazu befähigt war, in der Zuckersülze wienerischer »Scharmantheit« und Da Ponte mit der raumgreifenden Gestik polierter venezianischer Devotion. Daß dieser »Katzelmacher« und »Mausfallskrämer«, dieser »Italiener« eben, der intrigant und liebdienernd – darum gewiß von schnellem, brauchbarem Theaterverstand – nach oben geschlängelt war, ohne Not sich nimmermehr herablassen würde, um auf seine Karte zu setzen und auch nur ein Wort für ihn zuschreiben, das vermutete Mozart, und mit Recht. Weshalb sollte Da Ponte Mühe und Geist aufwenden zum Nutzen eines Deutschen, der vereinbarungsgemäß mit den Anforderungen der italienischen Oper nicht zurechtkommen konnte, dessen Musik man selbst im italienischen Gewand noch überdeutlich anhörte, daß sie – wie später die südländische Gemahlin Leopolds II. befand – eine »porcheria tedesca«, eine deutsche Schweinerei, war? Daß dieser Mozart zu allem Überfluß noch als ein unmanierlicher, recht bizarrer Provinzler angesehen wurde, der das Glück nicht gepachtet hatte und dessen sowieso schwer erträgliche Nähe man deshalb erst recht nicht suchen mußte, machte für Da Ponte die Entscheidung noch einfacher. Nur eben – wenn es stimmt, daß der Teufel in der Not sogar Fliegen frißt, weshalb sollte dann einem Da Ponte, wenn es an Auftrags- und Geldnachsschub fehlte, nicht ein kurzes Verlegenheitsbündnis mit jenem Mozart gestattet sein? Drei lange Jahre hielt er diesen hin, und wenigstens mußte er sich dann nicht mehr der Mühe unterziehen, eigens nach einem Stoff zu suchen. Denn was dieser musikalische Bettelgeist jetzt vorschlug, war schon ein fertiges Produkt, bedurfte eigentlich nur noch der Kürzung und sangesgerechten Einrichtung. Das war allerdings das einzige, was für diesen Stoff sprach, der den klar sortierten Verhältnissen, den standardisierten Temperamentsexzessen der publikumswirksamen Bravouropern absolut nichts entgegenbrachte. »Der tolle Tag«, Beaumarchais' eben erst in Paris erschienene Skandalkomödie über die Hochzeitskalamitäten des aufmüpfigen Grafendieners Figaro, sollte es sein, wo große Arien im Durcheinander kaum unterzubringen waren, jedoch die Gefahr der Anstoßnehmens, gar des Verbots durchaus lauerte.

Sei's drum! Da Ponte ließ sich herab, und schon nach sechzig Tagen war die Sache überstanden. Wie »innovativ« diese Oper war, wird uns heute kaum noch bewußt. Als sie 1786 uraufgeführt wurde, entsprach sie keineswegs dem, was man in diesem Genre gewöhnt war. Sie ertrotzte sich vom Publikum nur ein günstiges Minderheitsvotum und wurde durch nur wenige weitere Vorstellungen für den Spielbetrieb vorerst verbraucht. Lohnend war das für den Librettisten so wenig wie für den Komponisten.

Doch wie gleichgültig der Venezianer und der Salzburger auch für einander gewesen sein mögen, irgendetwas hat zwischen ihnen doch »gefunkt«. Wahrscheinlich die sehr spezielle Begeisterung eines ganz und gar routinierten, fachmännischen, sich schnell und treffend verständigenden Zusammenarbeitens, das auf den kürzesten Wegen die besten Resultate erzielt. »So schnell, wie ich den Text schrieb, komponierte Mozart Stück für Stück die Musik«, stellte Da Ponte so selbstbewußt wie anerkennend fest. Daß hier nicht die glühenden Wonneschauer, nicht die gebärenden Verzweiflungsstürme romantischer Genies tobten, sondern ein kühler, die Arbeitsgänge optimierender Verstand waltete, ersieht man aus den Autographen, die heute in Berlin und Krakau liegen. Nicht gemäß der dramatischen Aufeinanderfolge oder nach der Laune inspirierter Gnadenzustände wurden die Texte von Da Ponte geliefert und von Mozart vertont. Vielmehr wurden zur rationellen Erarbeitung diejenigen Stücke aus dem Gesamtkonzept bestimmt und aus ihrem dramatischen Zusammenhang herausgelöst, die ihrem Charakter, ihrer Stimmungslage nach vergleichbar waren, aber als fertige Produkte unverwechselbar sein sollten. Nach dieser Ordnung gab Da Ponte – vielleicht mit einigen Einreden des anderen – den Versen die fertige Gestalt, und Mozart setzte sie, wie sie dann kamen, mit seiner stenographischen Konzeptschrift in Musik um. Sinn dieses Verfahrens war, Wiederholungen und Eintönigkeit zu vermeiden. Denn drei Allegro- oder drei Andante-Arien, wenn man sie jede in ihrem jeweiligen Handlungskontext, doch mit zeitlichem Abstand voneinander komponiert, werden gerade deshalb leicht einander allzu ähnlich. Wenn man sie aber nebeneinander auf dem Tisch liegen hat, kann man nicht anders, als auf den Kontrast hinzuarbeiten.

Das Glück des »professionellen« Arbeitens wird es also gewesen sein, was die beiden miteinander erfuhren und sie zweimal noch, wenn Da Pontes Auftragsbuch ein paar leere Seiten aufwies, zusammenführte. Ob der Textdichter aber von »Don Giovanni« – dessen schon an die vierzig Mal vertonten Stoff aus dem Spanien Tirso de Molinas er selber an Mozart herantrug – in jenen Jahren jemals eine Bühnenaufführung erblickte, ist nicht so sicher; und daß gar sein Herz an seiner letzten Schöpfung für Mozart gehangen hätte, muß man überhaupt nicht annehmen. Die Idee für »Così fan tutte« beruhe auf einer wahren Begebenheit, einer Täuschungsaffaire und Liebesprobe aus der Wiener Gesellschaft, Kaiser Joseph habe sie Da Ponte vorgeschlagen, so weiß es die Legende. Leichter nachzuprüfen ist allerdings, daß es sich um sein bestes Libretto handelt. Umso befremdlicher wirkt es, daß er in seinen Memoiren nur diesen einen Satz für sein Meisterwerk übrig hatte: »Dann schrieb ich als dritte Oper für Mozart »La scuola degli amanti«.« Auf dem Plakat der Uraufführung am 26. Januar 1790 war das nur der kleiner gedruckte Untertitel, Da Pontes Name verschwand beinahe zwischen den Zeilen. Es sieht aus, als habe er das – lange Zeit tatsächlich arg erfolglose – »komische Singspiel« schon von Anfang an als eine verlorene Sache eingeschätzt und nachher als ein verdrießliches Geschäft aus dem Gedächtnis gestrichen. Mozart also nichts weiter als eine wenig einträgliche Episode in Da Pontes langem Leben? So muß man es wohl sehen. Doch immerhin keine der Pleiten, von denen der alte Memoirenschreiber ganz andere Arien singen konnte.

Freilich ging es in Wien und anderswo gegen Ende von Mozarts Zeit mit vielem bergab, und mit dem kaiserlichen Hofoperndichter hatten es die Zufälle besonders eilig. Der militärische Aufwand an der »Türkenfront« erforderte Sparmaßnahmen im Innern, die sich auch damals schon zuerst gegen Kunst und Kultur richteten und – auch damals schon – diejenigen Musenpriester und Macher am lautesten zum Aufschreien brachten, die sich in diesen heiligen Hallen als nimmersatte Geldverschlinger zum eignen Wohl recht lässig eingenistet hatten. Stellenkürzungen am Theater, Einschränkung des Spielbetriebs und der Honorare, so lautete jetzt die Devise. Da zu allem Unglück der Zufall auch noch beschloß, den Kaiser Joseph am 20. Februar 1790 in die Ewigkeit abzuberufen und den Thron mit dem Kunstbanausen Leopold zu besetzen, verringerten sich die Geldzuflüsse Da Pontes in demselben Maß, wie sich seine Probleme vermehrten. Die waren eigentlich schon groß genug, hatte er doch gegen seine kluge Devise verstoßen, sich niemals mit einer Frau vom Theater einzulassen. Ausgerechnet mit der hochexplosivsten von allen, der so bewunderungswürdigen wie garstigen, »La Ferrarese« genannten Primadonna des Burgtheaters war er in Liebesbeziehungen getreten. Deren Gatte blieb darüber zwar sein guter Freund, doch alle anderen, die im kulturellen Wien das Wort führten und zur Massenpartei jener Bühnenschaffenden zählten, welche sich durch die Ränke der Ferrarese zurückgesetzt fühlten, waren auf einmal wütend tobende Feinde. Den italienischen Windbeutel, so sah man das, habe die italienische Singakrobatin vor ihren Wagen gespannt, um mit seinen Intrigen und Machtmitteln dafür zu sorgen, daß ihr der Triumph auf der Opernbühne ganz allein gehörte. In diesem Fall hatten die Lästermäuler vermutlich nicht unrecht.

Weil Da Ponte demnach als ein Unruhestifter gelten konnte und das Unruhestiften zufälligerweise zur selben Zeit in Paris die alarmierendsten Wirkungen auf Thron und Altar erzielte, entschied der neue Kaiser, daß man des Hofpoeten nicht länger bedürfe. Abfindungen, Gehaltsfortzahlungen gab es nicht. Seine damalige Finanzsituation und seine Verhaltensgewohnheiten angesichts verknappter Mittel hat Da Ponte uns folgendermaßen offengelegt: »Ich hatte elf Jahre in Wien Gehalt empfangen, hatte am Verkauf der Libretti ungeheuer verdient und war von Joseph II. und anderen reich beschenkt worden. Aber ich war so grenzenlos freigebig gewesen, daß ich aus dieser langen Zeitspanne nur einige hundert Piaster Ersparnisse besaß. Doch bis die Vorsehung für ein neues Amt sorgen würde, lebte ich also weiterhin alles in allem genauso wie vorher.«

Gewiß war Da Ponte nicht der erste und letzte, den der Blick in die eigene leere Kasse zu allumfassenden Revolutionsideen inspirierte. Der Kulturabbau als solcher machte ihm keinen Kummer, doch der Verlust seiner Pfründe, seine drohende Zahlungsunfähigkeit brachten ihn zur Weißglut, wobei sehr sympathisch wirkt, daß er den Kulturerhalt nicht einmal fordernd ins Spiel brachte, während er an nichts als sein schönes Geld dachte. Es heißt, daß er, entgegen seinen einstmals gefaßten Opportunitätsprinzipien, jedoch im Überschwang seiner Geldsorgen und gemäß den Modemustern französischer Freiheits- und Gleichheitspoesie eine Epistel an den Kaiser verfaßte, welche er natürlich dorthin nicht abschickte. Doch wie eine verdeckte Karte ließ er das anzügliche Sendschreiben stolz zirkulieren, bis ein falscher Freund es dem Kaiser zuspielte, der höchst ungnädig reagierte. Die Existenz dieses Unmutsbriefs an den wie unter Brüdern geduzten Leopold, aus dem Da Pontes Biographen gern zitieren, von dem manche sogar wissen, er sei in Blankversen verfaßt, läßt sich nirgends nachweisen. Der Autor dieses Phantoms hat in seinen Erinnerungen die Verhältnisse ziemlich im unklaren gelassen, klagt über Undank, Kabalen und Weltverschwörung zu seinem Nachteil und erkennt im Kaiser den Handlungsbevollmächtigten aller widrigen Zufälle.

Was immer sich auch zugetragen hatte, Da Ponte wurde aus Wien, dann aus der ganzen Gegend verbannt. In Triest trifft man ihn wieder und ahnt schon, wohin der Blick des abermals Vertriebenen gerichtet war, der in einem apokryphen Zeitzeugnis als ein »Mann in den Vierzigern, klein und schlank, mit quecksilbrigen Bewegungen und dunklen, hitzigen, südländischen Augen« beschrieben wird. Hinüber nach Venedig schauten diese Augen, wohin auch sonst? Die Frist seiner Verbannung war zwar noch nicht abgelaufen, aber versuchen konnte er es ja. Sein alter Arbeitgeber Zaguri, der einstmals Casanovas Begnadigung durchgefochten hatte, verfügte immer noch über Einfluß, jedoch – wie Da Ponte bald erfuhr – durchaus nicht über den Willen, diesen Einfluß zugunsten des unberechenbaren Abbate auszuspielen. Und das umso weniger, als die genauso unberechenbare Ferrarese, die ihre Prunkzelte in Wien abbrechen mußte, sich jetzt anschickte, in Venedigs Opernhäusern alles an sich zu reißen. Den tollen Lorenzo in deren Nähe zu lassen, die beiden Explosivstoffe auf einmal in Venedig zu lagern wäre eine Fahrlässigkeit vom Rang eines Staatsverbrechens gewesen. In Briefen an Casanova machte Zaguri davon Mitteilung, wie er die Lage vom Dezember 1791 bis ins folgende Jahr einschätzte: »Da Ponte ist ganz sicher untergebracht in Triest. Die Ferrarese ist in Venedig ... Gott weiß, welches Land er nächstens beunruhigen wird. Er war in die Ferrarese närrisch verliebt und sagte, um ihretwillen habe er alles verloren. Sie ließ ihn im Stich und schrieb ihm nicht mehr ... Da Ponte schreibt mir nicht mehr. Die Ferrarese, mit der ich sprach, nennt ihn einen Narren ... Er trägt in seiner Seele einen Wurm, der benagt jede Wurzel seines Glücks ... Er verdient nichts anderes, als was er erreichte: Verachtung.« – Streng geurteilt, Senatore!

Keinen Taler hatte der Abbate mehr in der Tasche der Soutane, die er anscheinend wieder trug. Keine Hand streckte sich ihm einladend entgegen, während er nicht aufhören wollte, nach Venedig, doch auch nach Wien zu flehen. Worüber ihm ein Licht aufging, daß für Leute wie er – immer schon und jetzt erst recht – das turbulente Paris der beste Ort sein mußte, um das Glück zu versuchen. Nicht die neuen Mächte, die dort aufkamen, hatte er freilich im Sinn. Die alten, wenn auch der Zufall sie gegenwärtig abweisend stimmte, standen ihm näher. Und da dieser Zufall es ganz unverhofft wollte, daß der Kaiser für ein paar Tage in Triest Aufenthalt nahm, mußte Da Ponte diese Nähe auf Teufel-komm-raus nutzen, um das hohe Gehör zu finden und die Intrige, welche sie entzweit hatte, aufzuklären. Tatsächlich wurde er vorgelassen. Daß er aber nach Wien zurückkehren dürfe, so wurde ihm beschieden, daran sei vorerst nicht zu denken. So sollte ihm denn also ein Lockruf aus Paris, den die Zeit schon überholt hatte, den einzigen richtigen Weg weisen. Das viel zu katholische, viel zu prüde und wankelmütige Wien hatte er sowieso nie geliebt. Marie-Antoinette nämlich, zwar gebürtige Wienerin, jedoch Königin der Franzosen, habe ihm ausrichten lassen, wie sehr ihr »Una cosa rara«, sein Gemeinschaftswerk mit Salieri, gefalle, und ein Empfehlungsschreiben ihres kaiserlichen Bruders Joseph für Versailles trage er noch in der Tasche. So gab Da Ponte zu verstehen.

Während er noch dahin und dorthin Ausschau hielt und ohne Geld und Gnade am Platz gefesselt blieb, begab es sich, daß seine dunklen, hitzigen Augen zufällig eine junge Frau erblickten, eine »bella inglesiana«, die englisch nicht im Sinn von Angiola oder Angioletta, sondern eine richtige Britin war und Nancy hieß. Der Zuname Grahl wirkte da ein wenig wunderlich. Mehr als zwanzig Jahre war sie jünger als er, Tochter eines Galanteriewarenhändlers, der sich in Triest niedergelassen hatte, als reich galt, doch bald in Konkurs ging. Hermann Kesten weiß, woher auch immer, daß es sich um »eine Jüdin« handelte, »deren Vater ein Deutscher, deren Mutter eine Französin, und die, in London geboren, selbst Engländerin war.« Verzwickte Verhältnisse demnach, doch für Da Pontes dramatischen Verwirrungssinn gerade recht und im ersten Teil der Handlung aufs einfachste zu lösen. Weil nämlich beiderseits die Liebe keusch erblühte, so daß sich der väterliche Segen nicht verweigern konnte, arrangierte sich alles wie zum Schlußbild einer Oper. »Nancys Vater glaubte zu erkennen, wie es um unsere Herzen stand, nahm unser beide Hände, vereinte sie und sagte zu mir: »Nancy gehört Euch« und zu ihr: »Da Ponte gehört dir.« Mutter, Bruder und Schwägerin klatschten dieser improvisierten Szene Beifall.«

Wie es aber im zweiten Teil der Handlung vor sich ging und welche Folgen es hatte, daß er als geweihter Priester heiratete, bleibt dunkel. Zaguri, der zum Thema Da Ponte gern burleske Einfälle entwickelte, schlug vor, man habe ihn sich als einen »die Messe lesenden Abbate, in der Synagoge nach hebräischen Ritus« sich selber verheiratenden Bräutigam vorzustellen. Daß es allzu lustig indes nicht zuging, gab Da Ponte seinerseits zu verstehen, indem er die Leser seiner Lebensgeschichte um ihre Zustimmung bat, »diese schmerzliche und schwere Zeit mit dem Schleier des Geheimnisses zu bedecken.« Die »gewöhnlichen Zeremonien«, so schreibt er, seien am 12. August 1792 in Triest vollzogen worden und gründeten ein dauerhaftes, zuverlässiges, mit zwei Töchtern und drei Söhnen gesegnetes Eheglück – und als die immer zupackende, den Mut nie verlierende Signora Da Ponte 1831 in New York starb, wußte der uralte Abenteurer, der sie in seine Welt hineingezogen hatte, nicht, wie er ohne sie weiterleben sollte.

Kaum durch das Treueversprechen miteinander verbunden, begaben sich die beiden auf eine Wanderschaft, deren Richtungen, Zufälle, Dauer und Ziel sie nicht ahnen konnten. Nach Paris also sollte es gehen, beschlossen die Frischvermählten, um alsbald über die Alpen zu steigen, in der Kutsche oder zu Fuß, und den nicht allzu direkten Weg über Prag einzuschlagen. Dort in der Nähe, das wußte Da Ponte, hatte Casanova seinen Alterssitz gefunden, und dessen Gönner, der Graf Waldstein, dem Beethoven noch eine Klaviersonate widmen sollte, war vielleicht spendabel genug, auch für ihn etwas zu tun. Außerdem hatte Casanova noch einige hundert Dukaten Schulden bei ihm. Daß der Graf nicht da war, sondern auf einer langwierigen Vergnügungsreise, mochte noch als eine übliche Tücke der Vorsehung gelten. Daß aber Casanova keinen Kreuzer herausrückte, vielmehr dem dünnbetuchten Flitterwöchner sogar noch einiges abluchste, entsprach keinem Zufall, sondern einem beinharten Gesetz. Drei seiner allzeit bereiten Ratschläge gab der alte, einem zerrupften Raubvogel gleichende Weltkenner, bevor er sich in seine Einsamkeit verabschiedete, dem Weiterreisenden statt des Geldes mit auf den Weg: Erstens, daß er sich vor Paris hüten und sein Glück lieber im politisch stabilen London suchen sollte, zweitens, daß er Cafés meiden müsse, wo Italiener verkehrten, drittens, daß er Wechsel niemals mit seinem Namen unterschreiben dürfe.

Den ersten Rat beherzigte der in der weiten Welt eigentlich ziemlich verlorene, von der wirren Übersichtlichkeit seines Herkommens geprägte Operndichter. Mag sein, daß er sich in dem einsetzenden blutrünstigen Durcheinander von Paris durchgeschlagen hätte. Da er aber viel von einem Pechvogel an sich hatte und da er als ein zwielichtiger Ausländer, dazu noch mit staubigem Aristokratengetue und knittrigen Rokokoplänkeleien, ein gefundenes Fressen für die Guillotine abgegeben hätte, kann man nicht ausschließen, daß er dem Großen Sanson, dem Henker von Paris, hätte vors Angesicht treten müssen. Cagliostro, den Casanova vor Rom gewarnt hatte und der dennoch dorthin ins Verderben ging, lieferte dessen Ratschlägen den trefflichsten Gütebeweis.

Auch Da Ponte kam nicht umhin, die weltweisen Abenteurerdevisen Casanovas anzuerkennen. Jedoch, die Gesellschaft von Auslandsitalienern mied er nicht, und Wechsel zeichnete er mit Fleiß, was ihn in hundert Bedrängnisse, ins Schuldgefängnis und in tausend Verlegenheiten brachte, deren reine Zufälligkeit er seinen Gläubigern nur schwer vermitteln konnte. Er sprang von Gelegenheiten zu Gelegenheiten, die sich grundsätzlich als Täuschungen erwiesen. Noch

Abbildung 24
Casanova im Alter von dreiundsechzig Jahren
(Kupferstich von J. Berka, 1788)

nicht die Hälfte der ihm zugemessenen Lebenszeit hatte er verbraucht, als er das umherirrenden Suchen nach dem Zipfel irgendeines beliebigen Glücks zu seinem Gesetz erklärte. Die Wege waren, so scheint es, sein Ziel, doch Brücken, welche seinen Poetengeist über die Jammertäler des Gelderwerbs hinweggetragen hätten, fand er nicht. Wenn er in den Niederungen der Geschäfte aufjauchzte, wie zugreifensnahe das Geld vor ihm lag, mußte er sogleich an seinen blutigen Fingern erkennen, daß er in eine Falle gegriffen hatte. Seine Seele jedoch nahm keinen Schaden, blieb so leicht, menschenfreundlich, arglos und kunstverliebt, wie sie es von jeher war; und wenn er in eigener, schlichter Theologie zuerst die Vorsehung samt dem Zufall zu seinen verspielten, nachsichtigen Göttern erwählt hatte, so beugte er sich vor dem Alter in ebenso schlichter Frömmigkeit.

Mit den Wechselfällen des Lebens kam Da Ponte stets gleich einem Märchenheld zurecht. Doch wie das mit den gelderzeugenden Wechseln funktionierte, das begriff er offenbar sein Lebtag nicht. Es sieht aus, als sei er felsenfest der Meinung gewesen, seine Unterschrift allein sei das überaus praktische Zaubermittel, um ihn ohne Verzug in den Besitz jedweder Beträge zu bringen. In London aber, wohin der Rat Casanovas seine Wanderschaft nun lenkte, gab es niemand, der ihm einen Wechsel zur Unterschrift vorlegen wollte. Es gab dort überhaupt nichts für ihn zu tun und zu verdienen. Also wieder zurück, und jetzt in die Niederlande, befahl ihm seine Eingebung, ins Eldorado der schnell zuschnappenden, aufs Handfeste erpichten Geschäftemacher, unter denen Da Ponte mit seiner Idee, eine Operntruppe zu gründen, wie ein Phantast wirkte, der eigentlich ins Irrenhaus, zumindest aber ins Armenhaus gehörte. Niemals war er tiefer unten als bei diesen Kapitalisten, die so einträglich auf der reinen, kalten Geistesblüte des Calvinismus thronten. Ob es nun schon an der Flehkraft seiner Altersfrömmigkeit oder noch am Zufall lag, gleichviel, da die Not am größten, ließ auch die Rettung nicht auf sich warten: Sie kam mit einem Brief aus London, dessen Nachporto er mitleidshalber mit seinem Taschentuch entgelten durfte. Während er nämlich im holländischen Elendsquartier dahindämmerte, hatte man sich in London plötzlich doch noch des großen kaiserlichen Theatermannes erinnert. Die italienische Oper am Haymarket brauchte ihn, als Textlieferanten und rechte Hand des Managers. Jubelnd und mit

Reisespesen versorgt, stürmte Da Ponte über den Kanal, dann an die Arbeit und konnte sich nicht verkneifen, alsbald wieder nach Herzenslust im Wespennest der Primadonnenrivalitäten und Kastrateneitelkeiten herumzustochern. Bis alle Stacheln sich gegen ihn richteten. Um ihn aus der Gefahrenzone zu entfernen und den Theaterkrieg zu dämpfen, schickte der Herr Direktor seinen durchaus hochgeschätzten Geschäftsführer 1798 auf eine echte Traumreise. Nach Italien ging's, wo er Sängernachwuchs ausfindig machen, Kontrakte abschließen sollte.

Daß er sich dabei verbummelte, einen Abstecher nach Cedena machte, um seine Familie wiederzusehen – was er hübsch und rührend, wie eine überraschungsvolle, bunte, von Herzensfreude erfüllte Opernszene erzählte –, konnte ihm niemand verdenken. Auch nicht, daß er Venedig wieder betrat, wo kein Bannfluch des Großen Rats ihn mehr bedrohte, da die Republik nicht mehr existierte, die Plätze entvölkert, die Cafés leer, die alten Bekannten alte Leute und die Feinde von früher vom Schicksal gestraft waren. Die Österreicher aber, nach einem Vertrag mit Napoleon nun Herren der Stadt, waren sich gleichgeblieben und raunzten ihn an, daß er schleunigst verschwinden sollte. Daß Da Ponte, statt verdrossen dreinzublicken, lieber mit glänzenden Augen die Herrlichkeiten von Florenz – welche Frauen!, von Bologna, von Ferrara – oh Tasso! schaute, war ihm vollends zu gönnen. Daß er aber auf dieser Reise aufs fleißigste auch schrieb, und zwar seinen Namen auf Wechsel und Zahlungsanweisungen, verfolgt der Betrachter mit Besorgnis und hatte bei seiner säumigen Rückkehr nach London erstens einen eisigen Empfang zur Folge und zweitens die fristlose Kündigung samt schlimmen Drohungen.

Was er nun anfangen sollte, brauchte er sich freilich nicht lange zu fragen. Wie bestellt, rannte der wegweisende Zufall nochmals auf ihn zu, diesmal in Gestalt eines Ochsen, der, von den Schlächtern verfolgt, den toderschrockenen zarten Poeten in den nächstbesten Hauseingang trieb, hinter dem sich ein Buchladen befand, dessen Inhaber auf einem Stapel italienischer Bücher saß, die er für unverkäuflich erachtete. Da Ponte jedoch sah das anders, kaufte um ein Spottgeld – oder gegen Wechsel – den ganzen Ramsch, der zum Grundstock werden sollte für eine große Bibliothek zum Nutzen englischer Freunde italienischer Kultur, die er somit auch als Kunden an sich ziehen wollte. Denn die heimliche Botschaft des Ochsen hatte gelautet, daß der problematische Abbate recht eigentlich zum glanzvollen Buchhändler und Verleger berufen war.

Die zwar noch grollenden Herren des italienischen Opernhauses merkten inzwischen schnell, daß sie so leicht auf Da Ponte nicht verzichten konnten. Ohne ihm nochmals den Zugriff auf die Kasse zu gestatten, beauftragten sie ihn wieder mit Einzelaufgaben und dem Verfassen von Libretti. Sein letztes schrieb er 1804 für den deutschen, aus Mannheim stammenden Komponisten Peter von Winter. Mit beachtlichem Humor hat der Alte in New York dann in seine Lebensgeschichte eingetragen, wie während dieser Londoner Reifezeit der Boden unter seinen Füßen wegbrach. An seinem Geburtstagsmorgen stürmten die Häscher das Schlafzimmer, um ihn wegen geplatzter Wechsel zu verhaften. Noch gelang es ihm, hin- und hergerissene Bürgen zu stellen, so daß er an einem einzigen Tag dreimal festgenommen und wieder freigelassen wurde. Als seine Bilanz notierte er lakonisch: »Ich glaube, ich habe England das erste beklagenswerte Beispiel eines Mannes gegeben, der Bankrott machte, ohne jemandem auf der Welt die kleinste Münze schuldig zu sein.«

Es war höchste Zeit, sich davonzumachen. Frau und Kinder schickte er nach Amerika voraus, wo schon die Schwiegereltern mit einigem Anhang sich abmühten, um Fuß zu fassen. Am 7. April 1805 bestieg er klammheimlich, mit leichtestem Gepäck in Gravesand den billigsten Segler. Sechsundachtzig lange Tage dauerte die Überfahrt, und endlich in New York mit der ganzen Sippe vereint, versuchte er sich alsbald, »mit Dichterhänden«, wie er lachend bemerkte, im Ausschank von Branntwein und mit dem Verkauf von Kautabak, Tee und Heiltinkturen. Auf der folgerichtig anschließenden finanziellen Schieflage schlitterte er hinüber nach New Jersey, wo die nächste Pleite schon wartete. Also lieber doch zurück in den Dschungel der Großstadt, wieder nach New York, mit neuen Geschäftsideen, darunter auch dieser: mit der Sprache seiner Heimat nicht nur Einnahmen zu erzielen, sondern auch eine Kulturmission zu erfüllen. Denn mit Empörung hatte der stolze Italiener bemerkt, daß in der Neuen Welt seine Sprache kein höheres Ansehen genoß als Chinesisch oder Türkisch. Am Columbia College, das später zur Universität anwuchs, wollte er Kurse einrichten. Die Nachfrage jedoch war, bei solcher Interessenlage fürs Italienische, spärlich, was die konsternierte Da Ponte-Familie zum nächsten Umzug zwang, nun ins schöne Sunbury mit seinen Bergen, Hirten und Forellen und dazu noch einer Marktlücke, die der alte Klosterbruder mit Schnapsbrennerei zu stopfen suchte, aber auch mit sonstigem bunten Allerlei. Zweiundsiebzigmal überquerte der nun über Sechzigjährige mit dem Fuhrwerk das Gebirge, der Geschäfte halber mit jenen redlichen Bürgern, die er bald als »gerissene Yankees« entlarvte, als »tückische Holzwürmer«, die an seinen Luftschlössern nagten. Diese stürzten,

Abbildung 25
Der alte Lorenzo Da Ponte, gezeichnet von Nathan Rogers

wie gewohnt, ein, und der so unverbesserliche wie unermüdliche Bankrotteur machte sich nach Philadelphia davon, um sich schließlich wieder in New York einzufinden, wo er allmählich doch zur Ruhe kommen mußte.

Aber nicht ganz. Ein kleiner Buchhandel nötigte zwar zu einer gewissen Seßhaftigkeit, doch mindestens dreizehnmal wechselte Da Ponte in New York, das damals kaum über die 14. Straße hinausreichte, noch die Wohnung. Da das Gehen ihm schwerfiel, das Herumsitzen seine Sache aber niemals war, regte sich die Lebhaftigkeit seines Geistes umso mehr, um ihn über die dauernden Geldsorgen, auch über den Tod eines Sohnes, hinwegzutragen. Einige Personen aus dem Bildungsbürgertum, die von seinem Namen, seiner Rolle im fernen Europa vernommen hatten, suchten seine Nähe, lauschten seinen Geschichten von märchenhaften Kaisern, Kurtisanen und Komponisten. Nicht nur daß er demzufolge zum Aufschreiben seiner Erinnerungen animiert wurde, seine Kuriosiäten bescherten ihm jetzt aus der tonangebenden Gesellschaft auch Schüler und – dem alten Pfau noch viel erfreulicher – Schülerinnen, die aber zu seinem lauten Wehklagen nur flüchtigen Geschmack an italienischer Kunst und europäischen Geist fanden. Wenigstens kamen aus den Gefilden der Alten Welt manchmal Nachrichten, daß er dort nicht vergessen, daß er als Mozarts Textdichter, als eine gerüchteumwitterte, halb altmodisch abenteuerliche, halb neumodisch romantische Figur zu einem zweiten, den europäischen Geistern ganz präsenten Leben erdacht worden war. Daß dieser über den Ozean fächelnde Ruhm vom amerikanischen Wind nicht verweht wurde, dafür sorgte ein sensationelles Pionierunternehmen, welches von dem hochbedeutenden Manuel García angeführt wurde, einem Tenorwunder seiner Zeit, zudem noch Vater einer mustergebenden Gesangspädagogik und zweier ebenso qualifizierten Sängerinnen, der Malibran und der Viardot.

Garcías Truppe kündigte an, nun in New York zum ersten Mal auf amerikanischem Boden eine komplette Oper aufzuführen. Rossinis »Barbier von Sevilla« sollte es sein und erbrachte einen Riesenerfolg, der Da Ponte nicht ruhen ließ, bis er sich dem erschütterten García zu erkennen gab, in die Arme warf und es dann in Sekundenschnelle eine abgemachte Sache war, daß »Don Giovanni« unbedingt nachfolgen mußte. Am 23. Mai 1826 hob sich im Park Theatre, wo heute der

Columbus Circle sich ausgebreitet hat, vor Mozarts Meisterwerk der Vorhang. In seiner Loge strahlte Da Ponte, wie man ihm als dem Mitschöpfer huldigte. Da aber die Zeiten auch damals schon schnellebig sein konnten, durfte er sich gleich danach als wieder zu seinen Büchern entlassen betrachten, die er mit eigenem Schrifttum, auch mit empörten Streitschriften zur Ehre der italienischen Dichtkunst fleißig vermehrte. Einige ältere Herren mit Einfluß immerhin wollten ihn mit seinem fruchtlosen Mitteilungsdrang nicht allein lassen und besorgten ihm diesmal eine richtige Professorenstelle am Columbia College, doch ohne Bezahlung und, da die Studenten auch jetzt wieder ausblieben, auch ohne Hörergelder. Mit einigen Verrenkungen kann also die heutige Universität sich auf Mozarts Librettisten als den Gründervater ihrer italienischen Fachschaft berufen.

Den Depressionen nach dem Tod seiner Frau folgte zum letzten Mal eine jener hochschießenden Pläneschmiedereien, von denen kein Abenteurerherz leicht ablassen kann. Vierundachtzig Jahre war Da Ponte alt, als er Patrone, Mäzene, Sponsoren zusammentrommelte, damit New York endlich ein festes Opernhaus bekam. Alles ging schnell und besser als gedacht. Daß der alte Opernfuchs im Direktorium saß, alarmierte niemanden. So mußte es denn kommen, daß der Musentempel, kaum eröffnet, pleite ging und bald darauf abbrannte. Recht streng wurde Da Ponte in seinen kleinen Laden, zu seinen Büchern zurückverwiesen. Doch unverdrossen, in einer traurigen Himmelsheiterkeit und Weltverlorenheit, welche ihn am Ende mit Mozart vielleicht am meisten verband, trug er, bevor er es schließen mußte, ins Buch seines Lebens die letzten Zeilen ein:

In meinem Laden sitze ich, sobald der Hahn kräht, ihn verlasse ich nur für wenige Augenblicke, in ihm bleibe ich bis in die späten Nachtstunden. Ich habe, um ehrlich zu sein, tagsüber nicht oft Gelegenheit, mich von meinem Stuhl zu erheben; Käufer gibt es nur wenige und selten. Aber ich habe die Freude, daß an meiner Tür alle Augenblicke Kutschen und prächtige Wagen halten, aus denen bisweilen die schönsten Damen der Welt aussteigen: Neben meinem Bücherladen ist ein Geschäft, in dem man Zuckerwerk und Torten verkauft.

Der Herbst ist nahe. Meine Klassen, hoffe ich, werden dann größer werden, und zunehmen werden auch die Käufer in meinem Geschäft, denn großherzige Menschen kennen diese Sehnsucht, die mich durch mein Leben begleitet hat. In einem Bändchen, das der Anhang zu den bisherigen Bänden sein soll, will ich die Erzählung fortsetzen.

Am 17. August 1838, bevor der Herbst noch kommen konnte, starb er, im Frieden mit seiner Kirche. Drei Tage drauf trug eine Gesellschaft würdiger Herren den Sarg zum katholischen Friedhof, der sich da befand, wo die 2. Avenue und die 11. Straße sich kreuzen. Ein Denkmal, da war man fest entschlossen, sollte dem Zeugen einer längst vergangenen Welt, der amerikanischer Bürger geworden war, gesetzt werden. Doch geriet der Plan in Vergessenheit.

Bibliographie

Wer das europäische Buchwesen des 17., 18. und frühen 19. Jahrhunderts kennt, weiß um die vielfältigen editorischen Probleme, die Masse unautorisierter Nachdrucke und irreführender Angaben. Nur ein hochspezialisierter Bibliophiler findet sich da hinlänglich zurecht. Wer einen bestimmten Titel sucht, wird diesen häufig in abgewandelten Formen erkennen und Vorlieb nehmen müssen mit einer Ausgabe, die von seiner Referenz abweicht. Die bibliographischen Angaben zu den hier genutzten Quellen bezeichnen die Editionen, die dem Verfasser zugänglich waren. Sie sind gegebenenfalls aufs Zweckmäßige beschränkt und räumen ein, daß das betreffende, in der Regel seltene Werk ebenso gut auch in einer anderen, mehr oder weniger divergierenden Fassung vorgefunden werden kann.

Einige Informationen wurden aus handschriftlichen Stücken in Privatbesitz gewonnen. – Wo fremdsprachige Quellen bereits in deutscher Übersetzung vorliegen, wurde grundsätzlich diese zum Zitieren übernommen. Der Vergleich mit den Originalen ließ gelegentlich jedoch kleinere Abweichungen ratsam erscheinen. Im übrigen stammen die Übersetzungen fremdsprachlicher Quellentexte vom Verfasser. – Beim Zitieren erhielten in Zweifelsfällen die Lesbarkeit und Deutlichkeit den Vorzug gegenüber sonst störenden Förmlichkeiten des Dokumentierens. Als Richtlinie galt allerdings, daß solche Kürzungen und Zusammenfügungen keinesfalls den Sinn entstellten.

Dasein heißt eine Rolle spielen

Veröffentlichungen, die dem Thema des höfischen Abenteurertums in der frühen Neuzeit ausdrücklich gewidmet wären, liegen nicht vor.

Alexander, John T., *Catherine the Great. Life and Legend.* Oxford University Press 1989.

Ariès, Philippe u. Duby, Georges (Hrsg.), *Geschichte des privaten Lebens,* Bd. 3: *Von der Renaissance zur Aufklärung.* A. d. Franz., Frankfurt 1990.

Barbier, Patrick, *Farinelli. Le castrat des Lumières*. Paris 1994.

Bartlett, Roger P., *Human Capital. The Settlement of Foreigners in Russia, 1762-1804*. Cambridge 1979.

(Beaumelle, L. A. de la), *Lettres de Madame de Maintenon*. Troisième édition, revue, corrigée et augmentée. Glasgow 1756, 7 Bde.

Biographie universelle (Michaud) ancienne et moderne. Paris 1854 ff., 45 Bde.

Bluche, François, *La vie quotidienne au temps de Louis XIV*. Paris 1984.

ders., *La vie quotidienne de la noblesse française au XVIIIe siècle*. Paris 1973.

Bonet Correa, A. u. Gallego, A., *Fiestas Reales*. Madrid 1992.

Bouvier, R., *Farinelli, le chanteur des Rois*. Paris 1943.

Burger, Heinz Otto, *Europäisches Adelsideal und deutsche Klassik*. Antrittsvorlesung an der Johann Wolfgang Goethe-Universität Frankfurt am Main, 17. Januar 1963.

Casanova, Giacomo, Chevalier de Seingalt, *Geschichte meines Lebens*. Frankfurt a. M., Berlin 1965, 12 Bde.

Castiglione, Baldassare, *Il Libro del Cortegiano (1527)*. Ed. V. Cian, Florenz 1948.

Caunu, Pierre, *La civilisation de l'Europe des Lumières*. Paris 1982.

Cermakian, Marianne, *La Princesse des Ursins (= Orsini). Sa vie et ses lettres*. Paris 1969.

Corbéron, M.-D.-B., chevalier de, *Un diplomate français à la cour de Catharina II, 1775-1780. Journal intime*. Paris 1904, 2 Bde.

Dießenbacher, Hartmut, *Wir sind moralische Straßenkehrer. Humanitäre Abenteurer im Dschungel des Elends*. In: Frankfurter Allgemeine Zeitung, 22.7.1995, Nr. 168.

Elias, Norbert, *Über den Prozeß der Zivilisation. Soziogenetische und psychogenetische Untersuchungen*. Bern 1969, 2 Bde.

Gitermann, Valentin, *Geschichte Rußlands*. Frankfurt a. M. 1987, Bd. 2.

Goethe, Johann Wolfgang von: *Wilhelm Meisters Lehrjahre*. In: Goethes Werke. Hamburger Ausgabe in 14 Bdn., 6. Aufl., Hamburg 1965, Bd. 7. (S. 290 f.)

ders., *An Charlotte von Stein, Neuenheiligen d. 11. März 1781*. In: Goethes Briefe. Hamburger Ausgabe in 4 Bdn., Hamburg 1962, Bd. 1. (S. 347 ff.)

Gordon, Alexander, *History of Peter the Great*. Aberdeen 1755, 2 Bde.

Gordon, Patrick, *Passages from the Diary of General Patrick Gordon of Auchleuchries in the Years 1635-1699*. Aberdeen 1859.

Hatton, Ragnhild M., *Europe in the Age of Louis XIV*. London 1969.

Hill, Constance, *Die Fürstin Orsini, Camerera Mayor am Hofe Philipps V. von Spanien*. Heidelberg 1903.

Janssen, Hellmut, *Die Grundbegriffe des Baltasar Gracián*. In: Kölner Romanistische Arbeiten 5, 1958, S. 73 ff.

Lee, V., *Studies of the 18th Century in Italy*. London 1880.

Le Roy Ladurie, Emmanuel, *L'Ancien Régime. De Louis XIII à Louis XV, 1610-1770*. Paris 1991.

ders., *L'état royal. De Louis XI à Henri IV, 1460-1610*. Paris 1987.
Levron, Jacques, *La vie quotidienne à la cour de Versailles aux XVIIe et XVIIIe siècles*. Paris 1965.
Loos, Erich, *B. Castigliones Libro del Cortegiano. Studien zur Tugendauffassung des Cinquecento*. In: Analecta Romanica 2, 1955.
Madariaga, Isabel de, *Russia in the Age of Catherine the Great*. New Haven 1981.
Maland, David, *Europe in the Seventeenth Century*. London 1966.
Marie, Alfred u. Marie, Jeanne, *Versailles au temps de Louis XIV*. Paris 1976.
dies., *Versailles au temps de Louis XV*. Paris 1984.
Massie, Robert K., *Peter der Große. Sein Leben und seine Zeit*. A. d. Amerik., Frankfurt a. M. 1986.
Mercier, Louis-Sébastien, *Le tableau de Paris*. Amsterdam 1781-1788, 12 Bde.
Miller, Norbert, *Daniel Defoe oder Die Wirklichkeit des Puritaners*. Vorwort zu: Daniel Defoe, Romane, Bd. 1, München 1974, S. 5-32.
Misch, G., *Die Geschichte der Autobiographie*. Frankfurt a. M. 1949 ff.
Mitchell, R. J. u. Leys, M. D. R., *A History of London Life*. London 1968.
Nouvelle biographie universelle depuis les temps les plus reculés jusqu'à nos jours. Paris 1852 ff., 46 Bde.
Ranke, Leopold von, *Französische Geschichte, vornehmlich im XVI. und XVII. Jahrhundert*. Leipzig 1954. 2 Bde.
ders., *Zeitbilder und Charakteristiken*. Berlin 1918.
Rousseau, Jean-Jacques, *Œuvres complètes. Les Confessions I. Autres textes autobiographiques*. Paris 1959.
Saint-Simon, Louis de Rouvroy, duc de, *Mémoires*. Paris 1958, 6 Bde.
ders., *Die Memoiren des Herzogs von Saint-Simon*. Hrsg. u. übers. v. Sigrid von Massenbach, Frankfurt a. M., Berlin, Wien 1985, 4 Bde.
Solnon, J. – F. (Hrsg.), *Sources d'histoire de la France Moderne (XVIe, XVIIe, XVIIIe siècle)*. Paris 1994.
Spielman, J., *The City and the Crown. Vienna and the Imperial Court, 1600-1740*. West Lafayette University Press 1993.
Stählin, Jacob von, *Originalanekdoten von Peter dem Großen*. Leipzig 1785.
Summer, Benedict H., *Peter the Great and the Emergence of Russia*. New York 1965.
Trenck, Friedrich Freiherr von der, *Merkwürdige Lebensgeschichte*. Neue, vermehrte und verbesserte Auflage, Berlin 1787, 3 Bde.
Verlet, Pierre, *Le château de Versailles*. Paris 1985.
Wilson, Francesca, *Russia Through Foreign Eyes, 1553-1900*. London 1970.
Withworth, Charles, *An Account of Russia as It Was in 1710*. Strawberry Hill 1758.

Antonio Pérez

Die Biographen Philipps II. kommen an Pérez nicht vorbei, und in den spanischen Geschichtswerken über die Epoche wird er regelmäßig angesprochen. Hier und da ist unter seinem Namen sogar von Philipps »großem« Staatssekretär die Rede, was nach Lage der Dinge einigermaßen verwundert und offensichtlich herrührt aus einer Vermischung von Pérez Vater und Sohn. *Mignet* und *Ranke* haben im vorigen Jahrhundert einiges über Antonio Pérez zusammengetragen, doch liegt nur eine einzige ausführliche Biographie über ihn vor. Sie stammt von *G. Marañón* und besitzt den Charme einer begeisterten, weiträumigen, so akribischen wie phantasiebegabten Liebhaberarbeit, aber auch einige für dieses Genre typische Nachteile. Der dazugehörige Dokumentationsband präsentiert eine imponierende Fülle von Material.

Quellen:

Alberi, Eugenio, *Le relazioni degli ambasciatori veneti al Senato durante il secolo decimosesto*. Florenz 1839 ff., 6 Bde.

Cabrera de Córdoba, Luis, *Felipe Segundo, rey de España*. Madrid 1876 f., 4 Bde.

Pérez, Antonio, *Relations*. A. d. Span., Genf 1631.

Porreño, Baltasar, *Dichos y hechos del Rey Don Felipe II*. Madrid 1942.

Schiller, Friedrich, *Geschichte des Abfalls der vereinigten Niederlande*. In: Sämtliche Werke. München 1962, Bd. 4, S.27-361.

ders., *Philipp der Zweite, König von Spanien. Von Mercier*. In: Sämtliche Werke. München 1962, Bd. 4, S. 7-25.

Shakespeare, William, *Sämtliche Werke, übersetzt von A. W. Schlegel und Ludwig Tieck*. Heidelberg o. J., 4 Bde.

Literatur:

Ferdinandy, Michael de, *Philipp II. Größe und Niedergang der spanischen Weltmacht*. Wiesbaden 1977.

Llorente, Juan Antonio, *La inquisicion y los españoles*. Madrid 1967.

Marañón,Gregorion, *Antonio Pérez. El hombre, el drama, la época*. Madrid 1947, 2 Bde.

Mignet, M., *Antonio Pérez et Philippe II*. Paris 1845.

Oliveira Martins, J. P. de, *História da civilizaçao ibérica*. Lissabon 1954.

Ranke, Leopold von, *Die Osmanen und die spanische Monarchie im 16. und 17. Jahrhundert*. Berlin 1857. (S. 149-156)

ders., *Zeitbilder und Charakteristiken*. Berlin 1918.

Der Graf von Bonneval

Hauptsächliche Quelle ist ein bislang anscheinend unveröffentlichter handschriftlicher Bericht von siebzehn Seiten, den Bonneval aus Konstantinopel im Juni 1739 vermutlich an seinen Bruder schickte. Diese Rechtfertigungsschrift ist mit dem Titel versehen: »Relation de ce qui a engagé le Comte de Bonneval aujourd'huy achmes pacha de passer en Turquie. Et quelles sont les raisons qui l'ont aussi engagé a y prendre party.« – Bemerkenswert ist der wohlinformierte Artikel in der *Biographie universelle*.

Quellen:

Bonneval, Claude-Alexandre, comte de (zugeschrieben), *Mémoires*. London 1740 ff., 5 Bde.

Casanova, Giacomo, Chevalier de Seingalt, *Geschichte meines Lebens*. Frankfurt a. M., Berlin 1965, 12 Bde. (Bd. 1, S. 374 f., Bd. 2, S. 79-85, 90, 95, 99, 102 f., 106, 111-113, 153.)

Ligne, Charles-Joseph, prince de, *Mémoire sur le comte de Bonneval*. Paris 1817.

ders., *Œuvres*. Wien, Dresden 1807, 30 Bde.

ders., *Œuvres posthumes*. Wien, Dresden 1817, 6 Bde.

John Law

Es muß erstaunen, wie wenig über Law, dessen Name und *System* sogar in französischen Schulbüchern immer noch Erwähnung finden, geschrieben wurde. Ganz hervorragend, doch nur spärlich gedruckt und so gut wie vergessen ist die frühe Arbeit des späteren Staatspräsidenten *Thiers*, der über die Person Laws nur wenig mitteilte, seine Finanzoperationen jedoch mit viel Fleiß, Ordnungssinn und Zahlenmaterial erforschte, ausbreitete und verständlich zu machen suchte. Darauf baut, so scheint es, der nicht minder eindrucksvolle Artikel der *Biographie universelle* auf, der genauso wie Thiers ganz auf der Höhe des finanzwirtschaftlichen Verstands seiner Zeit ist. – Bedeutende Quellen sind der italienische Gesandtschaftsbericht, den *Ranke* vorlegte, außerdem *Saint-Simon* und der in diesem Fall keineswegs geringere *Duclos.*

Quellen:

Bericht der außerordentlichen Gesandten Lor. Tiepolo und Nicol. Foscarini über Law und sein System, 1723. Im ital. Original bei: Ranke, L. v., Französische Geschichte, Stuttgart 1954, Bd. 2, S. 543-548.

Duclos, Charles-Pineau, *Mémoires secrets des règnes de Louis XIV et Louis XV*. Paris 1854.

Langallerie, Marquis de, *Mémoires. Histoire intéressante.* Den Haag 1743.

Law, John, *Œuvres complètes.* Paris 1934.

Pfalz, Elisabeth-Charlotte von der, Duchesse d'Orléans, *Briefe.* Frankfurt a. M., Wien, Zürich 1972. (S. 319, 321, 323 f.)
Saint-Simon, Louis de Rouvroy, duc de, *Mémoires.* Paris 1958, 6 Bde.
ders., *Die Memoiren des Herzogs von Saint-Simon.* Hrsg. u. übers. v. Sigrid von Massenbach, Frankfurt a. M., Berlin, Wien 1985, 4 Bde. (Bd. 4, hauptsächlich S. 46-49, 79-82, 134-136, 157-161, 166-172, 177-182)
Sanson, Henri, *Tagebücher der Henker von Paris.* Hrsg. v. E. Wesemann u. K.-H. Wettig, Leipzig, Weimar, München 1983, 2 Bde. (Bd. 1, S. 156-172)
Wood, John Philip, *Memoirs of the Life of John Law of Lauriston.* Edinburgh 1824.

Literatur:

Barbier, E.-J.-F., *Chronique de la Régence et du règne de Louis XV (1718-1763).* Paris 1866, 8 Bde.
Bloom, Herbert, *The Economic Activities of the Jews of Amsterdam in the Seventeenth an Eighteenth Centuries.* William Port 1937.
Bouvier, Jean u. Germain-Martin, Henry, *Finances et financiers de l'Ancien Régime.* Paris 1964.
Gaxotte, Pierre, *Ludwig XV. und sein Jahrhundert.* A. d. Franz., München 195F
Hincker, François, *Expériences bancaires sous l'Ancien Régime.* Paris 1974.
Hyde, Montgomery, *The History of an Honest Adventurer*, London 1969.
Lévy, Claude-Frédéric, *Capitalistes et pouvoir au Siècle des Lumières.* Paris, Den Haag, New York 1979, 2 Bde.
Meyer, Jean, *Le Régent.* Paris 1985.
Soulié, Maurice, *Le Régent (1674-1723).* Paris 1980.
Thiers, Adolphe, *Histoire de Law.* Leipzig 1858.

Madame de Pompadour

So populär ihr Name war und bis heute in gewisser Weise auch blieb, ernsthafte Biographen haben sich nur wenig für die *Grande maîtresse* oder für die Politikerin interessiert, die als ein halbseidenes Geschöpf umso häufiger die entsprechend gestimmte Phantasie von Verfassern »historischer Romane« an sich zog. Als »Frau« scheint die Pompadour neuerdings wieder aktuell zu werden. Trotz aller Verdienste in dieser oder anderer Richtung, eine gültige Biographie bleibt noch zu wünschen. Weniger als Quelle denn wegen seiner Editionsgeschichte interessant ist das 1759 anonym erschienene, einer *Mademoiselle de Fauques* (oder *Falques*) zugeschriebene Buch, dessen Herkunftsbezeichnungen lauter falsche Spuren legen. Es sei aus dem Englischen übersetzt, wird dort irreführend angegeben, es sei in London gedruckt worden. Tatsächlich stammt es aber aus Holland. – Der französische Hof allerdings war beizeiten richtig informiert. Ludwig XV. beauftragte seinen Botschafter in den Niederlanden, den Grafen d'Affry, vor dem Erscheinen die gesamte Auflage aufzukaufen, was auch – fast – gelang. Ein Exemplar hielt der Verleger zurück, um es ohne Zögern als Grundlage einer neuen Auflage und einer englischen Übersetzung zu verwenden, welcher dann noch im selben Jahr eine deutsche nachfolgte. – Höhere Authentizität dürfen vermutlich die Memoiren der *Madame du Hausset*, Kammerfrau (?) der Pompadour, beanspruchen.

Quellen:

Bernis, François Joachim de Pierre, cardinal de, *Mémoires et lettres*. Paris 1878, 2 Bde.

Casanova, Giacomo, Chevalier de Seingalt, *Geschichte meines Lebens*. Frankfurt a. M., Berlin 1965, 12 Bde. (Bd. 3, S. 165 f., 189, 191-193, 190-195; Bd. 5, S. 203-209)

Croy, Emmanuel, duc de, *Journal inédit du duc de Croy, 1718-1784*. Paris 1906, 4 Bde.

Duclos, Charles-Pineau, *Mémoires secrets des règnes de Louis XIV et Louis XV*. Paris 1854.

(Fauques, M. A. de), *L'histoire de Madame la Marquise de Pompadour. Traduite de l'Anglois*. London 1759. Deutsch: Falques, Marianne-Agnès de, *Die Geschichte der Marquise von Pompadour oder das galante Frankreich*. London (Leipzig) 1759.

Hausset, Madame du, *Mémoires de Madame du Hausset, femme de chambre de Madame de Pompadour*. Paris 1855.

Latude, Henri Masers de, *Le despotisme dévoilé*. Paris 1791.

Luynes, Charles-Philippe, duc de, *Mémoires du duc de Luynes sur la cour de Louis XV*. Paris 1860 ff., 17 Bde.

Marais, Mathieu, *Journal et mémoires sur la régence et le règne de Louis XV*. Paris 1863 ff., 4 Bde.

Pompadour, Jeanne-Antoinette Poisson, marquise de, *Briefe der Marquise de Pompadour*. Übers. u. hrsg. v. Max Adler, Dresden o. J.

Richelieu, Louis-François-Armand du Plessis, duc de, *Mémoires du maréchal de Richelieu, pour servir à l'histoire des cours de Louis XIV, de la minorité et du règne de Louis XV*, Paris 1793, 9 Bde.

Rousseau, Jean-Jacques, *Œuvres complètes I. Les Confessions. Autres textes autobiographiques*. Paris 1959. (S. 348, 377, 386, 512, 553 f., 568, 571, 586)

Literatur:

Antoine, Michel, *Louis XV*. Paris 1989.

Aretz, Gertrude, *Die Marquise von Pompadour*. Dresden o. J.

Barbier, E.-J.-F., *Chronique de la Régence et du règne de Louis XV (1718-1763)*. Paris 1866, 8 Bde.

Bouvier, Jean u. Germain-Martin, Henry, *Finances et financiers de l'Ancien Régime*. Paris 1964.

Campardon, Emile, *Madame de Pompadour et la cour de Louis XV au milieu du dix-huitième siècle*. Paris 1867.

Duncker, Dora, *Madame de Pompadour*. Kalmthout, Belgien 1974.
Gallet, Danielle, *Madame de Pompadour ou le pouvoir féminin*. Paris 1985.
Gaxotte, Pierre, *Ludwig XV. und sein Jahrhundert*. A. d. Franz., München 1954.
Goncourt, Edmond u. Jules de, *Madame de Pompadour*. Nouvelle édition revue et augmentée de lettres et documents inédits, Paris 1888.
Hartmann, Peter Claus, *Ludwig XV.* In: ders. (Hrsg.), *Französische Könige und Kaiser der Neuzeit.* München 1994, S. 237-271.
Lévy, Claude-Frédéric, *Capitalistes et pouvoir au Siècle des Lumières*. Paris, Den Haag, New York 1979, 2 Bde.
Orieux, Jean, *Voltaire ou la royauté de l'esprit*. Paris 1966.
Simanyi, Tibor, *Madame de Pompadour, Eine Biographie*. Düsseldorf 1979.

Cagliostro

Die Cagliostro-Biographien aus neuerer Zeit folgen – soweit dem Verfasser bekannt – ihrem Helden mit nicht geringer Staunens- und Glaubensbereitschaft in die tiefen Gründe seiner Geheimnisse und verdienen nicht immer vollstes Zutrauen. Als ein Produkt der Publizistik seiner Zeit wird er anscheinend nirgends gesehen.

Quellen:

Cagliostro, Giuseppe Balsamo, conte Alessandro de, *Lettre du comte de Cagliostro au peuple anglais*. London 1786.
ders., *Mémoires pour servir à l'histoire du comte de Cagliostro*. o. O. 1785.
ders., *Nota a mia difesa*. Padua 1983.
ders., *Traduction d'une lettre écrite par M. le comte de Cagliostro trouvée dans la Bastille*. Paris 1789.
Casanova, Giacomo, Chevalier de Seingalt, *Geschichte meines Lebens*. Frankfurt, Berlin 1965, 12 Bde. (Bd. 2, S. 47; Bd. 11, S. 194-198; Bd. 12, S. 143)
Frankfurter Kaiserliche-Reichs-Ober-Post-Amts-Zeitung, Jahrgang 1791.
Goethe, Johann Wolfgang von, *Italienische Reise*. In: Goethes Werke. Hamburger Ausgabe in 14 Bdn., 6. Aufl., Hamburg 1964, Bd. 11. (S. 253-264)
ders., *Goethes Briefe.* Hamburger Ausgabe in 4 Bdn., Hamburg 1962. (Bd. 1, S. 343, 365; Bd. 2, S. 139 f.)
Guilleaume, D.-A., *Blick auf die französische Staats-Umwälzung oder Beweise, daß die französische Revolution eine Frucht der heutigen Philosophie ist*. Frankfurt a. M., Leipzig 1798.
Hesmivy d'Auribeau, Pierre, *Mémoires pour servir à l'histoire de la persécution françoise, recueillis par les ordres de Notre Très-Saint Père le Pape Pie VI*. Rom 1794, 2 Bde.

(Illuminaten: Weishaupt u. Knigge), *Die neuesten Arbeiten des Spartacus und Philo in dem Illuminations-Orden jetzt zum erstenmal gedruckt, und zur Beherzigung bey gegenwärtigen Zeitläuften herausgegeben.* 2. Aufl. (Frankfurt a. M.) 1794.

dies., *Illuminatus dirigens, oder Schottischer Ritter. Ein Pendant zu der nicht unwichtigen Schrift: Die neuesten Arbeiten des Spartacus und Philo.* (Frankfurt a. M.) 1794.

Knigge, Adolph Freiherr von, *Aus einer alten Kiste. Originalbriefe, Handschriften und Documente aus dem Nachlasse eines bekannten Mannes.* Leipzig 1855.

ders., *Werke.* Nendeln (Liechtenstein) 1978.

ders. (Pseudonym: J. A. Maier), *Über Jesuiten, Freymaurer und deutsche Rosencreutzer.* Leipzig 1781.

Laborde, Jean-Joseph, *Mémoires de Laborde, fermier général et banquier de la cour.* In: Annuaire-Bulletin de la Société d'Histoire de France, Paris 1968, S. 73 ff.

Lefranc, François, *Conjuration contre la Religion catholique et les souverains.* Paris 1791.

ders., *Le voile levé pour les curieux, ou le secret de la révolution de France révélé, à l'aide de la Franc-Maçonnerie.* Paris 1816.

Marcello, Stefano Antonio (auch mit dem Verfassernamen Barbieri), *Leben und Thaten des Joseph Balsamo, sogenannten Grafen Cagliostro. Nebst einigen Nachrichten über die Beschaffenheit und den Zustand der Freymaurersecte.* Zürich 1791.

Oberkirch, Baronin von, *Mémoires sur la cour de Louis XVI et la société française avant 1789.* Paris 1970.

Pagès, François, *Histoire secrète de la révolution françoise.* Paris 1797, 2 Bde.

Privilegirte Mainzer Zeitung, Jahrgang 1791.

Recke, Charlotte Elisa(beth) von der, *Cagliostro in Mitau.* In: *Berlinische Monatsschrift,* 1790, 10. Stück, S. 302 ff.

dies., *Nachricht von des berüchtigten Cagliostro's Aufenthalt in Mitau im Jahr 1779 und von dessen magischen Operationen.* Berlin 1787.

Schiller, Friedrich, Briefe über den *Geisterseher* an J. Körner u. a. in: *Sämtliche Werke.* München 1962, Bd. 5, S. 1060-1063.

Weishaupt, Adam, *Das verbesserte System der Illuminaten mit allen seinen Einrichtungen und Graden.* Frankfurt a. M., Leipzig 1787.

Zimmermann, Johann Georg, *Briefwechsel zwischen der Kaiserin Katharina II. von Rußland und J. G. Zimmermann.* Hannover, Leipzig 1906.

Literatur:

Dülmen, Richard van, *Antijesuitismus und katholische Aufklärung.* In: Historisches Jahrbuch 89, 1969, S. 52 -80.

ders., *Der Geheimbund der Illuminaten. Darstellung, Analyse, Dokumentation.* Stuttgart, Bad Cannstadt 1975.

Dumas, François Ribadeau, *Cagliostro. Ein Lebensbericht.* A.d. Franz., München, Esslingen 1968.

Guenther, Johann von (Hrsg.), *Der Erzzauberer Cagliostro. Die Dokumente über ihn nebst 12 Bildbeigaben.* München 1919.

Kaeding, Peter, *Adolph von Knigge. Begegnungen mit einem freien Herrn.* Berlin 1991.

Mc Arthur, Gilbert H., *Catherine II and the Masonic Circle of N. T. Novikov.* In: Canadian Slavic Studies, 1970, Bd. 4, S. 529-546.

Schuster, Georg, *Die Geheimen Gesellschaften, Verbindungen und Orden.* Bd. 2, Leipzig 1906.

Franz Anton Mesmer

Eine sehr bemerkenswerte wissenschaftsgeschichtliche Aufarbeitung des Magnetismus leistet die so gründlich wie weiträumig dokumentierte Berliner Dissertation von *A. Ego.* Weniger umfassend, dafür mehr auf Mesmers Ideen und medizinische Praxis ausgerichtet sind die Arbeiten von *M. Benedikt* und *W. Kupsch.* – Einen guten Überblick über verschiedene biographische, medizinische und wirkungsgeschichtliche Aspekte der neueren Beschäftigung mit Mesmer vermittelt die von *H. Schott* herausgegebene Sammlung von Aufsätzen. – Über die geistesgeschichtlichen Zusammenhänge und gewissermaßen auch die »Aktualität« Mesmers handeln u. a. die Veröffentlichungen von *R. Darnton* und *H. J. Schoeps.* – Besonders wegen der Bibliographie hervorzuheben ist *F. Rausky.* – Solide Biographien, mit einem gewissen Überhang zur Gläubigkeit, liegen vor von *K. Bittel, M. Goldsmith, C. Kiesewetter, F. Schürer-Waldheim, J. Vinchon* und *J. L. Wohleb.* Als Beispiel einer romanhaft aufgepolsterten Biographie sei auf das in vielem durchaus informative Buch von *J. Thuillier* hingewiesen. – Bemerkenswert ist auch der Artikel über Mesmer in der fast immer vorzüglichen *Biographie universelle ancienne et moderne. Nouvelle édition.* Paris 1854 ff.

Mesmers Schriften sind vollständig wiedergegeben bei *R. Amadous.*

Quellen:

Allgemeine Deutsche Bibliothek. Berlin, Stettin, 27/1776, 2. Stück, *Prüfende Anmerkungen zu einem Sendschreiben.* (S. 598)

Anonym, *Einige blos philosphische Zweifel und Fragen an Herrn Dr. Mesmer.* In: F. A. Reuss. (S. 78)

Bailly, Jean-Sylvain, *Bericht der von dem Könige von Frankreich ernannten Bevollmächtigten zur Untersuchung des thierischen Magnetismus.* A. D. Franz., Altenburg 1785. (S. 9)

Buchner, Eberhard, *Ärzte und Kurpfuscher. Kulturhistorisch interessante Dokumente aus alten deutschen Zeitungen.* München 1922.

Gaßner, Johann Joseph, *Nützlicher Unterricht wider den Teufel zu streiten*. Kempten 1774.

Hemman, Johann Alexander, *Medicinisch-chirurgische Aufsätze, historisch-practischen Inhalts*. Berlin 1778. (S. 1-40)

Mesmer, F. A., *Erstes Schreiben an einen auswärtigen Arzt*. In: *Schreiben über die Magnetkur*. o. O. 1776. (S. 8 f.)

ders., *Kurze Geschichte des thierischen Magnetismus bis April 1781*. Carlsruhe 1783. (S. 42 ff.)

ders., *Brief an die Königin von Frankreich*. In: *Kurze Geschichte des thierischen Magnetismus*. Carlsruhe 1783, S. 408 ff.

ders., *Ueber meine Entdeckungen und den thierischen Magnetismus überhaupt*. Jena 1800.

Mozart, Leopold, *Mozart. Briefe und Aufzeichnungen*. Kassel, Basel, London, New York 1962 ff., Bd. 3, Briefe Nr. 105, 106, 108, 110, S. 152 ff.

Reuss, Friedrich A., *Sammlung der neuesten gedruckten und geschriebenen Nachrichten von Magnet-Curen, vorzüglich der Mesmerischen*. Leipzig 1778. (S. 45 f., 85 ff., 97, 139)

Schleis, Bernhard J., *Zweifelsfragen an Herrn Doct. Samuel Semmler zu Halle über die Sammlungen deren gaßnerischen Geister-Beschwörungen*. Sulzbach 1775. (S. 181)

Schubart, Christian F. D. (Hrsg.), *Deutsche Chronik*. Augsburg, Ulm 1776. (S. 146)

Literatur:

Amadous, Robert, *Le Magnétisme animal*. Paris 1971.

Benedikt, Moritz, *Franz Anton Mesmer und die philosophischen Grundlagen des »animalischen Magnetismus«*. Mainz 1977.

Bittel, Karl, *Der berühmte Herr Doctor Mesmer vom Bodensee*. Friedrichshafen 1940.

Darnton, Robert, *Der Mesmerismus und das Ende der Aufklärung in Frankreich*. Aus d. Engl., München 1983

Ego, Anneliese, *Animalischer Magnetismus oder Aufklärung. Eine mentalitätsgeschichtliche Studie zum Konflikt um ein Heilkonzept im 18. Jahrhundert*. (Diss. Freie Univ. Berlin 1989) Würzburg 1991.

Goldsmith, Margaret, *Franz Anton Mesmer. The History of an Idea*. London 1934.

Kiesewetter. Carl, *Franz Anton Mesmer's Leben und Lehre*. Leipzig 1893.

Kupsch, Wolfgang, *Franz Anton Mesmer. Eine medizingeschichtliche Standortbestimmung von Theorie und Praxis des »Thierischen Magnetismus«*. Med. Diss. Freiburg 1984.

Rausky, Franklin, *Mesmer ou la révolution thérapeutique*. Paris 1977.

Schoeps, Hans Joachim (Hrsg.), *Zeitgeist der Aufklärung*. Paderborn 1972.

Schott, Heinz (Hrsg.), *Franz Anton Mesmer und die Geschichte des Mesmerismus. Beiträge zum Internationalen Wissenschaftlichen Symposion anläßlich

des 250. Geburtstages von Mesmer, 10. bis 13. Mai 1984 in Meersburg. Stuttgart 1985.
Schürer-Waldheim, Fritz, *Anton Mesmer.* Wien 1930.
Thuillier, Jean, *Die Entdeckung des Lebensfeuers. Franz Anton Mesmer. Eine Biographie.* Aus dem Franz., Wien, Darmstadt 1990.
Vinchon, Jean, *Mesmer et son secret. Textes choisis et présentés par R. de Saussure.* Toulouse 1971.
Wohleb, Joseph L., *Franz Anton Mesmer. Biographischer Sachstandsbericht.* In: Zeitschrift für die Geschichte des Oberrheins, Neue Folge 53, 1940, S. 33-130.
Zimmermann, J. A., *Johann Joseph Gaßner, der berühmte Exorzist.* Kempten 1878.

Lorenzo Da Ponte

Die einzige reiche Quelle ist die von *Da Ponte* selbst verfaßte Geschichte seines Lebens. Das wenige überlieferte historische Material, das die Ränder dieses Selbstzeugnisses zu säumen und zu korrigieren vermag, wurde in der Biographie von *Hodges* mit großem Aufwand und kleinen Voreingenommenheiten erfaßt. Guten Überblick verschafft *Fitzlyon*, zuverlässig ist die Monographie von *Goertz*, die außer einer Lebensbeschreibung noch eine Zusammenstellung und Würdigung von Da Pontes Opernlibretti und sonstigem Schrifttum bietet.

Quellen:

Casanova, Giacomo, Chevalier de Seingalt, *Gesammelte Briefe*. Ausgewählt u. eingeleitet v. Enrico Straub, Berlin 1969-70, 2 Bde.
ders. (Briefe), *Patrizi e avventurieri, dame e ballerine in cento lettere inedite e poco note*. Hrsg. C. L. Curiel, G. Gugitz, A. Ravà, Mailand 1930.
Da Ponte, Lorenzo, *Geschichte meines Lebens. Memoiren eines Venezianers.* A. d. Ital. übers. v. Charlotte Birnbaum m. Vorw. v. Hermann Kesten, Frankfurt a. M., Wien, Zürich 1969.
ders., *Memorie e altri scritti.* Mailand 1971.
ders., *Mémoires (1749-1838) suivis de lettres inédites de Da Ponte à Jacques Casanova*. Paris 1931.
Kelly, Michael (O'), *Reminiscenses with original anecdotes of many distinguished persons*. London 1828.
Molmenti, P., *Epistolari veneziani del secolo XVIII.* Mailand, Palermo, Neapel 1914. (S. 93-118)
ders., *Carteggi casanoviani I*, Mailand, Palermo, Neapel 1917. (S. 260-316)
ders., *Lettere del patrizio Zaguri a G. Casanova*. In: *Carteggi casanoviani II*, Mailand, Palermo, Neapel 1919.

Literatur:

Fitzlyon, April, *Lorenzo Da Ponte. A Biography of Mozart's Librettist.* London, New York 1982.

Goertz, Harald, *Mozarts Dichter Lorenzo Da Ponte. Genie und Abenteurer.* Wien 1985.

Hodges, Sheila, *Lorenzo Da Ponte. The Life and Times of Mozart's Librettist.* London 1985.

Kesten, Hermann, *Vorwort* zu: Lorenzo Da Ponte, *Geschichte meines Lebens.* Frankfurt a. M., Wien, Zürich 1969.

Livingston, A., *Lorenzo Da Ponte in America.* Philadelphia 1930.

Loewenberg, Alfred, *Lorenzo Da Ponte in London.* In: The Music Review IV, 1943, S. 171-189.

Michtner, O., *Der Fall Abbé Da Ponte.* In: Mitteilungen des Österreichischen Staatsarchivs XIX, 1966, S. 170-209.

Nicolini, Fausto, *La vera raggione de la fuga di Lorenzo Da Ponte da Venezia.* In: Archivio storico italiano, Ser. 7, Bd. 14, Florenz 1930, S. 129-138.

Pasinetti, Pier Maria, *Lorenzo Da Ponte in the West.* In: Atti del Convengo Lorenzo Da Ponte, New York, Columbia University, Quaderni di Libri e Riviste d'Italia 24, Rom 1992, S. 289-296.

Ragusa, Olga, *Lorenzo Da Ponte at Columbia College.* In: Atti del Convengo Lorenzo Da Ponte, S. 275-287.

Sera, Luigi, *Lorenzo Da Ponte in America.* In: Atti del Convengo Lorenzo Da Ponte, S. 331-333.

Simcock Zipoli, Veronica, *Lorenzo Da Ponte. Teacher and Translator.* In: Atti del Convengo Lorenzo Da Ponte, S. 307-320.

Toffoli, Aldo, *Lorenzo Da Ponte e Ceneda.* In: Atti del Convengo Lorenzo Da Ponte, S. 257-274.

Personenregister

Bildnachweise

Abb. 1 und 7 aus: J. Rives Childs, *Casanova*, Reinbek bei Hamburg 1960.
Abb. 2: New York, Metropolitan Museum of Art. – Bildarchiv Foto Marburg.
Abb. 3 aus: Edward Grierson, *Philipp II. König zweier Welten*, Frankfurt/Main 1969.
Abb. 4: Barcelona, Col. Vilarrassa. – Arxiu Mas.
Abb. 5: Madrid, Museo del Prado. – Archiv für Kunst und Geschichte, Berlin.
Abb. 6 aus: *Programmheft der Frankfurter Oper* 9, 1974/75.
Abb. 8 aus: *Prinz Eugen und das barocke Österreich. Ausstellungskatalog des Niederösterreichischen Landesmuseums*, 1986.
Abb. 9: Nancy, Musée Corrain.
Abb. 10: Bibliothèque Nationale de France.
Abb. 11: Photothèque des Musées de la Ville de Paris.
Abb. 12: Bibliothèque nationale de France.
Abb. 13: Bildarchiv Foto Marburg
Abb. 14: Musée National du château, Versailles.
Abb. 15: Paris, Louvre. – Bildarchiv Foto Marburg.
Abb. 16 und 18 aus: F. R. Dumas, *Cagliostro*, München, Esslingen 1968.
Abb. 17 aus: *Società Pro San Leo*, Bologna o.J.
Abb. 19 und 21 aus: Maria van Look, *Franz Anton Mesmer – Reinhold Schneider*, Freiburg o.J.
Abb. 20: Bildarchiv Foto Marburg.
Abb. 22, 24 und 25 aus: Lorenzo da Ponte, *Geschichte meines Lebens. Memoiren eines Venezianers*. Frankfurt/Main, Wien, Zürich 1969.
Abb. 23: Bergamo, Accademia Carrara. – Archiv für Kunst und Geschichte, Berlin.